HANGIL
GREAT BOOKS

인류의위대한지적유산

HANGIL
GREAT BOOKS
81

예루살렘의 아이히만

한나 아렌트 지음 | 김선욱 옮김

한길사

HANGIL
GREAT BOOKS
81

Hannah Arendt
Eichmann in Jerusalem

Translated by Kim Seon-wook

Eichmann in Jerusalem
Copyright ⓒ Hannah Arendt, 1963, 1964. Copyright Renewed ⓒ Lotte Kohler, 1991, 1992.

All rights reserved including the right of reproduction in whole or in part in any form.

Korean translation copyright ⓒ 2006 by HANGILSA PUBLISHING CO., LTD.
This edition published by arrangement with Viking, an imprint of Penguin Publishing Group, a
division of Penguin Random House LLC. through EYA (Eric Yang Agency)

이 책의 한국어판 저작권은 EYA (Eric Yang Agency)를 통한 Viking, an imprint of Penguin Publishing
Group, a division of Penguin Random House LLC 사와의 독점계약으로 한국어 판권을 (주) 도서출판
한길사가 소유합니다. 저작권법에 의해 한국 내에서 보호를 받는 저작물이므로 무단전재와 복제를 금합니다.

한나 아렌트의 젊은 시절
이 사진을 찍은 1933년에 아렌트는 27세였으며, 이 해에 아렌트는
독일에서 시온주의자들을 위해 활동을 하다 체포되어
심문을 받은 뒤 프랑스로 망명을 했다.
프랑스에서도 아렌트는 유대인들을 위한 활동에 동참하였다.

아이히만의 재판현장

유대인 학살의 주범인 아돌프 아이히만은 독일 패망 이후
아르헨티나의 부에노스아이레스 외곽에 숨어 지내다가,
1960년 5월 11일 이스라엘 비밀경찰에 체포되었다.
아이히만은 1961년 4월 11일, 예루살렘 지방법원에서
독일인 변호사 세르바티우스 박사의 도움을 받아 재판을 받았다.

아렌트와 그녀의 남편 하인리히 블뤼허
아렌트의 프랑스 망명 시절 두 사람은 만나 결혼을 했다.
블뤼허는 19세에 로자 룩셈부르크가 이끌었던
혁명적 사회주의 단체인 스파르타쿠스에 가담했던 공산주의자였다.
하이데거의 사상에 깊은 존경심을 갖고 있던 그는
아렌트가 다시 하이데거와 만나도록 권유하였다.

왼쪽 ▮ 카를 야스퍼스

야스퍼스는 하이데거를 떠나온 아렌트의 박사 논문을 지도하였다.
아렌트는 야스퍼스에게서 진정한 세계시민의 모습을 발견하고
자신의 정치적 견해에 깊은 영향을 받았다.
아렌트의 멘토로서 평생 깊은 대화 상대였다.

오른쪽 ▮ 마르틴 하이데거

아렌트는 18세가 되던 1924년에 마부르크 대학에 들어가
하이데거의 강의에 매료되어 사랑에 빠진다.
그의 나치 협력에 실망한 아렌트는 환멸을 느끼지만,
그의 사상의 중요성을 인정해 1950년부터 다시 대화를 시작하였다.

예루살렘의 아이히만

한나 아렌트 지음 | 김선옥 옮김

한길사

예루살렘의 아이히만

역자 서문

2000년 초, 새로운 밀레니엄에 들어서면서 우리나라의 몇몇 신문들이 새로운 세기, 새로운 밀레니엄에 필요한, 주목해야 할 사상을 꼽았을 때 빠지지 않고 등장했던 인물이 한나 아렌트였다. 그즈음 우리나라에는 아렌트의 사상이 그다지 많이 소개되지 않았다. 하지만 그 이후 지금까지 그녀의 주요 저술들이 하나 둘씩 번역되었고, 학문 연구에서도 그 수준이 점차 향상되어가고 있다.

아렌트의 저술 가운데 인구에 가장 많이 회자되어온 것이 바로 이 책, 『예루살렘의 아이히만』일 것이다. 아렌트를 본격적인 정치사상가로 주목받게 한 『전체주의의 기원』에서 사후에 출간된 『칸트 정치철학 강의』와 『정치의 약속』에 이르는 모든 저술들이 학술적 성격을 지니고 있는 데 반해, 『예루살렘의 아이히만』은 유일한 예외로 대중적인 읽을거리를 제공하고 있다. 이 책은, 말하자면 어렵게 읽히는 철학적, 정치사상적 저술이 아니라 쉽게 다가갈 수 있는 책이다. 그러면서도 깊은 고민과 더불어 이 책을 읽는다면, 오늘의 시대에 아렌트가 주는 메시지를 분명히 발견할 수 있다.

이 책의 저자인 한나 아렌트는 1906년 10월 14일에 독일에서 태어나 교육을 받았다. 하이데거(Martin Heidegger)의 실존주의 철학에 깊이 매료되었다가, 1년 만에 그를 떠나 야스퍼스로 가서 그의 지도하에 박사학위 논문을 썼다. 아렌트가 스승인 하이데거와 연인관계였다는 것은 유명한 이야기가 되었지만, 그보다 하이데거의 『존재와 시간』에 담긴 사상이 아렌트에게 지속적으로 영향력을 주었던 것이 더욱 중요한 고려점이 된다. 하지만 아렌트 정치사상의 핵심이 되는 정치적 행위 개념이나 판단 개념은 야스퍼스의 세계 관찰자 개념에 힘입은 바가 크다.

이후 독일에서 아렌트는 시온주의자들의 활동을 도와주다가 경찰에 체포당해 조사를 받았고, 그 직후 어머니와 함께 나치스 치하에서 독일을 떠났다. 아렌트 자신은 시온주의자가 아니었지만 시온주의자들의 정치적 활동을 도왔다가 어려움을 겪었던 것이다. 아렌트가 프랑스로 와서 활동하던 중 비시 정권이 들어서면서 구어스(Gurs) 강제수용소에 수감되었다가 탈출하여 결국 미국으로 가게 된다. 제2차 세계대전이 지난 뒤 유대인 학살 소식이 전 세계에 알려졌을 때, 다른 사람들과 마찬가지로 아렌트도 그것이 진실이라고는 믿지 않았지만 결국 그 소식이 사실임을 알게 되었다.

그런데 유대인 학살의 주범이라 할 수 있는 아돌프 아이히만이 이스라엘 비밀경찰에 의해 잡혀와 예루살렘에서 재판을 받게 된다는 소식을 듣게 된다. 아이히만은 독일 패망과 더불어 아르헨티나로 도망가 잠적했던 것이다. 아렌트는 예정되었던 대학의 강의를 취소하고, 미국의 교양잡지 『뉴요커』의 재정적 지원을 받아 특파원 자격으로 예루살렘에 가서 재판을 참관하게 된다. 이로써 이 책, 『예루살렘의 아이히만』이 탄생한 것이다.

이 책의 내용이 세상에 처음으로 나타난 것은 『뉴요커』를 통해서였다. 1963년 2월부터 다섯 차례로 나뉘어 기사로 게재되었던 것이다. 이때의 글 제목은 「전반적인 보고: 예루살렘의 아이히만」이라고 되어 있었다. 이후 1965년에 이 보고서가 책의 형태로 간행되었을 때, 아렌트는 여기에 후기(postscript)를 덧붙여 지금과 같은 책을 만들었다. 이처럼 이 책은 학술적인 저술이 아니라 처음부터 대중을 위한 책이었다.

그럼에도 불구하고 이 책은 엄청난 학술적인 논쟁을 불러일으켰고 그 논점도 다양하게 전개되었다.

　이 책과 더불어 우선 생각해보아야 할 것은 책의 부제에 들어 있는 '악의 평범성'이라는 개념의 의미다. 『뉴요커』에 이 글이 게재될 때의 제목은, 앞서 말했던 것처럼 「전반적인 보고: 예루살렘의 아이히만」이라고 되어 있었을 뿐 '악의 평범성'이라는 표현은 제목에서 나타나지 않았다. 본문 중에서도 다만 마지막 글인 다섯 번째의 글 말미에 오직 한 차례만 등장했을 뿐이다. 그리고 그 맥락은 처형장에서의 아이히만의 모습과 함께였다. 이후 아렌트가 덧붙인 '후기'에서 악의 평범성은 몇 가지 예와 더불어 설명되었다. 아렌트는 이 개념이 셰익스피어 희곡에 나오는 이아고나 맥베스, 그리고 리처드 3세 등과 같은 인물의 특성과는 거리가 멀다고 분명히 말했다. 특히 리처드 3세는 악을 일상적으로 범했던 자였다. 하지만 아이히만은 "자기가 무슨 일을 하고 있었는지 전혀 깨닫지 못했던 자"(이 책 391쪽)였던 점에 악의 평범성의 특징이 있다.

　여기서 '평범성'이라고 번역한 banality는 '진부성'이나 '일상성'이라고도 번역될 수도 있다. 하지만 중요한 것은 어떤 단어가 아렌트의 원의를 가장 잘 담아낼 수 있는가다. 앞서 언급한 아이히만의 특성을 생각한다면, 악이 평범한 모습으로 우리와 함께 있을 수 있음을 아렌트가 우리에게 말하려 했다고 생각해볼 수 있다. 그래서 만일 우리가 banality를 '진부성'이라고 번역한다면 우리는 이 말을 "평범하고 또 익숙할 정도로 많이 접해서 진부해졌다"는 의미로 이해해야 하며, 결코 "시간적으로 오래되었다"거나 "구식"이라는 의미로 이해해서는 안 된다. 또한 그 말을 '일상성'이라는 말로 번역한다면, 그 의미를 "엄청나게 충격적인 일이 일상적일 정도로 자주 일어나서 그만 그것이 당연하게 느껴지게 되었다"는 의미로 사용되어서는 안 된다. 악의 평범성을 터무니없는 잔혹상이 일반화된 것을 표현한 것으로 간주하는 것은 아렌트의 본의와는 거리가 아주 멀기 때문이다. 이 번역서에서 banality 를 '평범성'이라고 옮긴 이유는, 악이란 평범한 모습을 하고 우리가 쉽게 접할 수 있는 근원에서 나온다는 의미를 담는, 원의에 가장 가까운 단어라고 생각해서다.

이 책은 쉽고 평범하게 쓰인 책이지만 격한 논쟁의 대상이 되기도 했다. 이 책과 관련된 첫 번째의 논쟁은 아렌트와 유대인과의 관계, 또는 아렌트와 시온주의와의 관계에 대한 것이었다. 1963년에 저명한 시온주의 학자인 거솜 숄렘(Gershom Sholem)은 아렌트가 "유대인에 대한 사랑을 결여하고 있다"는 비판을 담은 유명한 공개서한을 보낸다. 이는 『예루살렘의 아이히만』에 대해 유대인의 민족적 관점에서 날린 직격탄이었다. 아렌트 자신이 유대인이면서도 유대인에 대한 사랑을 결여한 채 마치 유대인이 아닌 것처럼 보편적 관점에서 아이히만 재판을 다루었다는 것이다.

하지만 아렌트는 사랑이란 개인의 문제지 집단의 문제가 아니라고 응수했고, 숄렘이 시온주의자였던 점을 의식하여 아렌트는 자신이 시온주의자들을 도와주었던 독일에서의 이력을 언급하기도 했다. 그때 도움을 주었던 사람 가운데 하나가 바로 숄렘이기도 했다. 나중에 아렌트는 이 논쟁을 "나와 유대인 간의 전쟁"이라고 묘사하기도 했다. 하지만 이 논쟁의 영향력은 참으로 커서, 2000년에 이르기까지 아렌트의 저술이 단 한 권도 히브리어로 번역되어 이스라엘에서 출간된 적이 없었을 정도였다. 유대인들에게 아렌트는 '적'으로 간주되었던 것이다.

유대인이 아닌 우리의 입장에서 보면, 아렌트가 유대인들에 대한 애정을 가지고 있었느냐 아니냐를 따지는 것은 의미가 없어 보인다. 하지만 이 문제는 오늘의 정치철학의 핵심 문제와 직결되어 있다. 아렌트의 유대인성을 묻는 물음은 곧 정체성에 대한 철학적, 또는 정치적 중요성과 연결된다. 특히 이러한 문제연관에서 아렌트의 사상적 특성을 드러낸 저술로 리처드 번스타인(Richard J. Bernstein)의 『한나 아렌트와 유대인 문제』(*Hannah Arendt and the Jewish Question*)가 있기도 하다. 이런 측면의 아렌트의 사상이 오늘의 정체성 정치나 여성주의 철학에 많은 영향을 준 것은 주지의 사실이다.

　하지만 아렌트의 입장이 특수성에 대한 강조로만 이어질 것은 아니다. 아렌트의 입장이 보편주의인지 특수주의인지, 아니 아렌트의 사상이 자유주의적인지 공동체주의적인지를 따져볼 수 있는 관건이 되기도 하는데, 아렌트는 이 두 입장의 중간지점에 위치해 있는 것으로 보인다. 2005년 9월에 다산기념철학강좌의 초대로 한국을 방문한 마이클 샌델(Michael J. Sandel)은 『예루살렘의 아이히만』에서 아렌트가 보편주의적 입장을 보여주었다고 비판했다. 하지만 필자는 아렌트의 입장이 오히려 그렇게 말하는 샌델의 자유주의적 공동체주의(liberal communitarianism)에 가까운 것이라고 주장했다. 아렌트가 『예루살렘의 아이히만』을 쓸 때 그 사상적 바탕에는 보편적 인간애와 같은 것이 깔려 있는 것이 사실이지만, 이것을 단순히 보편주의적 태도라고 보기는 어렵다.

　아렌트는, 1959년 독일의 함부르크 시에서 제정하여 세계 평화에 기여한 사람에게 주는 레싱 상의 초대 수상자로 선정되었다. 아렌트는 이 상의 수상을 수락할 것인가의 여부로 상당히 고민했던 것 같다. 하지만 아렌트는 자신의 답을 그 상의 이름이 된 레싱의 정신에서 발견하고 이를 수상 수락연설에서 밝힌다. 아렌트는 이 연설에서 레싱이 쓴 희곡 『현자 나탄』을 인용하면서 모든 종교와 민족을 넘어서 인간에게는 공통적으로 '인간됨'(humanness)의 원리가 존재한다고 말한다.[1] 『현자 나탄』에서는 유대인인 나탄이 젊은 기독교인을 설득하는 가운데 자기들은 특정한 민족이기 이전에, 특정한 종교인이기 이전에 먼저 인간이

---

1) Hannah Arendt, "On Humanity in Dark Times: Thoughts about Lessing," *Men in Dark Times*, New York: Harcourt Brace Jovanovich, 1968.

아닌가라고 주장하고 있다. 따라서 나탄은 서로가 소통과 공생할 수 있는 근거로서 인간됨의 사실을 제기하고 있는 것이다.

이렇게만 보면 아렌트는 영락없는 보편주의자지만, 아렌트는 여기서 한걸음 더 나아간다. 즉, 앞서 언급한 레싱의 입장을 넘어, 우리가 서로 정치적으로 소통하고 좋은 삶을 나누는 근거로서의 인간됨이라는 것이 있음을 입증하려는 것이다. 아렌트는 인간성이 마치 인간의 본질로서 주어져 있는 것으로 보는 입장을 거부한다. 『인간의 조건』에서 아렌트는 그 책의 제목이 그 같은 고정된 인간성이 있는 것처럼 오해를 불러일으킬까봐 염려하기도 했다.[2] 뿐만 아니라 긍정적 의미의 인간성이 존재한다는 일상적 믿음이 잘 드러나는 예인 양심의 문제에서도 아렌트는 회의적이었다. 양심에 바탕을 둔 시민 불복종의 경우에도 아렌트는 양심이라는 것이 객관적으로 확증될 수 있는 정도의 보편성을 지닌다는 믿음에 대해 지극히 회의적이었다.

아이히만의 경우는 더욱 분명한 예가 되었다. 유대인의 학살을 나치스가 제도적으로 체계적으로 추구한 '최종 해결책'(the final solution)을 열정적으로 실행에 옮긴 아이히만에 대해 그가 양심의 가책을 받은 적이 없었는가라는 질문이 제기되었을 때 아이히만은 자신이 명령받은 일을 하지 않았다면 양심의 가책을 받았을 것이라고 했다. 명령받은 일이란 물론 "수백만 명의 남녀와 아이들을 상당한 열정과 가장 세심한 주의를 기울여 죽음으로 보내는 일"(78~79쪽)을 말한다. 또한 아이히만은 전쟁이 끝날 무렵 자신의 부하들에게 "나는 내 무덤에 웃으며 뛰어들 것이다. 500만 명의 유대인들의 죽음에 내 양심이 거리낀다는 사실이 나에게 대단한 만족감을 주기 때문에"(103쪽)라고 말하기도 했다.

이 말에 대해 아렌트는 전적으로 아이히만의 허풍일 뿐이라고 지적

---

2) Hannah Arendt, *The Human Condition*, Chicago: The Chicago University Press, 1958.

했다. 양심이라는 말에서 아렌트는 아이히만의 허풍을 보았을 뿐 아니라, '일반인'이라면 느꼈을 법한 양심의 가책의 징후를 아렌트는 한 번도 발견한 적이 없었다. 아렌트에게는 양심이 인간에게 본연적인 것이 아니라, 환경과 사회적 여건에 이미 제약되어 있는 것일 뿐이다.

뿐만 아니라 보편적 이상에 대해서도 그것이 구체적 삶과 충돌을 한다면 비난의 대상이 될 수밖에 없다는 것을 아렌트는 분명히 말했다. 아이히만은 주로 저명한 시온주의자였던 유대인 지도층 인사들과 가졌던 개인적 접촉에 대해 대단히 만족해했고, 그들이 문제삼았던 이른바 유대인 문제에 대해 매혹되었던 이유에 대해 자기 자신이 이상주의자였기 때문이라고 설명했다. 유대인의 정체성을 버리고 동화의 길을 선택한 동화주의자들이나 정통파 유대인들과는 달리 시온주의자들은 자기와 마찬가지로 이상주의자라고 아이히만은 설명했다.

아이히만에 따르면 이상주의자란 "자신의 이상을 삶을 통해 실천하는 사람", "자신의 이상을 위해서라면 어떤 것, 특히 어떤 사람이라도 다 희생시킬 각오가 된 사람"(97쪽)을 의미했다. "필요하다면 자신의 아버지마저도 죽음으로 보냈을 것이라고 경찰심문에서 말했을 때, 그는 자신이 어느 정도로 강력한 명령을 받고 있었는지만을 말하려 한 것이 아니었다. 그는 자신이 얼마나 '이상주의자'로서 살아왔는가를 보여주려 한 것이다. 완벽한 '이상주의자'도 다른 사람들과 마찬가지로 당연히 개인적인 느낌과 감정을 지니고 있지만, 만일 그것이 그의 '이상'과 충돌하게 된다면 그것이 그의 행동을 방해하도록 결코 용납하지 않았을 것이다"(97~98쪽). 아이히만이 자신을 시온주의자와 동일시할 수 있었던 이상주의자라는 공통적 근거가 가진 문제는 현실을 전적으로 부정한 채 추구하는 이른바 '보편적' 가치의 위험성이라고 할 수 있을 것이다. 이렇게 볼 때 아렌트를 보편주의자로 몰아붙이는 데는 분명히 무리가 따르며, 아렌트에 대한 부당한 비난이 될 수 있다.

『예루살렘의 아이히만』에서 가장 주목해야 할 부분은 아이히만에 대한 아렌트의 분석이다. 아렌트는 아이히만에게서 서로 긴밀히 연결된 세 가지의 무능성을 언급하고 있다. 말하기의 무능성, 생각의 무능성, 그리고 타인의 입장에서 생각하기의 무능성이 그것이다(106쪽). 그런데 세 번째의 무능성은 곧 판단의 무능성(inability to judge)을 의미한다. 그리고 판단 능력이란 옳고 그름을 가리는 능력을 의미한다. 판단이란 사유와 의지와 마찬가지로 모든 사람이 가지고 있는 능력이라고 아렌트는 이해하고 있다.

그렇다면 아이히만이 이러한 판단 능력을 갖고 있지 않다는 사실을 아렌트는 어떻게 설명할 수 있을 것인가? 여기에 답하기 위해 우리는 말하는 능력이 사유 능력과의 연관성뿐만 아니라 그밖의 어떤 특성을 가지고 있음을 보여주어야 한다. 아렌트가 『예루살렘의 아이히만』에서 하고 있는 두 가지의 이야기가 여기에 해당된다.

말의 능력과 관련하여 볼 때 『예루살렘의 아이히만』에서 가장 흥미 있는 이야기지만 주목을 별로 받지 못했던 것이 독일 개신교 목사인 그뤼버 감독에 관한 이야기다. 그는 독일인으로 유일하게 예루살렘 법정의 증언대에 서서 검찰 측을 위한 증인이 되었다. 그는 유대인을 구하기 위해 아이히만과 협상을 벌이기도 했고, 또 기독교로 개종한 유대인들에게 사태의 위험성을 알리는 등의 일을 했다. 그에 대한 반대심문에서 아이히만의 변호사인 세르바티우스는 그에게 "당신은 그에게 영향력을 발휘하려고 애를 써보았습니까? 목사로서 당신은 그의 감정에 호소하고, 그에게 설교하고, 그에게 그의 행위가 도덕성에 모순된다고 말하려고 시도해보았습니까?"라고 물었다. 여기에 대해 그는 "행동이 말보다 더 효과적입니다." "말해봤자 쓸데없었을 것입니다"라고 대답했다. 이러한 상황에 대해 아렌트는 그뤼버 감독의 대답이 상투어(cliché)를 사용하고 있다고 지적했다. 그리고 아렌트는 단순히 말을 하는 것 자체가 행동일 수 있으며, 또한 목사로서의 그의 임무는 말이 쓸모가 있는지의 여부를 시험해보는 것이었다고 지적한다(204쪽). 말 자체가 행위라는 것을 아렌트는 『인간의 조건』에서 이미 말했다.[3] 그런데 이때 과연 아렌트는 말의 쓸모가 무엇이라고 생각했던 것일까?

이 질문에 대한 대답을 우리는 이 책에 담긴 다른 이야기에서 찾을 수 있다. 최종 해결책을 추진하면서 나치스는 유대인 학살과 관련한 언어규칙을 만들었다. 이 언어규칙이란 학살이나 유대인의 이송과 같은 표현을 그대로 사용하지 않고 우회적 표현법을 만들어 대신 사용한 것을 말한다. 예컨대 학살은 최종 해결책, 완전 소개, 특별취급으로, 유대인의 이송작업은 재정착, 동부지역 노동 등으로 불렸다. 이러한 언어규칙을 사용해야만 하는 사람과 사용하지 않아도 되는 사람들은 구별되었다. 후자는 히틀러로부터 유대인 학살에 대한 명령을 직접 들었던 사람들로 이른바 "비밀을 가진 자"라고 불렸던 자들이었다. 그런데 이들은 암호화된 언어를 사용하지 않을 수 있었지만 일상의 업무 수행과정에서는 자신들 간에도 암호화된 언어를 사용했다. 그 효과에 대해 아렌트는 "자신들이 하고 있는 일을 그와 같은 사람들이 모르도록 하는 것이 아니라, 살상과 거짓말에 대한 그들의 오랜 '정상적인' 지식과 동일시하지 않도록 만들기 위한 것"(150쪽)이라고 보았다. 이렇게 함으로써 그들은 "이 문제 처리에 본질적이었던 아주 다양한 많은 협조체제를 이루어갈 때 질서와 제정신을 유지하는 데 엄청난 도움"(150쪽)을 얻을 수 있었다는 것이다. 여기서 말이 하는 역할은 실재(the reality), 즉 현실을 알게 하는 것이다.

말은 우리를 현실과 연결시켜준다. 나치스가 언어규칙을 만든 이유는 암호화된 언어를 사용함으로써 사람들의 현실에 대한 감각을 마비시키기 위한 것이었다. 말은 현실의 힘을 우리에게 전달해주는 역할을 한다. 아이히만이 상투어를 사용하고 판사들이 그의 말에서 공허감을 느꼈을 때, 판사들이 그에게서 바란 것은 사실에 충실한 언어였다. 공허하다는 것은 현실의 힘이 결여되었다는 것이다. 아이히만의 의식에 가득 찬 상투어들은 아이히만이 현실의 힘을 느끼지 못하도록 막았

---

3) Hannah Arendt, *The Human Condition*, p.178.

던 것이다. 상투어들은 아이히만으로 하여금 심지어 죽음의 힘조차도 느끼지 못하게 만든 것이었다. 그러나 그렇다고 해도 아렌트가 아이히만에게 현실을 느끼고 알 수 있는 능력, 나아가 판단을 할 수 있는 능력 자체가 결여되었다고 생각하지는 않았던 것을 그뤼버 감독 이야기에서 알 수 있다. 아렌트는 그뤼버 감독이 아이히만에게 말을 했어야 했다고 했다. 말의 유용성은 말이 현실을 알게 하여 사람에게서 변화를 기대할 수 있게 하는 데 있다고 아렌트는 생각했다고 볼 수 있다. 그래서 아렌트는 목사의 임무가 말이 과연 쓸모가 없는지를 알아보는 것이라고 말했던 것이다. 목사가 영향력 있는 존재라면 그 영향력은 전적으로 말에서 나오는 것이라고 아렌트는 생각한 것이다.

상투어나 관용어, 또는 최종 해결책 수행을 위해 고안된 암호화된 언어도 말이나 일상 언어와 마찬가지로 단어로 이루어져 있다. 그렇다면 이 양자의 차이는 무엇인가? 그 차이는 자연적으로 형성된 자연어인지, 의도적으로 만들어져 반복적으로 사용된 인공어인지의 차이로 보인다. 상투어나 관용어 등은 늘 변화하는 현실을 반영하지 못하는 특징을 갖는다. 현실-말-사유의 관계가 유기적이지 못하고, 언어가 고정되어버림으로써 사유와 판단이 현실과 유리되어버리는 결과를 낳은 것이다.

아렌트가 이야기의 방식으로 자신의 입장을 풀어낸 이유는, 이야기를 통해서만 우리는 단순히 과거를 기술하고 이해하는 데서 끝나지 않고 미래 지향적으로 이해가 활용될 수 있기 때문이다. 벤하비브의 말처럼 "마음을 미래로 향하게 해줄 수 있는 이야기"[4]를 얻기 위해서라는 것이다.

이야기가 중요하다. 이야기는 이론과는 달리 현실의 힘을 반영하는

---

4) Seylar Benhabib, "Hannah Arendt and the Redemptive Power of Narrative," L.P. Hinchman et al.(ed.), *Hannah Arendt: Critical Essays*, New York: State University of New York Press, 1994, p.113.

일상 언어를 사용한다. 일상 언어를 사용하기 때문에 이야기는 보편적인 설득력을 가질 자격을 갖춘다. 구체적인 현실의 힘을 반영하면서도 보편적 설득력을 가질 자격을 갖는다는 점에서 이야기는 구체와 보편의 양 측면의 힘을 동시에 반영할 수 있다. 그러므로 이야기는 어떤 이론이 정치적으로 수용 가능한지를 검증할 수 있는 통로가 된다. 이야기될 수 있다는 것은 곧 받아들여지기 위한 첫 단계에 해당된다. 실제로 수용될 것인지를 가늠하는 기준은 제시될 수 없다. 그 기준을 제시한다면 자유주의적 준거를 제시하는 것과 같은 특성이 될 수 있겠으나, 동시에 그것은 공허할 것이다. 수용의 여부는 이야기가 사람들의 입에 회자되는가에 달려 있다. 그리고 그것이 사람들에게 어떤 식으로 이야기되는가와 연결된다. 이때 전제되는 것은 보편적 원리나 준거가 아니라, 현실에 존재하는 구체적인 사람의 존재다. 이를 달리 표현한 것이 『칸트 정치철학 강의』에서 아렌트가 제시한 공통감(sensus communis) 개념이다.

지금까지 우리는 『예루살렘의 아이히만』을 이해하는 데 도움이 될 만한 몇 가지 사항들에 대해 알아보았다. 하지만 이 책에는 정화열 교수의 해제가 추가되어 있다. 미국에서 활동해온 저명한 정치사상가인 정화열 교수는 미국 펜실베이니아주 베들레헴에 위치한 모라비언 대학에서 『예루살렘의 아이히만』을 오랫동안 교재로 활용했다. 이 경험을 담아 그는 자신의 포스트모던적 정치사상의 입장에서 이 책이 어떻게 읽힐 수 있는지, 그리고 어떠한 중요한 논점들을 제공하는지를 보여주는 글을 보내왔다. 이 글을 통해 『예루살렘의 아이히만』이 더 넓은 지평에서 이해될 수 있기를 바란다.

김홍우 교수님과 해제를 써주신 정화열 교수님께 깊은 감사를 드린다. 귀국 후 알게 된 김홍우 교수님은 필자를 잘 이끌어주셨고 또 정화열 교수님과의 뜻하지 않은 만남도 갖게 해주셨다. 미국 버펄로에 계시는 은사 조가경 교수님에 대한 감사는 필설로 다할 수 없다. 이 책을 번역하면서 종종 조가경 교수님의 아렌트 세미나에서 배운 것들을 떠올렸다. 번역 초기에 도움을 준 장미성과 김수영에게도 감사드린다.

한길사의 김언호 사장님과 멋진 책으로 만들어주신 여러분에게도 진심으로 감사를 드린다.

끝으로, 시간을 정직하게 잡아먹는 번역 작업 때문에 함께하는 시간을 뺏긴 가족들에게 미안한 마음과 감사, 그리고 사랑을 함께 전한다.

2006년 9월
김선욱

악의 평범성과 타자 중심적 윤리[1]

정화열 미국 모라비언 대학 명예교수·정치학

> 몽유병(sleepwalking)이 있는 것처럼
> 몽상병(sleepthinking)도 있다.
> · 호세 오르테가 이 가세트

아렌트와 아이히만 재판

한나 아렌트(1906~75)는 독일에서 태어나 교육을 받았다. 그녀는 독일국가사회주의당(나치스)의 당원으로 신분증을 지참하고, 스와티카 배지를 달고 다녔던 마르틴 하이데거와 함께 연구를 했다. 나치스의 이데올로기적 토대는 인종주의, 즉 반유대주의로 600만 명의 유럽 유대인들의 학살을 의미하는 홀로코스트라는 비극적인 결과를 낳았다. 아렌트가 지도교수였던 하이데거와 연인관계였다는 것은 공공연한 이야기다. 이 연애사건은 프랑스 작가인 카트린 클레망(Catherine Clément)에 의해 『마르틴과 한나』(*Martin and Hannah*)라는 소설의 주제가 되기도 했다.

아렌트는 하이데거보다 오래 살았다. 만년에 아렌트는 미국 뉴욕시에 있는 '사회조사를 위한 뉴스쿨'(New School for Social Research)

---

1) 이 글의 영어 원문은 숭실대 철학과에서 발간한 『사색』 제21집(2005. 12)에 수록되어 있다.

에서 강의를 하였는데, 그곳은 유럽에서 온 망명 학자들의 안식처였다. 그들 가운데는 레오 슈트라우스(Leo Straus)와 한스 요나스(Hans Jonas)가 있었고 이 두 사람도 모두 하이데거와 함께 공부했던 사람들이었다. 뉴스쿨은 '한나 아렌트 기념 정치철학 심포지움'을 마련했다. 여기에 라이너 쉬르만(Reiner Schürmann)이라는 이름이 나중에 더해졌는데 이 사람은 하이데거를 연구하는 학자였다. 1995년에 있었던 심포지움 '한나 아렌트의 유산'에는 엘리자베스 영브륄(Elisabeth Young-Bruehl), 고인이 된 자크 데리다(Jacques Derrida), 마가렛 캐노번(Margaret Canovan), 제롬 콘(Jerome Kohn), 세일라 벤하비브 등이 발표자로 참여했다.

아렌트는 카를 야스퍼스의 지도로 박사학위 논문을 성 아우구스티누스에 대해 썼는데, 이 논문의 개정판이 1996년에 『아우구스티누스의 사랑 개념』(*Love and Saint Augustine*)이라는 제목으로 출간(원래의 독일어판은 1929년에 출간)되었다. 학자로서, 그리고 정치이론가로서의 그녀의 이름은 프랑스에서 있었던 악명 높은 드레퓌스 사건 같은, 유럽에서의 반유대주의에 대한 분석을 담고 있는 『전체주의의 기원』(1951)을 발표하면서 알려지기 시작했다. 20세기에는 두 가지 악명 높은 전체주의의 예가 있는데, 그것은 바로 독일에서 있었던 히틀러의 '인종'에 바탕을 둔 나치즘과 구 소련에서 있었던 스탈린의 '계급'에 기초한 공산주의다.

여기서 살펴보려는 아이히만 재판은 특히 20세기의 법과 정치에서 도덕과 비도덕성(악)의 문제뿐만 아니라 반유대주의라는 주제에 속한 것이기도 하다. 아렌트가 자신의 주저인 『인간의 조건』(1958)을 인쇄하기 전에 『혁명론』(1963)의 원고도 썼는데, 이 책은 '존경과 우정과 사랑으로' 야스퍼스 부부에게 헌정되었다. 야스퍼스는 아렌트의 가까운 친구자 스승이었다. 하이데거와는 달리 야스퍼스는 히틀러의 나치즘에 반대했던 몇 안 되는 독일 지성인 가운데 한 사람이었다. 반유대주의와 폭력의 심리학과 철학을 살펴보기 위해 아이히만과 그의 재판에 대한 필자의 논의에 직간접적인 적실성을 갖는 야스퍼스의 두 저술에 대해 언급해야만 하겠다. 그중 한 권은 『일반정신병리학』(이 책의 독일어판은 1923년에 *Allegemeine Psychopathologie*라는 제목으로, 영역본은 1963년에 *General Psychopathology*라는 제목으로 출간)으로 지금 돌아보면 '대중' 운동으로서의 전체주의 운동과 그의 정신병리학을 일찍감치 다루고 있었던 것으로 보인다. 다른 책은 『인류의 미래』(*The Future of Mankind*, 독일어판은 1958년에 출간)인데 이 책으로 그는 1958년에 독일 평화상을 받았다. 이 책의 영역본은 아렌트의 재촉으로 이루어졌다. 이 책은 인류의 '죽느냐 사느냐'의 문제를 불러일으킨 핵시대에 정치에 대한 철학자의 관심을 보여준다. 이 책에서 야스퍼스는 학자들에게 철학과 정치를 함께 결합할 것을 주장하고 있다.

아렌트의 탁월하고도 폭넓은 저술인 『인간의 조건』은 '정치철학'에 속하는 저술로, 다시 말하면 철학에서의 정치적 연습이자 정치에서의 철학적 연습이라고 할 수 있다. 이 책이 출간됨으로써 비로소 아렌트는 20세기의 위대한 체계적 정치사상가 가운데 한 사람으로서 자신의 명성을 이룩하고 또 확고히 하기 시작했으며 그래서 서양의 대 정치사상가의 반열에 들어서게 되었다. 많은 사람들은 아렌트를 20세기의 가장 위대한 정치사상가로 간주한다. 『인간의 조건』의 내용은 시카고 대학의 찰스 월그린(Charles R. Walgreen) 재단강좌에서 처음 선을 보였다. 『인간의 조건』과 아렌트의 관계는 『존재와 시간』[2]과 하이데거의 관계와 같다. 내 판단으로는, 이 두 책은 어떤 공통점을 갖고 있다. 이 두 책은 실존현상학이라고 불리는 현상학의 2세대 학파의 저작이라고 할 수 있는데, 이 학파의 창시자는 다름 아닌 하이데거 자신이다. 실존현상학은 덴마크의 실존철학자 쇠렌 키르케고르(Søenkier Kierkegaard)와 유

---

2) 독일어판 *Sein und Zeit*는 1927년에 출간되었고, 영역본 *Being and Time*은 1962년에 출간되었다.

대계 독일 현상학적 철학자이자 하이데거 자신의 스승으로 그의 『존재
와 시간』을 헌정했던 에드문트 후설(Edmund Husserl)의 철학적 통찰
들을 결합한 것이다.

아렌트와 하이데거의 차이점

하이데거와 아렌트의 주요 차이점은, 아렌트의 정치적 이론화 작업
일반, 특히 『예루살렘의 아이히만』을 논의하는 데 중요한 의미를 갖고
있으므로 이를 간략히 살펴보자. 아렌트에게 있어서 정치적, 법적 윤리
적 이론화 작업의 주요 범주는 '인간의 복수성'(human plurality)[3] 또
는 다원성이다. 아렌트에 따르면, 인간의 복수성이 없다면 인류 또는
인간성이란 말 자체가 의미를 상실하게 된다. 『인간의 조건』에서 아렌
트는 주저 없이 다음과 같이 강조하고 있다.

　행위와 말, 이 두 가지의 기본 조건이 되는 인간의 복수성은 평등
과 차이라는 이중적 성격을 갖는다. 인간들이 평등하지 않다면 그들
은 서로 그리고 자신들에 앞서왔던 사람들을 이해할 수 없고, 또 미
래를 계획하고 자신들 다음에 올 사람들의 필요를 예견할 수 없을 것
이다. 만일 인간들이 다르지 않다면 현재 존재하고 과거에 존재했고
앞으로 존재할 사람들과 구별되는 각 사람들은 자신을 이해시키기
위해 말을 하거나 행위를 할 필요가 없게 될 것이다.[4]

간단히 말하면, 아렌트에게는 복수성이 인류의 가장 근본적인 실존
적 조건이다.

---

3) 김선욱 교수의 박사학위 논문과 그의 저서 『정치와 진리』(책세상, 2001)를 이
　개념에서 시작했던 것은 현명했다.

4) Hannah Arendt, *The Human Condition*, Chicago: The Chicago University Press,
　1958, pp.175~176.

'출생'(탄생성)이란 생물학적 현상으로, 각 사람들이 이미 항상 복수적으로 존재하는 세계 속에 자기 자신을 집어넣는 '출산'(또는 노동)(노동인, homo laborans)*의 현상이다. 후자의 '두 번째의 탄생'을 통해 우리는 점점 더 철저하게 사회적으로 된다고 말한다. 첫 번째의 '생물학적' 탄생과 두 번째의 '상징적' 탄생은 동일한 인간적 공적의 연속이다. 이 둘은 동시에 발생한다. 아렌트는 『뉴욕 서평』에 하이데거의 팔순 생일에 헌정하는 논문, 「80세의 마르틴 하이데거」5)를 기고한다. '생일'은 모든 문화권에서 모든 인간 존재를 위해 축하하는 행사다. 아렌트의 '탄생' 개념은 그녀의 정치적 이론화 작업에 특별한 중요성을 갖는다. 탄생이란 생명의 시작이며, 인간을 사회적·정치적 존재로서 인정하는 것이다. 우리가 인간으로 탄생하는 한 우리는 사회적 존재로서 우리의 삶을 시작한다. "어떠한 인간의 삶도, 자연 속 광야에서 살아가는 은둔자의 삶조차도, 다른 인간의 현존을 직간접적으로 입증해줄 수 있는 세계가 없다면 가능하지 않다"6)고 아렌트는 강조한다.

 이와는 대조적으로 하이데거에게는 '죽음'이 현존재(Dasein)의 실존의 표지다. 우리는 죽음 자체를 결코 경험할 수 없기에 하이데거는 현존재를 '죽음을 향한 존재'(Sein-zum-Tode)라고 정의했다. 죽음은 현존재의 실존의 표지가 되는데, 왜냐하면 나는 내 자신의 죽음을 죽어야 하며, 어떤 다른 사람도 나를 위해 죽을 수 없기 때문이다. 따라서 죽음만이 현존재의 실존의 진정성(Eigentlichkeit)을 입증한다. 죽음, 오직 죽음만이 현존재의 실존을 진정한 것으로 만든다. 『존재와 시간』에 나타난 하이데거의 사상 — 아도르노(Theodor W. Adorno)의 비판적

---

* 영어 단어 labor는 노동이라는 의미와 출산이라는 의미로 함께 쓰인다. 따라서 노동하는 인간이라는 homo laborans는 출산하는 인간이라는 의미를 갖는 것으로 생각할 수도 있다 — 옮긴이.

5) Hannah Arendt, "Martin Heidegger at Eighty," *Heidegger and Modern Philosophy* ed. by Michael Murray, New Haven: Yale University Press, 1978, pp.293~303에 수록되어 있다.

6) Hannah Arendt, *The Human Condition*, p.22.

표현을 빌리자면 — 은 '진정성이라는 특수용어'로 소모되고 선점되어 있다. 따라서 불행하게도 하이데거는 사회적 사건으로서의 죽음에 대해서는 침묵하고 있다는 것이다.

하이데거와 아렌트의 차이는 한편에는 '죽음'과 '진정성', 그리고 다른 한편에는 '탄생'과 '복수성'으로 이루어진 대립항 사이의 차이다. 아렌트의 입장을 요약하면 다음과 같다.

> 인간을 정치적 존재로 만들어주는 것은 그의 행위의 능력이다. 이것이 인간으로 하여금 자신의 동료들과 어울리게 해주고, 공동의 행위를 하게 해주며, 그 재능 — 새로운 어떤 일을 착수하는 능력(새로운 것의 시작으로서의 탄생) — 이 없었더라면 마음의 욕망은 물론이고 정신의 생각으로도 결코 들지 않았을 일과 목표를 위해 나서게 해준다. 철학적으로 말하면, 행위한다는 것은 탄생성의 조건에 대해 인간적인 응답을 하는 것이다. 우리 모두가 탄생을 통해 [본질적으로 복수적으로 존재하는] 신참자로서 또 시작으로서 이 세상으로 들어오기 때문에, 우리는 **새로운** 어떤 것을 시작할 수 있는 능력이 있다. 탄생의 사실이 없다면 우리는 새로움이 무엇인지를 알지도 못했을 것이고, 모든 '행위'는 단순지 행태나 도착적 행동에 불과할 것이다.[7]

아렌트의 행위 개념은 한편으로는 정치적 행태주의에 대한 비판, 그리고 다른 한편으로는 정치적 보수주의에 대한 비판으로 의도된 것이다. 어찌 되었건 각각의 탄생은 단순한 '재생'이 아니라 보다 정확히 말하면 '산출'이다. 라틴 아메리카의 소설가인 가브리엘 가르시아 마르케스(Gabriel García Márquez)는 다음과 같은 우아한 글에서 아렌트

---

7) Hannah Arendt, *The Crises of the Republic*, New York: Harcourt Brace Jovanovich, 1972, p.179. 고딕체는 정화열 교수가 강조한 것이다 — 옮긴이.

가 말한 탄생 개념이 새로운 시작을 말하는 것이라고 단언하고 있다.

> 인간은 어머니가 그에게 생명을 부여하는 날에 단 한 차례 탄생하
> 는 것이 아니라, 그 생명은 그들로 하여금 스스로에게 탄생을 해야
> 할 의무를 부여한다.[8]

새로운 시작으로서의 각각의 탄생과 더불어 우리는 우리 자신을 출생시키고 세계를 자연적인 동시에 사회적으로 변형시킨다. 더욱이 이러한 산출은 항상 이미 **공동의 프로젝트**다. 왜냐하면 우리는 본질적으로 복수적인 세계, 즉 다른 사람들과 함께 살도록 되어 있는 세계에 거주하고 있기 때문이다.

이성만으로는 사회적 **실체**인 이 세계에서 일어나는 모든 일을 설명할 수 없다. '이성의 '보편성'—사르트르(Jean-Paul Sartre)의 표현을 빌리자면—을 믿었던 헤겔(Georg Wilhelm Friedrich Hegel)은 현실적인 것이 이성적인 것이요, 이성적인 것이 현실적이라는 말을 했을 때 쉽게 모순에 빠지게 될 것이다. 장 프랑수아 료타르는 홀로코스트가 현실적인 것이었으나 이성적인 것은 아니라고 지적했다.[9] 반유대주의 자체는 열정이었다. 계몽주의적 합리주의는 그것이 헤겔적인 것이건 다른 것이건 간에 이성으로만 모든 것을 판단하려고 하는 한 한계를 지닌다. 이성 외에도 상식(또는 공통감, sensus communis)이라고 불리는 사유의 양식도 존재한다. 그것은 감각에 바탕을 둔 사유일 뿐만 아니라 모든 사람들이 공통으로 공유하고 있다는 점에서 공동체적인 것이기도 하다.

---

8) Edward W. Said, *Humanism and Democratic Criticism*, New York: Columbia University Press, 2004, p.86에서 인용.

9) Jean-François Lyotard, *The Postmodern Explained*, trans. Don Barry et al. and ed. Julian Pefanis and Morgan Thomas, Minneapolis: University of Minnesota Press, 1993, p.29.

아렌트에게는 두 종류의 사유가 있다. 하나는 이성에 기초한 사유로, 이는 그녀가 관조적 삶(vita contemplativa)이라고 부르는 영역에 적절히 속하게 된다. 다른 한편 '판단'은 1973년과 1974년에 스코틀랜드 애버딘 대학에서 그녀가 행한 기포드 강좌에서 나오지만 미완성의 업적으로 남아 있다. 그런데 그녀가 의미한 '판단'의 의미를 알 수 있는 실마리들이 그녀의 저술 속에는 충분히 있다. 판단은 '특수한 상황에 대해' 그의 일반성에서가 아니라 '그의 특수성 안에서' 사유할 것을 요구한다. 아렌트는 두 종류의 책을 썼다. 하나는 어떤 주제나 안건에 대해 그의 일반성을 중심으로 사유하는 것과 관련이 되고(예컨대 『인간의 조건』), 다른 하나는 『예루살렘의 아이히만』과 「정치에서의 거짓말」, 「리틀락에 대한 반성」, 「안식할 집」과 같은 논문과 관련이 되는데, 이 논문들은 『공화국의 위기』(1972)와 『책임과 판단』(2003)에 포함되어 있다.

아렌트는 판단의 기능―칸트(Immanuel Kant)의 발견물―이 사유의 기능은 아니라고 강조했다. 판단은 항상 '특수자들과 아주 가까이 있는 일들'[예컨대 시사적인 일들]과 관계한다.[10] 물론 좋은 판단뿐만 아니라 나쁜 판단도 있다는 것과 위대한 철학자라도 나쁜 판단을 하지 않는 것은 아니라는 것에 주목해야 한다는 것은 흥미롭다. 헤겔과 칸트뿐만 아니라 하이데거와 슈트라우스도―정치나 다른 일에 대해―크거나 작은 실수를 저질렀다. 위대한 사상가들이 '어리석은' 사람들은 아니지만 그렇다고 항상 좋은 판단을 한다고 보증할 수는 없다.

보편적 유대인의 초상

예루살렘에서 있었던 아이히만 재판은 홀로코스트와 반유대주의에

---

10) Hannah Arendt, *Responsibility and Judgment*, ed. Jerome Kohn, New York: Schocken Books, 2003, p.189.

대한 계속되는 내러티브 가운데 하나였다. 아시아라고 해서 반유대주의가 없었던 것은 아니다. 내가 제2차 세계대전 기간 중 일제강점기하에서 학교에 다닐 때, 유대인들은 '고국'을 갖지 못하고 국가 없는 민족이라는 말을 듣고 또 읽었는데 이 말은 맞는 말이지만, 그들은 전 세계의 부의 대부분을 소유하고 있다고도 했는데 이 말은 편견에다 신화가 덧붙여진 것이었다. 내가 가졌던 생각은 어떠한 경험적이고 사실적인 기초를 갖지 않은 '추상적' 믿음이었던 것이다. 나는 그런 유대인을 보거나 만난 적이 없었으니, 부유한 유대인은 말할 것도 없었다. 내가 알고 있다고 생각했던 유대인이란 인간의 편견에서 양분을 흡수하고 있는 순수한 추상적 사고 속에서의 유대인이었다.

일본 정부는 수천 명의 유대인들을 당시 자신의 관할하에 있었던 만주로 이송하려는 계획을 갖고 있었다. 이것은 물론 박애정신의 발로에서가 아니라 그들을 이용해 일본이 수행하는 전쟁에 도움을 얻으려는 목적에서였다. 흥미 있게도 그 계획의 이름은 '푸구'(Fugu) 계획이었다. 실로 영악한 명명이었다. '푸구'란 복어의 일본어로, 일본 고급요리에 사용된다. 복어는 치명적인 독을 가지고 있다. 그래서 조금만 그 독을 먹어도 죽을 수 있다. 지적이라는 (추상적인) 명성을 갖고 있는 유대인들은 '유독하기 때문에' 복어에 비유가 되었다. 하지만 일본인들이 그들을 조심스럽게 또는 적절하게 요리한다면 유대인들은 '맛난 음식'이 될 것이다.

사르트르가 그의 『반유대주의와 유대인』에서 만일 단 한 사람의 유대인도 존재하지 않는다 해도 반유대주의는 유대인을 창조해내거나 만들어낼 것이라고 말한 것[11]은 통찰력이 있는 말이었다. 인색하고 이익만 밝히는 장사치는 대체로 (추상적인) 보편적 유대인일 것이다. 아마도 이러한 종류의 보편적 유대인에 대한 초상은 '가난한 사람의 속

---

11) Jean-Paul Sartre, *Anti-Semite and Jew*, trans. George J. Becker, New York: Schocken Books, 1965, p.13.

물근성'일 것이다. 이것이 바로 우리가 유대인은 태어나는 것이 아니라 만들어지는 것이라고 말하는 이유다. 따라서 사르트르에 따르면 유대인은 유대인으로 존재하지 않을 수 없다.[12] 실로 그들에게는 사회적 탈출구가 존재하지 않는다. 이러한 무서운 난점이 패리아(부랑아) 또는 '불가촉천민'인 유대인들에게 새로운 의미를 더해준다.

이제 고인이 된 나의 아내와 내가 1980년대와 1990년대에 방문했던 예루살렘에 있는 야드 바셈(Yad Vashem, 홀로코스트 박물관)과 워싱턴 D.C.에 있는 홀로코스트 박물관은 인류에 대한 인간의 비인간성—뉘른베르크 재판에서 이름 붙였듯이 단지 유대인에 대한 범죄가 아니라 '인류에 대한 범죄'—의 예증이 되는 홀로코스트에 대해 준엄하게 상기시켜주었다. 홀로코스트 때 유대인을 구해준 비유대인들에게 감사하기 위해 야드 바셈 주위에 이스라엘인들이 심어놓은 나무들은, 비인간성의 한가운데 있는 인간성의 작은 횃불을 상징한다. 그러나 이 두 박물관에 전시된 죽은 자들이 남겨놓은, 말하자면 그들의 혼령이 깃들어 있는 다 떨어진 신발 한 무더기는 그 상징성으로 인해 마음이 몹시 사무쳤고 또 깊은 인상을 주었다. 『생존자: 죽음의 수용소에서의 삶에 대한 해부』에 나오는 '배설물 같은 공격'에서 테랑스 데 프레는 인간의 영성과 상징성이 순전한 무의미한 읊조림으로 전락해버린 나치의 죽음 수용소의 형용할 수 없는, 추악한 현실을 다음과 같이 묘사하고 있다.

집단수용소에서 그러했던 것처럼 문명이 붕괴될 때 그 '상징의 흔적'은 글자 그대로 신성모독의 조건이 되었다. 그리고 악은 '한 사람의 존재의 인격적 핵심의 진정한 상실'을 일으키는 것이 되었다. 극단 속에서 인간은 자신의 확장된 영적 정체성의 벗김을 당하게 된다. 현실적 삶과 현실적 죽음, 현실적 고통과 현실적 모독 같은 오직 실

---

12) 같은 책, p.89.

존의 구체적 형식만 남아 있다. 그리고 이러한 것들이 이제 도덕적·영적 존재의 매개를 구성한다. 승화가 실패할 때에도 영혼은 간단히 소멸하지는 않는다. 영혼은 그의 대부분의 자유를 대가로 하고서 의미의 근거와 원천 —즉 육체의 물리적 경험 —에 의존한다. 다른 식으로 말하자면 극단 속에서 상징은 [순수한 신체성 속에서, 즉 순수한 육체의 문제로] 현실화되는 경향이 있다.[13]

이런 식으로 홀로코스트도 역시 내가 '몸의 정치'(이때의 정치는 복수로 쓰인 politics임)라고 부르는 것의 탈근대적 장치에 속하거나 또는 그 예가 된다.

지금까지 쓴 것은 1961년에 아렌트가 『뉴요커』를 위해 쓴 예루살렘에서 있었던 아이히만 재판에 대한 많은 논쟁을 불러일으킨 보고에 대한 논의를 위해 살펴본 개괄적 배경이다. 『뉴요커』는 식자층, 특히 교육받은 뉴욕 사람들을 위한 대중잡지다. 이 보고와 더불어 아렌트는 어엿한 '공공 지식인' —일반 대중을 위해 중요한 의미를 지닌 공적 사건들에 대해 '판단하는' 지식인 —이 되었다.

악의 평범성과 인간의 복수성

아렌트의 『예루살렘의 아이히만』은 유대인 공동체에 소동과 분노를 불러일으켰다. 이 책은 아렌트 자신의 가까운 친구들을 포함한 유대인 인사들로부터 엄청나게 비판받았다. 그중 한 가지는 수많은 사실적 오류에 대한 비판이었다. 아렌트는 즉각적으로 패리아 중에서도 패리아가 되었다. 논쟁의 가장 초점이 되었던 것은 '악의 평범성'이라는 개념이었다. 아렌트의 보고에서는 아이히만이 저지른 흉악한 악행이 고

---

13) Terrence des Pres, *The Survivor: An Anatomy of Life in the Death Camps*, Oxford: Oxford University Press, 1976, p.69.

의거나 사건에 고안된 것, 즉 범죄의 의도를 미리 갖고 있거나 고려했던 것이 아니었다──이러한 생각은 유럽과 영미의 법학의 기본 성향에 반대되는 것이었다. 그에게는 어떠한 '특별한' 것도 존재하지 않았다. 그는 '정상적'이었거나 '평범'했다. 미국법에서는 예컨대 음주운전을 하다 살인한 것은 계획된 살인에 비해서 훨씬 덜 심각한 범죄다. 어쩌다 보니 나는 이 책을 『공화국의 위기』에 실린 논문들(특히 「정치에서의 거짓말」──이 논문은 정치 전반에서의 기만과 미국의 베트남 참전과 관련된 기만에 대한 것으로, 후자는 우연히 빠져든 '수렁'이 아니라 미리 계획되고 계산된 기만이었다)과 더불어 '정치적 사유 입문'이라는 학부 강의 교재로 사용해왔다. 나의 많은 학생들은 아마도 아이히만이 사악했다기보다는 '평범'했기 때문에, 그리고 시온주의의 동기에 대해 그가 공감을 표했던 것을 고려했기 때문에 아이히만이 처했던 곤경에 대해 공감하기도 했다. 아주 흥미 있었던 것은 몇몇 학생들이 이 책을 '소설', 즉 허구라고 생각했다. 이 책에 대한 참으로 흥미 있고도 수수께끼 같은 묘사가 아닌가!

유대 민족에 대해 자행된 그의 범죄의 엄청난 규모에도 불구하고 아이히만은 어떠한 후회도, 또 어떠한 가책의 감정도 표하지 않았다. 이것이 아렌트에 대한 비판가들 사이에 있었던 도덕적 분노에 기름을 끼얹음으로써 상황을 더욱 악화시켰다. 아렌트에 따르면 아이히만──그리고 그와 유사한 많은 사람들──은 "도착적이거나 가학적이지" 않았다. 따라서 아이히만은 "잘못을 행하려는 의도가 범죄를 구성하는 데 필수적이라는, 모든 현대 법체계에서 통용되는 가정"(379쪽)을 무시했다. 아이히만에 대해 이스라엘 경찰의 심문 기록은 아이히만의 '악의 평범성'에 대한 아렌트의 보고를 지지한다. 아렌트가 최초의 보고를 한지 10년이 지나 『사회 연구』(*Social Research*)에 게재된 아이히만의 '악의 평범성'에 대한 다음과 같은 꽤 긴 반성에 주목할 가치가 있다.

수년 전 예루살렘에서 있었던 아이히만의 재판에 대해 보고를 하면서 나는 '악의 평범성'에 대해 언급을 하였는데, 이는 어떠한 이론이나 사상을 의도한 것이 아니라 단지 아주 사실적인 어떤 것, 엄청난 규모로 자행된 악행의 현상을 나타내려고 한 것이었다. 이 악행은 악행자의 어떤 특정한 약점이나 병리학적 측면, 또는 이데올로기적 확신으로 그 근원을 따질 수 없는 것으로, 그 악행자의 유일한 인격적 특징은 아마도 **특별한 정도의 천박성**이라고 할 수 있을 것이다. 그 행위가 아무리 **괴물** 같다고 해도 그 행위자는 괴물 같지도 또 악마적이지도 않았다. 그리고 재판과정에서 또 그에 앞서 있었던 경찰심문에서 보인 그의 행동뿐만 아니라 그의 과거에서 사람들이 탐지할 수 있었던 유일한 특징은 **전적으로 부정적인 어떤 것**이었다. 그것은 어리석음이 아니라 흥미로운, 아주 **사유의 진정한 불능성**이었다. 그는 한때 자기가 의무로 여겼던 것이 이제는 범죄로 불리게 되었다는 것을 알았고, 그래서 그는 이러한 새로운 판단의 규칙을 마치 단지 또 다른 하나의 언어규칙에 불과한 것처럼 받아들였다. 그의 다소 제한된 양의 관용구에다 몇 가지의 새로운 것들을 추가했던 것이고, 따라서 그가 그 관용구 가운데 어떤 것도 적용될 수 없는 상황에 직면했을 때 그는 전혀 어찌할 수 없었다. 가장 기괴한 순간은 그가 교수대에 서서 말을 하게 되었던 때로, 그는 장례식 연설에서 사용하는 상투어에 의존할 수밖에 없었는데 이것은 자기가 살아남아 있는 자가 아니기 때문에 이 경우에는 적절한 것이 아니었다. 그가 줄곧 예상했을 사형선고의 순간에 그가 남겨야 했을 마지막 말이 무엇이어야 했는지를 생각해보건대, 이러한 단순한 사실을 그는 생각 못했던 것 같다. 마치 재판 때의 심문과 반대심문에서 드러난 불일치와 심각한 모순들로 인해 그가 괴롭게 느끼지 않았던 것과 마찬가지로 말이다. 상투어, 관용구, 관습적이고 표준화된 표현과 행위 규칙의 고수 등은 우리를 현실로부터 막아주는, 즉 모든 사건과 사실들이 발생함으로써 일으키게 되는 우리의 생각하는 주의력에 대한 요구를 막아주는 사회적으로 인정된 기능을 갖고 있다. 우리가 이러한 요구에 대해 항상 주의를 기울인다면 우리는 곧 지쳐버리게 될 것이다. 아이히만의 경우에 달랐던 점은 분명히 그는 어떠한 그 같은 주의에 대해서도 알지 못했던 것뿐이다.[14)]

다른 말로 하면 아이히만은 거의 초현실주의적(현실 초월적)인 것처럼 보인다. 그는 극단적으로 '몽상하는' 사람이거나, 또는 아렌트가 위에서 언급한 인용문에서 묘사한 그의 모든 특성들을 다 더해본다면 그는 '몽상하는' 것보다 더 심각한 상태에 있었다. 특별할 정도로 '천박'하지만 '악마적'이지도 또 '어리석지도' 않은 아이히만의 '사유의 진정한 불능성' 또는 '사유의 전적인 부재'는 인간적 실존성을 결여하고 있고 또 그것을 초월해 있는 것이다. 그는 정신병으로 무죄를 요구할 수 있을 정도로 이데올로기적이거나 병리적이지 않았다. 아렌트에 따르면 그의 '인류에 대한 범죄'에도 불구하고 그것은 '근본악'이 아니었다. 왜냐하면 그것은 말하자면 아무 것에도 뿌리를 내리지 않고 있기 때문이다. 그것이 근본적이 되기 위해서는 어떤 구체적이고 확실한 것에 뿌리를 내리고 있어야 한다. 수전 니만은 그의 잘 알려진 저서『근대적 사유에서의 악: 철학의 대안적 역사』에서 아렌트의『예루살렘의 아이히만』을 "악의 문제에 대한 20세기의 가장 중요한 철학적 기여"[15)]로 간주했다. 첫째, 이 책은 20세기에 쓰였지만 그의 윤리적 함축은 20세기보다 훨씬 더 거슬러 올라간다. 둘째, 이 책은 악이라는 주제에만 관련된 것이 아니라 미래를 위한 윤리적인 것의 전 영역과 관련된 것이라고 나는 생각한다.

아렌트가 아이히만에 대해 사유할 능력이 없는 일반적이고 정상적

---

14) 이 글은 나중에 다음의 유고집으로 재출간되었다. Hannah Arendt, *Responsibility and Judgment*, ed. Jerome Kohn, pp.159~160. 고딕체는 정화열 교수가 강조한 것이다.

15) Susan Neiman, *Evil in Modern Thought: An Alternative History of Philosophy*, Princeton, NJ: Princeton University, 2002, p.271.

인 사람이라고 규정했을 때, 의미한 것은 진정 무엇이었을까? 아렌트는 아이히만이 '타인의 관점에서 생각'할 능력이 없는 사람이라는 것을 의미했다(106쪽). 이것은 아렌트가 인간의 복수성에 있어서 '평등'(정체성 또는 동일성)의 다른 측면, 또는 다른 갈고리인 '차이'라고 불렀던 것에 대한 문제다. 인간의 복수성의 우선성은 활동적 삶(행위와 작업과 노동)과 관조적 삶(즉 사유) 양자를 연결시키는 조직이다. 이 양자에 대해서 아렌트는 기포드 강의에서 ── '사유'에 대해서뿐만 아니라 '의지'와 '판단'에 대해서도 ──폭넓게 논의한 바 있다. '특별히 천박했던' 아이히만은 '사유'도 '의지'도 '판단'도 할 수 없었다.

'차이'가 없으면 소통의 필요가 없다고 아렌트가 생각한 것은 옳았다. 그렇다면 '말'과 '행위'도 필요없게 된다. 다른 말로 하면 만일 우리 모두가 똑같다면 우리는 서로를 완벽하게 이해하게 된다. 차이가 없다면 결국 인간의 복수성 자체가 무의미하고 불필요한 개념이 될 것이다. 미국의 정치철학자 마이클 월처(Michael Walzer)가 차이란 인간관계에서 관용을 필수적으로 만드는 반면 관용은 차이를 가능하게 만든다고 말한 것은 논박의 여지가 없다. 여기서 하이데거가 차이(Differenz)를 구별(Unterschied)이라고 말놀이한 것은 '차이'를 '관계적인 것'과 연결지었다는 점에서 시사적이다. 차이는 실로 구별인 것이다.

타자 중심적 윤리를 향하여

모든 관계는 자아와 타자의 비대칭적 차이와 더불어 시작한다. 윤리적 또는 도덕적인 것은 서로에 대한 적절한 질서지음 또는 서열 매김에 기초한다. 이제 아렌트가 『예루살렘의 아이히만』에서 제기한 윤리 또는 도덕의 문제, 즉 아이히만의 '악의 평범성'의 문제를 살펴보자. 20세기는 철학이 '윤리적 전회'를 한 세기라고도 불린다. 나는 이 윤리적 전회 ── 책임을 향한 코페르니쿠스적 전회 ──에 집중해보겠다. 여기서 말하는 코페르니쿠스적 전회란 프톨레마이오스의 지구 중심주의에서 코페르니쿠스적인 태양 중심주의에로의 패러다임 전환을 말한다. 코페르니쿠스적 전회를 통해서 자기 중심성은 타자 중심성(또는 타율성)에 의해 대체되거나 능가된다.[16] 도덕의 미래의 계보학뿐만 아니라, 아이히만의 '악의 평범성'에 대한 우리의 논의 및 이것이 갖는 정치와 법의 미래의 연대기를 위한 함축에 대한 논의에 있어서 지금은 고인이 된 유대계 프랑스 철학자 에마뉘엘 레비나스(Emmanuel Levinas)는 적절할 뿐만 아니라 필수 불가결한 학자다. '악의 평범성'에 대한 아렌트의 담론의 중요성 및 우리가 오늘날 하고 있고 또 내일 하게 될 모든 일에서의 윤리적 문제에 대한 아렌트의 가장 중요한 기여가 여기에 놓여 있다.

아이히만은 타인 또는 타자의 관점에서 '사유'할 능력이 없기 때문에 그는 또한 '행위'할 능력, 또는 더 잘 말하자면 도덕행위를 '수행'할 능력도 없다. 예컨대 그에게는 어떤 것을 '말하기'란 언어놀이를 하는 것과 동일했다. 그는 수행행위로서의 말하기에 대한 이해, 즉 필연적으로 윤리적인 발화행위에 대한 이해가 전혀 없었다. 아이히만의 문제는 그가 본질적으로 혼돈에 빠진(함께 뒤섞여버린) '동일주의자' — 인간관계에서 차이를 알지 못하거나 차이에 대해 생각할 능력이 없는 사람 — 라는 점이다. 예컨대 아렌트에 따르면 아이히만은 교수대 아래에서 자신의 사형선고를 '회피'하는 것을 죽음의 수용소에서 가까스로 '생존'한 것과 부적절하게 동일시했다. 아이히만은 또한 자신의 '복종'과 칸트의 '의무' 또는 '책무'와 구별하지도 못했다. 그는 자신이 『유대인의 국가』(Der Judenstaat)를 쓴 테오도어 헤르츨(Theodor Herzl)과 같은 '이상주의자'라고 잘못 생각했는데, 왜냐하면 그에게 '이상주

---

16) Hwa Yol, Jung, "Taking Responsibility Seriously," in *Phenomenology of the Political*, ed. by Kevin Thompson and Lester Embree, Dordrecht, The Netherlands: Kluwer, 2000; "John Macmurray and the Postmodern Condition: From Egocentricism to Heterocentricism," in *Idealistic Studies*, 31, 2001, pp.105~123; "Responsibility as First Ethics: Macmurray and Levinas," in *John Macmurray: Critical Perspectives*, ed. by David Fergusson and Nigel Power, New York: Peter Lang, 2002, pp.178~188 참조.

자'란 단지 '자신의 이상을 위해 살았던 사람'이었기 때문이다. 요약하면 아이히만은 타자의 관점에서 '생각'할 수 없었기 때문에 자신의 책임을 회피했던 것이다.

레비나스에게는 윤리학이 '제일철학'(philosophie première)이다. 그에게는 인간의 대화가 윤리적이지 않을 수 없다.[17] 윤리적이라는 것은 그에게 타자 중심적이거나 타자 정향적인 것이다. 윤리적인 것에 있어서 타자는 인간관계의, 또는 인간의 복수성의 성소('보다 높은 자리')에 위치한다. 홀로코스트를 일으킨 나치 치하에서 비유대인이 유대인을 구한 것 같은 이타주의는 책임 윤리의 모범이 된다. 레비나스에서 단서를 얻어 나는 타자 정향적 윤리를 '타율적 책임윤리'라고 부른다. 이는 철학의 미래에 대한 논의에 나오는 '너'(Thou)에 대한 루드비히 포이어바흐의 발견에 철학적 뿌리를 둔 것이다. 너에 대한 그의 발견은 타자를 인간관계의 성소에 놓고 있다. 그것은 인간의 대화에서 자기 중심성을 타자 중심성으로 탈중심화하기 때문에 정치적, 윤리적, 사회적 사상에 있어 윤리적 전회라 불릴 수 있다.

아이히만은 타자의 관점에서 사유할 수 없었기 때문에 책임의 윤리를 실천할 수 없었다. 그의 '인류에 대한 범죄'에 대한 아렌트의 판결은 칸트적인 윤리적 의도의 원리에 기초한 것이 아니다. 오히려 그것은 단일한 개인이 단독적으로 책임 있게 되는 결과의 원리에서 도출된 것이다. 따라서 아렌트는 "비록 8,000만 독일인이 피고처럼 행동했다 하더라도 그것이 피고에 대한 변명이 될 수 없을 것"(381쪽)이라고 선언했다. 게다가 아렌트는 "피고가 행한 일의 현실성과 다른 사람들이 했을지도 모르는 일이라는 잠재성 사이에는 협곡이 있습니다. 우리는 여기서 오직 피고가 한 일에만 관여할 뿐, 피고의 내적 삶과 피고의 동기에서 가능한 비범죄적 본성 또는 피고 주위에 있는 사람들의 범죄적 가능

---

17) Emmanuel Levinas, *Alterity and Transcendence*, trans. by Michael B. Smith, New York: Columbia University Press, 1999, p.97.

성에는 관여하지 않는다"(381쪽)라고 주장했다. 또 그녀는 "모든 사람, 또는 거의 모든 사람들이 유죄인 곳에서는 아무도 유죄가 아니"(381쪽)라고 주장했다. 유치원에서가 아니라 정치에서는 "복종과 지지는 동일한 것이다." 그래서 아렌트는 "인류 구성원 가운데 어느 누구도 피고와 이 지구를 공유하기를 바란다고 기대할 수 없다는 것을 우리는 발견하게 됩니다. 이것이 바로 당신이 교수형에 처해져야 하는 이유, 유일한 이유입니다"(382쪽)라고 말한다.

'끔찍하게도 또 전율스럽게도 정상적인' 아이히만에 의해 자행된 '인류에 대한 범죄'는 폭력의 행위(즉 홀로코스트)를 포함한다. 폭력은 차이를 지우려 할 때 우리가 지불해야 하는 값비싼 대가다. 인종차별주의로서의 나치즘의 경우가 그러했다. 나치즘의 반유대주의의 목표는 어떠한 수단을 동원해서라도 유대 인종을 이 지구상에서 쓸어내려는, 멸절시키려는 것이었다. 전쟁도 또한 '전율스럽게도 정상적'으로 되었다. 전쟁은 정치만큼이나 필수 불가결한 것이 되었다. 카를 클라우제비츠(Karl Clausewitz)에 따르면 전쟁은 폭력적 형태의 정치다. 전쟁은 '다른 수단을 사용한 정치의 연장'이라고 했던 것이다. 그의 말은 20세기의 국제정치에서 당연시되었고 으레 그런 문제로 받아들였다. 로버트 리 장군(General Robert E. Lee)은 우리가 전쟁을 너무 좋아하게 되는 것을 두려워했다. 퀸시 라이트(Quincy Wright)는 전쟁에 관한 그의 기념비적 저술에서 인류의 문명 즉 인류의 야만의 연대기에서 매 2년마다 한차례씩 중요한 전쟁이 있었음을 오래전에 발견했다. 우리는 전쟁에 마취되어버렸거나 그것을 정상적인 것으로 여기게 되었다. 간단히 말해 전쟁을 일상적인 인간의 삶의 한 측면으로 '아무 생각 없이'(무사유적으로) 받아들임으로써 우리는 평범하게 되어버렸다. 아렌트가 주장한 것처럼, "우리 모두의 안에 아이히만"이 존재하고 있는 것이다. 기술, 특히 미디어 기술이 우리를 점점 더 일차원적으로, 심지어 전체주의적으로 만들고 있다. 미디어(매체)가 메시지가 되어감에 따라, 간단히 말해, 미디어는 우리를 더욱더 평범하게, 획일적으로, 그리고 생각 없이 만든다. 필자가 주장하고자 하는 것은, 점점 더 일차원적으로 그리고 전체주의적으로 되어왔고, 또 그렇게 되어가게 될 이 지구상의 인류를 위해 아이히만의 '악의 평범성'에 대한 아렌트의 담론에서 우리가 배울 수 있는——가장 궁극적이지는 않다고 하더라도——두 번째로 궁극적인 메시지라는 것이다. 여기서 벗어나는 길은 없어 보인다. 지구상의 인류뿐만 아니라 자연에 대해서도 불필요한 잔인함, 죽음, 고통을 끼치는 데 이를 것이라고 필자가 두려워하는 '무사유'를 우리 모두의 모습으로 갖는 데 이르게 될 것이다.[18] 바로 이때 인류의 역사——아무도 생각하지도 못했던 제임스 조이스(James Joyce)의 표현을 사용하자면——는 깨어날 길이 없는 악몽이 될 것이다.

---

18) 아렌트는 인류가 지구, 즉 인간과 무관한 세계에 의존하고 있다고 확언한다. 아렌트는 『인간의 조건』에서 다음과 같이 쓰고 있다. "지구는 인간 조건에 있어 핵심적 본질이며, 우리 모두가 알고 있듯이 지구의 자연은 인류에게 노력하지 않고도 또 도구가 없이도 움직이고 숨쉴 수 있는 주거지를 제공하고 있다는 점에서 우주에서도 독특한 곳이라고 할 수 있다. 인간이 인위적으로 만든 세계는 인간 실존을 모든 단순한 동물적 환경으로부터 분리시키지만, 생명 자체는 이러한 인위적 세계의 바깥에 존재하며, 인간은 생명을 통해 모든 다른 살아 있는 유기체와 관계를 맺고 있다." Hannah Arendt, *The Human Condition*, p.2.

일러두기

1. 원문이 너무 길어서 우리말로 옮기기가 어려운 경우에는 문장을 끊어주었다. 그러나 가능하면 원문의 길이를 그대로 살렸다.

2. 단락은 원문을 그대로 살렸다. 때로 한 페이지를 넘어가는 것도 있으나 임의로 분할하지 않았다. 단 본문 가운데 너무 긴 인용은 가독성을 위해 별도의 인용단락으로 구분했다.

3. 원문에서 괄호로 된 부분과 꺾쇠([ ])로 된 부분은 그대로 살렸다. 원문에는 하이픈(-)을 사용한 곳이 많은데, 우리말 용법에서는 하이픈을 거의 사용하지 않으므로 이를 지양하여 내용에 맞게 괄호를 쓰거나 아니면 하이픈을 없애고 본문으로 처리했다.

4. 원주는 * ** …, 역주는 1) 2)…로 표시했다.

5. 아렌트가 강조를 위해 이탤릭체로 한 부분은 굵은 글씨체로 바꾸었다.

6. 인명 가운데 중요하다고 판단되는 경우를 제외하고는 대부분 이름 뒤에 영문명을 병기하지 않았다. 지명도 같은 원칙을 적용했다.

7. 따옴표로 직접 인용된 것 가운데 문맥에 맞추어 경어와 평어로 구분하여 옮겼다.

8. 부제 가운데 영어 단어 banality는 그동안 일상성, 진부성 등으로 번역되기도 했으나 이 책에서는 평범성으로 옮긴다. 이에 대한 설명은 역자 서문을 참조하기 바란다.

독자들께 드리는 말

이 책은 1963년 5월에 초판이 나온 책을 수정하고 증보한 것입니다. 저는 『뉴요커』(*The New Yorker*)를 위해 1961년에 예루살렘에서 있었던 아이히만 재판을 취재했는데, 이 책의 내용은 그 잡지의 1963년 2월호와 3월호에 약간 요약된 형태로 처음 출간이 되었습니다. 이 책은 웨슬리언 대학의 고등학문센터의 연구교수로 있던 1962년 여름과 가을에 쓰여 그해 11월에 끝났습니다.

초판의 개정은 기술적인 오류에 관한 것이었고 원문의 분석이나 논거에는 아무런 관련이 없습니다. 이 책이 다루는 시기에 대한 사실적인 기록은 아직 그 세부사항까지 잘 확립이 되어 있지 않았고, 어떤 문제들에 대해서는 충분한 정보에 근거하여 추측을 했는데 아마도 완전히 신빙성 있는 정보로 대체될 수는 없을 것입니다. 따라서 최종 해결책에 따른 유대인 희생자들의 총 숫자(450만 명 내지는 600만 명)는 결코 검증되지 않은 추측일 뿐입니다. 그리고 관련된 국가들 각각의 희생자의 총 숫자도 마찬가지로 추측입니다. 어떤 새로운 자료, 특히 네덜란드에 대한 자료가 이 책의 출간 이후에 나왔지만 이 가운데 어떤 것도 사안 전체에 비추어볼 때 중요한 것은 아니었습니다.

추가된 내용도 역시 기술적인 성격의 것으로 특정한 부분을 명료하게 하거나 새로운 사실들을 도입하거나 또는 어떤 경우에는 다른 자료에서 인용을 하기도 했습니다. 이러한 새로운 자료는 참고문헌에 수록

하였고 또 새로 쓴 후기에서 논의했습니다. 이 후기는 초판에 따라 나온 논란을 다루기도 했습니다. 후기 외에도 유일하게 기술적인 문제와 관련되지 않은 추가사항은 1944년 7월 20일에 있었던 독일의 반히틀러 음모에 대한 것이었습니다. 여기에 대해서는 저는 초판본에서는 단지 부수적인 차원에서 언급했습니다. 이 책의 전체적인 특성은 전혀 변경되지 않은 상태로 있습니다.

　이 수정판의 후기 원고를 준비하는 데 도움을 준 리처드 윈스턴과 클라라 윈스턴께 감사를 드립니다.

1964년 6월
한나 아렌트

오, 독일이여 ─
그대의 집에서 울려나오는 말을 들으며,
사람들은 비웃는다.
그러나 그대를 보는 자마다 자기의 칼을 찾고 있다.
• *베르톨트 브레히트*

제1장
정의의 집

"베스 하미쉬파스"(Beth Hamishpath, 정의의 집). 법정 정리가 큰 목소리로 이렇게 외치면서 세 명의 판사가 도착했음을 알렸을 때 우리는 모두 벌떡 일어섰다. 판사들은 머리에 아무것도 쓰지 않고 검은 법복을 입은 채 옆문을 통해 법정으로 들어와 높게 만든 단 제일 앞줄에 자리잡았다. 곧 수많은 책과 1,500편 이상의 기록 문서로 가득 채워질 긴 탁자 좌우 양편에는 법정 속기사들이 앉아 있다. 판사 바로 아래에는 피고인과 변호인, 그리고 법정 사이에서 직접적인 의견 교환을 도와줄 통역사들이 있다. 재판은 히브리어로 진행되어, 독일어를 쓰는 피고측 사람들은 대부분의 방청객들과 마찬가지로 무선 동시통역 장치를 통해 재판 진행 과정을 따라가고 있다. 통역사들의 불어 통역은 탁월하고 영어 통역은 참고 들어줄 만한데, 독일어 통역은 완전 코미디 수준이라 무슨 말인지 알아들을 수 없는 경우도 종종 있었다(이 재판을 위한 기술적 장치들은 꼼꼼히 갖추어져 있었다. 그러나 이스라엘 인구 가운데 독일 출신이 높은 비율을 차지함에도 불구하고, 피고인과 그의 변호사가 자신들이 이해할 수 있는 유일한 언어인 독일어 통역을 제대로 할 사람을 구하지 못했다는 것은 새로운 국가 이스라엘의 작은 미스터리 가운데 하나다. 독일계 유대인에 대해 오랜 편견이 있었는데, 이 편견이 한때 이스라엘을 지배했기 때문에 이 같은 현상이 일어났다고 설명하기에는 뭔가 충분하지 않기 때문이다. 이 현상을 달리 설명하자면, 독일계 유대인에 대한 편견보다 더 오랫동안 존재한, 강력한 '비타민 P' 때문이라고 할 수 있다. 이 말은 정부 조직과 관료 사회에서 횡행하는 자기 보호책(protection)을 이스라엘 사람들이 일컬어 사용한 표현이다). 서로 얼굴을 마주보고 앉아 방청객에게 옆모습을 보여주고 있는 통역사석 한 층 아래에는 피고인이 앉아 있는 유리 부스와 증인석이 있다. 끝으로 바닥 층에는 네 명의 검사보를 동반한 담당 검사와 처음 몇 주일 동안 보조인을 동반하게 될 피고 측 변호사가 방청객을 등지고 앉아 있다.

　판사들의 행동에 극적인 요소가 있었던 적은 한 번도 없었다. 그들은 일부러 꾸민 듯한 걸음걸이를 하지 않았고, 그들의 맑고 강한 집중력이나 고통스러운 이야기를 청취할 때 눈에 띄게 나타났던 경직된 모습 등은 자연스러운 것이었다. 증언을 무한정 끌고 가려는 검사의 시도에 대해서는 참지 않고 즉각적으로 제동을 걸었는데, 이러한 태도는 오히려 상쾌한 느낌을 주었다. 또 '세르바티우스 박사(Dr. Servatius)가 격렬한 전쟁과 같은 이처럼 불편한 환경 속에 거의 혼자 있다'는 사실을 항상 염두에 두기라도 하듯 판사들의 태도가 좀 지나치게 공손한 듯했지만, 피고인에 대한 그들의 태도는 항상 비난의 소지가 없었다. 이 세 사람이 모두 착하고 정직한 사람들이라는 것은 분명히 드러났다. 그래서 그들 중 어느 누구도 무대와 같은 이곳에서 연기자처럼 행동하려는 유혹에 넘어가지 않는다는 것, 즉 독일에서 태어나 교육받은 이들 모두가 마치 재판 내용이 히브리어로 통역될 때까지 기다리는 식으로 연기하려고 하지 않는다는 데 놀랄 사람은 없었다. 재판장 모셰 란다우(Moshe Landau)는 통역사가 통역을 마칠 때까지 기다렸다가 대답한 적이 거의 없었다. 또 종종 통역에 끼어들어 고치고 수정해주기도 했는데, 만일 그가 그렇게 하지 않았더라면 재판을 참을성 있게 지켜보기 어려웠을 것이다. 그래서 그가 이처럼 주의를 분산시킨 일은 고마운 일이었다. 그는 수개월 후 있었던 피고인 대질심문 때에는, 심지어 아이히만과 대화 시 동료 재판관들에게 그들의 모국어인 독일어를 사용하라고 권유하기도 했다. 이는 그가 이스라엘의 현지 여론으로부터 얼마나 주목할 만큼 독립해 있었던가를 보여주는 증거(만일 이런 증거를 보여줄 필요가 있다면)다.

전반적인 재판의 분위기를 주도한 사람은 란다우 판사였다. 또 쇼맨십을 아주 좋아하는 검사의 영향 때문에 재판이 쇼처럼 되는 것을 막는 데 란다우 판사가 최선을, 그의 모든 힘을 다했음은 처음부터 의심의 여지가 없었다. 이러한 노력이 항상 성공적이지는 않았다. 그 이유 중 하나는 쇼가 시작할 때 커튼이 올라가는 것과 같은 효과를 자아내는 법정 정리의 멋들어진 고함 소리와 더불어, 소송 절차가 방청객 앞의 무대에서 시작된다는 것 때문이다. 새로 지어진 민중의 전당(Beth Ha'am)에 이 강당을 만들기로 계획한 사람이 누구였는지 모르겠다(지금 이곳에는 높은 담장이 쳐져 있고, 지붕에서 지하실까지 중무장한 경찰들이 경계를 서고 있으며, 건물 앞 광장에는 모든 방문객들이 철저한 검색을 받을 수 있도록 초소들이 일렬로 서 있다). 그러나 그는 오케스트라와 회랑, 무대 앞 장치와 무대, 그리고 배우가 입장할 수 있는 옆문만 갖추면 이 강당이 완벽하게 극장으로 변모할 것이라고 생각했음에 틀림없다. 이스라엘 수상인 다비드 벤구리온(David Ben-Gurion)이 아이히만을 아르헨티나에서 납치하여 '유대인 문제 최종 해결책'[1]에 대한 그의 역할을 재판하도록 예루살렘 지방법원으로 압송하기로 결정했을 때 염두에 뒀던 쇼와 같은 재판을 위해서 이 법정은 분명히 그리 나쁜 장소가 아니라고 할 수 있다. 그리고 '국가의 설계사'라는 적절한 칭호로 불렸던 벤구리온은 이 소송 절차의 보이지 않는 무대 매니저로 남아 있다. 그는 단 한 번도 재판을 참관한 적이 없었다. 그가 법정에서 하고 싶은 말이 있다면, 정부를 대표하고 자기 상전에게 최선

---

1) the final solution. 유대인을 집단 학살하여 유대인 문제를 최종적으로 해결하는 것을 말한다.

을, 그의 지도자에 대해 최선의 복종을, 전심전력을 다하는 법무장관 기드온 하우스너(Gideon Hausner) 씨의 목소리를 빌려 말했다. 그런데 그가 최선을 다했으나 다행스럽게도 종종 좋은 결과가 나오지 않은 것은, 하우스너 법무장관이 이스라엘 국가를 위해 다한 것과 같은 정도의 충성을 정의에 기울인 사람에 의해 이 재판이 주재되었기 때문이다. 정의가 실현되기 위해서는 피고인이 기소되면 변호를 받고 판결을 받아야 한다. 또 중요하게 여겨질 수 있는 다른 질문들, 즉 "어떻게 그와 같은 일이 일어날 수 있었을까?" "왜 그 일이 일어났던가?" "왜 유대인이?" "왜 독일인들이?" "다른 나라들은 어떤 역할을 하는가?" "동맹국들의 공통 책임의 범위는 어디까지인가?" "어떻게 유대인은 자신의 지도자들을 통해서 자기 자신을 파괴하는 행위에 협조할 수 있었을까?" "왜 그들은 도살장에 가는 양처럼 자신들의 죽음을 향해 걸어갔을까?" 등과 같은 질문들은 중지되어야 한다. 정의는 신변 보호를 위해 유리 부스 안에 앉아 있는, 카를 아돌프 아이히만의 아들 아돌프 아이히만(Adolf Eichmann)의 중요성에 집중한다. 아이히만은 중간 정도 체격에 호리호리하며 중년으로, 근시에다 희끗희끗한 머리와 고르지 않은 치아를 지니고 있었다. 재판 때는 줄곧 가는 목을 의자 쪽으로 길게 젖힌 채 앉아 있었다(그는 한 번도 방청객 쪽으로 얼굴을 돌리지 않았다). 이 재판이 시작되기 오래전부터 갖고 있었던 것으로 보이는 입가의 신경성 경련이 계속되는 데도 불구하고 필사적으로 이를 자제하는 자세를 유지하려고 했는데 이는 대체로 성공적이었다. 심판대에 오른 것은 그의 행위에 대한 것이지, 유대인의 고통이나 독일 민족 또는 인류, 심지어는 반유대주의나 인종차별주의가 아니다.

그리고 벤구리온의 마음이 가는 대로 본다면 정의란 비록 '추상적 개념'에 불과한지 모르겠지만, 결국 모든 권력을 장악한 수상보다 정의가 더 엄격한 주인 역할을 하고 있음이 분명하다. 하우스너 씨가 곧 증명해 보이겠지만, 수상의 규칙은 엄격한 것이 아니었다. 재판 기간 동안 검사에게 기자회견과 TV 인터뷰가 허용되었다(글리크만 주식회사가 후원한 미국 프로그램에서 나온 이 인터뷰는, 비즈니스가 늘 그렇듯이 부동산 광고에 의해 계속 끊어졌다). 심지어 검사는 법정 건물 안에서 '즉흥적인' 감정을 분출하기도 했다(그는 모든 질문에 거짓말로 일관하는 아이히만을 대질신문하는 데 신물이 났던 것이다). 법정에서 자주 방청객을 힐끔거리거나, 일상적 허세보다도 더 심한 연극적인 행동을 하기도 했는데, 이로 인해 그는 결국 백악관의 인정을 받아 미국 대통령으로부터 "업무를 잘 수행했다"는 칭찬을 받았다. 정의는 이런 어떤 것도 허용하지 않는다. 정의는 은둔을 요구하고, 분노보다는 슬픔을 허용하며, 그 자신을 주목받는 자리에 놓음으로써 갖게 되는 모든 쾌락을 아주 조심스럽게 피하도록 처방한다. 란다우 판사가 재판 직후 미국을 방문했다는 사실은 이 방문을 담당한 유대인 기구들 외에는 알려지지 않았다.

그러나 판사들이 아무리 지속적으로 사람들의 주목을 외면한다 해도, 그들은 마치 연극 무대에서 관객들을 바라보듯 단의 제일 윗자리에서 방청객을 마주 대한 채 바로 거기에 앉아 있었다. 방청객들은 전 세계를 대표하는 듯 생각되었는데, 실제로 처음 몇 주간은 방청객들이 주로 세계 각처에서 예루살렘으로 모여든 신문기자와 잡지 작가들이었다. 그들은 뉘른베르크 재판[2]처럼 선풍적인 인기를 끈 광경을 지켜볼 수 있겠지만, 이번 경우는 "유대인의 비극 전체가 주요 관심사가 될 것이다." 왜냐하면 "만일 우리가 비유대인에 대한 범죄를 이유로 해서도 [아이히만을] 처벌한다면, ……이는" 그가 그러한 범죄를 저질렀기 때문이 아니라, 놀랍게도 "우리가 어떤 인종차별도 하지 않기 때문이다." 검사가 논고 서두에서 내뱉은 이 주목할 만한 말은 분명 이번 기소에서 핵심 문장임이 입증될 것이다. 왜냐하면 이 소송사건은 아이히만이 무엇을 했느냐가 아니라, 유대인이 무엇을 겪었느냐를 바탕으로 이룩된 것이기 때문이다. 그런데 하우스너 씨에 따르면 이를 구분하는 것

---

2) 제2차 세계대전 후 독일의 뉘른베르크에서 열린 나치 전범 재판이다.

은 하찮은 것이다. 왜냐하면 "거의 전적으로 유대인 문제에 관여한 사람, 자신의 역할이 유대인을 파멸시키는 것이었던 사람, 이 사악한 정권이 확립되는 과정에서 자신의 역할이 유대인으로 제한되어 있었던 사람은 오직 한 사람, 바로 아돌프 아이히만이기 때문이다." 유대인이 겪은 (물론 미해결로 남아 있지 않은) 모든 것을 법정으로 가져와서 어떤 방식으로든 아이히만과 일어난 사건들을 연결시키기 위한 증거를 찾으려는 것은 비논리적이지 않은가? 피고인들이 '여러 민족에 속한 사람들에 대한 범죄 때문에 기소된' 뉘른베르크 재판에서는 아이히만이 거기에 없었다는 단순한 이유로 유대인의 비극은 다루어지지 않았다.

뉘른베르크 재판 때 아이히만이 심판대에 있었더라면 유대인의 운명이 더 큰 주목을 받았을 거라고 하우스너 씨는 과연 정말 믿었을까? 아니었을 것이다. 이스라엘의 다른 대부분의 사람들처럼, 오로지 유대인 법정만이 유대인에게 정의를 실현해줄 수 있으며, 그들의 적들을 심판하는 자리에 앉는 것은 바로 유대인이 해야 할 일이라고 그는 믿었다. 그러므로 그 범죄가 '유대인에게 저지른' 범죄가 아니라 유대인의 몸을 빌려 인류에게 저지른 과오기 때문에, 아이히만을 국제법정에 세워야 한다는 말을 꺼내기만 해도 거의 일반적인 적대감을 불러일으키게 된다. 따라서 "우리는 인종차별을 하지 않는다"는 이상한 호언장담을 하게 된 것이다. 이러한 말은 이스라엘에서는 그렇게 이상하게 들리지 않는다. 랍비의 법으로 유대인 시민권에 대한 개인 자격을 규정하는 이스라엘에서는 어떤 유대인도 비유대인과 결혼해서는 안 된다. 해외에서 이뤄진 결혼은 인정하지만, 다른 민족과의 결혼에서 태어난 아이들은 법적으로는 사생아며(결혼식을 하지 않았더라도 유대인 사이에 난 자녀들은 합법적 지위를 갖는다), 어머니가 유대인이 아닌 사람은 유대인과 결혼할 수도 없고 유대인식으로 장례를 치를 수도 없다. 가족법 문제와 관련된 사법권의 상당 부분들이 세속 법정으로 넘겨졌던 1953년 이후 이와 같은 랍비의 규칙은 더욱 심하게 침해되었다. 지금은 여성들이 재산을 상속받을 수 있고, 일반적으로 남성과 동등한 지위를 누릴 수 있다. 그러므로 결혼과 이혼에 대해 랍비의 법 대신 이스라엘 정부가 세속적 사법권을 수립하지 못하도록 막는 것을, 신앙에 대한 존중심이라거나 소수의 광신자들의 세력 때문이라고 말할 수는 없다. 이스라엘 사람들은 종교적이든 비종교적이든 관계없이 다른 민족과 결혼을 막는 법을 갖는 것이 바람직하다는 데 이미 동의하는 듯하다. 이런 법에 대해 (법정 밖에서 이스라엘의 관료들이 기꺼이 인정하는 것처럼) 난처하게도 한 자 한 자 철저하게 기록되어야 하는 성문법을 갖는 것이 바람직하지 않다는 점에도 그들의 의견이 일치하고 있다는 사실은 주로 그런 이유 때문이다("종교 의식을 따르지 않고 민법에 의해 이뤄진 결혼에 대한 논쟁은 이스라엘의 가계를 분열시킬 것이고, 또 이스라엘의 유대인과 디아스포라의 유대인을 분열시킬 것이다"라고 필리프 길론은 최근에 『유대인의 전선』*Jewish Frontier*에 썼다). 이유야 어떻든 간에 1935년에 입법화된, 타 민족과의 결혼 및 유대인과 독일인 간의 성적 교섭을 금한, 악명 높은 뉘른베르크 법을 비난한 검사의 소박함에는 손에 땀을 쥐게 하는 무엇인가가 있다. 특파원들 가운데 보다 더 정통한 소식통들은 이런 아이러니를 잘 알고 있었지만 그것을 기사화하지는 않았다. 유대인에게 그들 자신의 국가의 법과 제도들 중 무엇이 잘못되었는지 말할 때가 지금은 아니라고 그들은 생각했기 때문이다.

만일 이 재판의 방청객이 세계고 이 연극이 유대인이 겪은 고통의 거대한 파노라마라고 한다면, 실제는 기대와 목표에 미치지 못했다고 할 수 있다. 저널리스트들은 두 주일 이상 진지한 태도로 남아 있지 못했고, 그 이후에는 방청객의 부류가 근본적으로 변했다. 이제 방청객은 유대인으로 구성된 것 같다. 그러나 그들은 너무 젊어서 전개되는 이야기를 이해하지 못하거나, 중동 및 북아프리카계의 유대인처럼 여기에 대해 전혀 들어본 적이 없었던 이들이다. 이 재판은 비유대인 사이에서 살아가는 것이 무엇을 의미하는지를 그들에게 보여주어야 했고, 오직 이스라엘에서만 유대인은 안전하고 명예로운 삶을 영위할 수 있다는 것을 확신시켜주고자 했다(기자들을 위해 이스라엘의 법체계에 대한 정보가 소책자에 낱낱이 기록되어 보도진에게로 넘겨졌다. 이 소책자를 쓴 도리스 랜킨은, '아이들을 엄마로부터 유괴하여 이스라엘로 데리고 왔던' 두 명의 아버지에 대해, 외국에 살지만 아이들에 대해 법적 권리를 갖고 있는 어머니에게로 그 아이들을 곧바로 되돌려 보내기로 한 대법원의 판결을 인용하고 있다. 게다가 '아이들을 어머니의 보살핌으로 돌려보내는 것은 그 아이들로 하여금 외지에서 적대적 요소에 맞서 힘들게 싸우며 살게 만든 것임에도 불구하고' 그와 같이 했다—비유대인 희생자들의 살인에 대해서도 기소할 의지가 있다는 것에 대해 하우스너 씨가 자부심을 느끼는 만큼 법에 대한 엄격한 태도에 대해 자부심을 느끼면서—고 저자는 덧붙였다). 방청객 중 젊은이들은 거의 없었고, 유대인과 구별되는 의미에서의 이스라엘인도 없었다. 그곳을 가득 채우고 있는 사람들은 알아야 할 모든 것을 가슴속 깊이 알고 있으며, 그래서 어떤 교훈도 배울 자세도 갖춰져 있지 않고, 그들 나름대로의 결론을 이끌기 위해 이 재판이 필요하지도 않은, 나처럼 유럽에서 이주한 중년과 노년의 '생존자'들이었다. 증거에 증거를 더하고 공포에 공포가 더해갈 때 그들이 말하는 사람과 마주앉아야 하는 사적인 자리였다면 거의 참을 수 없었을 이야기들을 그들은 공적인 자리에서 들었다. 더욱이 '이 세대에 일어났던 유대인의 참사'가 밝혀지면 밝혀질수록, 그리고 하우스너 씨가 화려한 수사를 사용하면 사용할수록, 유리 부스 안의 인물은 더욱더 창백해지고 더욱더 유령과 같은 모습으로 변해가서, "바로 이 모든 일에 책임이 있는 괴물이 앉아 있다"고 소리치며 손가락질해도 그를 본래의 모습으로 되돌리지 못할 것처럼 보였다.

머리카락을 곤두서게 하는 참상의 중압감 아래 무너진 것은 바로 이 재판의 연극적 측면이었다. 재판이란 희생자가 아니라 행위자와 함께 시작되고 끝나는 연극과 흡사하다. 쇼와 같은 재판은 무슨 일이 일어났고 또 어떻게 일어났던가에 대한, 한정된 분량의 잘 정리된 개요를 보통 재판보다 훨씬 더 절실히 요구한다. 재판의 중심에는 행위자만이 존재할 수 있다. 이런 점에서 행위자는 연극의 주인공과 같다. 따라서 만일 그가 고통을 받는다면 그가 행한 일 때문에 고통을 받아야지, 그의 행위가 야기한 타인의 고통 때문에 고통을 받아서는 안 된다. 이런 점을 재판장은 가장 잘 알고 있었는데, 그가 보기에 이 재판은 '방향을 잡지 못하고 파도 위에서 출렁이는 배'와 같은, 피투성이의 쇼로 전락하기 시작한 것이다. 그런데 이를 방지하려는 그의 노력이 자주 실패한 것은, 이상하게 들리겠지만, 피고 측의 잘못이었다고 할 수 있다. 아무리 부적절하고 하찮은 증언이라도 피고인 측은 적절히 이의를 제기해본 적이 거의 없었다. 모든 사람이 이구동성으로 그를 세르바티우스 박사라고 불렀는데, 그는 증거 자료를 제출하는 문제에서는 보다 용감했다. 그가 원고를 방해한 가장 인상적인 순간은 원고 측이 뉘른베르크에서 교수형에 처해진 전 폴란드 총독 한스 프랑크의 일기를 증거로 제출했을 때였다. "제가 할 질문은 한 가지뿐입니다. 아돌프 아이히만이라는 이름, 즉 피고인의 이름이 저 29권〔실제로는 38권〕에 언급된 적이 있습니까? ……아돌프 아이히만이라는 이름은 29권 가운데 어디에서도 언급되어 있지 않습니다. ……더 이상 질문이 없습니다. 감사합니다."

따라서 이 재판은 결코 연극이 되지는 않았지만, 벤구리온이 처음에 염두에 두었던 쇼, 즉 그가 유대인과 이방인, 이스라엘인과 아랍인, 간단히 말해 전 세계에 가르쳐주어야 한다고 생각한 '교훈'을 담은 쇼는 이루어졌다. 바로 이 쇼에서 얻은 교훈은 교훈 받을 사람에 따라 다르다고 생각했다. 왜 이스라엘이 피고를 납치해야 하는가를 설명하기 위해 재판 시작 전에 벤구리온이 작성한 많은 글에서 이 교훈들은 개괄되었다. 비유대인의 세계에 주는 교훈은, "수백만 명의 사람들이 단지 유대인이라는 이유 때문에, 100여만 명의 아기들이 단지 유대인의 아기라는 이유 때문에, 어떻게 나치스에 의해 살해되었는가를 우리는 세계만방에 입증하고자 한다"는 것이다. 벤구리온이 속한 노동당3)의 기관지인 『다바르』(Davar)는 "유럽의 600만 유대인의 학살에 대해 나치 독일만 책임 있는 것이 아님을 세계 여론으로 하여금 알게 하려는 것이다"라고 표현했다. 벤구리온 자신의 말로 하자면, "우리는 세계만방이…… 알기를 원하며, 그들은 부끄러움을 느끼게 될 것이다." 외지의 유대인은 '정신적 업적과 윤리적 노력과 메시아적 염원을 가지고 4,000년을 내려온' 유대교를 세계가 어떻게 항상 적대적으로 대해왔는지, 어떻게 유대인이 변질되어 양처럼 죽음을 맞이하게 될 정도가 되었는지, 그리고 이스라엘인이 독립전쟁과 수에즈 운하 사건, 그리고 불안정한 이스라엘 국경에서 거의 매일 일어나는 사건에 대해 해왔던 것처럼 어떻게 유대인 국가의 수립이 유대인으로 하여금 반격을 가능하게 할 수 있었는지를 기억하게 될 것이라고 그는 말했다. 그리고 이스라엘 밖에 거주하는 유대인에게 이스라엘적 영웅주의와 유대적인 복종적 순응성 사이의 차이를 보여주어야 한다면, 이스라엘에 거주하는 사람들에게는 또한 다음과 같은 교훈이 있다고 그는 말한다. '홀로코스트 이후에 성장한 이스라엘의 세대는' 유대 민족과의 연관성을 상실할 위험에 처해 있다. 이는 그들 자신의 역사와의 연관성 상실을 의미한다. "우리의 젊은이들은 유대 민족에게 어떤 일이 일어났던가를 기억해야 할 필요가 있다. 우리는 우리의 역사에서 가장 비극적인 사실에 대해 그들이 알기 원한다." 끝으로 아이히만을 법정에 끌고 온 동기 중 하나는 "다른 나치스(예컨대, 나치스와 연결된 일부 아랍 지도자들)를 색출하려는 것"이라고 그는 말한다.

만일 이러한 것들만이 아돌프 아이히만을 예루살렘 지방법원으로 데려온 것을 정당화하는 유일한 이유라면, 이 재판은 대체로 실패라고 할

---

3) 이스라엘어로 노동당은 마파이(Mapai)며 1930년에 창립된 이스라엘 노동자당으로서 1965년까지는 다비드 벤구리온이 주도했다. 1968년에 이 당은 다른 두 사회주의 정당과 제휴하여 이스라엘 노동당을 창설했는데, 초기에는 레비 에쉬콜이 주도하다가 나중에는 골다 메이르(Golda Meir)가 주도했다.

수 있다. 어떤 점에서는 그러한 교훈들이 불필요한 과잉의 것이고, 또 다른 점에서는 확실히 오도된 것이다. 반유대주의는 히틀러 덕분에 영원히는 아니겠지만 한동안 불신을 사게 되었다. 이는 유대인이 갑자기 아주 유명해져서가 아니라, 벤구리온 자신의 말에 따르면, 대부분의 사람들이 '우리 시대에는 가스실과 비누공장[4)이 반유대주의의 귀결점임을 깨닫게 되었기' 때문이라는 것이다. 그 교훈은 외지에 사는 유대인에게도 마찬가지로 불필요한 과잉의 것이다. 그들은 이 세계의 적대성을 확인하기 위해서 자기 민족의 3분의 1이 파멸된 엄청난 재앙을 겪을 필요가 없었던 것이다. 어디에나 반유대주의적 요소가 영원히 존재한다는 그들의 확신이 드레퓌스 사건 이래 시온주의 운동 진영의 가장 유력한 이데올로기적 요소가 된 것만은 아니었다. 이는 또한 달리 설명되지 않는, 초기 단계의 나치 정권에 대한 독일 유대인 공동체의 협상적 태도를 설명해주는 원인이기도 했다(이런 협상은 말할 필요도 없이 유대인 협의회가 뒤에 취한 협상적 태도와 크게 구별된다. 아직 어떤 도덕적 문제도 개입되지 않았고, 단지 그 정치적 결단의 '현실성'만이 문제가 되었다. '추상적' 비난보다는 '구체적' 도움이 더 낫다고 주장한 것이다. 이는 마키아벨리적 과장이 없는 현실정치였으며, 그 위험성이 드러나게 된 것은 수년 뒤 전쟁이 발발한 후, 유대인 단체들과 나치 관료 사이의 일상적 계약 때문에 유대인 지도층 인사들이 유대인 탈출을 돕는 일과 나치스가 유대인의 이동 격리를 돕는 것과의 차이점을 제대로 구별하지 못하게 된 때였다). 친구와 적을 구별하지 못하도록 유대인을 위험할 정도로 무능하게 만들어버린 것은 바로 이러한 확신이었다. 그리고 모든 이방인들은 다 동일하다는 생각 때문에 자신의 적을 과소평가한 사람은 독일 유대인뿐만 아니었다. 모든 실제적 차원에서 유대 국가의 수장이라고 할 수 있는 벤구리온 수상이 이런 종류의 '유대적 의식'을 강화하려고 했다면 그는 잘못 생각한 것이다. 왜냐하면 이런 사고방

---

4) 유대인의 몸을 녹여 비누로 만든 수용소 내의 공장을 말한다.

식을 바꾸는 것은 실제로 이스라엘 국가 형성을 위해 필수 불가결한 선결 조건 가운데 하나며, 이스라엘 국가가 정의(定義)상 유대인을 종족 중의 종족으로, 민족 중의 민족으로, 국가 중의 국가로 만들려는 것이 이제는 종교적으로 기초한 유대인과 이방인이라는 낡아빠진 불행한 이 분법을 더 이상 허용하지 않는 복수성[5)에 의존하기 때문이다.

이스라엘 영웅주의와 유대인을 죽음으로 몰고 간 (이송 지점에 정시에 도착하고, 제 발로 처형장까지 걸어가며, 자신의 무덤을 파고, 옷을 벗어 가지런히 쌓아놓고, 총살당하기 위해 나란히 눕게 한) 복종적 순응성을 대비시키는 것은 좋은 지적처럼 보였다. 이것이 가치 있다고 생각한 검사는 증인들마다 "왜 당신은 저항하지 않았습니까?" "왜 당신은 기차에 탔습니까?" "1만 5,000명의 사람이 거기에 서 있었고 수백 명의 간수들만 당신과 마주하고 있는데 왜 당신은 폭동을 일으키거나 비난하거나 공격하지 않았습니까?"라고 질문하면서 이 점을 정교하게 다듬어갔다. 그러나 이 문제에 대한 슬픈 진실은 초점이 잘못 잡혔다는 것이다. 왜냐하면 어떤 비유대인 집단이나 민족들도 이와 다르게 행동하지 않았기 때문이다. 부헨발트 수용소에 수용된 다비드 루세는, 아직 그 사건의 직접적 영향하에 있다고 할 수 있는, 16년 전에 모든 집단수용소에서 일어난 것으로 알려진 일들에 대해 다음과 같이 묘사했다.

비밀경찰의 승리를 위해서 고문당한 희생자들이 저항 없이 스스로 교수대에 목을 매고, 그가 자신의 정체성에 대해 더 이상 긍정하지 못할 정도로 자기 자신을 부정하고 포기하도록 요구되었다. 그런데 이런 일들이 그저 일어난 것은 아니다. 아무런 까닭 없이, 단순한 가학성 때문에 비밀경찰 요원들이 유대인의 패배를 요구한 것은 아니다. 교수대로 올라가기 전에 희생자를 이미 파괴하는 데 성공한 체

---

5) plurality. 한나 아렌트가 정치의 핵심적 근원이라 여겼던 것으로, 모든 인간은 서로 다르다는 사실에 대한 표현이다.

제가······ 한 민족을 노예 상태로 만드는, 다른 것에 비교할 수 없을 만큼 최상의 것이라는 점을 그들은 안다. 복종하는 가운데. 바보처럼 자신의 죽음을 향해 걸어가는 이 인간의 행진보다도 더 무서운 것은 없다.*

법정에서는 이 잔인하고도 어리석은 질문에 대한 어떤 대답도 얻을 수 없었지만, 만일 1941년 암스테르담에 있던 자신이 살던 구 유대인 거주 지역에서 독일 비밀경찰 파견대에 공격을 감행한 네덜란드 유대인의 운명에 대해 상상력을 동원하여 잠시 동안 생각해본다면, 사람들은 쉽게 해답을 찾을 수 있었을 것이다. 그 보복으로 430명의 유대인이 체포되어, 처음에는 부헨발트 수용소에서 나중에는 오스트리아의 마우트하우젠 수용소에서 그들은 글자 그대로 고문사당했다. 몇달 동안 계속해서 1,000여 명이 죽었고, 그들 한 사람 한 사람은 아우슈비츠의 동포들, 심지어는 리가와 민스크의 동포들을 부러워했을 것이다. 죽음보다도 훨씬 더 나쁜 것들이 많이 존재한다. 비밀경찰들은 희생자들이 생각하고 상상한 것과 별반 차이가 없는 일들이 그들에게 일어나도록 했다. 재판에서 유대인 편에서만 이야기를 이끌어 가려고 한 계획적인 시도는 무엇보다 바로 이 점에서 더 두드러지게 진리를, 더욱이 유대인의 진리를 왜곡시켜버렸다고 할 수 있겠다. 바르샤바 게토[6]에서 발생한 폭동의 영예와 저항을 선택한 몇몇 사람들의 영웅주의는 바로 나치스가 제시한 비교적 쉬운 죽음(형장에서 처형당하거나 가스실에서 죽는 죽음)에 대해 거절했다는 사실에 근거한다. 그리고 저항과 반란, 즉 '홀로코스트의 역사에서 (그것이 차지하는) 작은 지위'에 대해 증언한 예루살렘의 증인들은 아주 젊은 사람들만이 '우리는 양처럼 가서 학살될 수 없다고 결심'했다는 사실을 한 번 더 확인

---

* David Rousset, *Les Jour de notre mort*, 1947.
6) ghetto. 유대인 강제 거주 지역을 말한다.

시켜주었다.

　한 가지 점에서 이 재판에 대한 벤구리온의 기대가 전적으로 허물어
지지는 않았다. 즉 이 재판은 다른 나치스와 전범자들을 색출하는 중요
한 방편이 되었다. 그러나 공공연하게 그들 수백 명에게 피난처를 제
공한 아랍 국가들의 경우에서는 그렇지 못했다. 전쟁 기간 중 나치스
와 회교법 최고고문(the Grand Mufti)과의 관계는 비밀이 아니었다.
최고고문은 근동지역 나름의 '최종 해결책'을 수행하도록 나치스가 도
와줄 것이라 기대했다. 그래서 다마스쿠스와 베이루트, 카이로와 요르
단의 신문들은 아이히만에 대한 연민과 그가 "그 일을 완수하지 못했
다"는 데 대한 유감을 감추지 않았다. 재판이 열리던 바로 그날 카이로
의 한 방송은 심지어 "지난 세계대전을 치르는 동안 단 한 대의 독일 비
행기도 유대인 거주지로 날아와 폭탄을 투하하지" 않았다고 불평하는,
약간의 반독일적 언급을 논평에 끼워 넣었다. 아랍 민족주의자들이 나
치즘에 공감한 것은 악명 높은 사실이고 또 그 이유도 분명했기 때문
에, '그들을 색출하기 위해서는' 벤구리온도, 이 재판도 불필요했다. 그
들은 결코 숨어 있지 않았다. 이 재판에서 밝혀진 것은 아이히만과 전
예루살렘의 회교법 최고고문인 하지 아민 엘 후세이니(Haj Amin el
Husseini)와의 관계에 대한 모든 소문들이 사실무근이라는 것뿐이었
다(그는 공식 환영식장에서 다른 모든 부서 장관들과 더불어 최고고문
에게 소개되었을 뿐이었다). 최고고문은 독일 외무부 및 힘러와 친밀
한 관계를 유지했으나 이는 새로운 사실이 아니었다.
　만일 '나치스와 몇몇 아랍 통치자들 간의 관계'에 대한 벤구리온의
언급이 무의미했다고 한다면 그가 이 과정에서 지금의 서독을 언급하
지 않은 것은 경이로운 일이라고 할 것이다. 물론 이스라엘이 "아데나
워[7]가 히틀러에 대해 책임을 져야 한다고 주장하지는 않겠다"고 말하

---

7) 재판 당시 서독 대통령이다.

62

는 것과 "그 격조 있는 독일인이 비록 20년 전 수만 명의 유대인을 학살하는 데 협조한 바로 그 민족에 속한다 해도, 우리에게 그는 한 격조 있는 인간이다"라고 말하는 것을 들을 때 우리는 안도하게 된다(격조 있는 아랍인에 대한 언급은 없었다). 독일 연방공화국이 비록 아직 이스라엘을 국가로 인정하진 않았지만(아마도 아랍 국가들이 울브리히트의 독일[8])을 인정하지 않는 것을 두려워했기 때문인 것 같다), 지난 10년간 배상금으로 이스라엘에 737만 달러를 지불했다. 이 지불 건은 곧 완료될 것이며, 이제 이스라엘은 서독으로부터 장기 차관을 받기 위한 협상을 시도하고 있다. 그래서 이 두 나라 간의 관계, 특히 벤구리온과 아데나워 간의 개인적 관계는 아주 좋기 때문에, 만일 이 재판의 여파로 이스라엘 의회에서 몇몇 의원들이 서독과의 문화 교환 프로그램에 제한을 가한 것은 분명 벤구리온이 예견한 것도 또 기대한 것도 아니었다. 아이히만의 체포로 인해 독일이 학살에 직접 연루된 사람들을 재판에 회부하도록 신중한 노력을 기울이게 할 것임을 그가 예견하지 못한 점, 또는 언급하고 싶어 하지 않았다는 점은 더욱 주목할 만한 것이다. 뒤늦게 1958년에 서독에 의해 창설된, 에르빈 쉴레 검사가 이끄는 중앙나치범죄수사국은 한편으로는 독일인 증인들이 협조를 꺼려하고, 또 다른 한편으로는 지방법원이 수사국의 자료들을 기초로 하여 기소하기를 꺼려하는 태도 때문에 발생한 온갖 종류의 난점에 부딪혔다. 이 예루살렘의 재판이 아이히만의 협력자들을 밝혀내는 데 필요한 어떤 새롭고 중요한 증거를 찾아낸 것은 아니었다. 아이히만을 생포함으로써 끌게 된 주목과 재판이 임박했다는 뉴스 때문에 지방법원은 쉴레의 조사 결과를 사용할 수 있도록 했다. 또 널리 알려진 전범자를 생포하기 위해 현상금을 내거는 전통적 방법을 사용함으로써 '우리 가운데 있는 살인자들'에 대해 조치를 취하지 못하도록 만든 내적 거리낌을 극

---

8) 당시 동독을 지칭하는 표현이다. 발터 울브리히트는 동서독 분리 이후 동독의 서기장이다.

복하는 데 충분한 영향을 미쳤다.

　그 결과는 놀라웠다. 아이히만이 예루살렘에 도착한 지 7개월 후에 (재판이 시작되기 4개월 전) 루돌프 회스(Rudolf Höss)의 뒤를 이어 아우슈비츠의 지휘관이 된 리하르트 베어(Richard Baer)를 마침내 체포할 수 있었다. 곧이어 이른바 아이히만 사단의 구성원들 대부분(오스트리아에서 화가로 살아가던 프란츠 노박, 서독에서 변호사로 자리잡은 오토 훈세 박사, 약제사가 된 헤르만 크루마이, 루마니아의 전 '유대인 고문'이었던 구스타프 리히터, 그리고 암스테르담에서 같은 지위에 있었던 빌리 죄프)이 체포되었다. 그들의 죄상을 밝히는 증거가 수년 전에 책이나 잡지 기사로 발표되었지만, 이들 중 그 누구도 가명으로 살 필요를 느끼지 않았다. 종전 이후 처음으로 모든 독일 신문들이 대량학살범인 나치 전범들에 대한 기사들로 가득 찼다(아이히만이 체포된 때인 1960년 5월 이후 오직 한 건의 일급 살인죄만이 기소되었고, 다른 모든 범죄는 살인의 경우, 20년으로 정해진 기소기한이 지나 말소되었다). 피고에게 부과된 놀랄 만큼 관대한 형량을 보면 이들의 범죄에 대해 기소하기를 꺼려하는 지방법원들의 태도가 드러난다(동부지역의 나치 친위대 이동학살대인 돌격대(Einsatzgruppen)의 오토 브라트피슈 박사는 1만 5,000명의 유대인을 학살한 죄로 10년의 중노동형에 처해졌고, 대략 1,200명의 헝가리계 유대인을 마지막 순간에 이송하여 그중 적어도 600여 명이 살상되도록 한 일에 개인적으로 책임이 있는 아이히만의 법률자문인 오토 훈세 박사는 5년의 중노동형을 선고받았으며, 러시아의 슬루츠크와 스몰레비치의 유대인 거주자들을 '제거'한 요제프 레흐탈러는 3년 6개월 형을 언도받았다). 새로 체포된 사람들 가운데는 나치 정권에서 대단히 활약한 인물들이 포함되어 있었다. 이들 대부분은 독일 법정에서 이미 나치스의 혐의를 벗었다. 1946년 뉘른베르크에 제출된 자료에 따르면 그중 한 사람으로 힘러의 수석 개인비서였던 나치 친위대 장성 카를 볼프는 바르샤바에서 동부의 학살 중심지인 트레블링카로 '지금까지 2주일 동안 매일 5,000명의 선민들[9]을 운반해왔다'는 소식을 '각별한 기쁨을 가지고' 반겼다고 한다. 또 다른 사람으로는 빌헬름 코페가 있는데, 그는 먼저 폴란드의 헤움노(Chelmno)에서 사용될 가스를 담당했고, 후에 폴란드의 프리드리히-빌헬름 크뤼거의 계승자가 되었다. 폴란드를 유대인이 없는(Judenrein) 지역으로 만드는 것이 그들의 과업이었던 나치 친위대 고위 지도부 중 가장 탁월한 사람들 중 하나였던 코페는 전후 독일에서 한 초콜릿 공장의 책임자가 되었다. 이따금 혹독한 선고도 부과되었지만, 그런 선고가 친위대 고위층과 경찰 간부대의 장성이었던 에리히 폰 뎀 바흐-첼레브스키와 같은 범죄자들에게 주어진 것은 기대에 훨씬 못 미치는 조치였다. 그는 1934년에 룀 반역[10]에 참여한 이유로 1961년에 재판을 받아서 3년 6개월 형을 선고받았다. 그 후 그는 1933년 6명의 독일 공산주의자를 살해한 혐의로 1962년에 다시 기소되어 뉘른베르크에서 배심원의 판결을 받아 종신형에 처해졌다. 이 두 재판 어디에서도 바흐-첼레브스키가 동부전선에서 반당분자의 수장이었다는 사실이나 그가 백러시아의 민스크와 모길레프에서 유대인 학살에 관여했다는 언급이 없다. 독일 법정은 전쟁 중에 저질러진 범죄는 범죄가 아니라는 핑계로 '인종차별'을 한 것인가? 또는 바흐-첼레브스키가 대량살상 후 실제로 정신분열을 경험했고, 또 돌격대로부터 유대인을 보호하려고 시도했으며, 뉘른베르크에서 기소자들을 위해 증언한 사람들 중의 한 사람이었다는 점에서, 적어도 전후 독일 법정이라는 사실을 감안한다면 그에게 내려진 선고가 각별하게 혹독한 것이었다고 볼 수 있는가? 또한 그는 1952년에 대량학살에 대한 책임이 있다고 자기를 공개적으로 비판한 유일한 사람이었지만, 그는 결코 이 때문에 기소되지는 않았다.

---

9) 유대인을 지칭한다.

10) 나치 돌격대를 군대 중심으로 키우려 한 에른스트 룀(Ernst Röhm)이 1934년 6월에 히틀러에 의해 체포되어 재판도 없이 처형된 사건이다. 이 사건을 통해 군부는 히틀러를 전폭적으로 지지하게 된다.

비록 아데나워 행정부가 입법부에서 140명 이상의 판사와 검사를 제거하고 더불어 단순히 일상적인 타협적 자세를 가졌던 많은 경찰 간부를 제거하도록, 또 서독 연방 대법원 검사장인 볼프강 임머바르 프렝켈을 그의 중간 이름과는 달리[11] 그의 나치스 전력에 관한 질문에 대해 솔직하지 못했다는 이유로 파면하도록 압력을 받기는 했지만, 이제는 사태가 달라질 희망이 거의 없다. 서독의 1만 1,500여 명의 판사들 가운데 5,000여 명이 히틀러 치하의 법정에서 활동했다고 추정된다. 사법부의 숙정이 이루어진 직후, 그리고 아이히만이 신문지상에서 사라진 지 6개월째가 되는 1962년 11월에 플렌스부르크에서 오랫동안 미루어왔던 마르틴 펠렌츠의 재판은 거의 텅 빈 법정에서 이루어졌다. 아데나워 독일 자유민주당의 유력한 당원이었던 전 친위대 고위층 및 경찰간부가 아이히만이 납치된 수 주 뒤인 1960년 6월에 체포되었다. 그는 폴란드에서 있었던 4만 명의 유대인 학살에 관여한 죄에 대한 부분적 책임이 인정되어 기소되었다. 6주간에 걸친 상세한 심문 끝에 검사는 최고 형량(종신 중노동형)을 구형했다. 법정은 펠렌츠에게 4년 형을 선고했는데, 이 중 2년 6개월은 그가 감옥에서 재판 대기 중 이미 복역했다. 아무리 그렇다 하더라도 아이히만 재판이 독일에서 가장 큰 결과를 보았다는 것은 의심의 여지가 없다. 모든 독일 문제 전문가들이 지난 15년간 의문시해왔던, 독일 민족 자신의 과거에 대한 태도는 이때 가장 분명하게 입증되었다. 독일인 스스로는 이러저런 이유로 별로 관심을 보이지 않았고, 또 살인자들 중 그 누구도 자신의 자유의지로 살인하지 않았다는 이유로 체포되지 않은 채 그 나라에서 살아가는 데 대해 별로 못마땅해하지도 않았다. 그러나 만일 세계 여론—또는 독일 이외의 모든 국가들을 통칭하는, 외국(das Ausland)이라는 단수 명사로 독일인이 불렀던 그것—이 끈질기게 이러한 사람들을 처벌하라고 요구한다면, 그들은 전적으로 기꺼이 어느 정도까지는 의무감을 가지고 수행

---

11) 그의 중간 이름 Immerwahr는 '항상 진실한'이라는 의미를 갖고 있다.

했을 것이다.

아데나워 수상은 당황스러운 일이 생길 것이라고 예견했다. 재판이 '모든 공포를 또다시 불러일으킬' 것이며 전 세계적으로 새로운 반독일 감정의 물결을 만들어낼 것이라는 염려를 피력했는데, 이는 실제로 그랬다. 이스라엘이 재판을 준비하는 10개월 동안 독일은 자국 내에 있는 나치 전범들을 색출하고 기소하는 데 전례 없는 열정을 보임으로써 재판이 가져다 줄 예견 가능한 결과에 대해 바쁘게 대비했다. 그러나 어떤 경우에도 독일 당국이나 중요한 여론의 목소리는 아이히만의 양도를 요구하지 않았다. 이는 모든 주권 국가가 자국의 범죄자에 대한 재판에 참여할 권리를 주장하고 있기 때문에 명백한 수순처럼 보인다(이스라엘과 독일 사이에는 범죄인 양도 협정이 체결되어 있지 않기 때문에 이러한 것이 불가능하다고 하는 아데나워 정부의 공식입장은 타당하지 않다. 그 의미는 단지 이스라엘이 범인 양도를 강요받을 수 없다는 것뿐이다. 헤센주의 대법원장인 프리츠 바우어는 이 점을 지적하고 본에 있는 연방정부에 대해 범죄인 양도 절차를 시작하도록 신청했다. 이 문제에 대한 바우어의 정서는 한 사람의 독일계 유대인의 정서에 불과했을 뿐, 독일의 여론은 여기에 동참하지 않았다. 그의 신청은 본에서 거부되었고, 거의 알려지지도 않았을 뿐 아니라 지지를 전혀 받지도 못했다. 예루살렘에 보내진 서독 정부의 참관인이 표명한 범인 양도 포기의 또 다른 이유는 독일이 사형제도를 폐지했으며, 따라서 아이히만이 응당 받아야 할 형량을 받게 할 수 없다는 것이었다. 독일 법정이 나치스의 대량학살자들에게 보여준 관대함에 비추어볼 때, 이러한 주장을 불성실한 것이라고 의심하기는 어렵다. 물론 독일에서 아이히만에 대한 재판을 할 때 초래될 가장 큰 정치적 위험은, 얀센이 지적한 것처럼* 범죄 의도(mens rea)가 없었다는 이유로 무죄판결을 받을 수 있다는 점일 것이다).

* 『라이니셔 메르쿠어』(Rheinischer Merkur), 1961. 8. 11.

이 문제는 또 다른 보다 미묘한, 그러나 정치적으로 보다 적실한 측면이 있다. 전범들과 살인자들을 그들의 은신처로부터 색출하는 것과 그들이 공적 영역에서 유능하고 활약을 많이 한다는 것(자신의 경력을 히틀러 통치하에서 꽃피운 수많은 사람들을 연방 및 주 행정부에서, 그리고 일반적으로 관공서에서 만나는 것)은 별개의 문제라는 것이다. 실제로 아데나워 행정부가 나치스와 타협한 과거를 가진 관리들을 채용하는 문제에 대해 지나치게 민감했더라면 행정부를 전혀 구성할 수 없었을 것이다. 물론 사실상 독일인 중에는 단지 '상대적으로 낮은 비율만이' 나치스였으며 '대부분은 할 수만 있었더라면 자신의 유대인 동료 시민들을 기쁘게 도와주었을 것'이라는 아데나워 박사의 주장과 정반대다(적어도 한 독일 신문인『프랑크프르터 룬트샤우』는 오랫동안 해오지 않던 명백한 질문, 예컨대 검사장의 이력을 분명히 안 그토록 많은 사람들이 왜 침묵을 지켜왔을까와 같은 질문을 제기했고, 그러고는 '왜냐하면 그들 자신이 죄가 있다고 느꼈기 때문이다'라는 보다 더 명백한 답을 찾아냈다). 벤구리온이 이해한 대로, 법적 세부 사항을 희생하더라도 일반적 주제들에 초점을 맞춘 아이히만 재판의 논리는 모든 독일 관청과 당국이 최종 해결책의 공범이었다는 것(주 관청에 있는 모든 공무원들, 장성을 포함한 일반 군인들, 사법부, 그리고 경제계가 공범이었다는 것)을 밝히려는 데 초점을 두었다. 그런데 비록 하우스너 씨가 이끄는 검찰 측은 정상제도로부터 벗어나 증인들을 차례로 증인대에 세워 무시무시하고 또 진실이기는 해도 피고인의 행위와 무관하거나 단지 사소하게 연관된 일까지 증언하게 했지만, 이와 같은 고도로 폭발적인 문제(나치 당원의 수준을 넘어 거의 모두에게 해당된다고 할 수 있는 공범성)를 건드리는 것은 조심스럽게 피했다(재판 전에는 아이히만이 '수백 명의 유능한 서독 정부 요인들을 자신의 공범자로' 지목했다는 소문이 폭넓게 퍼졌는데, 이 소문은 사실이 아니었다. 하우스너 씨는 연설 서두에서 '폭력배나 지하 요원이 아닌' 아이히만의 '범죄 공모자'에 대해 언급했고, '유대인을 멸종시키려고 결심한 위원회에 속한 그들, 즉 의사와 변호사, 학자, 은행가, 경제학자 등을' 우리가 만나게 될 것이라고 약속했다. 이러한 약속은 지켜지지 않았다. 그리고 그런 형태의 약속은 결코 지켜질 수 없었을 것이다. 왜냐하면 무엇을 하도록 '결심한 위원회'란 존재하지도 않았고, '학위를 가진 고위 법관들이' 결코 유대인의 멸절을 결심하지도 않았다. 그들은 단지 히틀러가 내린 명령을 수행하기 위해 필요한 단계들을 계획하기 위해 모였을 뿐이었다). 그런데 그와 같은 단 한 경우가 법정의 주목을 끌었다. 이는 아데나워의 가장 가까운 고문들 중 한 사람인 한스 글로브케 박사(Dr. Hans Globke)다. 그는 25년 그 이전에 뉘른베르크 법에 대한 악명 높은 주석의 공저자였고, 그로부터 얼마 지난 뒤 모든 독일계 유대인에게 '이스라엘'이나 '사라'를 중간 이름으로 갖게 해야 한다는 놀랄 만한 아이디어를 낸 사람이었다. 그런데 글로브케라는 이름(오직 이 이름만)이 피고인에 의해 지방법원 기록에 삽입되었는데, 이는 아마도 아데나워 정부를 '설득해서' 범죄인 소송 절차를 시작하게 하려는 희망에서였을 것이다. 여하튼 전 내무부 담당관이자 아데나워 내각의 현 국무장관은 나치스로부터 당한 유대인의 고통의 역사에서 예루살렘의 전 회교법 고문보다 더 유명해질 권리가 있었다.

왜냐하면 이 기소사건과 관련된 한 재판의 중심에 서 있는 것이 역사였기 때문이다. "이 역사적 재판의 심판대에 서 있는 것은 한 개인이 아니고 나치 정부도 아니며 바로 역사 전체에 나타나는 반유대주의다." 이것은 벤구리온이 설정한 기조였고, 이를 하우스너 씨는 충실하게 따랐다. 그는 '그들을 파괴하고 학살하여 괴멸시켜야 한다'는 이집트의 파라오와 하만의 포고령[12]으로 시작하는 (세 차례 공판을 통해 이어진) 연설을 시작했다. 그리고 그는 계속해서 '그리고 내[여호와]

---

12) 토라에 나오는 이야기로 페르시아 제국의 아하수에로 왕 시절에 총리대신이던 하만이 왕비인 에스더와 그의 민족인 유대인을 몰살하려는 계획에서 내린 포고령을 말한다. 이 계획의 실패로 하만은 죽게 되고 유대인의 지위는 오히려 안정적이게 된다. 구약성서 「에스더」에 나오는 이야기다.

가 너희들을 지나면서, 너희들이 너희 자신의 피로 더럽혀진 것을 보았을 때, 내가 너희에게 너희 피 가운데에서 살아나라라고 말했다'는 「에스겔서」[13]의 구절을 인용했는데, 이 말은 '이 민족이 역사상 처음 등장했을 때부터 줄곧 직면해왔던 명령'으로 이해되어야 한다는 설명과 함께였다. 그것은 나쁜 역사와 값싼 수사법에 의한 것이었다. 더욱 나쁜 점은 그것이 아이히만을 재판에 회부한 것과 분명히 상치된다는 것이다. 이는 그가 단지 불가사의하게 미리 예정된 운명의 집행자, 또는 그런 점에서 심지어는 그 운명을 성취하기 위해 '이 민족이 걸어간 핏자국 난 길'을 표시한 이정표에 필수적인 반유대주의의 결백한 집행자일 뿐이었다는 것을 암시한다. 몇 차례의 공판이 끝난 후 콜럼비아 대학의 살로 바론 교수가 동유럽 유대인의 최근세사에 대해 증언했을 때, 세르바티우스 박사는 더 이상 참지 못하고 다음과 같은 분명한 질문들을 제기했다. "왜 이런 모든 불행이 유대 민족에게 떨어졌습니까?" "이 민족의 운명의 근거에는 인간의 이해력을 넘어서는 어떤 비합리적인 동기들이 놓여 있다고 생각하지 않습니까?" 혹시 "인간이 영향력을 행사할 수 없는…… 역사를 추진해가는 역사의 정신"과 같은 어떤 것이 있는 것은 아닐까요? 하우스너 씨는 근본적으로 (헤겔을 암시하는) '역사법학파'에 동의하여 "지도자들이 행하는 바가 항상 그들이 원하는 목표와 목적지에 도달하지는 않는다는 것을 보여주려 한 것은 아닙니까? ……여기서 그 의도란 유대 민족을 파괴하는 것이었고 그 목적은 달성되지 않았으며 새로운 발전하는 국가가 탄생했습니다." 피고의 논지는 이제 시온의 장로들[14]에 대한 최신의 반유대주의적 견해에 위험하게 근접했는데, 이러한 견해는 수주일 전 이집트 국가평의회에서 외무장관 후사인 줄피카 사부리가 진지하게 제시한 것이었다. 히틀러는 유

---

13) 구약성서 또는 토라에 나온다.
14) 유대인이 경제력과 언론, 문화 등의 방법을 통해 세계를 지배하려고 한다는 음모론에서 그러한 음모의 주체로 생각되는 집단을 말한다.

대인의 살육에 대해 죄가 없고, 시온주의자들의 희생자였으며, 시온주의자들이 "자신들의 목표(이스라엘 국가의 창건)를 결국 달성할 수 있도록 해주는 범죄를 그가 수행하도록 강요했다"라고 사부리는 말했다. 이 점 외에 세르바티우스 박사는 피고인이 설명하는 역사철학을 따라가며 역사를 시온의 장로들이 이끌어간다는 식으로 말했다.

벤구리온의 의도와 원고 측의 모든 노력에도 불구하고, 심판대 위에는 한 개인, 살과 피를 가진 한 인간이 앉아 있었다. 그리고 만일 벤구리온이 "아이히만에 대해 어떤 판결이 내려질 것인가에 대해 염려하지 않았다면", 그것은 판결을 내려야 하는 예루살렘 법정이 홀로 감당해야 할 책무일 것이다.

제2장
피고인

카를 아돌프 아이히만과 마리아 셰펄링(처녀 시절의 성)의 아들 오토 아돌프 아이히만은 1960년 5월 11일 저녁 부에노스아이레스 교외에서 체포되어 9일 후에 이스라엘로 압송, 1961년 4월 11일에 예루살렘 지방법원으로 재판받기 위해 이송된 뒤 15가지 죄목으로 기소되었다. '다른 사람과 함께' 그는 유대인에 대한 범죄, 인류(humanity)에 대한 범죄 및 나치스 통치 기간, 특히 제2차 세계대전 동안에 전쟁 범죄를 저질렀다. 그에 대한 재판의 근거가 되는 1950년에 입안된 나치스 및 나치 협력자 (처벌)법은 "이러한…… 범죄 가운데 하나라도 범한 자는…… 사형에 해당한다"라고 규정하고 있다. 각각의 죄목에 대해 아이히만은 '기소장이 의미하는 바대로는 무죄'라고 주장했다.

그렇다면 그는 자신이 어떤 의미에서 무죄라고 생각했는가? 그에 따르면 장시간에 걸쳐 이루어진 피고인 대질신문은 '지금까지 알려진 것 중 가장 긴' 것이었다. 그러나 이 기간 동안 피고인도 검찰 측도, 또는 심지어는 세 사람의 판사 중 그 어느 누구도, 이 당연한 질문을 그에게 물어보려고 하지도 않았다. 아이히만이 고용하고 (피고인을 위한 모든 변호사 비용이 전승국 법원에 의해 지불된 뉘른베르크 재판의 전례를 따라서) 이스라엘 정부가 비용을 지불한 변호사 쾰른의 로베르트 세르바티우스(Robert Servatius of Cologne)는 기자와의 인터뷰에서 "아이히만은 신 앞에서는 유죄라고 느끼지만 법 앞에서는 아니다"라고 이 질문에 대답했다. 이 대답은 피고인 자신에 의해서는 확인되지 않은 채 남아 있다. 피고 측이 피고로 하여금 무죄 주장을 하게 한 이유는 피고가 당시 존재하던 나치 법률 체계하에서는 아무런 잘못도 하지 않았고, 그가 기소당한 내용은 범죄가 아니라 '국가적 공식 행위'이므로 여기에 대해서는 어떤 다른 나라도 재판권을 행사할 수 없으며 (한 주권국가는 다른 주권국가에 대해 재판권을 갖지 않는다〔par in parem non habet jurisdictionem〕), 복종을 하는 것이 그의 의무였고, 세르바티우스의 표현에 따르자면, 그는 "이기면 훈장을 받고 패배하면 교수대에 처해질" 행위들을 했을 뿐이라는 것 등이었을 것이다(그래서 1943년에 괴벨스는 "우리는 역사책에서 모든 시대에 걸쳐 가장 위대한 정치가로서 기록되든지 또는 가장 흉악한 범죄자로 기록될 것이다"라고 선언했다). 이스라엘 밖에서는 (『라이니셔 메르쿠어』에서 '형법 재판을 통해 역사적 범죄와 정치적 범죄를 대처할 가능성과 그 한계'에 대한 '까다로운 문제'라고 한 문제를 다루기 위해 바바리아에서 열렸던 가톨릭 아카데미 회의에서) 세르바티우스는 한 걸음 더 나아가 "아이히만 재판에 유일한 합법적인 형사문제는 그를 체포한 이스라엘인에 대한 재판을 선포하는 것이지만, 이것은 아직까지 이루어지지 않았다"고 선언했다. 이 주장은 그가 이스라엘에서 언론을 통해 널리 알려진 반복적인 발언과는 앞뒤가 잘 맞지 않는다. 왜냐하면 그는 이 재판과정을 뉘른베르크 재판과 호의적으로 비교하면서 '위대한 정신적 업적'이라고 불렀기 때문이다.

아이히만 자신의 태도는 달랐다. 무엇보다도 살인죄에 대한 기소는 잘못되었다는 것이다. "유대인을 죽이는 일에 나는 아무런 관계도 없다. 나는 유대인이나 비유대인을 결코 죽인 적이 없다. 이 문제에 대해 말하자면 나는 어떠한 인간도 죽인 적이 없다. 나는 유대인이든 비유대인이든 죽이라는 명령을 내린 적이 없다. 여하튼 난 그런 일을 하지 않았다." 그가 나중에 이 내용을 보충 설명하면서, "그 일은 그냥 일어났던 일이다. ……나는 단 한 번도 그 일을 해야 한 적이 없었다"라고 말했다. 그가 심지어 자신의 아버지가 죽게 되는 어떤 일을 하라고 명령을 받았더라도 그대로 수행했으리라는 데 대해 의심의 여지가 없었다. 따라서 그는 계속 반복해서 자신은 단지 유대인 멸절을 '교사'했다는 이유에서만 기소될 수 있고, 이 범죄는 "인류 역사에 있어서 가장 큰 범죄들 중 하나"였다고 예루살렘에서 주장했다(이 이야기는 그가 이른바 자센 보고서라는 데에 이미 진술한 것이다. 이 보고서는 아이히만처럼 1955년 아르헨티나에서 마찬가지로 재판을 피해 도망 중이던 전 친위대원이자 네덜란드 언론인 자센과의 인터뷰 내용으로, 아이히만이 체포된 후 미국에서는 『라이프』에 일부가, 그리고 독일에서는 『슈테른』에 게재되었다). 변호인은 아이히만 자신의 이론에 대해 아무런 신경을 쓰지 않았다. 그러나 원고 측은 아이히만이 적어도 한 차례 그 자신의 손으로 (헝가리에서 한 유대인 소년을) 살해했다는 사실을 증명하려는 데 많은 시간을 할애했으나 실패했다. 또 독일 외무부의 유대인 전문가 프란츠 라데마허가 전화통화를 하던 중 유고슬라비아 문제를 다루는 어떤 보고서에 "아이히만이 총살을 제안하다"라고 쓴 글귀에 대해서 더 많은 시간을 할애했는데, 이 일은 좀더 성공적이었다. 이는 유일한 '살해 명령'으로 밝혀졌다. 물론 그 내용이 사실과 같다면 그렇지만, 여기에 대해서는 아주 작은 증거가 될 뿐이다.

증거는 재판에서 검증되었을 때보다 더욱 의문스러웠다. 재판 시 판사들은 아이히만의 단정적 부정에 반대하여 제시한 검찰의 주장을 받아들였다. 아이히만의 부정은 별로 효과적이지 않았다. 왜냐하면 세르바티우스의 표현대로라면 "별로 인상적이지 않은 〔겨우 8,000명이 관련된〕 작은 사건"에 대해서 그는 잊고 있었기 때문이다. 그 사건은 독일이 유고슬라비아의 세르비아 지역을 점령한 뒤 6개월 후인 1941년 가을에 일어났다. 군부는 점령 후 계속 유격대 전투에 시달려왔다. 군 당국자들은 죽은 독일 병사 한 사람마다 볼모로 잡은 100명의 유대인과 집시들을 총살하는 것으로 두 가지 문제를 단번에 해결하기로 했다.

유대인도 집시도 분명히 유격대는 아니었다. 그러나 군사정부의 책임 있는 민간인 관료인 지역대표 하랄 투르너라는 사람에 의하면 "유대인은 [여하간] 수용소에 있었고, 어쨌든 그들도 세르비아 민족이며, 게다가 또 그들은 사라져야 했다."* 수용소는 그 지역의 군사령관 프란츠 뵈메 장군에 의해서 설립되어 유대인 남자만을 수용했다. 뵈메 장군이나 투르너 대표 그 누구도 수천 명의 유대인과 집시들을 사살하기 전에 아이히만의 승낙을 받지 않았다. 문제는 뵈메가 담당 경찰과 친위대 당국과 의논하지 않고 그의 관할하의 유대인 모두를 추방시키기로 결정한 데서 일어났다. 이는 아마도 세르비아를 유대인이 없는 상태로 만들기 위해 다른 지휘 계통의 특별 병력이 필요하지 않다는 사실을 보여주기 위한 것 같았다. 이 일이 추방에 관한 문제이므로 아이히만은 통보받았지만, 이동 계획이 다른 계획과 상충되었기 때문에 승낙을 거절했다. 그러나 뵈메 장군에게 "다른 지역[다시 말해서 러시아]에서는 다른 사령관들이 훨씬 더 많은 숫자의 유대인을 아무 말도 없이 처리했다"는 점을 환기시킨 이는 아이히만이 아니라 외무부의 마르틴 루터였다. 어쨌든 아이히만이 실제로 '총살을 제안'했다 하더라도, 그가 군부에 말한 것은 그들이 여태까지 해왔던 일을 계속해서 수행하라고 한 것, 그리고 인질 문제는 전적으로 그들 하기 나름이라고 한 것뿐이다. 이것은 분명히 군대의 문제였다. 당연히 남자만 관련되었기 때문이다. 세르비아에서의 최종 해결책의 이행은 6개월 뒤에 시작되었다. 이때 여자와 아이들은 모아서 이동식 가스 화물차 안에서 처리되었다. 대질심문에서 아이히만은 평소와 같이 가장 복잡하고 가장 비현실적인 설명을 선택했다. 즉 라데마허는 이 문제에 관해 외무부에서 자신의 입지를 세우기 위해서 아이히만의 조직인 국가안전국 본부의 지원이 필요했기 때문에 문서를 위조했다는 것이다(라데마허는 1952년에 서독에서 열린 자신의 재판에서 이 문제에 관한 훨씬 더 합리적인 설명을 내놓았

---

* Raul Hilberg, *The Destruction of the European Jews*, 1961에서 인용.

다. "군부는 세르비아에서의 질서를 담당하고 있었고, 반항적인 유대인을 총살해야만 했다"는 것이다. 이것은 더 그럴듯하게 들리긴 하지만 거짓말이었다. 왜냐하면 우리는 나치스 자료를 통해 유대인이 '반항적'이지 않았다는 것을 알기 때문이다). 전화 통화 중에 나온 말 한마디를 명령으로 해석하기가 힘들다면, 아이히만이 육군 장성들에게 명령을 내리는 위치에 있었다는 것은 더더욱 믿기 힘들다.

그렇다면 그가 살인의 방조자로 기소되었다면 유죄라고 인정했을까? 아마 인정했을 것이다. 그러나 그는 중요한 조건들을 달았을 것이다. 자신이 한 일은 회고를 할 때에만 범죄일 뿐, 자기는 언제나 법률을 준수하는 시민이었다고 할 것이다. 왜냐하면 그가 최선을 다해 수행한 히틀러의 명령은 제3제국에서는 '법의 효력'을 지니고 있었기 때문이다(피고 측은 아이히만의 주장을 옹호하기 위해 제3제국 시대에 가장 유명한 헌법 전문가 중 한 사람으로 현재 바바리아의 교육과 문화장관으로 있는 테오도어 마운츠의 말을 인용하려 할 것이다. 그는 1943년에 "총통의 명령은…… 현재 법적 질서에서 절대적인 중심이다"*라고 썼다). 오늘날 아이히만에게 그가 달리 행동할 수 있었다고 말하는 사람들은 단적으로 그 당시 상황이 어땠는지 알지 못했거나 아니면 잊어버린 것이다. 그는 이제 와서 '자신들은 언제나 반대한' 척하는 이들 가운데 한 사람이 아니었다. 그는 사실 자신이 명령받은 일을 수행하는 데 매우 적극적이었다. 하지만 시대는 변했고, 마운츠 교수처럼 그도 "다른 통찰에 도달했다." 그가 한 일들은 한 것이고, 이를 굳이 부정하고 싶어 하지 않았다. 오히려 그는 "지구상의 모든 반유대주의자들에 대한 경고로 공개적인 교수형을 당하겠다"라고 제안했다. 이 말은 그가 무엇을 후회한다는 의미가 아니었다. "후회는 어린아이들이나 하는 것이다"라고 그는 말했다.

자신의 변호사로부터 상당한 압력을 받았지만 그는 이 입장을 바꾸

---

* Theodor Maunz, *Gestalt und Recht der Polizei*, 1943.

지 않았다. 1944년에 있었던 100만 명의 유대인과 만 대의 트럭을 바꾸자는 힘러의 제안 및 이와 연관된 당시의 역할에 대해 심문을 받는 가운데 아이히만은 "증인은 상관들과의 협상 중에 유대인에게 동정을 표하거나 그들을 도울 여지가 있었다고 말한 적이 있습니까?"라는 질문을 받았다. 그는 "나는 지금 맹세를 했기 때문에 진실만을 말해야 합니다. 이 작업을 수행한 것은 자비 때문이 아니었습니다"라고 대답했다. 그 일을 '수행한' 것은 아이히만이 아니라는 것을 제외했더라면 이 대답이 괜찮았을 수도 있었을 것이다. 하지만 그는 아주 진실한 태도로 계속 "내 이유는 오늘 아침에 설명했습니다"라고 계속 말했다. 그 이유란, 힘러가 유대인 이주에 관한 문제를 다루기 위해서 자신의 사람을 부다페스트로 보냈다는 것이었다(덧붙여 말하면 이 일은 상당한 수확을 낳았다. 엄청난 돈을 내고서 유대인이 도망갈 길을 만들어줘 살 수 있게 한 것이다. 하지만 아이히만은 이 점을 언급하지 않았다). 아이히만을 분개하게 만든 것은 "경찰 소속이 아닌 사람에 의해 이주 문제가 다루어졌다"는 사실이었다. "왜냐하면 추방을 돕고 실행해야 할 사람은 나였고, 내가 전문가인 이주 문제가 이 부대의 신참자에게 맡겨졌기 때문입니다. ……나는 넌덜머리가 났습니다……. 나는 이주 문제를 내가 직접 다룰 수 있도록 무엇인가를 해야겠다고 결심했습니다."

재판 내내 아이히만은 '기소장이 의미하는 바대로는 무죄'라는 주장의 이 두 번째 논점을 해명하려고 애썼지만 대부분 실패했다. 기소장이 함축하고 있던 것은, 그 자신이 부정하지는 않은 점인, 그가 고의로 행동했다는 것뿐만 아니라, 그가 비열한 동기와 그의 행동의 범죄적인 측면을 전적으로 인지한 상태에서 행동했다는 것도 함축하고 있었다. 비열한 동기에 대해 자기 자신이 마음 내면에서부터 더러운 후레자식(innerer Schweinehund)은 아니라는 점을 그는 완전히 확신하고 있었다. 그의 양심에 대해 그는 자신이 명령받은 일을 하지 않았다면 양심의 가책을 받았을 거라는 점을 완전히 기억하고 있었다. 그런데 그 일이란 수백만 명의 남녀와 아이들을 상당한 열정과 가장 세심한 주의를 기울여 죽음에 이르게 했다는 것이었다. 분명히 이것은 받아들이기 힘든 일이다. 여섯 명의 정신과 의사들이 그를 '정상'으로 판정했다(그들 가운데 한 명은 "적어도 그를 진찰한 후의 내 상태보다도 더 정상이다"라고 탄식했다고 전해지고, 또 다른 한 명은 그의 아내와 아이들, 어머니와 아버지, 형제자매, 그리고 친구들에 대한 그의 태도, 그의 모든 정신적 상태가 '정상일 뿐만 아니라 바람직함'을 발견했다). 그리고 끝으로, 대법원에서 그의 항소를 들은 후 그를 정기적으로 방문한 성직자는 아이히만이 "매우 긍정적인 생각을 가진 사람"이라고 발표함으로써 모든 사람들에게 확인해주었다. 이 영혼의 희극 뒤로 전문가들은 그의 경우가 법적인 이상 상태는 물론 도덕적인 이상 상태도 아니라는 고통스러운 사실을 내놓고 있다(최근 하우스너 씨가 『새터데이 이브닝포스트』에 밝힌 '자신이 재판에서 털어놓을 수 없었던' 여러 가지 이야기들은 예루살렘에서 비공식적으로 제공된 정보와 상반된다. 아이히만은 '살인에 대한 위험하고 탐욕스러운 충동에 사로잡힌 사람'이며, '도착적이고 가학적인 성격'을 가진 사람으로 정신과 의사들이 생각했다고 지금 우리는 듣고 있다. 그렇다면 그는 정신병원으로 보내졌을 것이다). 더 심각한 것은, 그의 경우 유대인에 대한 광적인 증오나, 열광적인 반유대주의나, 세뇌교육 가운데 어느 것도 아니었다는 점이다. 그는 '개인적으로' 유대인에게 거부감을 가질 아무런 이유도 없었다. 오히려 그는 유대인 증오자가 되지 않을 많은 '사적인 이유'가 있었다. 확실히 그의 가까운 친구들 가운데 열광적인 반유대주의자들, 예컨대 1946년에 부다페스트에서 교수형에 처해진 헝가리의 정치(유대인) 담당 국무장관 아즐로 엔드레와 같은 사람이 있었다. 그러나 아이히만에 의하면 "나와 가장 친한 친구 중 일부만이 반유대주의자들이다"고 할 정도밖에 안 된다.

아, 그러나 아무도 그를 믿지 않았다. 검사는 그를 믿는 것이 자신의 임무가 아니기 때문에 그를 믿지 않았다. 피고 측 변호인이 여기에 아무런 주의를 기울이지 않은 것은, 그가 아이히만과는 달리 양심 문제에 대해 전혀 관심이 없었기 때문이었다. 그리고 판사들이 그를 믿지 않은 것은, 보통의 '정상적인' 사람, 정신박약이나 세뇌되지도 냉소적이지도 않은 사람이 옳고 그름을 아예 구분하지 못한다는 것을 인정하기에는 판사들이 너무나 착했기 때문이며, 또한 그들의 직업의 기초가 되는 사실을 너무나 의식하고 있었기 때문이라고 할 수 있다. 판사들은 이따금 하는 거짓말을 두고 그런 사람을 거짓말쟁이라고 하는 결론을 내리기를 좋아한다. 그래서 그들은 사건이 갖고 있는 가장 큰 도덕적, 그리고 심지어 법적 도전을 놓치게 되었다. 그들의 소송은 피고가 모든 '정상인'처럼 자신의 행동의 범죄적인 성질을 알고 있었다는 가정에 기반을 두고 있었다. 아이히만은 "나치 정권 아래에서 예외가 아니었다"라는 점에서는 정상이었다. 하지만 제3제국의 조건하에서는 오직 '예외'들만이 '정상'적으로 반응할 것으로 생각될 수 있었다. 이러한 간단한 진실은 판사들이 해결할 수도 도망칠 수도 없는 딜레마를 만들었다.

그는 1906년 3월 19일 칼과 가위와 의료 도구로 유명한 라인란트의 한 독일 마을인 솔링겐에서 태어났다. 54년 뒤에 그가 가장 좋아한 소일거리인 회고록을 쓰면서 이 기념비적인 사건을 이렇게 묘사하고 있다. "1945년 5월 8일에서 15년과 하루가 지난 오늘, 나는 아침 5시에 내가 사람의 모습으로 지구에서 생명을 시작한 그 1906년의 3월 19일로 생각을 되돌려본다." (이스라엘 당국은 이 원고를 공개하지 않았다. 하리 물리슈는 이 자서전을 '반시간가량' 조사하는 데 성공하여, 유대계 독일 주간지 『아우프바우』(Der Aufbau)에 짧은 발췌본을 게재할 수 있었다.) 나치스 시절 이후로 변하지 않은 그의 신앙에 의하면(예루살렘에서 아이히만은 자신을 신을 믿는 자[Gottgläubiger]라고 했는데, 이 말은 기독교와 결별한 사람을 지칭하는 나치스의 용어다. 그는 성경에 대고 맹세하기를 거부했다) 이 사건은 의미를 전달하는 더 높은 사자(使者)'에 귀속된다. 이 사자는 '우주의 운행'과 어떤 면에서 동일한 존재라고 할 수 있는데, 여기에는 그 자체로 '보다 높은 의미'를 갖고 있지 않는 인간의 생명이 종속된다(이 용어는 매우 암시적이다. 신의 뜻을 전하는 더 높은 사자(Höheren Sinnesträger)라고 부르는 것은 언어상으로 볼 때 그에게 군대질서에 속한 어떤 지위를 부여하는 것을 의미한다. 나치스는 군대를 명령을 받는 자(Befehlsempfänger)에서 명령을 전달하는 사자(Befehlsträger)로 바꾸어놓았다. 이는 옛날의 '나쁜 소식의 사자'와 같이 명령을 실행해야 하는 자들 위에 놓인 중요하고 책임성 있는 부담을 암시했다. 더구나 '최종 해결책'과 관련된 모든 사람과 마찬가지로 아이히만은 공식적으로 비밀의 사자(Gehimnisträger)기도 했다. 이것은 그 스스로 중요하게 생각하는 한 결코 비웃을 일이 아니었다). 하지만 형이상학에 별로 관심이 없는 아이히만은 의미의 사자와 명령의 사자 사이의 어떠한 보다 밀접한 관계에 대해서도 유별나게 침묵을 지켰고, 그의 존재를 창출한 다른 근거인 그의 부모에게로 생각을 옮겼다. "불행의 여신이 행운의 여신을 괴롭히기 위하여 내가 태어난 시간부터 어떻게 내 인생에 슬픔과 비탄의 실을 엮었는지 그들이 보았더라면, 그들은 장남의 탄생에 그토록 기뻐하지는 않았을 것이다. 하지만 들여다볼 수 없는 친절의 장막이 내 부모로 하여금 미래를 보지 못하도록 가려주었다."

불행은 일찌감치 학교에서 시작되었다. 아이히만의 아버지는 처음에는 솔링겐에 있는 전철 및 전기회사의 회계원이었고, 1913년 후부터 오스트리아 린츠에 있는 같은 회사의 사원으로 일했다. 그는 4남 1녀의 5명의 아이를 낳아 길렀는데 이 가운데 맏아들인 아돌프만 고등학교를 졸업하지 못한 것 같고, 심지어 그가 나중에 다녔던 기술 직업학교도 졸업하지 못했다. 평생동안 아이히만은 이러한 초기의 '불행'을, 이보다는 덜 부끄러운 일인 그의 아버지의 재정적 불운 탓으로 돌림으로써 사람들을 속였다. 하지만 이스라엘에서는 아이히만과 약 35일을 함께 보내면서 74개의 녹음 테이프를 통해 3,564장의 타이프된 글을 작성하게 될 경찰심문관 아브너 레스 대위와의 첫 부분의 심문에서 아이히만은 "내가 아는…… 모든 것을 설명할," 그래서 역사상 가장 협조적인 피고라는 지위에 오르게 될 이 독특한 기회를 맞아 활기찬 기분으로 열의에 가득 차 있었다(확실한 문서들에 근거한 구체적인 질문들을 받게 되었을 때 그의 열의는 곧 가라앉기는 했지만 결코 완전히 소멸되지는 않았다). 레스 대위(그는 하리 물리슈에게 "나는 아이히만 씨의 고해신부였다"고 말했다)에게 쏟아부었던 아이히만의 초기의 무한한 자신감을 증명해주는 것은 아이히만이 일생에 처음으로 자신의 어린 시절의 재난을 인정한 것이었다. 물론 그는 그렇게 함으로써 그의 모든 나치스 공식기록 가운데 몇 가지 중요한 사항과 모순에 빠지게 된다는 사실을 알아야 했겠지만 말이다.

하긴 그의 재난이란 평범한 것들이었다. 그는 '아주 열심히 공부하는' 학생이 아니었기 때문에 (좋은 재능을 갖춘 학생도 아니었다고 덧붙일 수 있지만) 그의 아버지는 처음 그를 고등학교에서, 그리고 직업학교에서 졸업하기 한참 전에 빼냈다. 그래서 그의 모든 공식기록에 직업으로 기록한 토목기사라는 것은, 자기가 팔레스타인에서 태어났기 때문에 히브리어와 이디시어[1]에 능숙하다고 말한 것과 같은 것이다. 이 명백한 거짓말을 아이히만은 자신의 친위대 동료들과 유대인 희생자들에게 즐겨 말했다. 이와 같은 태도로 그는 항상 자기가 나치 당원이었기 때문에 오스트리아 감압정유회사의 세일즈맨 자리에서 해고당한 것처럼 행동했다. 그가 레스 대위에게 털어놓은 설명은 보다 드라마틱하지는 않지만, 이것 역시 진실이 아니었던 것 같다. 당시는 실직자가 많았을 때였고 미혼 직장인이어서 남들보다 먼저 직장을 잃었다는 것이 그가 해고된 이유라고 했다(이것은 일견 그럴듯해 보이지만 역시 아주 만족스러운 설명이 아니었다. 왜냐하면 그가 실직한 1933년 봄에는 나중 그의 아내가 된 베로니카 (또는 베라) 리블과 2년간 약혼한 상태였기 때문이다. 왜 그는 그 이전에, 아직 좋은 직장이 있을 때 결혼하

---

1) 독일어와 유대어의 혼성 방언을 말한다.

지 않았던가? 그는 1935년 3월에 결혼했는데, 이는 아마도 감압정유회사에서처럼 친위대에서는 미혼자가 직장을 얻는 것이 확실치 않았고 또 승진도 되지 않았기 때문이다). 분명 허풍은 언제나 그의 가장 큰 죄 중 하나였다.

어린 아이히만이 학교 공부를 형편없이 하고 있었을 때, 그의 아버지는 전철 및 전기회사를 그만두고 자영업을 시작했다. 그는 작은 광산업체를 사들여 가망 없는 그의 아이를 단순한 광부로 일하게 했지만 그 것은 아이히만이 새로운 일자리를 찾을 때까지였다. 아이히만은 북오스트리아 전기설비회사 판매부에 취직하여 2년간 머물렀다. 그는 이제 약 22세로 어떤 직업도 가질 가망이 없었다. 그가 배운 것이라고는 판매기술뿐이었다. 이때 일어난 일이란 그가 자신의 첫 휴식기라고 부른 것인데, 여기에 대해서는 두 가지 다소 다른 이야기가 전해진다. 친위대에서 그가 승진을 위해 1939년에 제출한 자필의 전기적 자료에서는 이것이 다음과 같이 묘사되고 있다. "나는 1925년부터 1927년까지 오스트리아 전기설비 회사에서 세일즈맨으로 일했다. 나는 빈의 감압정유회사가 북오스트리아 대표 자리를 제의했기 때문에 자의로 그만두었다." 여기서 중요한 단어는 '제의'다. 왜냐하면 그가 이스라엘에서 레스 대위에게 말한 바에 의하면, 그는 어떠한 제의도 받지 않기 때문이다. 그의 생모는 그가 열 살 때 사망했고 그의 아버지는 재혼했다. 그가 '삼촌'이라 불렀던 그의 양어머니의 사촌은 오스트리아 자동차협회 회장이었으며, 체코슬로바키아의 한 유대인 사업가 딸과 결혼했다. 이 사람이 오스트리아 감압정유회사의 사장인 바이스 씨라는 유대인과의 연줄을 통해서 불행한 친척이었던 아이히만에게 외판원의 자리를 구해준 것이다. 아이히만은 적절한 감사를 표명했다. 그의 가계 내의 유대인의 존재는 그가 유대인을 싫어하지 않은 '사적인 이유'기도 했다. 심지어 '최종 해결책'이 절정에 달한 1943년이나 1944년에도 아이히만은 이를 잊지 않았다. "이 결혼으로 낳은 딸은 뉘른베르크 법에 의해 반쪽 유대인(Mischlinge)으로 규정되었는데…… 스위스로 이민

허가를 받기 위해 나에게 왔다. 당연히 나는 이 요청을 승낙했다. 빈의 유대인 부부 몇 명을 위해 힘써달라는 부탁을 하기 위해서도 이 삼촌은 나를 찾았다. 내가 이 이야기를 하는 것은 나 자신이 유대인에게 적개심을 품지 않았다는 것을 보이기 위해서일 뿐이다. 내 어머니와 아버지를 통해 내가 받은 교육은 엄격한 기독교적인 것이었다. 나의 어머니는 유대인 친척들 때문에 친위대 사회에서 통용되던 생각과는 다른 생각을 갖고 있었다."

그는 자신의 희생자들에게 어떠한 나쁜 감정을 가진 적이 없었고, 게다가 그는 이 사실을 비밀로 하지 않았다는 자신의 주장을 상당히 긴 시간을 들여 증명하려 했다. "나는 이 점을〔빈 유대인 공동체의 수장〕뢰벤헤르츠 박사에게 설명한 것처럼〔부다페스트의 시온주의 조직 부회장〕카스트너 박사에게도 설명했다. 나는 모두에게 말한 것 같고, 내 휘하의 사람들 모두다 그것을 알고 있었다. 어느 땐가 그들은 내게서 그 얘기를 들었을 것이다. 초등학교 때에도 나는 쉬는 시간을 같이 보낸 급우가 있었는데 그는 우리 집으로 놀러 오기도 했다. 린츠에 사는 제바라는 성을 가진 아이였다. 마지막으로 만났을 때 우린 린츠의 거리를 함께 걸었다. 나는 이미 국가사회주의독일노동당〔나치당〕의 당 문장(紋章)이 단춧구멍에 새겨진 옷을 입고 있었지만 그는 전혀 개의치 않았다." 아이히만이 좀 꼼꼼하지 않았거나 아니면 경찰심문(그의 협조를 확실히 얻어내기 위해 반대심문을 삼갔다)이 좀 신중하지 않았다 해도, 그의 '편견 없음'은 다른 측면에서 나타났을 수 있다. 그가 유대인의 '강제이주'를 아주 성공적으로 수행한 빈에서 그는 린츠 출신의 '옛 애인'을 유대인 정부로 두고 있었던 것 같다. 유대인과의 성교를 의미하는 민족보호법위반(Rassenschande) 죄는 친위대 요원에게는 죄 가운데 가장 큰 범죄 중 하나였다. 전쟁 중에는 유대인 여자들을 강간하는 것이 전선에서 즐겨 행한 기분전환거리 중 하나였겠지만, 친위대 고위층 장교들이 유대인 여인과 연애를 하는 것은 절대로 흔한 일이 아니었다. 따라서 광적이고 외설적인 내용을 담은 『슈튀

르머』(Der Stürmer)의 편집자 율리우스 슈트라이허와 그의 포르노적인 반유대주의에 대해 아이히만이 수차례 비난한 것은 개인적인 이유로 유발되었을 수도 있다. 단순한 일상적 경멸 이상인 '계몽된' 친위대 요원의 이러한 표현은 당 하급 관료들의 저속한 광분에 대한 표현이었을 것이다.

감압정유회사에서 보낸 5년 반은 아이히만의 일생 중 비교적 행복한 날들에 속한 것 같다. 그는 극심한 실업 속에서도 걱정 없이 생계를 꾸려나갔고, 출장 기간이 아니면 부모와 함께 지냈다. 이러한 목가적 생활이 끝난 날, 즉 1933년의 오순절은 그가 언제나 기억한 몇 안 되는 날 중 하나였다. 사실은 그보다 더 일찍 상황이 악화되었다. 1932년 말 그는 자신의 의사와는 반대로 갑작스럽게 린츠에서 잘츠부르크로 전임되었다. "나는 내 일에 대한 모든 기쁨을 잃어버려 더 이상 판매하거나 누구를 방문하고 싶지 않게 되었다." 이런 **노동의 기쁨**(Arbeitsfreude)의 갑작스런 상실감을 아이히만은 평생동안 겪게 될 것이다. 그중 가장 심각한 상실의 경험은 그가 그 후 상당히 중요한 역할을 수행하게 될 '유대인의 물리적인 제거'에 대한 총통의 명령을 들었을 때였다. 이것 역시 갑작스레 찾아왔다. 그 자신은 "폭력을 통한 이런 해결책에 대해…… 상상도 하지 못했는데", 그의 반응 역시 같은 단어로 묘사되었다. "나는 이제 모든 것을 잃어버렸다. 내 일의 모든 기쁨, 모든 자발성, 모든 관심을. 말하자면 나는 완전히 김이 새버렸다." 1932년 잘츠부르크에서도 비슷한 김새기가 일어났음이 틀림없다. 그 자신의 설명에 의하면 해고당한 일이 별로 놀라울 것이 없었다. 해고를 당해 "매우 행복해했다"는 그의 말은 믿을 필요가 없지만 말이다.

이유가 무엇이든 간에 1932년은 그의 인생의 전환점이었다. 그해 4월에 그는 린츠의 젊은 변호사 에른스트 칼텐브루너의 권고로 나치당에 가입했고 친위대에 들어갔다. 칼텐브루너는 나중에 제국안전부 본부의 우두머리가 된다. 제국안전부의 6개 주요부서 가운데 하인리히 뮐러가 지휘하는 제4국에서 아이히만은 결국 B-4 부서의 책임자로 임명을 받는다. 법정에서 아이히만은 전형적인 하위 중산층에 속하는 사람의 인상을 주었는데, 이러한 인상은 그가 감옥에서 말하거나 글로 쓴 모든 문장을 볼 때 단순히 타고난 것 이상으로 보였다. 하지만 이것은 오해였다. 그는 사실 탄탄한 중산층 가족 출신의 몰락한 아들이라고 할 수 있다. 아이히만의 아버지는 역시 변호사였던 칼텐브루너의 아버지와 좋은 친구 관계에 있었지만 아들들의 사이는 다소 냉랭했다는 사실이 아이히만의 사회적 지위의 하락을 보여주는 것이었다. 칼텐브루너는 아이히만을 사회적 지위상 분명히 아랫사람으로 대우한 것이다. 아이히만이 당과 친위대에 가입하기 전, 그는 자신이 이미 나치스에 관계하고 있었다는 사실을 증명했다. 독일의 공식 패배일인 1945년 5월 8일이 그에게 중요한 것은 그가 그 후로는 무엇인가의 회원으로 살아갈 수 없다는 점이 주된 이유였다. "나는 지도자 없는 어려운 개인 생활을 영위해야 한다는 것, 누구에게서도 지령을 받지 않고 명령이나 지휘도 더 이상 나에게 내려지지 않으며, 참조할 수 있는 어떠한 포고령도 없게 될 것을 예감했다. 간단히 말해 이전에는 알지 못한 삶이 내 앞에 놓인 것이다." 그가 아이였을 때 정치에 관심이 없던 그의 부모는 그를 YMCA에 가입시켰고, 거기서 그는 독일청년운동(Wandervogel)으로 옮겨갔다. 성공적이지 못한 고등학교 4년 동안 그는 독일-오스트리아의 퇴역군인 단체의 청년조직인 청년전사동맹(Jungfrontkämpfeverband)에 가입했는데, 이 조직은 극단적으로 친독일적이며 반공화주의적이었지만 오스트리아 정부는 이를 묵인했다. 칼텐브루너가 그에게 친위대에 가입하라고 권했을 때 그는 전혀 다른 성격의 조직, 즉 프리메이슨의 슐라라피아 오두막의 회원이 되기 일보 직전이었다. 그것은 "사업가, 의사, 배우, 공무원 등이 함께 모여 즐거움과 유쾌함을 장려한 모임이었다. ……각 회원은 가끔씩 강연을 해야 했는데 강연의 방향은 유머, 그것도 세련된 유머에 맞추어져 있었다." 칼텐브루너는 아이히만에게 나치스는 프리메이슨(당시 아이히만은 이 단어를 알지도 못했다)이 될 수 없기 때문에 이 유쾌한 모임을 포기해야 한다고 설명했다. 친위대와 슐라라피아(이 이름은 독일 동화에 나오는 대식가들의 구름 뻐꾸기 나라를 가리키는 말에서 유래되었다) 사이의 선택이 어려웠을지 모르지만, 그는 어차피 슐라라피아에서 '쫓겨났다.' 그는 이스라엘 감옥에 있는 지금에도 그 이야기를 하면 부끄러워 얼굴을 붉히는 죄를 저질렀던 것이다. "내가 교육받은 것과 반대로, 나는 가장 어렸지만 내 동료들을 술자리로 초대하려 했다."

시간의 회오리바람 속의 낙엽처럼 그는 마법으로 차려진 식탁에서 통닭이 입으로 날아드는 환상세계인 슐라라피아(더 정확히 말하자면, 학위와 보장된 직업과 '세련된 유머의식'을 가진, 가장 큰 악덕이란 농담 섞인 장난을 치고 싶어 참을 수 없어하는 충동인, 존경받는 속물들의 모임)에서, 정확히 12년 3개월간 지속된 천년제국의 행군 대열로 달려갔다. 어쨌든 간에 그는 신념을 가지고 당에 가입한 것도 아니었고, 또 어떤 신념에 설득된 적도 없었다. 당에 가입한 이유를 말해달라고 하면 그는 언제나 '베르사유 조약'과 '실업'과 같은 똑같은 진부한 표현들(clichés)을 반복했다. 또는 그가 법정에서 '어떠한 기대나 사전 결심 없이 그냥 당에 의해서 집어삼켜진 것과 같았습니다. 너무도 빠르고 갑작스럽게 일어났습니다'라고 말한 것과 같다. 그는 제대로 정보를 입수할 시간도 없었고, 알고 싶은 욕구는 더더욱 없었다. 그는 당의 정강도 몰랐고 『나의 투쟁』도 읽지 않았다. 칼텐브루너가 그에게 "친위대에 가입하는 것이 어때?"라고 물었다. 그리고 그는 "그렇게 하지 뭐"라고 대답했다. 일은 그렇게 이루어졌고 그게 전부였다.

물론 그게 그 일과 연관된 모든 것은 아니었다. 아이히만이 반대심문에서 재판장에게 말하지 않은 것은, 감압정유회사가 그에 대해 싫증내기 전부터 그는 이미 외판원 자리에 싫증이 난 야심 찬 젊은이였다는 것이다. 바람은 그를 어떤 중요성도 성과도 없는 단조로운 삶으로부터 역사로, 그가 이해한 방식대로 말하자면, 언제나 움직이는 '운동' 속으로 밀어넣었다. 이 운동 안에서는 그와 같은 사람(자기가 속한 사회적 계급과 가문으로 볼 때 자신이 보기에도 실패자인 사람)이 다시금 처음부터 시작하여 성공에 이를 수 있었다. 그리고 비록 그가 해야 한 일(예를 들자면 이민을 강요하지 않고 사람들을 기차에 가득 실어 죽음으로 보내는 일)이 마음에 들지 않았더라도, 비록 그가 모든 일이 나쁜 결말에 도달하여 독일이 전쟁에서 질 것이라고 일찌감치 짐작했더라도, 비록 그가 정성을 쏟은 모든 계획들(유럽의 유대인을 마다가스카르로 이주시키는 것, 폴란드의 니스코 지방에 유대인 지구를 형성하는 것, 러시아 탱크를 물리치기 위해 그의 베를린 사무소 주위에 정교하게 지은 방어시설을 실험하는 것)이 무위로 끝났더라도, 그리고 비록 가장 '슬픔과 비통'을 느꼈던 것처럼 그가 친위대의 상급대대 지휘관[2] 이상으로 승진하지 못했다 하더라도(간단히 말해, 비록 빈에서의 한 해를 빼고는 그의 삶이 좌절의 연속이었다 하더라도), 그는 이 일을 하지 않았을 때 어떤 모습으로 살았을지에 대해 결코 잊지 않았다. 그가 도망자로서 불행한 삶을 산 아르헨티나뿐만 아니라, 심지어 그의 목숨이 없어진 거나 다름없는 예루살렘의 법정에서도 그는 (누가 그에게 물어봤다면) 조용하고 평범하게 감압정유회사의 외판원으로 생을 마감하는 것보다는 퇴역 상급대대 지휘관으로서 교수형에 처해지는 것을 택했을지도 모른다.

아이히만의 새로운 직업들은 그 시작부터 그다지 전망이 밝지 않았다. 그가 실직 상태였던 1933년 봄에 나치당 및 그와 관련된 모든 단체 활동은 오스트리아에서 중지되었는데, 이는 히틀러가 정권을 잡았기 때문이었다. 그러나 이 새로운 재앙이 없었다 하더라도 오스트리아 정당에서 일하는 것은 당치 않았다. 친위대에 가입한 모든 이들은 모두 정규 직장에서 일하고 있었고, 칼텐브루너도 아직은 자기 아버지의 법률회사에서 일하고 있었다. 따라서 아이히만은 독일로 가기로 결심했다. 이는 그의 가족이 독일 시민권을 포기하지 않았기 때문에 더욱더 자연스러운 행동이었다(이 사실은 재판에 상당히 적합한 부분이

---

2) Obersturmbannführer, 중령에 해당하는 지위를 말한다.

었다). 세르바티우스 박사는 서독 정부에게 피고의 인도를 요청해달라고 했는데, 이 요구가 실패하자 그는 서독 정부에게 변호인 측의 비용을 지불해달라고 했다. 서독 정부는 아이히만이 독일 국민이 아니라는 이유로 이를 거부했는데 이는 명백히 진실이 아니었다. 독일 국경 지역의 파사우에서 그는 갑자기 다시 여행 외판원이 되었다. 그는 지구장에게 보고하면서, 지구장이 "바바리아 감압정유회사와 혹시 무슨 관계가 있지 않은지" 진지하게 물어봤다. 이것은 그의 삶의 한 시기에서 다른 시기로 넘어가면서 발생한, 별로 드물지 않은 퇴보였다. 아르헨티나에서의 생활이나 심지어 예루살렘의 감옥에서 그는 숨길 수 없는 자신의 완고한 나치스 사고방식의 모습을 마주할 때마다, "내가 또 시작하네, 옛 노래와 춤을[die alte Tour]"이라고 말하며 변명했다. 하지만 파사우에서의 그의 퇴보는 재빨리 회복되었다. 그는 군사 훈련에 지원하는 것이 좋겠다는 말을 들었고, "나야 괜찮지. 군인이 안 될 이유가 없지, 라고 나는 생각했다." 그는 레히펠트와 다카우에 있던 두 개의 바바리아 친위대 캠프로 재빨리 이송되었다. 거기서는 '오스트리아 망명 부대'가 훈련을 받고 있었다. 이렇게 해서 그는 독일 여권을 소지하고 있음에도 불구하고 그럭저럭 오스트리아인이 되었다. 그는 1933년 8월부터 1934년 9월까지 이 훈련소에 머물러 소대 지휘관[3]으로 승진했고, 군인으로서 직업을 시작할 것인지에 대해 생각할 시간을 충분히 가졌다. 그의 말에 따르면 그가 이 14개월 동안 특출한 것은 한 가지밖에 없었는데, 그것은 바로 벌 훈련이었다고 한다. 그는 "내 손이 얼면 아버지는 꼴 좋을 거야, 왜 그는 내게 장갑을 사주지 않는 거지"라는 화난 기분으로 이 벌 훈련을 아주 완고하게 수행했다. 하지만 그가 첫 승진을 따내서 갖게 된 그런 다소 의심스런 기쁨 이외에 그는 형편없는 시간을 보냈다. "똑같은, 다시 그리고 또다시 똑같은 매일매일, 군복무의 단순함을 나는 견딜 수 없었다." 이렇게 미칠 듯

---

3) Scharführer, 중사에 해당하는 지위를 말한다.

이 지루한 상태에서 그는 친위대 제국지휘관 소속 보안대(힘러의 보안대[Sicherheitsdienst]로 흔히 S.D.라고 함)에 자리가 나자 즉시 신청했다.

제3장

유대인 문제 전문가

1934년 아이히만이 직장을 얻는 데 성공했을 때, 친위대 제국지휘관 소속 보안대(이하 보안대)는 친위대 내의 비교적 새로운 기구였다. 2년 전 하인리히 힘러가 창단한 이 기구는 당의 정보기관 역할을 수행하도록 되어 있었고, 나중에 게랄트 라이트링거가 말하듯 '최종 해결책의 진짜 기술자'*가 될 전 해군 정보장교였던 라인하르트 하이드리히가 수장이었다. 이 기구의 초기 임무는 당원들을 염탐하는 것이었고, 따라서 보안대는 정규 당기구에 대해서 우위를 누릴 수 있었다. 한편 추가적인 임무를 받아 비밀국가경찰, 즉 게슈타포를 위한 정보와 연구센터가 되었다. 이것이 친위대와 경찰의 통합을 향한 첫걸음이었다. 하지만 힘러가 친위대 제국지휘관과 독일 경찰청장이라는 두 지위를 1936년부터 겸임해도 부서의 통합은 1939년 9월까지 실행되지 않았다. 아이히만은 물론 이런 미래의 변화에 대해서 알 수 없었지만, 자기가 들어간 보안대의 성격에 대해서 아무것도 알지 못한 것 같다. 이것이 가능한 것은 보안대의 활동이 언제나 일급비밀이었기 때문이다. 그에게는 이것이 모두 다 오해였고, 처음에는 "큰 실망이었다. 나는 그것이『뮌헨신문』에서 읽은 것인 줄 알았다. 고위 당 간부들이 차를 타고 가면 차

Gerald Reitlinger, *The Final Solution*, 1961.

의 발판에 특공대원들이 서서 수행을 하고…… 다시 말해서 나는 친위대 제국지휘관 보안대와 제국 보안대를 혼동했는데…… 아무도 나를 바로잡아주지 않았고, 아무도 나에게 어떤 말도 해주지 않았다. 그때 내게 나타난 일에 대해서 나는 털끝만큼도 알지 못했다." 그가 진실을 말하는지 아닌지는 재판에 분명 중요한 일이었다. 그가 그 자리에 자발적으로 들어갔는지 아니면 징발되었는지는 결정되어야 했기 때문이다. 오해라고 할 만한 것이 있었다면 그 오해도 설명이 불가능하지 않다. 친위대란 원래 당 지도자들을 보호하기 위해 창설된 특수기구였기 때문이다.

하지만 그가 실망한 가장 큰 이유는 그가 모든 것을 다시 시작해야 하고, 다시 밑바닥에 있었다는 것이었다. 그의 유일한 위로는 똑같은 실수를 저지른 다른 이들도 있었다는 점이다. 그는 정보과에 배정되었는데, 그의 첫 임무는 프리메이슨(초기의 나치스 이데올로기 사상에는 프리메이슨 사상이 유대교와 가톨릭과 공산주의와 함께 섞여 있었다)에 관한 모든 정보를 정리하고 프리메이슨 박물관 건립을 돕는 것이었다. 그는 이제 칼텐브루너가 슐라라피아에 대해 논하면서 그에게 던진 그 이상한 말의 뜻을 배울 충분한 기회를 가졌다(참고로 말하면, 자신의 적을 기념하는 박물관을 세우는 것은 나치스의 특성이었다. 전시에는 몇 기구들이 반유대인 박물관과 도서관을 건립하는 영광을 얻기 위해 치열하게 경쟁했다. 우리가 유럽 유대인의 많은 문화적 보물을 보존하게 된 것은 이 이상한 열정에 빚진 것이다). 문제는 일들이 또다시 매우매우 지겨워졌다는 것인데, 그는 4~5개월간 프리메이슨에 대해 일한 뒤 유대인과 관련된 새로운 부서로 발령받자 매우 안도했다. 이것이 예루살렘 법정에서 끝나게 되는 그의 이력의 진정한 시작이었다.

독일이 베르사유 조약의 규정을 위반하면서 일반징병제를 도입하고, 공군과 해군 건설을 포함하는 재무장 계획을 공표한 것이 1935년이었다. 또한 1933년에 국제연맹에서 탈퇴한 독일이 조용하지도 비밀스럽지도 않게 라인란트 비무장 지역을 점령할 준비를 하고 있던 해였다. 또 히틀러가 "독일은 평화가 필요하며 평화를 원한다" "우리는 폴란드를 위대하고 민족적 의식을 지닌 국민의 나라로 인정한다" "독일은 오스트리아의 국내문제에 간섭하거나, 오스트리아와 합병하거나, 무엇보다도 합방을 실행하려고 하지 않으며 할 생각도 없다"라는 평화 연설을 한 때기도 하다. 그리고 무엇보다도 이 해는 불행하게도 나치 정권이 국내외에서 일반적으로 진정한 인정을 받았고, 히틀러가 모든 곳에서 위대한 정치가로서 존경받은 해였다. 독일 내에서는 변화의 시기였다. 엄청난 재무장 계획 때문에 실업은 사라졌고, 노동계급의 초기 저항은 무너졌다. 그리고 처음에는 주로 '반파시스트'(공산주의자, 사회주의자, 좌파 지식인, 그리고 높은 지위를 가진 유대인)에게 향한 정권의 적대감이 아직은 유대인이라는 이유만으로 탄압하는 쪽으로 완전히 전환되지는 않았다.

1933년으로 돌아가보면, 분명한 것은 정권을 잡은 나치 정부의 첫 조치 중 하나가 공직(독일에서는 초등학교부터 대학까지의 모든 교직과 라디오, 극장, 오페라, 콘서트를 포함하는 대부분의 오락 예술 산업이 공직에 포함된다)에서 유대인을 축출하는 것이었는데, 일반적으로 공직에서 그들을 퇴출시켰다. 하지만 1938년까지 개인 사업은 거의 손대지 않은 채로 있었다. 비록 유대인 학생들은 대부분의 대학에서 입학할 수 없었고 어디에서도 졸업할 수 없었지만, 법계와 의료계는 단지 점진적으로만 폐쇄되었다. 이때의 유대인 이민은 특별히 빠르거나 하지 않은, 대체적으로 질서정연하게 이루어졌고, 유대인에게 돈을 (적어도 대부분을) 해외로 가지고 나가는 것이 불가능하지는 않지만 어렵게 만든 현금제한조치는 비유대인에게도 똑같이 적용되었다. 이 조치의 역사는 바이마르 공화국 시대로 거슬러 올라간다. 어느 정도의 개별 행위(Einzelaktionen), 즉 유대인의 재산을 형편없는 가격에 팔도록 압박하는 개별적인 행위는 있었지만, 이러한 것은 대부분 작은 마을에서 일어났다. 이런 일은 대부분 S.A.대원이라는 돌격대원들이 '개인적이고' 임의적으로 시작한 일이었는데, 이들은 장교를 제외하고는 대부분 하위계층에서 모집된 자들이었다. 경찰이 이런 '과도한 일'을 중지시킨 적이 없었던 것은 사실이다. 그러나 나치 당국은 이런 일이 전국적인 부동산 가격에 영향을 주었기 때문에 그렇게 좋아하지는 않았다. 정치적 망명자들을 제외한 이민자들은 대부분 독일에서는 자신들에게 미래가 없다는 사실을 깨달은 젊은이들이었다. 그러나 그들이 다른 유럽 국가에서도 별로 미래가 없다는 사실을 곧 깨닫게 되자 몇몇 유대인 이민자들은 이 시기에 실제로 되돌아오기도 했다. 유대인에 대한 개인적인 감정을, 그가 가입한 당의 노골적이고 폭력적인 반유대주의에 어떻게 적응시켜갔는지를 아이히만에게 묻자, 그는 "요리할 때 먹는 것만큼 뜨거운 것은 없다"는 격언으로 대답했다. 그 당시 많은 유대인이 사용하던 격언이었다. 그들은 바보들의 천국에서 살았는데, 여기서 슈트라이허조차도 수년 동안 유대인 문제에 대한 '법적인 해결책'에 대해서 말했다. 이 꿈에서 깨어나는 데는 크리스탈나흐트(Kristallnacht), 즉 깨진 유리의 밤이라 불리는 1938년 11월의 조직적인 학살이 필요했다. 이때 7,500곳의 유대인 가게 유리가 깨졌고, 모든 회당이 불타올랐으며, 2만 명의 유대인 남자가 집단수용소로 끌려갔다.

이 문제에서 종종 망각되는 핵심은 1935년 가을에 발표된 뉘른베르크 법이 제대로 작동하지 못했다는 것이다. 전쟁이 시작되기 직전 독일을 떠난 3명의 시온주의 조직의 전 고위간부들이 독일에 와서 증언한 내용은 나치 정권의 첫 5년간의 실제 모습을 아주 조금밖에 밝혀주지 못했다. 뉘른베르크 법은 유대인에게서 정치적 권리를 빼앗았지만 시민적 권리를 빼앗진 않았다. 그들은 더 이상 **국민**(Reichsbürger)이 아니지만, 독일 국가의 **일원**(Staatsangehörige)으로 남아 있었다. 그들이 이민을 가더라도 자동적으로 무국적 상태가 되지는 않았다. 유대인과 독일인 사이의 성교나 결혼은 금지되었다. 또한 45세 이하의 어떠한 독일 여성도 유대인 가정에 고용될 수 없었다. 이 규정 중에서 오직 마지막 것만이 실질적으로 중요했다. 나머지는 당시 이루어지는 일을 법령화시켰을 뿐이다. 따라서 뉘른베르크 법은 독일 제국에서 유대인이 처하게 된 새로운 상황을 안정시킨 것처럼 보였다. 조심스럽게 말하면 그들은 1933년 1월 30일 이후로는 2급 시민이었다. 이들이 나머지 주민으로부터 거의 완벽히 분리되기까지는 몇 주 또는 몇 개월밖에 걸리지 않았다. 이 일은 공포를 줌으로써, 그리고 주위 사람들의 일상적인 묵인을 통해서 가능하게 되었다. "이방인과 유대인 사이에는 벽이 있었습니다"라고 베를린의 베노 콘 박사는 증언했다. "독일 내에서 어디로 여행하든 나는 기독교인과 대화한 기억이 없습니다." 유대인은 이제 자신만의 법을 부여받았으므로 더 이상 법적 국외자가 되지 않을 것이라고 느꼈다. 어차피 그들에게 강요된 것처럼, 그들은 자기들끼리 산다면 간섭받지 않고 살 수 있을 것이라고 말이다. 독일 소재 유대인 제국대변단(모든 유대인 공동체와 조직의 전국 연합으로 1933년 9월에 베를린 공동체의 주도하에 창설되었는데, 이는 결코 나치스의 지시에 따라 만들어진 것이 아니다)의 말에 의하면, 뉘른베르크 법령의 의도는 '독일과 유대 민족 간에 참을 만한 관계 수준을 형성하기 위한 것'이었다. 이에 대해 베를린 공동체의 한 근본적 시온주의자는 다음과 같이 덧붙였다. "어떠한 법 아래서도 삶은 가능하다. 하지만 무엇이 허용되고 무엇이 허용되지 않는지를 완전히 모르는 상태에서 사람은 살 수 없다. 사람들은 위대한 민족 내에 소수의 일원으로도 유능하고 존경받는 시민이 될 수 있다."* 1934년의 룀 숙청을 통해 히틀러가 S.A. 즉 초기의 학살과 만행을 거의 독점하다시피 한 밤색 셔츠의 돌격대원들의 힘을 약화시키고 평소 아이히만이 경멸스럽게 '돌격대 방식'이라고 부른 일들을 삼갔던 검은 셔츠의 친위대의 힘이 점점 커지고 있는 것을 유대인은 행복하게 깨닫지 못했기 때문에, 그들은 대체로 잠정협상(modus vivendi)이 가능하다고 생각했다. 심지어 그들은 '유대인 문제에 대한 해결책'에 협조하겠다고 제의까지 했다. 한마디로 말해서 아이히만이

Hans Lamm, *Über die Entwicklung des deutschen Judentums*, 1951.

4년 후 '전문가'로서 인정받게 될 유대인에 관한 업무를 수습할 때, 그리고 그가 유대인 지도층 인사들을 처음으로 만났을 때, 시온주의자들과 동화론자들 모두 위대한 '유대인의 부흥'이나 '독일계 유대인의 위대한 건설 운동'에 대해 이야기했다. 그들은 유대인의 이민이 바람직할 수 있는 이념적 조건에 대해, 마치 이것이 그들 자신의 결정에 달려 있는 것처럼 아직도 논쟁을 일삼고 있었다.

경찰심문에서 아이히만이 어떻게 그 부서로 가게 되었는지 스스로 설명한 것(물론 왜곡되었지만 진실이 없지는 않았음)은 이상하게도 이 바보들의 천국을 떠올리게 했다. 거기서 처음 일어난 일은 폰 밀덴슈타인이라는 그의 새로운 상관이 그에게 시온주의의 고전인 테오도어 헤르츨의 『유대인의 국가』(*Der Judenstaat*)를 읽게 한 것인데, 이 책으로 인해 아이히만은 곧바로 그리고 영원히 시온주의자로 개종했다. 밀덴슈타인은 곧 알베르트 스페어의 오르가니자치온 토트[1]로 옮겨 그곳에서 고속도로 건설을 맡게 되었다(그가 바로 아이히만이 진짜 흉내를 내고 싶었던 토목기사였다). 헤르츨의 책은 그가 진지하게 읽은 첫번째 책이었고, 그에게 깊은 인상을 남겼다. 이후로 그는 '정치적 해결'(추방을 뜻하는 말로서, 이는 나중에 사용한 전멸을 의미하는 '물리적 해결'과 대조되는 말이다)과 "어떻게 유대인의 발밑에 단단한 지반을 놓아줄 수 있는가"에 대한 것밖에는 거의 생각하지 않았다고 그는 거듭 말했다(1939년이 되어서도 그는 빈에 있는 헤르츨의 무덤을 모독한 자들에 대해 항의했고, 헤르츨 사망 35주년 기념행사에 그가 사복을 입고 나타났다는 보고는 주목할 만하다. 예루살렘에서 그는 유대인 관리들과 좋은 관계를 유지했다고 허풍을 떨었지만, 이상하게도 위와 같은 이야기를 하지는 않았다). 이 기획을 돕기 위해 그는 그의 친위대 동료들 사이에서 강연을 갖고 소책자들을 쓰면서 복음을 전파하기 시작했다. 그 후 그는 약간의 히브리어를 수박 겉핥기식으로 배웠고, 이로 인

---

1) Organisation Todt, 독일의 토목회사다.

해 그는 더듬거리며 이디시어 신문을 읽을 수 있었다. 이것은 별로 힘든 일이 아니다. 왜냐하면 이디시어는 근본적으로 히브리어로 쓰인 오래된 독일어 방언이므로 독일어를 할 수 있는 사람이 히브리어 단어 몇십 개만 배우면 누구나 다 이해할 수 있기 때문이다. 그는 심지어 또 한 권의 책, 아돌프 뵘의 『시온주의의 역사』(*History of Zionism*)도 읽었다. (재판 중에 그는 이 책과 헤르츨의 『유대인의 국가』를 계속 혼동했다). 자신의 설명에 의하면 신문 이외의 것은 매우 읽기 싫어했고, 아버지의 가난 때문에 집안 서재의 책을 한 번도 이용하지 못한 사람에게는 이러한 일이 상당한 위업으로 보일 수도 있다. 뵘을 뒤따라 그는 시온주의 운동 조직의 편제, 정당, 청소년 운동, 그리고 서로 다른 정강들에 대해 연구했다. 이로 인해 그가 '권위자'가 된 것은 아직 아니지만, 시온주의 사무실과 그들의 회합에 대한 공식적인 스파이라는 과제를 얻기에 충분했다. 유대인의 일에 대한 그의 학습이 거의 전적으로 시온주의와 관련되었다는 점은 주목할 만하다.

모두 오랫동안 지위를 유지해온 저명한 시온주의자인 유대인 지도층 인사들과 그의 첫 개인적인 접촉은 매우 만족스러웠다. 그가 '유대인 문제'에 그렇게 매혹된 이유는 그 자신의 '이상주의' 때문이었다고 그는 설명했다. 그가 언제나 멸시한 동화론자들이나 그를 지루하게 만든 정통파 유대인과는 달리 이 유대인은 그와 같은 '이상주의자'였다. 아이히만의 생각에 따르면 '이상주의자'란 단지 어떤 '이상'을 신봉하거나, 또는 도둑질하거나 뇌물을 받지 않는 사람만을 의미하는 것은 아니었다. 물론 이러한 조건은 필수불가결하기도 하다. '이상주의자'란 자신의 이상을 **삶을 통해** 실천한 사람이었고(따라서 사업가 같은 사람은 아니었음), 자신의 이상을 위해서라면 어떤 것, 특히 어떤 사람이라도 희생시킬 각오가 된 사람이었다. 필요하다면 자신의 아버지마저도 죽음으로 보냈을 것이라고 경찰심문에서 말했을 때, 그는 자신이 어느 정도로 강력한 명령을 받고 있었는지만을 말하려 한 것이 아니었다. 그는 자신이 얼마나 '이상주의자'로서 살아왔는가를 보여주려 한 것이다. 완벽한 '이상주의자'도 다른 사람들과 마찬가지로 당연히 개인적인 느낌과 감정을 지니고 있지만, 만일 그것이 그의 '이상'과 충돌하게 된다면 그것이 그의 행동을 방해하도록 결코 용납하지 않았을 것이다. 아이히만이 만난 가장 위대한 '이상주의자'는 그가 헝가리에서 유대인 추방을 협상한 루돌프 카스트너(Rudolf Kastner) 박사였다. 아이히만이 수천 명의 유대인을 '불법적으로' 팔레스타인으로 보내는 대신(기차는 사실상 독일 경찰에 의해 보호되었음), 여러 수용소(그곳에서 몇 십만이 아우슈비츠로 보내졌음)에서 '질서와 평화'를 유지하기로 합의했다. 합의를 통해 구출된 저명한 유대인과 시온주의 청년 조직원 수천 명은 아이히만의 말에 의하면 '최고의 생물학적 재료'였다. 아이히만의 이해에 따르면 카스트너 박사는 자신의 '이상'을 위해 동료 유대인을 희생시켰는데 이는 마땅히 해야 할 일이었다. 아이히만을 재판한 세 판사 중 한 명인 베냐민 할레비(Benjamin Halevi) 판사는 이스라엘에서 카스트너 재판을 담당했다. 그때 카스트너는 아이히만과 다른 나치스 고위 관료들에게 협조한 것에 대해 자신을 변호해야 했다. 할레비의 의견에 따르면 카스트너는 "영혼을 악마에게 팔았다." 그런데 이제 그 악마 자신이 피고석에서 심판받고 있는데 그도 '이상주의자'임이 드러났다. 믿기 어려운 일이지만, 영혼을 판 자도 '이상주의자'였을 가능성이 아주 높다.

이런 모든 일이 일어나기 훨씬 전에 아이히만이 수습기간에 배운 것을 실제로 적용할 첫 기회가 왔다. 오스트리아의 독일제국합병(Anschluss) 이후인 1938년 3월에 아이히만은 빈으로 보내져 독일에서는 전혀 알려지지 않은 종류의 이민을 계획하게 되었다. 당시 독일에서는 이민을 원할 경우 허용되지만 강요하지 않는다는 가공의 이야기가 1938년 가을까지 계속 떠돌았다. 독일계 유대인이 이 가공의 이야기를 믿은 이유 중 하나는 1920년에 만들어진 국가사회주의독일노동당의 강령 때문인데, 이 프로그램은 바이마르 헌법과 마찬가지로 결코 공식적으로 폐지되지 않은 이상한 운명을 갖고 있었다. 그 25개 조항들에 대해 심지어 히틀러는 '변경불가'를 선포하기도 했다. 나중에 일어난 일을 비추어볼 때 그 반유대적 조항들은 사실상 무해한 것이었다. 유대인은 완전한 시민(full-fledged citizens)이 될 수 없었고, 공무원이 될 수 없었으며, 언론 활동에서 배제되었고, 제1차 세계대전이 발발한 1914년 8월 2일 이후로 독일 국적을 취득한 사람들은 국적이 박탈되었는데, 이는 추방될 수 있음을 의미했다. (그들답게 국적은 즉시 박탈했지만, 약 1만 5,000명의 유대인에 대한 일괄적인 추방은 아무도 이런 일이 일어나리라고는 더 이상 생각하지 않게 된 5년 후에 일어나, 단 며칠 사이에 즈바스진(Zbaszyn)의 폴란드 국경 너머로 넘겨져 즉시 수용소에 수용되었다.) 나치 관료들은 당 강령을 결코 진지하게 취급하지 않았다. 그들은 당과는 상관없이 개인적으로 운동을 실천하고 있다는 자부심을 가졌기 때문에, 운동은 이 강령에 의해 제약받지 않았다. 나치스가 권력을 잡기 전에 만들어진 이 25개 조항은 정당 체제를 갖추기 위해, 또 자신이 합류할 당의 강령이 무엇인지 물어볼 만큼 구식인 유권자들을 위해 만들어놓았을 뿐이다. 우리가 본 것처럼 아이히만은 그런 유감스러운 습관이 없었기 때문에 그가 예루살렘에서 히틀러의 정강을 몰랐다고 말한 것은 십중팔구 진실일 것이다. 그는 "정강은 상관없었다. 무슨 일에 합류하는지 다들 알고 있었다"라고 말했다. 한편 유대인은 이 25개 조항을 외우고 믿을 만큼 시대에 뒤떨어졌다. 그래서 강령의 법적 규정에 어긋나는 일에 대해 그 모든 것이 제대로 훈련되지 않은 요원들이나 집단의 일시적인 '혁명적 과도함' 탓으로 돌렸다.

하지만 1938년 3월 빈에서 일어난 일은 완전히 달랐다. 아이히만의 임무는 '강제이주'로 규정되어 있었다. 말 그대로 그들의 바람이나 시민권과 관계없이 모든 유대인은 강제이주, 보통 말로 하면, 추방될 것이었다. 아이히만이 그의 인생 가운데 이 12년을 되돌아볼 때마다 오스트리아 유대인 이민 본부장으로 있던 빈에서의 한 해를 가장 행복하고 성공적인 기간으로 기억했다. 그 직전에 그는 장교로 승진해서 하급중대 지휘관[2]이 되었다. 그리고 그는 '주적인 유대인 조직과 이념에 대한 포괄적인 지식'에 대해서 칭찬받았다. 빈에서의 임무는 그가 담당한 첫 번째 중요한 임무였고, 다소 느리게 진전되던 그의 출셋길은 이제 제자리를 잡아가고 있었다. 그는 성공하기 위해 필사적으로 뛰었고 그래서 그는 화려하게 성공했다. 8개월 동안 4만 5,000명의 유대인이 오스트리아에서 떠났지만, 같은 기간 독일에서는 기껏 1만 9,000명만이 떠났다. 18개월 이내에 오스트리아 유대인 인구의 약 60퍼센트인 10만 5,000명이 오스트리아에서 '정화'되었는데 이들은 모두 다 '합법적으로' 떠났다. 심지어 전쟁이 터진 후에도 대략 6만 명의 유대인이 탈출할 수 있었다. 그가 어떻게 이런 일을 해냈을까? 이 모든 것을 가능케 한 기본 생각은 물론 그의 머리에서 나온 것이 아니라 분명 그를 빈으로 보낸 장본인 하이드리히의 상세한 지령에 의한 것이었다(아이히만은 이 생각이 원래 누구의 것인지의 문제에 대해서 모호한 태도를 취했지만 자신의 생각이라는 암시를 주었다. 한편 이스라엘 당국은 [야드 바셈(Yad Vashem)의 『기관지』에서 표현했듯이] '아돌프 아이히만의 총괄적인 책임'이라는 환상적인 주장에 사로잡혀 있었고, "어떤 [즉 그의] 정신이 이 모든 일의 배후에 있었다"는 훨씬 더 환상적인 가정을 하고 있었기 때문에 아이히만이 남의 지식으로 스스로 뽐내는 데 상당한 도움이 되었다. 여하튼 그는 남의 것을 빌리는 성향이 강했다). 유리의 밤(Kristallnacht)이 있던 날 아침 하이드리히가 괴링과의 회의에서 설명한 것처럼 그 생각이란 아주 간단하며 독창적이었다. "유대인 공동체를 통해서 우리는 이민가고 싶은 유대인 부자들에게서 어느 정도의 돈을 빼낸다. 이 돈에다 외화를 추가로 더 내면 이들은 가난한 유대인이 떠날 수 있도록 한다. 문제는 유대인 부자들을 떠나게 하는 것이 아니라 유대인 민중들을 제거하는 것이다." 그런데 이 '문제'는 아이히만에 의해 해결되지 않았다. 재판이 끝난 후에야 네덜란드 국립전쟁문

---

2) Untersturmführer, 소위에 해당하는 계급이다.

서연구소를 통해 에리히 라자코비치라는 한 '뛰어난 변호사'가 '이민자금'을 고안해냈음을 알게 되었다. 아이히만의 증언에 의하면 자신이 그를 "빈, 프라하, 베를린에서 유대인이민중앙사무소의 법적 문제를 다루기 위해 고용했다"라고 했다. 얼마 후인 1941년 4월 하이드리히는 "모든 유럽 점령국에서 '유대인 문제 해결'에 대한 모범이 될 중앙사무소를 세우기 위해" 라자코비치를 네덜란드로 보냈다.

그래도 업무진행 과정에 해결해야 할 많은 문제들이 있었고, 여기서 아이히만은 생전 처음으로 자신에게 몇 가지 특별한 재능이 있음을 발견한 것이 분명하다. 그는 두 가지 점에서 남들보다 뛰어났다. 그는 조직능력과 협상능력을 가지고 있었다. 도착하자마자 그는 유대인 공동체 대표들과 협상을 시작했다. 하지만 오스트리아에서의 '혁명적 열의'가 독일에서의 '과도함'을 훨씬 능가해서 거의 모든 저명한 유대인을 투옥했기 때문에 그는 먼저 그들을 감옥과 수용소에서 풀어주어야 했다. 이 경험 때문에 아이히만은 유대인 지도층 인사들에게 이민이 바람직하다고 설득할 필요가 없었다. 오히려 그들은 자신들 앞에 놓인 심각한 문제들이 무엇인지를 그에게 알려주었다. 이미 '해결된' 재정적 문제 이외에 가장 주된 문제는 각각의 이민자들이 나라를 떠나기 전에 수많은 문서를 취득해야 한다는 것이었다. 각각의 문서는 한정 기간 동안만 유효하기 때문에, 마지막 문서를 취득하기 오래전에 첫 번째 문서는 벌써 만기가 되었다. 아이히만은 이 모든 일들이 어떻게 돌아가는지, 아니 왜 제대로 돌아가지 않는지를 이해하자마자, "고민하고 나서 나는 양편의 입장에 맞는 생각을 해냈다." 그는 '협동작업라인'을 고안해냈다. "그 시작 부분에 첫 번째 서류가 제출되면, 이어 다른 문서가 제출되는 방식으로 진행되어 마지막에는 완제품으로 여권이 생산"되는 방식이다. 이것은 관련 부서(재무부, 국세청, 경찰, 유대인 공동체 등)가 모두 한지붕 아래에 모여 일을 여권 신청자 앞에서 처리해야만 이루어질 수 있었다. 신청자는 이제 더 이상 이곳저곳을 뛰어다닐 필요가 없었고, 아마도 굴욕적인 속임수와 뇌물을 위한 비용지출에서 벗어날 수 있을 것이다. 모든 일들이 준비되어 협동작업라인에서 일이 매끄럽고 신속히 처리되자 아이히만은 베를린의 유대인 지도층 인사들을 '초대'하여 그곳을 견학하도록 했다. 그들은 경악했다. "이건 마치 제빵소와 연결된 방앗간과 같은 자동화된 공장이다. 한쪽 끝에서 당신이 어느 정도의 재산, 공장, 가게, 아니면 은행계좌를 가진 유대인을 집어넣으면, 그는 이 창구에서 저 창구로, 이 사무실에서 저 사무실로 움직이며 이 건물 안을 통과하면, 다른 끝에서 돈 한푼도, 아무런 권리도 없이, 단지 '당신은 2주일 안에 이 나라를 떠나야 합니다. 아니면 당신은 수용소로 보내집니다'라고 쓰인 여권만을 갖고 나오면 된다."

물론 이것이 이 절차에 대한 본질적 진실이기는 해도 완전한 진실이라고는 할 수 없다. 왜냐하면 이 유대인은 '돈 한푼 없이' 떠날 수 없었기 때문이다. 돈 한푼도 없다면 그 당시 어느 나라도 그들을 받아들이지 않았을 것이다. 그들은 **지참금**, 즉 수용 국가에서 비자를 받고 이민국을 통과할 수 있을 만큼의 돈이 필요하므로, 이 금액은 그들에게 주어졌다. 그들이 금액을 마련하려면 외화가 필요했는데 제국은 이 돈을 그들에게 낭비할 의도가 없었다. 이 필요는 외국의 유대인 계좌를 통해 감당할 수도 없었다. 어쨌든 이런 계좌를 갖는 것이 너무나 오랫동안 불법이었기 때문에 그들이 그런 계좌를 입수하기란 어려웠다. 따라서 아이히만은 유대인 지도층 인사들을 해외로 보내 큰 규모의 유대인 조직에서 자금을 청하도록 했고, 유대인 공동체는 이 자금을 예비 이민자들에게 상당한 이익을 남기고 팔았다. 예를 들면 시장가 4.20마르크인 1달러를 10마르크 또는 20마르크에 팔았다. 주로 이 방법을 통해 유대인 공동체는 가난하거나 외국 계좌가 없는 유대인을 위한 자금뿐만 아니라 엄청나게 팽창한 자신의 활동 자금을 마련했다. 아이히만은 독일 재정당국, 즉 재무부의 저항 없이 이 협상을 이룰 수는 없었다. 그들은 당연히 이 거래가 마르크화의 평가절하로 이어진다는 사실을 모르고 있지 않았기 때문이다.

허풍은 아이히만을 파멸시킨 악덕이었다. 그가 전쟁이 끝날 무렵 휘하의 사람들에게 "나는 내 무덤에 웃으며 뛰어들 것이다. 500만 명의 유대인〔즉 그가 언제나 그렇게 말했다고 주장한 '제국의 적들'〕의 죽음에 내 양심이 거리낀다는 사실이 나에게 대단한 만족감을 주기 때문에"라고 말한 것은 완전히 허풍이었다. 그는 무덤에 뛰어들지 않았다. 그가 무엇인가 양심에 걸렸다면 그것은 살인이 아니라 나중에 그가 좋아하게 된 유대인 가운데 한 명인 빈의 유대인 공동체의 수장 요제프 뢰벤헤르츠(Josef Löwenherz) 박사의 따귀를 때린 점이다. (당시 그는 그의 요원들 앞에서 사과하긴 했지만, 이 사건은 계속 그를 근심하게 했다.) 모든 나치스 간부와 당국의 노력을 함께 기울인 결과인 500만 명의 유대인 죽음을 제 것이라고 주장한 것은, 그 자신도 잘 알듯이, 터무니없는 일이었지만, 그는 이 저주받을 말을 들어줄 만한 모든 이들에게 이 말을 **역겹도록** 반복했다. 그것은 '〔자신이〕 이런 식으로 무대에서 퇴장한다는 생각이 대단한 기쁨을 주기 때문에' 심지어 12년 후 아르헨티나에서도 계속했다. (헝가리에서 아이히만을 알게 된 피고 측 증인, 전 공사관 호르스트 그렐은 아이히만이 허풍을 떨고 있다고 생각한다고 증언했다. 이 점은 그의 얼토당토않은 이 주장을 들은 모든 사람들에게 명백했을 것이다.) 자신이 게토 체계를 '발명'했다든가, 모든 유럽의 유대인을 마다가스카르로 보낼 '생각을 해낸' 척한 것은 완전히 허풍이었다. 아이히만이 자기가 '아버지'라고 주장한 테레지엔슈타트 게토는 동쪽의 점령지역에 게토 체계가 도입된 지 몇 년이나 지나서야 설치되었다. 그리고 몇몇 특권 계층을 위해서 특별 게토를 설치한 것은 게토 체계와 마찬가지로 하이드리히의 '생각'이었다. 마다가스카르 계획은 독일 외무부에서 '탄생한' 것 같다. 그리고 이 일에 대한 아이히만의 기여는 그가 좋아한 뢰벤헤르츠 박사에게 대부분 의존한 것이었다. 400만여 명의 유대인을 어떻게 전쟁 후 유럽에서 수송할 것인지에 대한 '몇 가지 기본적인 생각들'을 하기 위해 그는 뢰벤헤르츠 박사를 소환했다. 마다가스카르 계획은 일급비밀이었으므로 뢰벤헤르츠 박사는 팔레스타인으로 수송할 것으로 생각한 것 같다. (재판 중 뢰벤헤르츠 계획서를 들이밀자 아이히만은 그가 이러한 생각을 처음으로 한 사람임을 부정하지 않았다. 이 순간은 그가 진정으로 창피함을 느낀 몇 안되는 순간 중 하나였다.) 그를 결국 체포하게 한 것은 허풍을 떨고자 하는 그의 충동이었다. 그는 "세상을 떠도는 무명의 방랑자가 되는 것에 진절머리가 났었다." 그래서 이 충동이 시간이 갈수록 상당히 더 강해졌던 것 같다. 그가 할 만한 가치 있는 일로 생각되는 일들이 없었기 때문뿐만 아니라, 전후 시대가 그에게 기대하지 않은 '유명세'를 주었기 때문이기도 하다.

하지만 허풍 떠는 것은 일반적인 악덕인 반면, 더 구체적이고 결정적인 아이히만의 성격 결함은 그에게 그 어느 것도 타인의 관점에서 바라볼 수 있는 능력이 없다는 점이었다. 이러한 성격 결함이 빈에서의 에피소드에 대한 그의 설명에서만큼 더 잘 드러나는 것이 없다. 그와 그의 부하들과 유대인은 모두 '함께 노력하고 있었고,' 문제가 있을 때마다 유대인 지도층 인사들은 그에게 달려와 '가슴을 털어놓고', 그에게 '그들의 모든 슬픔과 비애'를 얘기하고 도움을 청했다. 유대인은 이민가기를 '원했고,' 자기 자신 즉 아이히만은 그들을 돕기 위해 거기에 있었다. 왜냐하면 그 시기에 우연히 나치 당국은 제국을 유대인이 없는 곳으로 만들고 싶어 했기 때문이다. 이 두 욕구가 일치했고 그 자신, 즉 아이히만은 "양쪽 모두에게 공정할 수 있었다." 재판에서 이 부분에 대한 이야기에 대해 그는 한치도 양보하지 않았다. 비록 '시대가 너무 많이 변한' 오늘날에는 유대인이 이 '함께 노력'한 것을 별로 기억하고 싶어 하지 않을지도 모르고, 또 "그들의 감정을 상하게 하고 싶지 않다"고 말하기는 했지만.

1960년 5월 29일부터 1961년 1월 17일까지 행해진 경찰심문 녹음의 독일어 번역본의 각 페이지마다 아이히만이 교정한 후 승인했는데, 이는 심리학자에게는 말 그대로 금광을 이룬다. 끔찍한 일이 엉뚱할 뿐만 아니라 단적으로 우스울 수도 있다는 것을 이해할 만큼 심리학자가 현명하다면 말이다. 이 희극의 일부분은 영어로 표현할 수 없는데, 왜냐하면 그 부분은 아이히만이 독일어를 위해 영웅적인 전투를 수행한 부분이기 때문이다. 아이히만은 이 싸움에서 항상 패배했다. 그가 사실은 관용적인 표현(Redensarten)이나 선전문구(Schlagworte)를 사용하려고 의도했지만 그 대신 도처에서 '날개 달린 말들'(geflügelte Worte, 고전에서 인용한 유명한 구절을 사용하는 독일어의 일상어법)을 사용한 일은 우스꽝스러웠다. 재판장에 의해 독일어로 진행되던 자센 문서에 대한 심문에서 자신의 얘기를 더 활기 있게 하려는 자센의 노력에 저항한 사실을 가리키면서 'kontra geben'(이걸 주고 저걸 받다)이란 관용구를 사용한 것은 우스꽝스러웠다. 카드놀이 방법을 몰랐음이 분명한 랜다우 판사는 그 말을 이해하지 못했고, 아이히만은 다르게 표현할 수 있는 방법을 생각해내지 못했다. 학교에 다닐 때부터 그를 분명히 괴롭혔을 결점(경미한 실어증 증세)을 희미하게 깨닫고 있던 그는 사과하면서, "관청용어(Amtssprache)만이 나의 언어입니다"라고 말했다. 그런데 여기서 중요한 점은, 관청용어가 그의 언어가 된 것은 상투어가 아니고서는 단 한 구절도 말할 능력이 정말 없었기 때문이라는 것이다(정신과 의사들이 그렇게 '정상적'이고 '바람직'하다고 생각한 것이 이 상투어들이었을까? 성직자가 그에게 맡겨진 영혼을 위해 희망하는 '긍정적인 생각'들이 그것일까? 예루살렘에서 아이히만이 자신의 정신의 이러한 긍정적인 면을 가장 잘 보여줄 수 있었던 기회는, 그의 정신적 심리적 건강을 담당한 젊은 간수가 그에게 쉬면서 읽으라고 『로리타』를 빌려주었을 때였다. 이틀 뒤 아이히만은 책을 돌려주었는데 이때 그는 화가 나 있음이 분명했다. "아주 불건전한 책"(Das ist aber ein sehr unerfreuliches Buch)[3]이라고 그는 그 간수에게 말했다). 분명 재판관들이 피고에게 그가 말한 모든 것이 '공허한 말'뿐이라고 드디어 말한 것은 옳았다. 다만 그들은 이 공허함이 가장된 것이며, 피

---

3) 아렌트는 독일어 문장이 병기된 이 부분을 영어로는 다소 다르게 쓰고 있다. 아렌트의 용법을 따라 영어 부분만 우리말로 옮기고 독일어는 그대로 병기했다.

고가 공허하지 않은 끔찍한 다른 생각들을 감추려고 그런 말을 한다고 생각했다. 이 생각이 반박될 수 있는 것은, 아이히만은 기억력이 상당히 나쁨에도 불구하고 자기에게 중요한 일이나 사건에 대해 동일한 선전문구와 자기가 만든 상투어를 단어 하나 틀리지 않고 일관성 있게 반복한 점 때문이다(자기가 스스로 만든 문장을 하나 말하더라도 그는 이 말이 상투어가 될 때까지 계속 반복했다). 아르헨티나나 예루살렘에서 회고록을 쓸 때나 검찰에게 또는 법정에서 말할 때 그의 말은 언제나 동일했고, 똑같은 단어로 표현되었다. 그의 말을 오랫동안 들으면 들을수록, 그의 말하는 데 무능력함(inability to speak)은 그의 생각하는 데 무능력함(inability to think), 즉 타인의 입장에서 생각하는 데 무능력함과 매우 깊이 연관되어 있음이 점점 더 분명해진다. 그와는 어떠한 소통도 가능하지 않았다. 이는 그가 거짓말하기 때문이 아니라, 그가 말(the words)과 다른 사람들의 현존(the presence of others)을 막는, 따라서 현실 자체(reality as such)를 막는 튼튼한 벽으로 에워싸여 있었기 때문이다.

따라서 유대인 경찰관의 심문을 받는 현실을 8개월 동안 마주하면서 아이히만은 조금도 주저하지 않고 왜 친위대에서 상위 직책을 얻지 못했는지를 장황하게 반복적으로 설명했다. 그것은 자신의 잘못이 아니라는 것이었다. 그는 자신이 할 일을 다했고, "전선으로 가자. 그러면 나는 더 빨리 연대 지휘관[4]이 되겠지, 라고 스스로에게 말했습니다"라고 할 정도로 현역 군무로 전근되도록 신청하기까지 했다. 그런데 법정에서는 이와 반대로 그는 자신의 살인적 임무에서 벗어나기 위해 전근을 요청한 척했다. 여기에 대해 그는 별로 우기지는 않았는데, 이상하게도 레스 대위에게 한 발언에 대해서는 대조심문이 이루어지지 않았다. 그는 동부의 기동 살인부대였던 돌격대에 지명되기를 바란다고 레스 대위에게 요청했지만 이루어지지 않았다. 그 이유는 이 조직이 창설

---

4) Standartenführer, 대령에 해당하는 계급이다.

된 1941년 3월에 이민은 더 이상 없었고 추방은 아직 시작하지 않았으므로 그의 직책은 '공백상태'에 있었기 때문이다. 끝으로 그의 최고의 야망(중요한 독일인 거주지의 경찰서장으로 승진되는 것)도 역시 이루어지지 않았다. 이 심문 서류들이 아주 우스꽝스러운 점은 언급된 모든 내용이 운 나쁜 인생살이에 대해 '통상적인 인간적' 동정을 받을 수 있다고 확신한 사람의 어조로 이루어졌다는 점이다. "내가 준비하고 계획한 모든 일들이 다 허사로 돌아갔습니다. 유대인에게 땅과 밭을 얻어주기 위한 몇 년간의 노력뿐만 아니라 나의 사적인 일들 모두가 말이죠. 잘 모르겠지만, 모든 것이 마치 저주 아래에 있는 것 같았습니다. 내가 무엇을 원하고 바라고 계획하든지 간에 운명은 어떤 방식으로든 훼방을 놓았지요. 나는 하는 일마다 좌절했습니다." 유죄를 입증할 수 있지만 거짓일 수도 있는 한 전직 친위대 대령의 증언에 대한 그의 의견을 레스 대위가 물었을 때, 그는 갑자기 분노로 말을 더듬으며 다음과 같이 외쳤다. "이런 사람이 친위대 대령이었다는 사실이 내게는 정말로 놀랍게 느껴집니다. 정말 놀라운 일입니다. 이건 정말로, 정말로 생각할 수도 없는 일이에요. 무슨 말을 해야 할지 모르겠습니다." 마치 과거의 삶의 기준을 지금에서도 옹호하려는 듯이 도전적인 태도로 이런 말을 한 적은 한 번도 없었다. '친위대'니 '출세', '힘러'(아이히만은 비록 힘러를 결코 존경하지 않았지만 언제나 그의 긴 공식 직함, 즉 친위대 제국지휘관 겸 독일 경찰청장이라고 불렀다)라는 말들은 아이히만의 내면에 전혀 변경 불가능하게 되어버린 어떤 장치를 가동시켰다. 독일 출신 유대인으로, 친위대 대원들이 높은 도덕적 자질을 통해 출세했을 것이라고는 결코 믿지 않았을 레스 대위의 면전에서도 이 장치는 한순간도 고장나지 않았다.

이따금 희극은 갑자기 공포 그 자체로 되어버리기도 하고, 그래서 그 결과 섬뜩한 유머가 그 어떤 초현실주의적 창작물을 능가하는, 그러나 진실된 이야기로 나타나게 된다. 그러한 이야기를 아이히만이 경찰 심문 중에 털어놓았는데, 이는 유대인 공동체의 대표 중 하나였던 빈의 불행한 상업고문관 스토르퍼의 이야기였다. 아이히만은 아우슈비츠의 사령관 루돌프 회스로부터 전보를 받았는데, 스토르퍼가 도착하여 급히 아이히만을 만나자고 청했다는 것이다. "나는 스스로에게 말했습니다. 좋아, 이 사람은 언제나 태도가 좋았기 때문에 내가 약간의 시간을 쓸 가치가 있지. ……나는 직접 거기 가서 그의 문제가 뭔지 알아봐야겠어라고 말이지요. 그래서 나는 에브너(빈의 게슈타포 우두머리)에게 갔는데, 에브너가 말하기를 (나는 어렴풋이밖에 기억나지 않지만) '그가 그렇게 서투르지만 않았더라면 좋았을 텐데. 그는 숨어서 도망치려고 했지'와 비슷한 말을 했습니다. 경찰은 그를 체포해서 수용소로 보냈고, 제국지휘관(힘러)의 명령에 따라 한 번 들어가면 아무도 나올 수 없었습니다. 어떤 일도 가능하지 않았지요. 여기에 대해 에브너 박사나 나, 그리고 그 누구도 할 수 있는 일이 없었습니다. 나는 아우슈비츠로 가서 회스에게 스토르퍼를 만나게 해달라고 요청했습니다. '(회스가 말하기를) 그래, 그래. 그는 노동조 중 하나에 속해 있어.' 나중에 스토르퍼와 만났는데, 그 만남은 정상적이고 인간적이었어요. 우리는 정상적이고 인간적인 만남을 가졌지요. 그는 모든 슬픔과 비애를 내게 털어놓았습니다. 저는 '그래, 내 사랑하는 오랜 친구야[Ja, mein lieber guter Storfer], 확실히, 우리는 이제 확실히 알았어요! 얼마나 운이 나빴던가를!'이라고 말했어요. 그리고 나는, '이봐요, 저는 정말 당신을 도와줄 수 없어요. 왜냐하면 제국지휘관의 명령에 따라 아무도 나올 수 없게 되어 있으니까요. 저는 당신을 빼낼 수 없어요. 에브너 박사도 당신을 빼낼 수 없습니다. 저는 당신이 실수를 했다고 들었습니다. 숨어서 도망치려고 했잖아요. 사실 당신은 그럴 필요가 없었어요'라고 말했어요. [아이히만의 말은 스토르퍼가 유대인 지도층 인사였기 때문에 추방에서 면제되어 있다는 것이었다.] 여기에 대해 그가 뭐라고 답했는지는 잊었습니다. 그리고 나는 그의 상태가 어떤지 물어봤지요. 그러자 그는 작업에서 면제될 수 없는지 물어왔어요. 일이 아주 힘들다는 것이었습니다. 그래서 나는 회스에게 '스토르퍼가 꼭 일을 해야 할 필요가 없잖아!'라고 말했습니다. 회스는 '여기선 모두가 다 일을 해'라고 말했어요. 그래서 나는 '좋아, 내가 짧은 편지를 써서 스토르퍼가 빗자루로 자갈포장로를 쓰는 일을 하도록 하겠어'라고 말했습니다. 당시거기에는 자갈포장로가 별로 없었기 때문에 '그는 빗자루를 놓고 벤치에 앉아 쉴 수 있을 거야.' [스토르퍼에게] 나는 말했습니다. '이 정도면 될까요, 스토르퍼 씨? 그 일이 당신에게 맞을까요?' 이 일에 대해 그는 매우 기뻐했고, 우리는 악수했습니다. 그에게는 빗자루가 주어졌고, 벤치에 앉았습니다. 그토록 오랜 세월 동안 함께 일한 사람을 마침내만날 수 있었던 것, 그리고 서로 대화를 나눌 수 있었던 것은 내게 큰내적 기쁨을 주었지요." 이 정상적이고 인간적인 만남이 있은 지 6주일후 스토르퍼는 죽었다. 가스가 아니라 총살이었다.

이것은 불성실(bad faith)의 교과서적인 예, 즉 터무니없는 어리석음과 허위의 자기기만이 결합한 전형적인 예인가? 아니면 이것은 단지영원히 회개하지 않는 범죄자(도스토예프스키는 자신의 일기에서, 시베리아에 있는 수많은 살인자와 강간범, 도둑들 사이에서, 자신이 잘못했다고 인정하는 사람은 한 사람도 만나지 못했다고 언급한 적이 있다)의 예일 뿐인가? 그런 사람이란 자신의 범죄가 현실의 한 부분으로되어버렸기 때문에 현실을 대면할 능력이 없는 사람들이다. 하지만 아이히만의 경우는 평범한 범죄자의 경우와 다르다. 평범한 범죄자는 자기의 범죄집단이라는 좁은 한계 내에서만 범죄 없는 현실로부터 효과적으로 자신을 분리할 수 있다. 아이히만은 자신이 거짓말을 하고 있지않고, 스스로를 기만하고 있지 않다는 확신을 느끼기 위해서는 단지 과거를 상기하기만 하면 되었다. 왜냐하면 그가 살았던 세상과 그는 한때완벽한 조화를 이루고 있었기 때문이다. 그리고 8,000만 명으로 이루어진 독일 사회가 동일한 방법, 동일한 자기기만, 거짓말, 어리석음을 통해 현실과 사실성으로부터 분리되었다. 이러한 것들은 지금 아이히만의 정신 속에 깊이 스며들게 되었다. 이러한 거짓말들은 해마다 변했으며, 종종 서로 모순을 일으키기도 했다. 더욱이 그러한 거짓말은 당의 위계질서 내의 여러 부분에서나 대부분 사람들에게 반드시 동일한 내용을 가진 것도 아니었다. 하지만 자기기만의 실행은 너무나 일반적이었고 생존을 위해서는 도덕적 선행조건과 거의 같은 것이었기 때문에, 나치 정권이 무너진 지 18년이나 지난 지금, 그 거짓말들의 상세한 내용들 대부분이 잊힌 지금에도 허위가 독일의 국가적 특성의 한 부분으로 수렴되어 있었다고 생각하지 않기란 종종 어려운 일이다. 전시에 독일 국민 전체에 대해 가장 효과적인 거짓말은 히틀러나 괴벨스가 만든 '독일 민족을 위한 운명의 전투'(der Schicksalskampf des deutschen Volkes)라는 구호였다. 이 구호는 세 가지 면에서 쉽게 자기기만에 빠지게 해주었다. 그것은 첫째로 전쟁은 전쟁이 아니라고 암시했다. 둘째로 전쟁을 시작한 것은 운명이지 독일이 아니라는 것이었다. 셋째로 전쟁은 독일인들의 생사가 걸린 문제로, 이들은 적을 전멸시켜야지, 그렇지 않으면 전멸당하게 된다는 것이었다.

예루살렘에서뿐만 아니라 아르헨티나에서도 놀라울 정도로 자발적으로 자신의 범죄를 인정한 것은, 자기기만을 일삼는 그 자신의 범죄적 특성이라기보다는, 제3제국에서 전반적으로 받아들여진 일반적인 분위기를 만들어낸 체계의 거짓된 후광 때문이었다. '물론' 그는 유대인 몰살에 기여했다. 물론, 만약 그가 "그들을 이송하지 않았더라면 그들은 도살자에게로 인도되었을 것이다." 그는 "무엇을 '인정'하라는 것인가?"라고 물었다. 그리고 그가 계속한 말은 "그는 〔자신의〕 과거의 적들과 화해하고 싶다"는 것이었다. 이 말을 통해 그가 자신의 정서를 공유한 사람은 전쟁 말년에 이러한 표현을 사용한 힘러나, (뉘른베르크에서 자살하기 전에 대량학살의 책임이 있는 나치스들과 유대인 생존자들로 구성된 '조정위원회'의 발족을 건의한) 노동전선 대장 로베르트 레이뿐만 아니라, 믿을 수 없게도 전쟁이 끝날 무렵 완전히 똑같은 말로 자신의 입장을 표현한 많은 평범한 독일인들이었다. 이 터무니없는 상투어는 더 이상 위에서 내려온 것이 아니라 자신들이 만들어낸 관용구로서, 사람들이 12년 동안이나 믿고 살아온 그 상투어만큼이나 현실성이 결여된 것이었다. 그런데 이 말이 그의 입에서 튀어나온 순간, 그 말이 그에게 얼마나 '특별하게 의기양양한 느낌'을 주었는지 당신도 거의 알아차릴 수 있을 정도였다.

아이히만의 정신은 그런 문장들로 넘치도록 채워져 있었다. 실제로 일어난 일에 대한 그의 기억은 상당히 신뢰할 수 없는 것으로 입증되었다. 격분하게 된 몇 안 되는 순간에 란다우 판사는 피고에게 (만일 당신이 갖가지 살상방법에 대해 다룬 이른바 반제회의에서 이루어진 토론 내용을 기억하지 못한다면) "당신은 무엇은 기억할 수 있습니까?"라고 물었다. 그 대답은 물론, 아이히만은 그 자신의 출셋길의 전환점들은 상당히 잘 기억한다는 것이지만, 그러한 전환점들과 유대인 몰살 이야기에서의 전환점, 즉 사실상의 역사의 전환점들과 반드시 일치하지는 않았다. (그는 언제나 전쟁이 시작된 날이나 소련 침공이 개시된 날짜를 기억하는 데 힘들어했다.) 하지만 중요한 점은, 그에게 어느 순간이든 '의기양양한 느낌'을 가져다 주었던 그 자신의 문장들은 하나도 잊지 않았다는 것이다. 따라서 대질심문에서 판사들이 그의 양심에 호소하려고 할 때마다 '의기양양'함을 마주치게 되었다. 피고가 자신의 인생의 모든 시기와 모든 활동마다 그것에 대해 의기양양함을 느끼게 하는 다른 상투어가 있다는 사실을 알게 되자 판사들은 당황한 동시에 분노했다. 그의 정신 속에서는 종전 무렵에 걸맞은 "나는 내 무덤에 웃으며 뛰어들 것이다"라는 말과, "나는 지상의 모든 반유대주의자들에 대한 경고로 기쁘게 공개적으로 교수형을 당할 것이다"라는 말 사이에는 아무런 모순도 없었다. 이 말은 아주 다른 상황들 가운데서도 그의 기분을 북돋우는 데 완전히 똑같은 역할을 했다.

이러한 아이히만의 습관은 재판을 진행하는 데 상당한 어려움을 초래했다. 그것은 아이히만보다는 검사나 변호사, 판사, 취재진에게 더 큰 어려움이었다. 그럼에도 불구하고 그를 진지하게 다루는 것은 필수적인데, 이것은 매우 어려운 일이었다. 말할 수 없이 끔찍한 행위들과 그 일을 행한 사람의 부정할 수 없는 어리석음 사이의 딜레마에서 가장 쉬운 탈출구를 찾아내어 그를 영리하고 계산적인 거짓말쟁이라고 부르지 않는다면 말이다. (그가 이런 거짓말쟁이가 아님은 명백하다.) 이 문제에 대한 그 자신의 신념은 겸손과는 거리가 멀었다. "운명이 내게 부여한 얼마 안 되는 재능 가운데 하나는 진실에 대한 능력입니다. 그것이 내게 달린 일인 한에서는 말이죠." 검사가 아이히만이 저지르지 않은 범죄를 그에게 뒤집어씌우려고 하기 전에도 그는 이 재능에 대한 주장을 했다. 아르헨티나에서 가진 자센과의 인터뷰를 준비하면서 (그 당시 자신이 지적한 것처럼 "내가 전적으로 물리적, 정신적인 자유를 소유하고 있었던" 때) 만든 정리가 안 된 장황한 메모 속에서 그는 '여기에 기록된 이 진실의 길에서 벗어나지 않도록 미래의 역사가들은 충분히 객관적이도록 하라'는 환상적인 경고를 했다. 이러한 경고가 환상적이라고 한 이유는, 이처럼 갈겨쓴 모든 문장에서 자신의 일에 기술적으로나 행정적으로 직접 연관이 되지 않은 모든 것에 대한 그의 철저한 무지가 나타나며, 또한 그의 기억력에 엄청난 결함이 있음을 보여주기 때문이다.

검찰의 모든 노력에도 불구하고 사람들은 그가 '괴물'이 아님을 알 수 있었지만, 광대라고 의심하기는 어렵지 않았다. 그런데 그런 의심은 재판의 전체 계획에 치명적일 수 있고, 그와 그 같은 이들이 수백만 명의 사람들에게 안겨준 고통의 관점에서 볼 때 그런 의심을 유지하기 어렵기 때문에 그가 행한 최악의 광대짓들은 거의 주목받지 않았고, 거의 보도된 적이 없었다. 처음에는 자신이 허송한 젊은 시절에 배운 단 한 가지는 바로 맹세하지 말라는 것이라고 대단히 강조하며 선언하고는 ("오늘 그 누구도, 어떤 판사도, 나로 하여금 증인으로서 선서한 진술을 하도록 할 수 없고, 선서상태에서 무엇을 단언하도록 할 수 없습니다. 나는 거절합니다. 나는 그것을 도덕적인 이유로 거절합니다. 내 경험상 누군가가 맹세를 성실하게 따르면 어느 날 그 대가를 치르게 되기 때문에, 나는 앞으로 영원히 이 세상이나 어떤 다른 권위로도 나로 하여금 맹세를 하거나, 선서 하의 증언을 하게 할 수 없을 것이라고 마음먹었습니다. 나는 자발적으로 선서하지 않을 것이며 그 누구도 내게 강요할 수 없습니다"), 그 후에 판사로부터 자신의 변호를 위한 증언을 하고 싶으면 "선서를 한 뒤 할 수도 있고 선서 없이 할 수 있다"는 말을 분명히 듣고 난 뒤, 두말 않고 즉시 선서 아래에서 증언을 하겠다고 선언하는 사람과 당신은 도대체 무엇을 할 수 있겠는가? 또는 경찰심문관에게 그랬듯이, 법정에 대해 자신이 할 수 있는 최악의 짓은 자신의 진정한 책임을 벗어나 자신의 목숨을 위해 싸우거나 자비를 간청하는 것이라고 반복해서 매우 감정적으로 확언한 뒤, 자신의 변호인의 지시에 따라 자비를 호소하는 자필 문서를 제출한 사람과 당신은 도대체 무엇을 할 수 있겠는가?

아이히만에게는 이것은 기분에 따라 달라지는 문제들이었고, 그가 기억 속에서나 즉흥적으로 자신의 기분을 북돋우는 관용구들을 찾을 수 있다면 그는 '모순' 따위는 한 번도 의식하지 않은 채 아주 만족스러워했다. 앞으로 보게 되겠지만, 상투어로 자신을 위로하는 이 끔찍한 재능은 죽음의 순간에도 그에게서 떠나지 않았다.

제4장

첫 번째 해결책: 추방

이 재판이 피고 측과 원고 측의 줄다리기를 통해서 진실을 밝히고 양편 모두를 정당하게 다루어야 하는 정상적인 재판이었다면, 이제는 피고 측의 입장으로 주의를 돌려서 아이히만의 눈에 뜨인 일들 외에도 아이히만의 빈에서의 행위에 대한 자신의 기괴한 설명에 대해 다른 것이 없는지, 그리고 그의 현실 왜곡이 실제로 한 개인의 거짓말하는 버릇 그 이상의 어떤 것 때문이 아닌지를 알아내는 것은 가능할 것이다. 재판이 시작되기 훨씬 전에 아이히만이 교수형에 처해져야 한다는 사실은 '의심할 나위 없이' 확립되었고, 나치 정권을 공부하는 모든 학생들에게도 일반적으로 알려져 있었다. 검찰이 확립하려고 한 추가적인 사실들이 판결에 부분적으로 받아들여졌지만, 그러한 사실들도 만일 피고 측이 소송과 관련된 자신들의 증거를 제시했다면 결코 '의심할 나위 없이' 보일 수 없었을 것이다. 따라서 충분히 잘 알다시피 세르바티우스 박사가 무시하기로 선택한 어떤 사실들에 대해 상당한 주의를 기울이지 않으면, 아이히만 재판과는 구별되는 아이히만 사건에 대한 어떠한 보고도 완전한 것이 될 수 없을 것이다.

이것은 '유대인 문제'에 관한 아이히만의 불분명한 의견과 이념에서 특별히 잘 나타난다. 대질심문에서 그는 재판장에게 빈에서 "유대인을 서로 수용할 만하고 서로에게 공평한 해결책을 찾아야 하는 상대로 간주했다"고 말했다. "……저는 이 해결책을 그들의 발아래 단단한 땅을 놓는 일이라고 생각했는데, 그렇게 함으로써 그들은 그들 자신들의 장소, 자신들의 땅을 가질 것입니다. 그리고 저는 이런 해결의 방향으로 기쁘게 일하고 있었습니다. 저는 그런 해결책에 도달할 수 있도록 기쁘고 즐겁게 협조했는데, 이는 그것이 유대인 자신이 움직여 승인한 방식의 해결이기도 했기 때문입니다. 그래서 저는 그것을 이 문제에 대한 가장 적합한 해결책으로 간주한 것입니다." 이것이 그들 모두가 '함께 일한' 진정한 이유였고, 그들의 일이 '상호성에 기초한' 이유였다. 비록 모든 유대인이 다 이해한 것은 아니지만, 이 나라에서 떠나는 것이 모든 유대인에게 이익이었다. "누군가가 그들을 도와야 했고 누군가가 이 지도층 인사들이 행동하도록 도와야 했는데, 그것이 바로 제가 한 일입니다." 만약 유대인 관료들이 '이상주의자', 즉 시온주의자였다면, 그는 그들을 존중했고, '동등한 자로 대우했으며,' 그들의 모든 '요구와 불평과 도움을 청하는 것을' 들었고, 자신의 '약속'을 가능한 한 지켰다. 그가, 즉 아이히만이 아니었다면 누가 몇십만 명의 유대인을 구했겠는가? 그의 대단한 열정과 조직력이 아니었다면 어떻게 그들이 시간에 맞추어서 탈출할 수 있었겠는가? 물론 당시 그는 최종 해결책이 다가오는 것을 예견할 수는 없었지만, 그는 그들을 구했고, 그것은 '사실'이다. (재판 기간에 이 나라에서 있었던 한 인터뷰에서 아이히만의 아들은 이와 똑같은 얘기를 미국 기자들에게 했다. 이것은 분명 가족의 내력이었을 것이다.)

어떤 면에서는 왜 피고 측 변호사가 시온주의자들과의 관계에 대한 아이히만의 견해를 보충하기 위해 아무 행동도 취하지 않았는지 이해할 수 있다. 아이히만은 자센과의 인터뷰에서도 시인했듯이 자기는 "축사로 끌려가는 소와 같은 무관심으로 자신의 임무를 맞이하지 않았"고, 그는 "기본적인 책(즉 헤르츨의 『유대인의 국가』)도 읽어본 적이 없고 이를 연구하고 흡수해본, 흥미를 갖고 흡수"해본 적이 없는 자신들의 동료와는 아주 달랐으며, 따라서 "자신들이 하고 있는 일과 내면적 관계"가 결핍된 다른 동료들과는 달랐다는 점을 인정했다. 그들은 "사무실의 일벌레일 뿐"이었고, 이들에게는 모든 것이 "문장을 통해, 명령을 통해" 결정되었으며, "다른 것에는 아무런 관심도 없었다." 요약하자면 그들은 바로 '작은 톱니바퀴'였는데, 피고 측에 의하면 아이히만이 그와 같았다는 것이다. 이것이 총통의 명령에 무조건 복종하는 것을 의미한다면 그들은 모두 작은 톱니바퀴였다. 심지어 힘러의 안마사였던 펠릭스 케르스텐에 의하면, 힘러가 최종 해결책을 열정적으로 환영한 것은 아니었다. 아이히만은 자신의 상관인 하인리히 뮐러가 '신체적 전멸'과 같은 '거친' 것을 제안하지 않았을 것이라고 경찰심문관에게 확언했다. 분명한 것은, 아이히만의 눈으로 볼 때 작은 톱니바퀴 이론이 상당히 논점에서 벗어난 것이었다. 물론 그는 하우스너 씨가 묘사하려고 한 것처럼 비중이 큰 인물이 아니었다. 무엇보다도 그는 히틀러가 아니었고, 그런 점에서 유대인 문제의 '해결책'에 관해서는 뮐러나 하이드리히, 또는 힘러와 그 중요도에서 비교할 수 없었다. 그는 과대망상증 환자가 아니었다. 하지만 그는 피고 측이 보여주려 한 것만큼 작은 인물도 아니었다.

아이히만의 현실 왜곡은, 그 왜곡과 관련된 공포스런 일 때문에 끔찍한 것이지만, 히틀러 이후의 독일에서 통용되고 있는 사태와 원칙적으로는 별로 다르지 않았다. 예를 들면, 현재 서베를린 시장이지만 히틀러 시기에는 노르웨이 망명객이었던 빌리 브란트를 상대하여 최근에 선거운동을 펼쳤던 전 국방장관 프란츠요제프 슈트라우스가 있다. 슈트라우스는 "당신은 그 12년 동안 독일 밖에서 무엇을 하고 있었습니까? 우리는 여기 독일에서 우리가 무엇을 하고 있었는지 알고 있습니다"라는 널리 알려진 매우 성공적인 질문을 브란트에게 던졌는데, 그는 이 질문을 통해 본 정부[1]의 요원들에게 그때 독일인들이 독일에서 한 일을 알려주었을 뿐만 아니라, 전혀 처벌받지 않고 어느 누구도 눈

---

1) 제2차 세계대전 후 서독 정부를 말한다.

하나 깜박하지 않은 채 그런 질문을 했기에 이 일은 사실상 악명 높은 것이 되었다. 이와 동일한 '무지'는 결코 나치 당원이 아니었던 것 같은, 매우 존경받는 훌륭한 독일의 문학 평론가가 무심코 내뱉은 말에서도 발견된다. 제3제국 시기의 문학에 대한 한 연구를 논평하면서 그는 그 저자가 "야만의 발발과 함께 우리를 남김없이 방기해버린 지식인들"의 부류에 든다고 말했다. 물론 이 저자는 유대인이었는데, 나치스에 의해 추방당했고 이방인, 즉 『라이니셔 메르쿠어』의 하인츠 베크만 씨와 같은 사람들에 의해서도 버림받은 것이다. 덧붙여 말하자면, 오늘날 독일인들이 히틀러 시대를 지칭하기 위해 종종 사용하는 '야만'이라는 단어 자체가 현실 왜곡이다. 그것은 마치 유대인과 비유대인 지식인들이 그들에게 어울릴 만큼 더 이상 충분히 '세련'되지 못한 나라를 떠난 것처럼 보이기 때문이다.

비록 정치가들이나 문학 평론가들보다 훨씬 덜 세련됐지만, 다른 한편으로 아이히만의 기억력이 그토록 나쁘지 않았거나 그의 변호인단이 그를 도왔더라면 그의 이야기를 뒷받침해줄, 반박의 여지가 없는 사실들을 인용할 수도 있었을 것이다. 왜냐하면 "그들이 시행한 유대인 정책의 첫 단계에서 나치스가 친시온주의적 태도를 채택하는 것이 적절하다고 생각한 것은 논란의 여지가 없었고",* 아이히만이 유대인에 관한 교훈을 배운 것은 이때였다. 이 '친시온주의'를 진지하게 받아들인 것은 결코 그 혼자만이 아니었다. 독일계 유대인 자신들조차도 '이화'(異化, dissimilation) 작업을 통해 '동화'(assimilation)를 해체하는 것으로 충분할 것으로 생각하고 시온주의 운동에 대거 가담했다. (이렇게 전개되는 과정에 대한 신뢰할 만한 통계는 없지만, 시온주의 주간지인 『유대인 룬트샤우』의 구독자 수가 히틀러 정권의 초기 몇 개월 동안 약 5,000부에서 7,000부였던 것이 거의 4만 부로 증가했다고 추정되고 있으며, 시온주의 기부금 모금 단체들은 수적으로 훨씬 줄어든 가

---

* Hans Lamm.

난한 유대인으로부터 1931~32년도와 비교해 3배나 더 많은 기부금을 1935~36년도에 모았다.) 이것이 반드시 유대인이 팔레스타인으로 이민가고 싶어 한 것을 의미하는 것은 아니었다. 이것은 오히려 자존심의 문제였다. 『유대인 룬트샤우』의 편집장 로베르트 벨치가 고안하여 그 당시 가장 유행한 슬로건, '자부심을 갖고 착용하라, 노란별을!'은 당시의 일반적 정서를 표현하고 있다. 1933년 4월 1일의 '불매일'(유대인이 하얀 바탕에 6각별 배지를 착용하도록 강요당하기 무려 6년 전)에 맞서서 만들어진 이 슬로건이 담고 있는 논쟁의 초점은 '동화주의자들'과 새로운 '혁명적 발전'에 합류하기를 거부한 사람들, 즉 '언제나 시대에 뒤처진 사람들'(die ewig Gestrigen)을 겨냥했다. 독일에서 온 증인들은 상당히 흥분된 채 이 슬로건을 법정에서 상기했다. 매우 탁월한 언론인 로베르트 벨치는, 당시 장래에 일어날 일들을 예측할 수 있었다면 절대로 그 슬로건을 발표하지 않았을 것이라고 최근에 말한 점을 그 증인들은 잊어버리고 언급하지 않았다.

하지만 모든 구호와 이데올로기 논쟁과는 완전히 별개로, 오직 시온주의자들만이 독일 당국과 협상할 기회를 가졌던 것은 그 몇 년 동안 평범한 사실이었다. 독일 당국이 유대인에 대해 주된 상대자로 삼았던 유대 신앙 독일시민중앙연합은 당시 95퍼센트의 조직된 독일계 유대인으로 이루어져 있었으며 자신의 회칙에 '반유대주의에 대항해 투쟁하는 것'을 주요 임무라고 명시한 것이 바로 그 이유였다. 그 단체는 정의상 갑자기 '국가에 적대적인' 조직이 되어버렸고, 만약 그들이 감히 그 임무를 실제로 수행하려 했다면 박해받았을 것이다. (물론 실제로는 그렇게 되지 않았다.) 그 몇 년 동안 히틀러의 정권 장악이 시온주의자들에게는 주로 '동화주의의 결정적인 패배'로 보였다. 따라서 시온주의자들은 적어도 한동안 나치 당국과 어느 정도 범죄가 아닌 일에 협조할 수 있었다. 시온주의자들 또한 '이화'와 유대인 청년들과 희망사항인 유대인 자본가들의 팔레스타인으로의 이주가 함께 이루어진다면 이것은 '서로에게 공정한 해결책'이 될 수 있다고 믿었다. 당시 많은 독일 관료들도 이 의견을 가지고 있었고, 끝까지 이런 종류의 대화가 상당히 흔했던 것 같다. 테레지엔슈타트의 생존자인 한 독일계 유대인의 편지는 나치스가 임명한 제국연합회(Reichsvereinigung)의 모든 주도적 직책들은 시온주의자들이 차지했다고 전한다(그에 비해 진짜 유대인 제국대변단(Reichsvertretung)은 시온주의자와 비시온주의자들로 이루어져 있었다). 나치스에 의하면 시온주의자들도 역시 ''민족적' 관점에서 생각하기 때문에 '점잖은' 유대인'이라는 이유에서였다.' 물론 어떠한 저명한 나치스도 공개적으로 이런 맥락의 이야기를 하지 않았다. 나치 선전은 처음부터 끝까지 맹렬하고 솔직하며 비타협적으로 반유대적이었고, 결국 전체주의 정부의 신비에 대한 경험이 아직도 없는 사람들이 '단순한 선전'이라고 무시한 것만을 중요시했다. 그 처음 몇 해 동안 나치 당국과 팔레스타인 담당 유대인 기관 사이에는 상호적으로 매우 만족스러운 협약이 존재했다. 하바라 또는 이송협약이라고 불린 이 협약은 팔레스타인으로 이주하는 사람이 자기 돈을 독일 물품의 형태로 목적지에 보낸 다음, 도착 즉시 그 물건들을 파운드로 교환할 수 있게 하는 것이었다. 곧 이것은 유대인이 돈을 가지고 나갈 수 있는 유일한 합법적 방법이었다. (그 당시의 대안은 봉쇄 계좌를 만드는 것뿐이었는데 여기에 든 금액은 해외에서는 50퍼센트에서 95퍼센트의 손실을 감수해야만 변제할 수 있었다.) 그 결과 미국의 유대인이 독일 제품의 불매운동을 조직하려고 크게 애썼던 1930년대에 엉뚱하게도 팔레스타인에서는 온갖 종류의 '독일제'로 뒤덮이게 되었다.

아이히만에게 더욱 중요한 것은 시온주의자들이나 팔레스타인 담당 유대인 기관의 명령을 받지 않고 스스로 게슈타포나 친위대와 접촉하곤 하는 팔레스타인 밀사들이었다. 그들은 영국령의 팔레스타인으로 유대인의 불법 이민을 도와주려고 왔는데 게슈타포와 친위대가 이를 모두 도와주었다. 그들은 빈에서 아이히만과 협상했는데, 그가 "예의 바르고," '소리 지르는 타입이 아니며," 심지어 그들에게 장래의 이민자들을 위한 직업훈련학교를 세우는 데 농장과 시설을 제공하기도 했다고 보고했다. (어떤 때는 젊은 유대인을 위한 훈련농장을 제공하기 위해 그는 한 그룹의 수녀들을 수녀원에서 추방했고, 또 어떤 경우에는 '특별열차 편이 〔제공되었고〕 또 나치 장교들을 동반해서' 한 이민자 집단을 표면적으로는 유고슬라비아의 시온주의자 훈련농장으로 향하는 척하며 국경 너머까지 안전하게 보호해줬다.) 존 킴체와 다비드 킴체의 이야기에 따르면, "모든 요인들의 충분하고도 관대한 협조"*로 팔레스타인에서 온 이 유대인의 말과 아이히만의 말은 그리 다르지 않았다. 그들은 팔레스타인에 정착한 자치단체에 의해 유럽으로 보내졌고, 따라서 그들은 구출작업에 관심을 갖지 않았다. "그것은 그들의 임무가 아니었다." 그들은 '적절한 자원'을 고르기 원했다. 유대인 몰살계획이 있기 전 그들의 주적은 유대인으로 하여금 독일이나 오스트리아같이 자신이 살던 옛 나라에서 살 수 없도록 한 자들이 아니라 새로운 모국으로의 접근을 막은 자들이었다. 적은 분명코 영국이었지 독일이 아니었다. 사실상 그들은 위임 통치국의 보호를 받고 있었으므로 〔독일의〕 유대인과는 달리 나치 당국과 거의 동등한 입장에서 협상할 위치에 있었다. 아마도 그들은 상호 이해에 대하여 공개적으로 말한 최초의 유대인이었을 것이며, 분명히 수용소의 유대인 가운데서 '젊은 유대인 개척자들을 골라내는' 허락을 최초로 받은 사람들이었을 것이다. 물론 그들은 이 계약이 함축하고 있는 사악한 점에 대해서 알지 못했고, 그것은 아직 미래에 일어날 일이었다. 하지만 그들도 생존을 위해서 유대인을 고르는 것이라면 유대인 자신들이 직접 골라야 한다고 어떻든 믿고 있었다. 이 근본적인 판단 착오가 결국은 선택받지 못한 유대인이 필연적으로 두 적(나치 당국과 유대인 당국)을 직면하게 되는 상황을 낳았다. 빈에서 있었던 일에 관해서만은, 즉 법정에서 비웃음을 산 몇십만 명의 유대인의 목숨을 구했다는 아이히만의 터무니없는 주

---

* Jon and David Kimche, *The Secret Roads: The "Illegal" Migration of a People, 1938~48*, London, 1954.

장은, 유대인 역사가 킴체 부부의 숙고된 판단 가운데서 이상하게도 지지를 받게 된다. "따라서 나치스의 전체 집권기간 중 가장 모순적인 사건 중의 하나임이 분명한 일이 시작되었다. 유대 민족의 최고 학살자 중 한 사람으로 역사에 기록될 사람이 유럽에서의 유대인을 구출하는 데 활발한 일꾼으로 기록된 것이다."

아이히만의 난점은 그의 이 같은 믿을 수 없는 이야기를 희미하게라도 뒷받침할 수 있는 사실을 아무것도 기억하지 못한다는 사실이다. 반면에 박식한 변호인 측도 기억할 만한 일이 있다는 사실조차도 몰랐을 것이다(세르바티우스 박사는 팔레스타인으로 가는 불법 이민을 돕기 위한 알리야 베트라는 단체의 전 직원들을 피고 측의 증인으로 부를 수 있었을 것이다. 그들은 물론 아직도 아이히만을 기억하고 있었고, 게다가 지금 이스라엘에 살고 있었다). 아이히만의 기억은 그의 경력에 직접적인 영향을 끼친 것들에 대해서만 작동했다. 따라서 그는 베를린으로 자기를 찾아와 공동 정착지에서의 삶에 대해 말해주고, 자신이 저녁을 두 번 대접한 한 팔레스타인 지도층 인사의 방문을 기억했다. 왜냐하면 이 방문은 유대인이 아이히만에게 자신의 나라를 보여줄 수 있도록 팔레스타인으로의 공식 초대로 이어졌기 때문이다. 그는 매우 기뻐했다. 어떤 다른 나치 관료도 이처럼 '먼 타국'을 방문하지 못했기 때문이었다. 그는 출장 허락을 받았다. 그가 '첩보 임무'를 띠고 그곳으로 파견되었다고 판단할 수 있는데, 물론 이것은 사실이겠지만 그렇다고 해서 아이히만이 경찰 측에 진술한 이야기와 모순되는 것은 아니다(이 기획을 바탕으로 실제로는 아무 일도 일어나지 않았다. 아이히만은 함께 근무하는 헤르베르트 하겐이라는 기자와 함께 하이파에 있는 카르멜산을 올라가볼 정도의 시간만을 가졌을 뿐, 곧 영국 당국은 이 두 사람을 이집트로 추방했고 팔레스타인으로의 입국 허가를 거부했다. 아이히만에 의하면, '하가나[이스라엘 군대의 핵심이 될 유대인 군사 조직]에서 사람이 나와' 카이로로 그들을 만나러 왔고, 거기서 그가 그들에게 말한 내용은 아이히만과 하겐이 선전을 위해서 명령을 따라 쓴

'철저히 부정적인 보고서'의 주제가 되었다. 이 보고는 정식으로 출간 되었다).

이런 작은 성공 외에 아이히만은 단지 당시의 기분과 그에 맞추어서 만들어낸 선전문구밖에 기억하지 못했다. 이집트로의 출장은 1937년 에 있었던 일로 그가 빈에서 활동하기 전이었고, 빈에 대해서 그는 단 지 일반적인 분위기와 얼마나 그가 '의기양양'했는지만 기억했다. 새 로운 시기와 어울리지 않음에도 불구하고 자신의 기분과 그에 따른 선 전문구를 끝내 버리지 않는 그의 놀라운 기술(경찰심문에서 반복적으 로 증명된 기술)을 중심으로 볼 때, 그가 자신이 빈에서 보낸 시간을 목 적이라고 불렀던 것에 대한 그의 진실성을 믿고 싶어진다. 그의 생각 과 감정에는 일관성이 완전히 결여되었기 때문에, 이러한 진실성은, 빈 에서 그가 보낸 1938년 봄부터 1939년 3월까지 나치 당국이 친시온주 의적 경향을 내버렸다는 사실에 의해서도 훼손되지 않는다. 나치 운동 은 그 성질상 계속 움직였고 한달 한달 지날 때마다 점점 더 과격해졌 지만, 가장 눈에 띄는 나치 요원들의 특징은 심리적으로 나치 운동보다 항상 한 걸음 뒤처져 있다는 것이었다. 그들은 운동에 보조를 맞추는 데 가장 큰 어려움을 느꼈다. 그래서 히틀러가 말한 것처럼 그들은 "자 신의 그림자를 뛰어넘을 수 없었다."

그런데 그 어떤 객관적 사실보다도 더 빌어먹을 것은 아이히만 자신 의 결점투성이인 기억력이었다. 빈에는 그가 아주 생생히 기억하고 있 는 몇 명의 유대인(뢰벤헤르츠 박사와 상업 고문관 스토르퍼)이 있었 지만, 이들은 그의 이야기를 뒷받침해줄지도 모르는 팔레스타인의 밀 사들이 아니었다. 아이히만과의 협상에 대해 매우 흥미로운 비망록(재 판에서 새로 공개된 몇 안 되는 문서 중 하나로, 아이히만이 그 일부를 보고는 주요 진술 내용에 전적으로 동의했다)을 전쟁 후에 쓴 요제프 뢰벤헤르츠는 나치 당국을 돕기 위해 유대인 공동체 전체를 조직하여 기구화 한 첫 번째 유대인 고위층 인사였다. 그리고 그는 조력의 대가 를 받은 매우 적은 인사들 중 한 사람이었다. 그는 전쟁이 끝날 때까지 빈에 머무는 것을 허락받았고, 전후에 영국으로, 그리고 다시 미국으로 이민갔다. 그는 1960년, 아이히만이 체포된 직후에 사망했다. 우리가 보았듯이 스토르퍼는 운이 따르지 않았지만, 그렇다고 그것이 아이히만의 잘못은 분명 아니었다. 스토르퍼는 너무 독립적이 되어버린 팔레스타인 밀사들을 대신했으며, 아이히만이 그에게 부여한 임무는 시온주의자들의 도움 없이 팔레스타인으로 가는 유대인 불법 이송을 조직하는 것이었다. 스토르퍼는 시온주의자가 아니었고, 오스트리아에 나치스가 올 때까지는 유대인 문제에 관심도 없었다. 그래도 그는 아이히만의 도움으로 유럽 절반이 나치스에게 점령당한 1940년에 약 3,500명의 유대인을 유럽에서 탈출시키는 데 성공했고, 팔레스타인들과 일을 해결하는 데 최선을 다한 것으로 보인다(아우슈비츠에 갇힌 스토르퍼를 이야기하면서 아이히만이 덧붙인 말, "스토르퍼는 결코 유대주의를 배반하지 않았다. 단 한마디로, 스토르퍼는 아니었다"는 말을 했을 때 아마도 이 점을 염두에 두고 있었을 것이다). 끝으로, 세 번째 유대인은 자신의 전쟁 전의 활동과 관련해서 아이히만이 결코 잊지 않고 기억한 파울 엡슈타인 박사로, 베를린에서 제국연합회(나치스가 임명한 유대인 중앙 조직으로, 1939년 6월에 해체된 진정한 유대인 조직인 제국대변단과 혼동해서는 안 됨)의 최종 시기에 이민을 담당했다. 엡슈타인 박사는 유대인 원로로서 테레지엔슈타트에서 복무하도록 아이히만이 임명했는데, 거기서 1944년에 총살되었다.

다시 말하자면 아이히만이 기억한 유대인은 모두 전적으로 그의 권력 아래에 있던 사람들뿐이었다. 그는 팔레스타인의 밀사뿐만 아니라, 일찍이 베를린에서 면식이 있던 이들, 즉 그가 정보 관련일로 알게 되었지만 아직 집행권 행사의 대상이 아니었던 사람들은 잊어버렸다. 예를 들면 그는 프란츠 마이어 박사와 같은 사람들은 결코 언급한 적이 없었다. 마이어 박사는 독일 시온주의 조직 집행부에서 일한 요원 가운데 한 사람으로 검찰을 위해 1936년부터 1939년 사이 피고와의 접촉에 대해서 증언했다. 마이어 박사는 아이히만의 이야기를 일부분 확인해주었다. 베를린에서 유대인 고위층 인사들은 "불평과 요구를 제시할 수 있었으며," 모종의 협력이 이루어졌다. 때때로 마이어는 "우리는 어떤 부탁을 하러 갔고, 그가 우리에게 무엇을 요구할 때도 있었다"라고 말했다. 그 당시 아이히만은 "우리들의 말을 진정으로 경청했고 성실하게 우리의 사정을 이해하려 했다." 그는 '아주 바른' 태도를 취했다. ("그는 나를 '씨'라고 호칭했고 내게 자리를 권하곤 했다.") 하지만 1939년 2월에 이 모든 것들은 바뀌었다. 아이히만은 '강제이주'에 대한 그의 새로운 방법을 설명하기 위해서 독일계 유대인 지도자들을 빈으로 호출했다. 그리고 그는 로트실트 팔래스 1층에 있는 큰방에 앉아 있었는데, 물론 그를 알아볼 수 있었지만 그는 완전히 달라져 있었다. "나는 즉시 내 친구들에게 내가 같은 사람을 만나고 있는지 모르겠다고 말했다. 그 변화에 소름이 끼쳤다. ……여기서 나는 생사를 좌지우지하는 사람을 만났다. 그는 우리를 거만하고 무례하게 맞이했다. 그는 우리를 그의 책상 가까이 접근하지 못하게 했다. 우리는 서 있어야만 했다." 검찰과 판사들은 아이히만이 집행권을 지닌 직책으로 승진했을 때 진정한 항구적인 인격 변화를 경험했다는 데 의견이 일치했다. 하지만 여기서도 그는 '퇴보'를 겪었고 일들이 그처럼 간단한 것은 아니었다는 것이 재판과정에서 드러났다. 1945년 3월 테레지엔슈타트에서 그와 가진 면담을 증언한 증인이 있다. 그때 아이히만은 또다시 시온주의 문제에 대해 큰 관심을 표명했다. 그 증인은 시온주의 청년 조직의 일원이었고 팔레스타인 입국 허가서를 지니고 있었다. 면담은 "매우 상냥한 말투로 진행되었으며 태도는 매우 친절했고 예의발랐다." (이상하게도 피고 측의 변호인단은 이 증인의 증언을 자신의 심리에서 결코 언급하지 않았다.)

　빈에서 일어난 아이히만의 인격 변화에 대해 어떠한 의구심이 있든지 간에, 이 직책에로의 임명이 그의 출세의 진정한 시작을 의미한다는 점에는 의심의 여지가 없다. 1937년과 1941년 사이에 그는 4번 승진했다. 14개월도 채 되지 않아 그는 하급중대 지휘관[2)]에서 최고중대 지휘관[3])으로 승진했고, 1년 반 뒤에 그는 상급대대 지휘관이 되었다. 이 일은 1941년 10월에 일어났는데, 이는 나중에 그를 예루살렘 지방법원으로 가게 한 최종 해결책을 다루는 직책을 받은 지 조금 지난 뒤였다. 그런데 거기서 그는 무척 슬프게도 "진급이 막혀버렸다." 그가 일한 부서에서는 더 높은 계급을 획득할 수 없었기 때문이다. 그런데 이것을 그는 자신이 상상한 것보다 훨씬 더 빠르고 높이 오른 이전 4년 동안에는 알지 못했다. 빈에서 그는 자신의 열정을 증명했고, 이제 그는 '유대인 문제', 즉 유대인 조직과 시온주의 당파들과 관련된 복잡한 문제의 전문가일 뿐만 아니라, 이주와 소개(evacuation)의 '권위자'로, 사람들을 이동시키는 법을 아는 '대가'로 인정받았다. 그의 가장 큰 승리는 유리의 밤이 일어난 직후, 독일계 유대인이 필사적으로 도피하려던 1938년 11월에 찾아왔다. 아마도 하이드리히가 주도한 바에 따라 괴링은 베를린에 유대인 이주를 위한 제국본부를 창설하기로 결심했는데, 그의 지령을 담은 편지에서 아이히만의 빈 사무소를 중앙본부 설립의 모델로 사용하라는 특별한 언급이 있었다. 그러나 베를린 사무소의 수장은 아이히만이 아니라 그가 후에 크게 존경한 하인리히 뮐러로 하이드리히가 발견한 인물 중 하나였다. 하이드리히는 뮐러를 바바리아의 정규 경찰관직에서 차출하여 (그는 당원도 아니었고 1933년까지는 반대자이기도 했다) 베를린의 게슈타포로 데려갔다. 그는 소비에트 러시아 경찰 체계에 대한 권위자로 알려졌기 때문이다. 상대적으로 작은 임무에서 출발하기는 했어도 뮐러에게는 이것이 그의 출셋길의 시작이었다. (덧붙여 말하자면, 아이히만과는 달리 허풍을 떠는 경향이 없었고, '스핑크스와 같은 품행'으로 유명한 뮐러는 종전 후 종적을 감추는 데 성공했다. 처음에 동독과 지금의 알바니아가 이 러시아 경찰 전문가의 도움을 받았다는 소문이 있지만, 아무도 그의 행방을 모

2) Untersturmführer, 소위에 해당하는 지위를 말한다.
3) Haupsturmführer, 대위에 해당하는 지위를 말한다.

른다.)

1939년 3월에 히틀러는 체코슬로바키아로 진입해서 보헤미아와 모라비아에 독일 보호령을 내렸다. 아이히만은 즉각 프라하에 또 다른 유대인 이주본부를 만들도록 임명받았다. "처음에 나는 빈을 떠나는 게 그렇게 기쁘지는 않았다. 그런 사무소를 설립해서 모든 것이 순조롭고 질서 있게 움직이는 것을 보면 그것을 포기하고 싶지 않기 때문이다." 그리고 빈과 체계는 같았지만 프라하는 확실히 어느 정도 실망스러운 곳이었다. "체코의 유대인 지도층 인사들이 빈으로 갔고 빈 사람들이 프라하로 왔기 때문에 나는 관여할 필요가 전혀 없었다. 빈의 모델을 단순히 복사해서 프라하로 옮겼다. 그래서 모든 일이 자동적으로 시작되었다." 하지만 프라하 본부는 훨씬 작았고, "유감스럽게도 뢰벤헤르츠 박사와 같은 수완과 열정을 가진 사람이 없었다." 하지만 이러한 불만에 대한 사적인 이유는 또 다른 완전히 객관적인 본질을 지닌 엄청난 어려운 문제들에 비하면 사소한 일에 불과했다. 수십만 명의 유대인이 몇 년 사이에 그들의 고향을 떠났고, 수백만 명이 그들 뒤에 대기하고 있었다. 폴란드와 루마니아 정부도 공식 선언을 통해 유대인을 제거하고 싶다는 뜻을 분명히 했기 때문이다. 그들은 '위대하고 교양 있는 국가'의 발자취를 따르는 데 세계가 왜 분개하는지 이해하지 못했다. (이 엄청나게 누적된 수의 예비 피난민들이 등장한 것은, 독일계 유대인의 문제를 국가 간의 대화를 통해서 해결하려고 한 1938년 여름의 에비앙 회담 기간 때였다. 이 회담은 철저한 실패로 끝나 독일계 유대인에게 큰 피해를 주었다.) 유럽 내에서의 도피 가능성이 벌써 고갈된 것처럼 해외로 이민 가는 길도 이제 막히고 있었다. 전쟁 때문에 그의 계획이 방해받지 않았어도, 아무리 최상의 상황이었더라도, 아이히만은 빈의 '기적'을 프라하에서 반복할 가능성이 거의 없었다.

그는 이 점을 매우 잘 알고 있었고, 진짜 이주에 관한 전문가가 되어 있었다. 그래서 그가 다음 임무를 의욕적으로 맞이하리라 기대할 수는 없었을 것이다. 전쟁은 1939년 9월에 발발했고, 한 달 뒤 아이히만은 베를린으로 소환되어 유대인 이주를 위한 제국본부의 수장으로 뮐러의 뒤를 이었다. 1년 전이라면 이것은 진짜 승진이었겠지만, 지금은 잘못된 시기였다. 그의 감각들 가운데 어떠한 감각도 유대인 문제에 대한 해결책을 강제이주와 관련해서 생각할 수 없었다. 전쟁 중에 사람들을 한 나라에서 다른 나라로 옮기는 일이 어렵다는 것 외에도 제국이 폴란드를 점령함으로써 약 200만 명에서 250만 명 이상의 유대인을 새로이 갖게 되었다. 히틀러 정부가 유대인을 나가게 할 의향이 있었다는 것은 옳다(모든 유대인 이민을 중지하라는 지시는 2년 후, 1941년 가을이 되어서야 내려왔다). 그리고 어떤 '최종 해결책'이 이미 결정되더라도, 그 누구도 그와 같은 효과를 가진 명령을 아직까지는 내리지 않았다. 동부에서는 유대인이 이미 강제거주구역(게토)으로 수용되고 있었고 또한 돌격대에 의해 살해당하고 있긴 했지만. 베를린에서 아무리 '협동작업라인 원칙'에 맞추어서 영리한 시스템을 만든다 해도 이민이 점차 줄어드는 것은 자연스러운 일이었다. 아이히만은 이 과정을 "이빨을 뽑는 것 같다"고 묘사했다. "……양쪽이 모두 무관심했다고 말할 수 있습니다. 유대인 쪽에서 말하자면 이민 가능성을 얻는 것이 정말로 어려웠기 때문이었고, 우리 쪽에서는 어떠한 소동이나 급한 일이 없었으며, 사람들이 오가는 일도 없었기 때문입니다. 그곳에서 거대하고 힘있게 생긴 건물에 앉은 우리는 삼킬 듯한 공허 속에 있었습니다." 분명한 것은 자신의 전문영역인 유대인 문제가 이민 문제로 머물러 있는 한, 그는 곧 실직하게 될 것이라는 점이었다.

제5장

두 번째 해결책: 수용

1939년 9월 1일, 전쟁이 발발하자 비로소 나치 정부는 공개적으로 전체주의적으로 되었고, 또 공개적으로 범죄적 성향을 띠었다. 조직의 관점에서 보았을 때 이러한 방향으로 나아가는 데 가장 중요한 단계 가운데 하나가, 1934년 이래로 아이히만이 소속된 당조직인 친위대 정보부와 게슈타포라 불린 국가비밀경찰을 포함한 정규 국가보안경찰을 통합한다는 힘러가 서명한 포고령이었다. 이 통합의 결과 제국중앙보안본부(R.S.H.A.)가 등장했는데, 최초의 국장은 라인하르트 하이드리히였다. 1942년 하이드리히가 사망한 뒤 아이히만이 린츠에서부터 오랫동안 알고 지내던 에른스트 칼텐브루너 박사가 그 직책을 넘겨받았다. 게슈타포뿐만 아니라 형사경찰, 치안담당경찰에 속하는 모든 경찰 간부들은 당원 여부와 상관없이 그들의 이전 계급에 따라 친위대 계급이 부여되었다. 그런데 이것이 의미하는 것은 하루 만에 과거 공무원 중 가장 중요한 부분이 나치스 계통에서 가장 근본적인 부분으로 통합되었다는 것이다. 내가 아는 한 어느 누구도 저항하거나 자기의 직책을 사임하지 않았다. (친위대의 창설자이자 우두머리인 힘러가 1936년 이래로 독일 경찰의 수장이기도 했지만, 이 두 기관은 지금까지 분리된 채 남아 있다.) 더욱이 제국중앙보안본부는 친위대의 열두 개 본부 가운데 하나에 불과했고, 그중 가장 중요한 것은 오늘의 맥락에서 볼 때

쿠르트 달뤼에게 장군 휘하의 치안담당 경찰본부였는데 유대인의 체포가 그 책무였다. 친위대 행정경제본부(W.V.H.A.)의 수장은 오스발트 폴이었는데, 이 기관은 집단수용소를 담당했고, 후에는 유대인 몰살의 '경제적' 측면을 담당했다.

이러한 '객관적인' 태도(집단수용소를 '행정'을 중심으로, 죽음의 수용소를 '경제'를 중심으로 다루는 태도)는 친위대 정신구조에 전형적인 것으로, 아이히만이 법정에서도 여전히 상당한 자부심을 가졌던 것이었다. 친위대는 '객관성'(Sachlichkeit)을 근거로 슈트라이허와 같은 '감정적' 부류, 즉 '비현실적인 바보'와 다름을 나타냈고, 또 마치 '뿔을 차고 가죽옷을 입고 있는 것처럼 행동하는 튜턴-게르만 정당의 거물들'과도 자신을 구별했다. 아이히만은 하이드리히가 그러한 난센스를 가진 부류들과 전혀 닮지 않았기 때문에 대단히 존경했다. 그리고 그는 힘러에 대해서 공감을 갖지 않았는데, 왜냐하면 힘러는 모든 친위대 본부의 우두머리고 무엇보다도 친위대 제국지휘관 겸 독일 경찰청장으로 오랫동안 있으면서 '그 영향을 적어도 오랫동안 받았'기 때문이었다. 그러나 재판 기간 동안 '객관성'으로 상을 받을 사람은 피고인 상급대대 지휘관이 아니었다. 그 사람은 쾰른 출신의 세법 및 상법 변호사인 세르바티우스 박사였다. 그는 나치당에 참여한 적이 없었지만, 그럼에도 불구하고 그는 '감정적'이지 않다는 것이 무슨 의미인지를 법정에서 가르쳐주었는데, 이 사람의 말을 들으면 누구도 그 말을 잊지 못할 것이다. 전 재판과정 중 몇 안 되는 대단한 순간 가운데 하나가 피고 측의 짧은 구두 변론 때 나타났다. 이 심문이 끝나면 법정은 4개월 동안 판결문 작성을 위해 휴정할 예정이었다. 세르바티우스는 "유골의 수집, 종족 근절, 가스를 사용한 살인, 그리고 이와 유사한 의학적 문제들"에 대한 책임에 기초한 고소 내용에 대해서는 무죄라고 선언했다. 그러자 할레비 판사는 그의 말을 중지시키고 "세르바티우스 박사, 가스 살인을 의학적 문제라고 말한 것은 말실수라고 생각되는군요"라고 말했다. 여기에 대해 세르바티우스는 다음과 같이 대답했다. "그것은 실제로 의학적인 문제입니다. 왜냐하면 그 일은 의사가 준비했기 때문입니다. 그것은 살인의 문제이고, 살인 역시 의학적 문제입니다." 오늘날 다른 나라에서는 살인이라고 부르는 행위를 독일인들(전 친위대 요원이나 나치 당원이 아니라 보통의 독일인들)이 어떻게 표현하는지를 예루살렘의 판사들이 잊지 않도록 아주 확실히 해두려고 세르바티우스는 대법원에서 이 사건을 검토할 때 사용할 '1심 판결에 대한 코멘트'에서 이 표현을 반복해서 사용했다. 그는 다시, 아이히만이 아니라 그의 부하 중 한 사람인 롤프 귄터가 "의학적 문제에 항상 개입했다"고 말했다. (세르바티우스 박사는 제3제국에서 일어난 '의학적 문제'에 대해 잘 알고 있었다. 뉘른베르크에서 그는 히틀러의 주치의자 '위생 보건' 전담위원이며, 안락사 프로그램 책임자였던 카를 브란트 박사의 변호사로 활동했다.)

전시조직 상태에서의 친위대 본부들은 각각 여러 부서들과 예하부서들로 분화되었고, 제국중앙보안본부는 결국 일곱 개의 주요 부서를 갖게 되었다. 제IV부는 게슈타포 사무실이었고 부장은 하인리히 뮐러(소장)였는데 그 계급은 그가 바바리아 경찰청에 있을 때 단 것이었다. 그의 임무는 '국가에 적대적인 적'과 전투를 하는 것으로 이는 두 범주로 나뉘고 이에 따라 이를 다루는 두 예하부서가 있었다. 예하부서 제IV-A부는 공산주의, 사보타주, 자유주의, 암살행위로 고발된 '적들'을 다루었고, 예하부서 제IV-B부는 '분파들', 즉 가톨릭, 개신교, 프리메이슨(프리메이슨에 대한 일을 다루는 자리는 공석이었음), 그리고 유대인을 다루었다. 이들 예하부서에 해당되는 범주의 일들을 다루기 위해 독자적인 사무실이 마련되었고, 이들에게는 아라비아 숫자 일련번호가 부여되었다. 그래서 아이히만은 마침내 1941년에 제국중앙보안본부 제IV-B-4부의 직책에 임명되었다. 그의 직속상관인 제IV-B부부장은 임명되지 않았기 때문에 그의 진정한 상관은 항상 뮐러였다. 뮐러의 상관은 하이드리히였다가 나중에 칼텐브루너로 바뀌었는데, 이들은 각각 히틀러로부터 직접 명령을 받는 힘러의 지휘하에 있었다.

힘러는 자신의 수하에 있던 열두 개의 본부 외에도 완전히 다른 조직 구성을 주관했는데, 이것도 또한 최종 해결책의 수행과정에서 지대한 역할을 하게 된다. 이 조직은 친위대 고위층과 지역조직을 관장한 경찰 수뇌부의 네트워크였다. 이들의 명령조직은 제국중앙보안본부와 연결되지 않았고 힘러의 직접적 책임하에 있었기 때문에 항상 아이히만과 그의 부하들보다 윗선에 있었다. 한편 돌격대는 하이드리히와 제국중앙보안본부의 명령을 받았다. 물론 이것이 아이히만과 돌격대 간에 모종의 관계가 필연적으로 있다는 것을 의미하지는 않았다. 기술적으로 또 조직상 아이히만의 지위는 그리 높지 않았다. 그의 지위가 그처럼 중요하게 된 것은 전적으로 이데올로기적 이유에서 유대인 문제가 전시기간 동안 매일, 매주, 매달 점점 더 중요성을 갖게 되었기 때문인데, (1943년 이래로) 전쟁에서 패하는 해까지 그 문제의 중요성은 환상적인 비례로 증가했다. 일이 그렇게 되어갈 때에도 아이히만의 사무실은 '적, 유대인'만을 공식적으로 다루는 여전히 유일한 사무실이었다. 그러나 사실상 그는 자신의 독점권을 상실했다. 그때까지 모든 사무실과 기구들, 국가와 정당, 군대와 친위대 등이 이 문제를 '해결'하느라 바빴기 때문이다. 비록 우리가 경찰 활동에만 집중하고 다른 모든 사무실을 무시하기는 했지만 상황은 터무니없이 복잡했다. 우리는 돌격대와 친위대 고위층, 경찰 수뇌부, 보안경찰심문관, 보안대 등을 추가로 검토해야 했다. 이들 각각의 집단은 궁극적으로 힘러에게로 이어지는 서로 다른 명령체계에 속해 있었다. 그러나 그 집단들은 서로에 대해 동등했으며, 한 집단에 속한 요원이 다른 집단의 상관에게 복종할 필요가 없었다. 검찰은 동등한 기관들로 이루어진 미로를 거쳐 해결점을 찾아야 하는 아주 어려운 위치에 있었다는 것을 인정해야 한다. 아이히만에 대해 어떤 특별한 책임을 묻고자 할 때마다 그 과정을 거쳐야만 했다. (만일 재판이 지금 열렸더라면 이러한 일은 훨씬 쉬웠을 것이다. 왜냐하면 라울 힐베르크가 『유럽 유대인의 파멸』(*The Destruction of the European Jews*)에서 이러한 믿기 어려울 만큼 복잡한 파괴의 작용과정에 대해 처음으로 분명한 서술을 성공적으로 해냈기 때문이다.)

나아가 이 모든 기관들이 엄청난 권력을 행사하면서 서로 격렬한 경쟁을 하고 있었다는 점을 기억해야 한다. 이것은 희생자들에게는 아무런 도움이 되지 않았다. 그들의 야심은 항상 같은 것, 즉 가능한 한 많은 유대인을 죽이려는 것이었기 때문이다. 물론 사람으로 하여금 자신의 직책에 강한 충성심을 고취시킨 이러한 경쟁정신은 전쟁이 끝난 후에도 계속되었는데, 지금은 그 방향이 정반대가 되었다. 이제는 다른 사람들을 희생시켜서라도 '자신의 직책상 무죄를 입증하는 것'이 당사자의 바람이 된 것이다. 이것이 아우슈비츠 수용소 소장 루돌프 회스의 비망록을 대했을 때 아이히만이 설명한 것인데, 그 비망록에는 아이히만이 자기가 결코 하지도 않았고 또 그런 일을 할 수 있는 지위에 있지도 않다고 주장한 일들을 한 것으로 고발되어 있었다. 자기와 회스가 아주 친한 관계에 있었기 때문에, 자신이 결백한 일로 자기를 옭아맬 행위를 할 개인적 이유가 회스에게는 없다는 것은 아주 쉽게 인정했다. 그렇지만 그는 회스가 자신의 직책, 즉 행정경제본부에서의 일에 대해 무죄를 주장하려고 모든 책임을 제국중앙보안본부에 넘기려 한다고 주장했지만 허사였다. 이와 비슷한 종류의 일이 뉘른베르크에서도 일어났다. 거기서 여러 피고들이 서로를 고발하는 역겨운 광경을 연출했다. (그런데 어느 누구도 히틀러를 비난하지는 않았다!) 그런데 남의 목숨을 대가로 자기 자신의 목숨을 구하려는 취지에서 그렇게 한 사람은 아무도 없었다. 그곳에서 재판을 받은 사람들은 각기 완전히 다른 기관을 오랫동안 대표했기 때문에 서로에 대한 적개심이 깊이 각인되어 있었다. 우리가 전에 만났던 한스 글로브케 박사는 뉘른베르크에서 검사에게 증언할 때 외무부의 탓으로 돌리면서 자신이 몸담은 내무부의 무죄를 주장하려 했다. 한편 아이히만은 항상 뮐러와 하이드리히, 칼텐브루너를 변호하려고 했다. 비록 칼텐브루너가 자신을 아주 거칠게 대했지만 말이다. 예루살렘에서의 검찰의 중요한 객관적 실수 가운데 하나는 분명히 이 사건과 관련하여 나치스의 전직 고위층이 살아 있건 죽었건 간에 그들의 선서 또는 무선서 진술서에 지나칠 정도로 크게 의존한 점이었다. 검찰은 이러한 문서들이 사실을 확증하기 위한 자료로서 얼마나 신빙성 있는지를 알지 못했는데, 아마도 그것을 알 수 있을 것이라고는 기대도 할 수 없었을 것이다. 심지어 판결문에서도 다른 나치 전범들의 유죄 입증 증언들을 평가하는 데 (피고 측 증인 가운데 한 사람의 말로 하자면) "전범 재판 당시에는 궐석하거나 또는 죽은 것으로 여겨진 사람들에게 가능한 한 많은 비난을 떠넘기는 것이 통상적이었다"는 점이 고려되었다.

아이히만이 제국중앙보안본부 제IV부의 새 집무실에 들어갔을 때도 한편으로는 '강제이주'가 유대인 문제를 해결하는 데 공식적 방법이지만 다른 한편으로는 이주가 더 이상 가능하지 않다는 유쾌하지 않은 딜레마에 여전히 직면해 있었다. 그가 친위대에 몸담고 있으면서 처음으로 (그리고 거의 마지막으로) 그는 스스로 '아이디어를 낼 수 없는가'를 알아보기 위한 제안을 해야 하는 상황에 봉착하게 되었다. 경찰심문에서 제시한 서류에 따르면 그는 세 가지 아이디어를 갖는 축복을 받았다고 했다. 이 세 가지 모두 무위로 끝났다는 것을 그는 인정했다. 자신이 시도한 모든 것은 어김없이 잘못되었다. 마지막 타격을 받은 것은 그가 러시아 탱크에 맞서 베를린에 있는 자신의 개인 요새를 사용해보기도 전에 그것을 '버려야' 한 것이다. 여기에 대해서는 당혹감밖에 없었고, 이야기라고 해봐야 이것은 불운한 이야기가 될 것이다. 자기가 끝없이 고생한 이유란, 자기와 자기 부하들이 결코 독자적으로 활동하도록 내버려둔 적이 없었다는 것, 국가와 당의 다른 사무실에서 '해결책' 가운데 자신의 몫을 원했고, 그 결과 여기저기에서 한 무더기의 이른바 '유대인 전문가들'이 갑자기 나타나 잘 알지도 못하면서 공을 세우려고 열을 올리고 있었다는 것이다. 아이히만은 이 사람들을 아주 몹시 경멸했는데, 부분적으로는 그들이 신참들이었기 때문이고, 부분적으로는 그들이 부자가 되려고 했고, 또 종종 자기 일을 하는 과정에서 상당한 부를 모을 수 있었기 때문이며, 부분적으로는 그들이 무지했기 때문에, 즉 그들은 한두 권의 '기본 서적'조차도 읽지 않았기 때문이었다.

그의 세 개의 꿈은 그 '기본 서적들'에 영감을 받은 것으로 드러났다. 그런데 그 세 개 중 두 개는 분명히 자기 자신의 아이디어가 아니었다는 것도 드러났고, 세 번째와 관련해서는 "그 아이디어를 제안한 사람이 슈탈렉케르[빈과 프라하에서 그의 상관]였는지 내 자신이었는지 더 이상 알 수 없지만, 좌우간 그 아이디어가 떠올랐다"고 했다. 이 마지막 아이디어는 시간 순으로는 첫 번째였다. 그것은 '니스코의 아이디어'였고, 이 아이디어가 실패한 것은 아이히만으로서는 간섭이 얼마나 나쁜지를 가장 분명히 입증할 수 있는 증거였다(이 경우 잘못은 폴란드의 총독 한스 프랑크에게 있었다). 이 계획을 이해하기 위해서는 폴란드 점령 이후 그리고 독일의 러시아 침공 이전 기간에, 폴란드 영토가 독일과 러시아 사이에서 분할되었다는 것을 기억해야 한다. 독일 부분은 제국으로 통합된 서부 지역과 이른바 일반정부(the General Government)라고 알려진, 바르샤바를 포함한 동부지역으로 구성되었다. 동부지역은 잠시 동안 점령지로 취급되었다. 이 시기에 유대인 문제의 해결책은 여전히 '강제이주'였다. 독일을 유대인 없는 지역으로 만드는 것이 목표였기 때문에 합병지역에 있던 폴란드계 유대인이 제국의 다른 지역에 남아 있던 유대인과 함께 일반정부 지역으로 내몰리게 되었는데, 이 지역은 과거야 어찌 되었든 제국의 일부로 간주되지 않았다. 1939년 12월까지는 동부지역으로 추방이 시작되었고, 대략 100만 명의 유대인(합병지역에서 온 60만 명과 제국에서 온 40만 명)이 일반정부에 도착하기 시작했다.

만일 아이히만이 말하고 있는 니스코 모험이 사실이라고 해도(그를 믿지 않을 이유는 없다), 아이히만이나, 프라하와 빈에서 그의 상관이었던 프란츠 슈탈렉케르 여단지휘관은 일이 이렇게 발전하리라고 수개월 전에 예견했음이 분명하다(슈탈렉케르가 예견했다고 보는 것이 더 그럴듯하다). 아이히만이 조심스럽게 박사라는 칭호로 불렀던 슈탈렉케르는 아이히만의 견해에 따르면 아주 좋은 사람이었고 교육을 잘 받은, 이성으로 충만한, "어떤 종류의 국수주의나 증오심이 없는" 사람이었다. (빈에서 그는 유대인 지도층 인사들과 악수를 나누곤 했기에.) 1년 반이 지난 후 교육을 잘 받은 이 신사가 돌격대 A의 사령관으로 임명되었고, 그 후 1년이 채 되지 않아 25만 명의 유대인을 총으로 쏘아 죽였다(그 자신은 1942년의 전투에서 죽었다). 비록 경찰조직이었던 돌격대의 수장이 보안경찰과 보안대의 우두머리, 즉 라인하르트 하이드리히였지만 그는 이것을 힘러에게 직접 자랑스럽게 보고했다. 그러나 이것은 나중의 일이고, 지금은 1939년 9월로 아직 독일 군대가 폴란드 영토를 점령하는 데 분주했고, 아이히만과 슈탈렉케르 박사가 동부지역에서 보안대가 어떻게 영향력을 끼칠 수 있는가에 대해 '사적으로' 생각하기 시작했다. 그들에게 필요한 것은 "섭정의 형태로 자율적인 유대인 국가를 수립하기 위해 개척할 수 있는, 폴란드에서 가능한 한 넓은 지역이었다. ……이것은 최고의 해결책이 될 수 있을 것이다." 그래서 그들은 더 나아가 누구의 명령도 받지 않고 스스로 주도적으로 사전 조사를 하게 되었다. 그들은 러시아 국경에서 많이 떨어져 있지 않은 산 강가의 라돔 구역으로 가서, 거기서 "넓은 땅과 마을, 시장, 작은 도시들을 보았다." 그리고 "우리는 스스로에게 이것이 우리가 필요로 하는 것이다. 폴란드 사람들에게 변화를 주어 재정착하지 못할 것이 무엇인가. 사람들은 어디에서나 재정착하고들 있지 않은가라고 말했다." 이것이 적어도 일정한 기간 동안은 '유대인 문제에 대한 해결책' (그들 발아래의 확고한 땅)이 될 것이다.

모든 것이 처음에는 아주 잘 진행되는 것 같았다. 그들은 하이드리히에게로 갔고, 하이드리히는 동의하면서 그들에게 일을 진행하라고 명령했다. 유대인 문제의 해결을 위한 이 단계에서는 이들의 계획이 하이드리히의 전반적 계획과 아주 잘 부합된 것이다. (비록 아이히만이 예루살렘에서는 이것을 완전히 잊고 있었지만 말이다.) 1939년 9월 21일에 그는 제국중앙보안본부와 (당시 폴란드에서 이미 활동을 시작한)

돌격대의 모든 '부서장들'의 회의를 소집해서 가까운 미래를 위한 일반적인 지시를 내렸다. 그것은 유대인을 게토에 수용하고 유대인 장로들로 이루어진 위원회를 만들며 모든 유대인을 일반정부 지역으로 이송하는 것이었다. 아이히만은 이 회의에 참석해서 '유대인 이주센터'를 설립하게 되었다. (이 일은 재판과정 중 이스라엘 경찰 제06과에 의해 워싱턴에 있는 국립문서보관소에서 발견된 의사록을 통해 입증되었다.) 따라서 아이히만 또는 슈탈렉케르의 제안은 하이드리히의 지시를 수행하기 위한 구체적 계획에 불과한 것이었다. 그래서 주로 오스트리아 출신 수천 명이 이 신이 버린 지역으로 허둥지둥 이송되었는데, 이 지역에 대해 한 친위대 장교(에리히 라자코비치로, 후에 네덜란드계 유대인의 이송을 책임지게 됨)가 그들에게 다음과 같이 설명했다. "총통께서 유대인에게 새로운 고향을 약속하셨다. 그곳에는 살 곳도 집도 없다. 너희들이 지으려면, 너희들 머리 위에다 지붕을 둘 수 있을 것이다. 물도 없고, 주위의 우물에는 병균이 득실거리고, 콜레라와 이질, 장티푸스가 있다. 너희들이 구멍을 뚫어 우물을 발견하게 된다면 먹을 물을 얻게 될 것이다." 누구나 알 수 있는 것처럼 친위대가 일부 유대인을 이 낙원에서 추방하여 러시아 국경 너머로 보내버리지만 않았다면 "모든 것이 훌륭했을 것이다." 그리고 어떤 사람들은 자의로 탈출할 정도로 좋은 감각을 갖고 있었다. 그런데 그때 아이히만은 "한스 프랑크 쪽에서 장애물이 나타나기 시작했다"라고 불평했다. 그들은 이곳이 '프랑크의' 영역이었음에도 불구하고 그에게 통지하는 것을 잊고 있었던 것이다. "프랑크는 여기에 대해 베를린에다 불만을 털어놓았고, 그래서 싸움이 크게 벌어졌다. 프랑크는 유대인 문제를 전적으로 단독으로 해결하기를 원했다. 그는 자신의 일반정부에 더 이상의 유대인을 받아들이지 않으려 했다. 이미 도착한 사람들은 곧 사라져야 했다." 그리고 그들은 실제로 사라졌다. 일부는 본래의 지역으로 귀환하기도 했는데, 이런 일은 전무후무한 일이었다. 빈으로 되돌아간 사람들은 '직업 훈련지에서 복귀'라고 경찰 기록에 등록되었다. 친시온주의 운동의 단계로 이상하게 회귀한 것이었다.

'자기의' 유대인을 위한 영토를 획득하려는 아이히만의 열성은 그 자신의 경력을 중심으로 아주 잘 이해될 수 있다. 니스코 계획은 그의 빠른 진급 시기에 '탄생한' 것이었고, 그는 자신이 폴란드의 한스 프랑크처럼 미래의 총독, 또는 체코슬로바키아의 하이드리히처럼 미래의 섭정관으로 '유대인 국가'에서 있게 될 것이라고 생각했을 가능성이 높다. 그런데 전체 계획이 완전히 실패로 끝남으로써 그는 이 같은 '사적' 주도권이 가능한 것인지, 그리고 바람직한 것인지에 대한 교훈을 얻었음이 분명하다. 그리고 그와 슈탈레케르가 하이드리히의 지시에 따라 그리고 그의 분명한 동의를 받고 행동했기 때문에, 경찰과 친위대에게는 분명한 잠정적 패배를 의미하는 이 같은 유대인의 별난 귀환은 점차로 증가하는 자신의 직책에 따른 권력이 전능할 정도로까지는 미치지 못한다는 점, 그리고 국가 장관들과 다른 당 기관들로서는 축소되고 있는 권력을 유지하기 위한 싸움을 잘 준비하고 있다는 것도 그에게 교훈으로 남겨주었다.

'유대인 발아래 확고한 땅을 두려는' 아이히만의 두 번째 시도는 마다가스카르 계획이었다. 400만의 유대인을 유럽에서 아프리카 동남부 해안에서 떨어진 곳에 위치한 프랑스령 섬(437만 명의 원주민과 22만 7,678평방마일의 척박한 땅으로 이루어진 섬)으로 옮기려는 계획은 원래 외무부에서 나온 것이지만 후에 제국중앙보안본부로 넘겨졌는데, 그 이유는 마르틴 루터 박사의 말에 따르면 오직 경찰만이 "유대인을 집단적으로 옮기고 피난민들의 감독을 보장할 수 있는 경험과 기술력을 가지고 있기 때문"이었다. '유대인 국가'는 힘러의 관할하에 경찰 총독을 갖게 될 것이었다. 이 계획 자체가 기묘한 역사를 가지고 있었다. 마다가스카르와 우간다를 혼동한 아이히만은 "유대인 국가라는 이념을 주장한 유대인 테오도어 헤르츨이 한때 꾸었던 꿈"을 자신이 꾸고 있었다고 늘 주장했다. 그러나 그의 꿈은 이전에 이미 꾸었던 것이었다. 폴란드 정부가 먼저 이 꿈을 꾸었는데, 1937년에 많은 공을 들여

이 아이디어를 검토했지만 거의 300만 명이나 되는 유대인을 죽이지 않고 그곳으로 배로 운송한다는 것이 거의 불가능하다는 것을 알게 되었다. 그리고 얼마 후 프랑스 외무장관 조르주 보네가 그 꿈을 꾸었는데, 그는 프랑스 거주 외국인 유대인 20만 명을 프랑스 식민지로 수송하는 다소 온건한 계획을 수립했다. 그는 1938년에 이 문제를 놓고 독일 측 상대인 요아힘 폰 리벤트로프와 상담하기도 했다. 여하튼 아이히만은 1940년 여름 그의 이주사업이 완전히 중지되었을 때 400만의 유대인을 마다가스카르로 소개하는 세부 계획을 수립하라는 명령을 받았고, 이 기획을 위해 그 다음해 러시아 침공이 시작될 때까지의 대부분의 시간을 소비한 것 같다. (400만은 유럽을 유대인이 없는 지역으로 만들기에는 턱없는 숫자다. 여기에는 분명히 300만의 폴란드계 유대인은 포함되지 않았을 것인데 이들은 누구나 다 알듯이 전쟁이 발발한 첫날부터 학살되었다.) 아이히만과 그보다는 덜 광신적인 몇 사람을 제외하고는 어느 누구도 이 모든 일을 처음부터 진지하게 다루지는 않은 것 같다. 왜냐하면 (무엇보다도 그곳이 프랑스령이라는 사실은 물론이고 그 지역이 사람 살기에 적합한 곳이 아니라는 사실을 차치하더라도) 이 계획에는 전시자 영국 해군이 대서양을 장악하고 있었던 시기에 400만 인구를 수송할 선적 공간이 요구되기 때문이었다. 마다가스카르 계획은 항상 모든 서유럽 유대인을 물리적으로 제거하는 일을 준비하는 외투로 사용하려는 의도에서 수립되었다. (폴란드 유대인을 몰살시키는 데는 이러한 외투가 필요하지도 않았다!) 그리고 아무리 애를 써도 항상 총통보다 한걸음 늦은 훈련된 반유대주의자 부대를 중심으로 볼 때 이 계획의 가장 큰 장점은 유대인을 유럽으로부터 완전히 제거하는 것 외에는 어떤 조치도 충분하지 않다는 예비적 관념을 관계자 모두에게 친숙하게 만드는 것이었다. 어떠한 특별법도, 어떠한 '이화'(異化)도, 어떠한 게토도 충분하지 않다는 생각을 말이다. 1년 뒤 마다가스카르 계획이 '무가치'하다고 선언되었을 때 모든 사람은 심리적으로, 아니 오히려 논리적으로 다음 단계를 준비하게 되었다. '옮겨 놓을' 수 있는 어떠한 지역도 존재하지 않기 때문에 유일한 '해결책'은 전멸뿐이었다.

다가오는 세대들에게 진실을 드러내 보여주고 있는 아이히만이 그런 사악한 계획들의 존재를 어렴풋이 느꼈기 때문이 아니었다. 마다가스카르 계획이 무위로 끝난 것은 시간 부족 때문이었고, 시간은 다른 부서들의 끊임없는 간섭 때문에 낭비되었다. 예루살렘에서 법정이나 경찰은 그를 흔들어 스스로 만족에 겨워하는 그를 깨어나게 하려고 애를 썼다. 그들은 앞서 언급한 1939년 9월 21일 회의에 관한 두 건의 서류를 그에게 갖다 댔다. 그중 하나는 하이드리히가 텔레타이프로 쓴 편지로 돌격대에 내리는 어떤 지시를 담고 있었는데, 여기에는 '오랜 시간을 필요로 하는 최종 목표'와 '이 최종 목표에 도달하기 위한 단계들'을 처음으로 구별하고 있었다. '최종 해결책'이라는 표현은 아직 등장하지 않았고, 이 문서는 '최종 목표'가 무엇인지에 대해 침묵하고 있다. 그래서 아이히만은 그 '최종 목표'란 당연히 그의 마다가스카르 계획이라고 말했다. 이 계획은 당시 독일의 모든 부서 여기저기를 돌아다니고 있었다. 그런데 아이히만은 이 문서를 조심스럽게 읽은 뒤 즉각적으로 '최종 목표'가 '신체적 전멸'을 의미할 수밖에 없다고 확신한다고 말하며, "이 기본적 생각은 고위 지도자들과 최상층 인사들의 마음속에 이미 뿌리를 내리고 있었다"라고 결론지었다. 이것은 아마도 사실이었겠지만 만일 그렇다면 그는 마다가스카르 계획이 단지 사기에 불과하다는 것을 인정해야 했다. 그런데 그는 그렇게 하지 않았다. 그는 결코 자신의 마다가스카르 계획에 대한 이야기를 수정한 적이 없었고, 또한 분명코 그것을 수정할 수도 없었을 것이다. 그것은 마치 기억 속에 있는 다른 녹음테이프에서 흘러나오는 것 같았다. 자신이 기억하는 것이 이성과 논증, 정보, 그리고 여하한 종류의 통찰에도 반대하는 증거자료가 됨을 보여준 것은 이 테이프와 같은 기억이었다.

그의 기억에 따르면 전쟁이 발발한 때(히틀러는 1939년 1월 30일 국경일에 있었던 연설에서 전쟁이 "유럽에서 유대 인종을 멸절시킬 것"

이라고 '예언'했다)와 러시아 침공 시기 사이에 서부 및 중부 유럽의 유대인에 대한 활동이 소강상태에 빠진 적이 있었다. 분명히 그때도 제국과 합병된 지역에서는 여러 부서에서 '적, 유대인'을 제거하기 위해 최선을 다하고 있었겠지만 어떠한 통일된 정책은 없었을 것이다. 모든 부서가 각각의 '해결책'을 가지고 있었고, 그것을 적용하도록 허가를 받았거나 다른 부서와 해결책을 찾도록 했을 것이다. 아이히만의 해결책은 경찰국가였고 이를 위해 그는 어떤 지역을 장악할 필요가 있었다. 그가 기울인 모든 "노력은 실패로 돌아갔는데, 그 이유는 관련된 사람들의 이해가 부족했기 때문이었고," '경쟁', 싸움, 말다툼 때문이었으며, 모든 사람들이 "패권을 장악하기 위해 경쟁했기 때문이었다." 그런데 그때는 이미 늦었다. 러시아에 대한 전쟁이 "갑자기 청천벽력처럼" 발발했다. 그것은 그의 꿈의 종말을 의미했고, "양편의 이익에 맞추어 해결을 추구하려던 시대"의 종말을 고한 것이다. 그것은 또한 그가 아르헨티나에서 깨닫고 비망록에 쓴 것처럼, "개별 유대인을 다루기 위한 법과 조례와 칙령이 존재하는 시대의 종말"이었다. 그런데 그에 따르면 그것은 그 이상을 의미했는데, 다시 말해 그것은 그의 경력의 종언이기도 했다. 그가 현재 누리고 있는 '명성'에 비추어보면 다소 미친 듯이 들리지만, 그의 말에 일리가 있다는 것은 부정할 수 없다. 왜냐하면 '강제이주'가 실현되든 나치스가 지배하는 유대인 국가라는 '꿈'이 실현되든 모든 유대인 문제에서 최종적 권위체가 되었을 자신의 직책이 이제는 "유대인 문제에 관한 최종 해결책에 관련된 한에서는 두 번째 자리로 밀려나게 되었고, 지금 시작되는 일들은 다른 부서로 이송되었으며 협상은 전 제국지도자 겸 독일 경찰청장의 휘하에 있는 다른 본부에 의해 수행되었기 때문이다." '다른 부서'란 차출된 킬러 그룹으로 이들은 동부지역에서는 군대의 후방에서 작전을 수행했고, 그들의 특별 의무는 민간 원주민, 특히 유대인을 학살하는 것이었다. 또 다른 본부는 오스발트 폴 휘하의 행정경제본부로 아이히만이 유대인 이송의 최종 목적지를 알기 위해 문의해야 한 곳이었다. 이러한 계산이 이루어진 것은 다양한 살상 설비들의 '수용능력'에 따른 것이었고, 또 일부 죽음의 수용소들 인근에 지사를 차려놓고 노예 노동자들을 이용하여 이익을 보려는 수많은 기업체들의 노동력에 대한 요구에 따른 것이었다. (친위대가 운영하는 별로 중요하지 않은 산업체들 외에도 파르벤(I. G. Farben), 크루프 베르케(Krupp Werke), 지멘스-슈케르트 베르케(Siemens-Schuckert Werke)와 같은 유명한 독일 회사들이 루블린의 죽음의 수용소 인근과 아우슈비츠 내부에 공장을 세웠다. 친위대와 사업가들 사이에는 탁월한 협조가 이루어졌다. 아우슈비츠의 회스는 파르벤의 대표들과 아주 진실한 마음으로 이루어진 사회적 관계에 대해 증언했다. 노동 조건을 고려해보면 분명히 노동을 통한 살인을 생각했음이 분명했다. 힐베르크에 따르면 파르벤 소속 공장 한 곳에서 일한 대략 3만 5,000명의 유대인 가운데 적어도 2만 5,000명이 사망했다.) 아이히만이 관계된 한에서 볼 때 초점이 되는 것은 이동과 운송이 더이상 최종단계의 '해결책'이 아니었다는 것이다. 그의 부서는 단지 도구 역할을 했을 뿐이다. 따라서 마다가스카르 계획이 보류되었을 때 아주 '격분하고 실망할' 좋은 이유가 된 셈이다. 그리고 위로를 받은 유일한 일은 1941년 10월에 있었던 상급대대 지휘관으로의 승진이었다.

아이히만이 자발적으로 한 일로 기억한 마지막 일은 1942년 9월의 일로 이때는 러시아 침공 후 3개월이 지난 때였다. 이 일은 하이드리히가 보안경찰과 보안대의 수장인 상태로 보헤미아와 모라비아 총독이 된 직후에 있었다. 이 일을 축하하기 위해 그는 기자회견을 가졌고 8주일 후면 자신의 통치지역에서 유대인은 없게 될 것이라고 약속했다. 기자회견이 끝난 뒤 그는 자신의 말을 실천할 사람들과 이 문제를 논의했다. 이들은 당시 프라하의 보안경찰 지역사령관이었던 프란츠 슈탈렉케르와 국무성 차관이었던 카를 헤르만 프랑크로, 후자는 전 수데텐(체코슬로바키아에 있는 지역)의 지도자로 하이드리히 사후 그를 이어 지역총독이 된다. 아이히만의 견해에 따르면 프랑크는 저급한 부류로, "정치적 해결에 관해서는 모르는" "슈트라이허 같은 부류"의 유대인 증오자다. "말하자면 독재적이고, 자신의 권력에 취해 단지 지시와 명령을 내리는 것밖에는 모르는" 사람들 가운데 하나였다. 그러나 다른 점에서 이 회의는 즐길 만한 것이었다. 하이드리히는 처음으로 '보다 인간적인 면모'를 보였고, 아주 솔직하게 자신이 '말을 성급하게 하는 사람이라는 것'을 인정했다. '하이드리히를 아는 사람이라면 놀랄 일도 아니지만,' 그는 '나중에 후회할 정도로 너무나 성급하게 말을 입 밖으로 내뱉는 일이 아주 많은' '야심차고 충동적인' 사람이었다. 그래서 하이드리히 자신은 "일이 엉망이야. 이제 어떡하지?"라고 말했다. 여기에 대해 아이히만은 "만일 당신이 선언한 것을 철회하지 않으려면 오직 한 가지 가능성만이 존재합니다. 보호지역 내에 지금 흩어져 살고 있는 유대인을 이송해 모아놓을 수 있는 공간(디아스포라로 망명지에 흩어져 있는 자들을 모아놓을 유대인의 고향)을 충분히 주십시오"라고 말했다. 그리고 불행하게도 (슈트라이허와 같은 부류의 유대인 증오자인) 프랑크가 제대로 된 제안을 했는데, 이는 그 공간을 테레지엔슈타트에 마련하라는 것이었다. 이에 따라 하이드리히는 아마도 역시 자신의 권력에 취하여 유대인을 위한 공간을 마련하기 위해 테레지엔슈타트의 모든 체코 거주민들을 즉각적으로 소개하라고 단호히 명령을 내렸다.

아이히만은 그곳의 일을 돌보기 위해 보내졌다. 아주 실망스럽게도 에게르 강변에 있는 보헤미아 요새 마을은 지나칠 정도로 너무나 작았다. 기껏해야 그곳은 보헤미아와 모라비아에 있는 9만 명의 유대인 가운데 몇 퍼센트만을 위한 이주 수용소가 될 수 있을 뿐이었다(약 5만 명의 체코 유대인에게는 테레지엔슈타트는 사실상 아우슈비츠로 가는 도중에 머무는 이주 수용소가 되었다. 한편 2만 명으로 추산되는 인원이 추가로 동일한 목적지로 곧장 향했다). 오류가 있는 아이히만의 기억보다 더 나은 자료들을 통해 우리는 테레지엔슈타트가, 전적으로 그런 것은 아니지만 주로 독일 출신의 특권층의 유대인(유대인 지도층 인사들, 저명한 사람들, 훈장을 받은 참전용사, 지체부자유자, 혼합결혼[1]을 한 유대인, 그리고 65세 이상의 독일계 유대인)을 위해 사용할 특별히 만든 게토(따라서 노인용 게토라는 별명이 붙음)로 처음부터 하이드리히가 고안한 것이었음을 알고 있다. 이처럼 제한된 범주의 사람들을 위해서도 이 마을은 너무나 협소한 것이 입증되어 이 게토가 지어진 지 1년 뒤인 1943년에는 인구과다를 규칙적으로 해소하기 위한 '살빼기' 또는 '감축' 절차가 (아우슈비츠로 이송시키는 방식으로) 시작되었다. 그런데 한편으로는 아이히만의 기억이 그를 속이지는 않았다. 테레지엔슈타트는 사실상 행정경제본부 당국의 휘하에 있지 않으면서도 그의 책임으로 끝까지 남아 있었던 유일한 수용소였다. 수용소 감독관들은 그의 스태프들이었고 항상 그보다 지위가 낮았다. 이것은 예루살렘의 검찰이 생각하기에 아이히만이 가지고 있었던 권력을 적어도 일부라도 행사할 수 있었던 유일한 수용소였다.

몇 년씩이나 차이가 나는 일들에 대해 아주 쉽게 왔다갔다하는 아이히만의 기억력은 (경찰심문관에게 테레지엔슈타트를 이야기할 때 사건은 2년을 앞서가고 있었음) 연대기적 순서에 따라 통제되지 않고 있었지만 틀린 것은 아니었다. 그의 기억은 인간적 관심을 끄는 최악의 이야기로 가득 찬 창고와 같았다. 그가 프라하에서 있었던 일을 회상할 때 위대한 하이드리히가 있던 곳으로 갈 수 있는 사건이 떠올랐는데, 그는 자신에게 '보다 인간적인 면모'를 보여준 사람이었다. 몇 차례의 공판이 있던 다음 그는 슬로바키아에 있는 브라티슬라바로 갔던 여행을 언급했는데, 그가 그곳에 있었을 때가 마침 하이드리히가 암살당한 때였다. 그가 기억한 것은 자신이 거기서 독일이 만든 슬로바키아의 괴뢰정부 내의 내무부 장관 사노 마흐의 손님으로 있었다는 것이었다. (마흐는 심각하게 반유대적인 가톨릭 정부 내에서 독일판 반유대주의를 대표했다. 그는 가톨릭 신앙에 따라 영세받은 유대인을 예외로 간

---

1) mixed marriage. 유대인이 아닌 사람을 배우자로 맞이하는 결혼을 지칭하는 표현이다.

주하기를 거부했으며, 슬로바키아 유대인의 집단 이주에 대해 주된 책임이 있는 사람들 가운데 하나였다.) 아이히만이 이 점을 기억한 까닭은 자신이 정부 각료로부터 사교적 초대를 받은 것은 통상적인 일이 아니었기 때문이었다. 그것은 명예로운 일이었다. 아이히만이 기억하기에 마흐는 자신을 볼링 게임에 초대한, 사람 좋고 대하기 쉬운 사람이었다. 그는 전시에 브라티슬라바에서 내무부 장관과 볼링을 하러 간 것 말고는 다른 할 일이 정말로 없었던가? 그렇다. 다른 일은 결코 없었다. 그는 그들이 어떻게 공을 쳤고, 하이드리히에 대한 암살소식이 전해지기 직전 술이 어떻게 제공되었는지를 아주 잘 기억하고 있었다. 4개월이 지나고 55개의 테이프가 넘어간 뒤 이스라엘의 심문관 레스 대위는 이 지점으로 다시 돌아왔는데, 아이히만은 동일한 이야기를 거의 같은 어휘를 사용하여 말하면서 이 날은 '잊을 수 없는' 날이었다는 것을 덧붙였다. 자신의 '상관이 암살'당했기 때문이었다. 그러나 이번에는 그가 브라티슬라바로 파견된 이유가 '슬로바키아에서 유대인을 이주시키는 현재의 행위'를 넘겨받기 위한 것이었다는 것을 말해주는 서류를 대면하게 되었다. 그는 자신의 오류를 즉각 인정했다. "분명히, 분명히 그것은 베를린에서 하달된 명령이었고, 그들이 나를 거기에 보낸 것은 볼링 하라는 것이 아니었어요." 그는 아주 일관되게 두 번 거짓을 말한 것인가? 그렇지 않았을 것이다. 유대인을 소개하고 이송하는 것은 통상적인 업무가 되었다. 그의 생각 속에 스쳐간 것이 볼링을 친 것, 장관의 손님이 된 것, 그리고 하이드리히에 대한 공격 소식을 들은 것이었다. 체코 애국주의자들이 '사형집행인'을 쏘았던 이 기억할 만한 날이 어느 해에 있었는지를 완전히 까먹을 수 있다는 것이 그가 가진 기억력의 특징이었다.

그의 기억력이 더 좋았더라면, 그는 테레지엔슈타트를 아예 이야기하지도 않았을 것이다. 왜냐하면 이 모든 일들이 일어났던 때가 '정치적 해결책'의 시대가 가고 '신체적 해결책'의 시대가 시작한 때이기 때문이다. 이 일은 그가 다른 맥락에서 인정한 것처럼 최종 해결책에 대한 총통의 명령에 대해 그가 이미 통지를 받은 때 일어났다. 보헤미아와 모라비아에서 하이드리히가 그렇게 하겠다고 약속한 날짜까지 실제로 유대인이 없는 지역으로 만드는 것은 유대인이 쉽게 죽음의 센터로까지 이송될 수 있도록 하는 지점들에로 수용하고 이동시킨다는 것을 의미할 뿐이다. 테레지엔슈타트가 실제로 다른 목적, 즉 외부 세계에 대한 전시장으로서의 목적으로 사용된 것(그곳은 국제적십자사 대표들이 들어가도록 허용된 유일한 게토 또는 수용소였음)은 별개의 문제였다. 여기에 대해 아이히만은 당시에 알지 못한 것이 거의 확실한데 여하튼 자신의 지위에서 알 수 있는 범위를 완전히 넘어서는 일이었다.

제6장
최종 해결책: 학살

1941년 6월 22일, 히틀러는 소련에 대한 공격을 시작했고, 6주일 내지 8주일 후에 아이히만은 베를린에 있는 하이드리히의 사무실로 소환되었다. 7월 31일 하이드리히는 공군사령관이자 프러시아 수상, 4개년 계획 전권위원, 그리고 결코 가장 작은 권력이 아닌, 국가 조직(당 조직과 구별된)에 있어 히틀러의 대리인 역할을 담당한 헤르만 괴링 제국원수로부터 편지 한 통을 받았다. 그 편지에는 하이드리히가 '유럽 내 독일 영향권에 있는 지역의 유대인 문제에 대한 일반적 해결책(Gesamtlösung)'을 준비해서 '유대인 문제에 대한 바람직한 최종 해결책(Endlösung)을 보충하는…… 일반적 제안'을 제출하도록 위임하고 있었다. 하이드리히가 이러한 지시를 받았을 때 그는 이미 (1942년 11월 1일자 편지에서 육군 최고사령관에게 그가 설명한 것처럼) "유대인 문제 최종 해결책을 준비하는 과제를 수년 동안 위임받아 왔다." (라이트링거) 그리고 러시아와의 전쟁이 시작된 이후 줄곧 그는 동부 지역에서 돌격대를 통한 대량학살을 책임지고 있었다.

하이드리히는 '이주에 관한 간단한 말'로 아이히만과 면담하기 시작했다. (특별한 경우를 제외하고는 유대인 이주를 모두 금지하는 힘러의 공식명령이 그에게는 사적으로 전달되었다. 몇 개월이 지나서야 공표되지만 이주는 사실상 중지되었다.) 그리고 그는 다음과 같이 말했다. "총통께서는 유대인의 신체적 전멸을 명령하셨다." 그러고는 "평소의 습관과는 아주 다르게, 자기 말의 영향력을 테스트하고 싶기나 한 듯 그는 오랫동안 침묵을 지켰습니다. 저는 지금도 그것을 기억합니다. 처음에는 그가 단어를 선택하는 데 무척 조심스러워했기 때문에 그가 한 말의 의미를 파악할 수 없었습니다. 그러나 잠시 후 저는 이해하게 되었고 아무 말도 하지 않았습니다. 더 이상 할말이 없었기 때문입니다. 저는 그러한 일, 폭력을 통한 그 같은 해결책에 대해서는 결코 생각해본 적이 없었습니다. 이제 저는 모든 것, 제 일에 대한 모든 기쁨, 모든 주도권, 모든 관심을 잃어버렸습니다. 말하자면 저는 지쳐버렸습니다. 그리고 그는 제게 말했습니다. '아이히만, 당신은 루블린에 있는 글로보크니크(힘러의 친위대 고위층 및 일반정부의 경찰 수뇌부 중 한 사람)를 가서 만나게. 제국지휘관(힘러)이 이미 그에게 필요한 명령을 하달했고, 그동안 그가 완수한 일을 살펴보았네. 내 생각에 그는 유대인을 제거하기 위해 러시아 탱크용 참호를 이용하는 것 같아.' 저는 아직도 그 말을 기억해요. 제가 아무리 오래 살아도 그 말을 잊지 못할 겁니다. 면담이 거의 끝나가던 때에 그가 말한 그 문장들을 말이죠." 실제로 하이드리히는 좀더 많은 말을 했다. 이것을 아이히만은 아르헨티나에서도 기억했다. 그러나 예루살렘에서는 잊어버렸다. 그 말은 실제 학살 과정에서의 자신의 권한 문제와 관계가 있었기 때문에 그에게는 상당한 불이익을 가져다줄 내용이었다. 그는 아이히만에게 전체 계획이 "친위대 행정경제본부의 권한 아래 두었다"고 말했다. (그 자신의 제국중앙보안본부가 아니었다.) 그리고 몰살을 위한 공식 암호는 '최종 해결책'이라고도 말했다.

아이히만은 결코 히틀러의 의중을 처음으로 전달받은 사람들 중에 속해 있지 않았다. 하이드리히가 수년 동안 아마도 전쟁이 시작된 이래 이 방향에서 일을 해왔다는 것을 알고 있다. 그리고 힘러는 1940년 여름 프랑스를 패배시킨 직후 이 '해결책'에 대해 들었다고 (여기에 대해 저항했다고) 주장했다. 아이히만이 하이드리히와 면담을 갖기 약 6개월 전인 1941년 3월까지는 "유대인이 곧 제거되는 것은 당 고위직 사이에서 공공연한 비밀이 아니었다"고 총통의 자문관 빅토르 브라크가 뉘른베르크에서 증언했다. 그러나 아이히만은 예루살렘에서 주장했으나 허사인 것처럼, 결코 당 고위층에 속해 있지 않았다. 그는 특정한 제한적 직책을 수행하기 위해 필요한 것 이상은 결코 듣지 못했다. 이 같은 '특급비밀' 사안에 대해 정보를 얻을 수 있는 하부 피라미드에서는 그가 첫 번째 인사들 가운데 한 사람인 것은 사실이다. 이 소식이 모든 당과 국가의 사무실, 노예노동과 관련된 모든 기업들, 그리고 군대의 (말단에 이르기까지) 전 장교들에게 두루 전파된 이후에도 이것은 여전히 특급비밀로 남아 있었다. 그런데 이처럼 비밀로 한 것에는 실질적 목적이 있었다. 총통의 명령을 명시적으로 들었던 사람들은 더 이상 단순한 '명령을 받은 자'가 아니라 '비밀을 가진 자'가 되었고 따라서 그들은 특별서약을 했다. (1934년 이래로 아이히만이 소속되어 있는 정보부 요원들은 여하튼 보안서약을 했다.)

나아가 이 문제를 다루는 모든 문서들은 엄격한 '언어규칙'을 따랐다. 돌격대로부터 오는 보고서를 제외하고 '제거', '박멸' 또는 '학살' 같은 명백한 의미의 단어들이 쓰여 있는 보고서를 발견하기는 거의 드문 일이다. 학살을 처방하는 암호는 '최종 해결책', '소개' (Aussiedlung)와 '특별취급'(Sonder-behandlung) 등이었다. 이송에는 ('거주지 변경'이라고 불린 특권층 유대인을 위한 '노인들의 게토' 테레지엔슈타트로 가는 유대인을 포함한 경우는 제외하고) '재정착' (Umsiedlung)과 '동부지역 노동'(Arbeitseinsatz im Osten)이라는 이름이 붙여졌다. 이런 이름을 붙인 것은 유대인이 실제로 게토에서 종종 일시적 재정착을 했고, 또 그들 가운데 일정 비율은 노동을 위해 임시로 부려졌기 때문이다. 특별한 상황에서는 언어규칙에서 약간의 변화가 필요했다. 예컨대 외무부 고위관료가 바티칸과 교환되는 모든 서신에 유대인 학살을 '근본 해결책'이라고 부르자고 제안한 적이 있었다. 이것은 교묘한 작업이었는데, 왜냐하면 바티칸에서 개입한 슬로바키아의 가톨릭 괴뢰정부가 나치스의 관점에서 보기에는 그의 반유대적 입법과정에서 '아주 철저하지' 못해 영세를 받은 유대인을 제외해 버리는 '기본적 오류'를 냈기 때문이다. 그들 가운데에서도 오직 '비밀을 가진 자들'만이 암호화되지 않은 언어로 말할 수 있었다. 그러나 그들의 살인적 업무를 일상적으로 수행하는 동안에는 그렇게 하지 않은 것 같았다. 속기사나 사무원들이 있는 곳에서는 물론이고, 언어규칙이 고안된 또 다른 이유가 무엇이건 간에 그 규칙은 이 문제 처리에 본질적이었던 아주 다양한 많은 협조체제를 이루어갈 때 질서와 제정신을 유지하는 데 엄청난 도움이 되었음이 입증되었다. 더욱이 '언어규칙'(Sprachregulung)이란 용어 자체가 암호였다. 그 말은 일상어로는 거짓말이라고 부를 수 있는 것을 지칭할 수 있었다. '비밀을 가진 자'가 (스위스에서 파견된 국제적십자사 대표들에게 테레지엔슈타트를 보여주기 위해 아이히만이 파송되었을 때처럼) 외부에서 온 사람을 만날 때 명령과 더불어 '언어규칙'을 받았다. 이 경우 언어규칙은 대표단이 추가로 방문하기를 원한 베르겐벨젠 수용소에 발생하지도 않은 전염병 티푸스가 발생했다는 식의 거짓말로 이루어져 있었다. 이러한 거짓말 체계의 통상적 효과는 자신들이 하고 있는 일을 그와 같은 사람들이 모르도록 하는 것이 아니라, 살상과 거짓말에 대한 그들의 오랜 '정상적인' 지식과 동일시하지 않도록 만들기 위한 것이었다. 아이히만이 구호와 관용구에 쉽게 감염된 점은 그가 일상적 언어사용을 하지 못한다는 점과 결부되어, 그는 '언어규칙'에 대해 이상적인 존재가 되었다.

그런데 그 체계는 아이히만이 곧 발견하는 것처럼 현실에 대한 완전한 방패가 되지는 않았다. 그는 빈의 전 지역지도자 오딜로 글로보크니크 여단지휘관을 만나러 루블린으로 갔다. (검찰이 주장한 것과는 달리, '유대인의 신체적 전멸에 대한 비밀명령을 그에게 개인적으로 전달하기 위해' 간 것은 아니었지만) 그는 '최종 해결책'이라는 표현을 자신의 신분을 확신시키기 위한 일종의 암호처럼 사용했다. (검찰이 제3제국의 관료계통의 미로에 빠져 얼마나 헤매고 있는지를 보여주는 유사한 주장은 아우슈비츠 사령관 루돌프 회스에 대해서도 이루어졌는데, 검찰은 그 또한 아이히만을 통해 총통의 명령을 받았다고 믿고 있었다. 이러한 오류는 피고에 의해 적어도 '확증적인 증거가 없는' 것이라고 언급되기는 했다. 실제로 회스는 자기 재판에서 1941년에 힘러로부터 직접 명령을 받았다고 말했고, 힘러가 아이히만을 자기에게 보내 '상세한' 내용을 의논하게 하겠다고 덧붙였다. 회스의 비망록에 따르면 그 상세한 내용이란 가스 사용에 관한 것이었다. 아이히만은 이 점을 극구 부인했다. 그가 아마도 옳았는지 모른다. 왜냐하면 모든 다른 근거들은 회스의 진술과 모순을 이루고 있고, 수용소에서 이루어졌던 문서나 구두명령은 항상 행정경제본부를 통해서 나갔으며, 그 수장인 오스발트 폴 중장이나 회스의 직속상관 리하르트 글뤼크 여단지휘관에 의해 주어졌기 때문이다.* 그리고 가스 사용에 대해서는 아이히만은 아무런 관련이 없었다. 회스에게 정기적으로 가서 의논한 '세부사항'이란 수용소의 학살 능력(주당 얼마나 많은 이송 분량을 해결할 수 있는지)에 대한 것이었고, 또 아마도 수용소 확장에 대한 계획도 있었던 것 같다. 아이히만이 루블린에 도착했을 때 글로보크니크는 아주 정중했고 부하들과 함께 그를 두루 구경시켜주었다. 그들은 숲을 관통한 길을 따라 갔는데 그 오른편에는 노동자들이 살고 있는 평범한 집이 있었다. 치안경찰 경위(범죄 담당관이었던 크리스티안 비르트로 추정되며, 이 사람은 총통의 자문관 보조로 독일에서 '치료할 수 없을 만큼 병든 사람들'에 대한 가스 사용의 책임자였다)가 그들을 영접하러 나와 나무로 만든 몇 채의 작은 방갈로로 안내하고, "통속적이고 교육받지 않은 어투로" 러시아제 잠수함용 엔진을 가동시켜 이 건물로 가스가 들어와 유대인을 독살하도록 하는 이 모든 설비들이 얼마나 잘 만들어졌는지를" 설명하기 시작했다. "내게도 이것은 소름 끼치는 일이었

---

* 회스 증언에 대한 신빙성에 대해서는 R. Pendorf, *Mörder und Ermordete*, 1961을 참조하라.

습니다. 이런 종류의 일을 아무런 반응도 보이지 않고 처리할 수 있을 만큼 저는 그렇게 강인하지 않았습니다……. 제게 지금 크게 상처난 곳을 보여준다면 저는 그것을 똑바로 보지 못할 것입니다. 저는 그런 종류의 사람이 아니고, 그래서 저는 의사가 될 수 없을 거라는 말을 종종 들었습니다. 제가 그 모습을 어떻게 생각했는지를 아직도 기억하고 있지요. 그리고 그때 저는 신체적으로 약해져 있었습니다. 마치 제가 어떤 강한 심리적 동요를 경험한 것처럼 말이죠. 그런 일은 모두에게 일어났고, 어떤 내적인 전율을 남겨놓았습니다."

그래도 그는 운이 좋았다. 그는 트레블링카에 있었던 미래의 일산화탄소 방을 마련하는 작업만을 보았을 뿐인데, 이는 수십만 명이 죽게 될 동부의 여섯 개의 죽음의 수용소 가운데 하나였다. 이 일이 있은 직후인 그해 가을에 그는 직속상관인 뮐러의 지시에 따라, 제국에 통합된 바르테가우라고 불렸던 폴란드 서부 지역의 학살센터를 조사하러 갔다. 이 죽음의 수용소는 쿨름(폴란드 말로는 헤움노)에 있었는데, 이곳은 유럽 전역에서 이송되어 우츠(Lódz) 게토에 '재정착'한 30만 명 이상의 유대인이 1944년에 살해된 곳이다. 여기서 일은 이미 한창 진행 중이었는데 그 방법이 달랐다. 가스실 대신 이동용 가스차량이 사용된 것이다. 아이히만이 본 것은 다음과 같았다. 유대인은 큰 방에 있었다. 그들은 옷을 모두 벗으라는 명령을 받았다. 그러고는 트럭이 도착해서 그 방의 출입구 바로 앞에 정차했고, 벌거벗은 유대인은 그 트럭으로 들어가라는 명령을 받았다. 문은 닫혔고 트럭은 떠났다. "[얼마나 많은 유대인이 들어갔는지] 저는 알 수 없었어요. 저는 거의 쳐다볼 수가 없었기 때문이죠. 저는 볼 수 없었습니다. 볼 수 없었어요. 그걸로 충분했습니다. 비명 소리가 났고, 그리고…… 제가 뮐러에게 나중에 보고했을 때 말한 것처럼 저는 큰 충격을 받았습니다. 그러나 그에게는 제 보고서가 별 도움이 되지 않았습니다. 그리고 저는 그 차량을 줄곧 따라갔고, 제가 평생동안 본 것 중 가장 끔직한 광경을 보았습니다. 그 트럭은 넓게 파인 구덩이 앞으로 가서 문을 열었고 그리로 시신들이 쏟아져나왔습니다. 마치 그들이 살아 있는 것처럼 그들의 사지는 아주 유연했습니다. 그들은 구덩이 속으로 던져졌고, 한 민간인이 치과용 집게를 가지고 이를 뽑는 것을 볼 수 있었습니다. 그리고 저는 떠났습니다. 제 차에 올라타서는 더 이상 입을 열지 않았습니다. 그 일이 있은 후 저는 몇 시간 동안 운전기사 옆에 앉아 아무 말도 하지 않았습니다. 거기서 저는 충분히 보았습니다. 저는 두손 두발 다 들었습니다. 저는 흰옷을 입은 한 의사가 제게 구멍을 통해 트럭 안을 들여다보라고 한 것을 기억할 뿐입니다. 아직도 그들이 거기에 있었습니다. 저는 그렇게 하지 않겠다고 했습니다. 저는 할 수가 없었습니다. 저는 그곳을 떠나야 했기 때문입니다."

이 일이 있은 직후 그는 더 끔찍한 장면을 보게 되었다. 이 일은 그가 또다시 뮐러의 명으로 백러시아 민스크로 파견되었을 때 일어났다. 뮐러는 그에게 "민스크에서는 유대인을 총살시킨다고 하는군. 그 일이 어떻게 진행되는지 보고해주길 바라네"라고 말했다. 그래서 그는 갔고, 처음에는 운이 좋은 것 같았다. 그가 도착했을 때 우연히도 '일이 거의 끝나가고 있었'는데, 이것이 그를 안도하게 했다. "큰 구덩이에 있는 죽은 사람들의 머리를 겨냥하고 있는 몇몇 젊은 사수들만 있었습니다." 그런데 그는 "한 여성이 팔이 뒤로 꺾여 있는 모습을 보았고, 그것으로 제게는 아주 충분했습니다. 제 무릎은 곧 떨렸고, 저는 그곳을 떠났습니다." 차로 돌아오는 길에 그는 엘보브(Lwów)에 들를 생각이 났다. 이것은 좋은 생각이었던 것처럼 보였다. 엘보브(또는 렘베르크)는 오스트리아의 도시였고, 그가 도착했을 때 거기서 그는 "끔찍한 일을 경험한 다음 처음으로 정겨운 장면을 보았습니다. 그것은 프란츠 요제프의 통치 60주년을 기념하여 건립된 기차역이었습니다." 이 시기는 아이히만이 항상 '찬미한' 시기였다. 왜냐하면 그는 자신의 부모 집에서 그에 관한 아주 많은 좋은 일들을 들었고 또 계모의 친척들(이 말이 유대인을 의미한다는 사실을 이해하도록 그는 분명히 말했다)이 편안한 사회적 지위를 얼마나 누렸는지, 그리고 얼마나 많은 돈을 벌었는지를 들었기 때문이었다. 이러한 기차역의 모습은 모든 끔직한 생각들을 떨쳐버리게 했고, 그는 이 일을 세세하게, 예컨대 그곳에 새겨졌던 기념 연도까지도 기억하고 있었다. 그런데 그때 사랑스런 엘보브 바로 그곳에서 그는 큰 실수를 범했다. 그는 지역 친위대 사령관을 만나러 가서 다음과 같이 말한 것이다. "이 근처에서 일어나고 있는 일은 끔직했습니다. 저는 젊은이들이 사디스트로 만들어지고 있다고 말했지요. 어떻게 사람이 그럴 수가 있는가? 여자들과 아이들에게 마구 총을 갈겨 댔습니다. 있을 수 없는 일이지요. 우리들은 미치거나 돌아버릴 지경입니다. 우리 민족이 말이지요라고 말이죠." 문제는 그곳 엘보브에서도 민스크에서와 동일한 일들이 자행되고 있었던 것이다. 그래서 아이히만은 점잖게 사양하려 했지만 그를 맞이한 사람은 기꺼이 그에게 그 광경을 보여주었다. 그래서 그는 또 다른 "끔직한 광경을 보았습니다. 구덩이가 거기에 있었는데 시체가 가득 차 있었습니다. 그런데 거기에는 마치 샘처럼 피가 땅에서 솟아나오고 있었습니다. 그런 모습을 이전에는 결코 본 적이 없었습니다. 임무와 관련하여 저는 충분히 보았습니다. 그래서 저는 베를린으로 가서 뮐러 소장에게 보고했습니다."

이것으로 끝난 것이 아니었다. 이런 장면들을 볼 만큼 자신이 '그렇게 강하지' 않고, 자신은 군인이 아니었으며, 전선으로 가본 적도 없고, 잠을 잘 수도 없으며, 악몽을 꾼다고 아이히만이 뮐러에게 말했지만, 뮐러는 약 9개월 후에 그를 루블린 지역으로 다시 보냈다. 거기서 아주 열성을 보이던 글로보크니크는 그동안 자신의 준비를 끝내놓았다. 아이히만은 이것이 그가 평생 동안 보아온 것 중 가장 끔직한 것이었다고 말했다. 처음에 도착했을 때 그는 그곳과 나무로 만든 방갈로들을 알아볼 수 있었다. 그 대신 통속적인 목소리를 가진 같은 사람의 안내를 받으며 그는 '트레블링카'라는 간판이 붙은 역으로 갔는데, 그것은 독일 어디서나 볼 수 있는 평범한 역과 똑같이 생겼다. 동일한 건물, 표지판, 시계, 시설물 등 그것은 완벽한 모형이었다. "저는 가능한 한 몸을 뒤로 하려고 했습니다. 저는 그 모든 것들을 가까이할 수 없었습니다. 저는 벌거벗은 한 무리의 유대인이 가스가 투입될 큰 홀로 어떻게 줄지어 들어가는지를 보았습니다. 거기서 그들은 살해되었지요. 제가 말했듯이, 시안산이라는 이름을 가진 어떤 것에 의해서 말입니다."

사실 아이히만은 많은 것을 보지 않았다. 사실 그는 가장 크고 가장 유명한 죽음의 수용소 아우슈비츠를 여러 차례 방문했지만, 18평방마일에 세워진 지역인 아우슈비츠가 상부 실레지아에 위치하는 유일한 학살 수용소는 아니었다. 그것은 100만에 달하는 수감자를 거느린 거대한 기업이었고 모든 종류의 죄수들이 그곳에 유치되어 있었는데, 거기에는 비유대인과 노예 노동자들 등 가스실로 가지 않을 사람들도 포함되어 있었다. 학살시설들을 피해다니는 것은 쉬운 일이었고, 아이히만과 아주 친근한 관계에 있던 회스는 그가 끔직한 장면들을 보지 않도록 해주었다. 그는 대량총살 집행을 실제로 참관한 적은 없었고, 가스가 주입되는 과정이나 그에 앞서 아우슈비츠에서 이루어진, 일하기에 적합한 사람들을 골라내는 작업(수송 인원 가운데 평균 25퍼센트)을 실제로 본 적도 없었다. 그는 살상 설비들이 어떻게 작동하는지에 대해서, 학살 방법으로는 총살과 가스 주입이라는 두 가지 방법이 있다는 것을, 총살은 돌격대가 실행했고, 가스 주입은 수용소에서, 즉 작은 방에서 또는 이동차량에서 이루어진다는 것을, 그리고 수용소에서는 희생자들을 끝까지 속이기 위해서 면밀한 주의를 기울인다는 사실을 제대로 알 만큼만은 보았다.

내가 인용한 경찰 녹음테이프는 거의 9개월간 지속된 재판 기간 중 아흐렛날, 121회에 달하는 공판 중 10번째 공판 법정에서 청취되었다. 피고가 테이프레코더에서 나오는 괴상한 탈신체적 (목소리를 소유한 신체가 그 자리에 있었지만 그 신체는 자기를 둘러싼 두꺼운 유리벽을 통해서 탈신체적인 모습으로 이상하게 보이기 때문에 이중적으로 탈신체적인) 음성으로 말한 모든 것은 그 자신이나 피고 측에 의해 부인되지 않았다. 세르바티우스 박사는 거부하지는 않았고 단지 "나중에 피고 측이 일어나 말할 때" 자신도 피고 측이 경찰에 제시한 증거 중 일부를 법정에 제출할 것이라고 언급했다. 그러나 그는 결코 그렇게 하지 않았다. 피고 측이 벌떡 일어설 것이라고 모두가 느꼈다. 왜냐하면 이처럼 '역사적인 재판'에서 피고에 대한 범죄사실 심리가 완결되고 또 검찰에 유리하도록 입증된 것처럼 보였기 때문이다. 이렇게 입증된 사실들, 즉 아이히만이 한 일들은 (검찰이 아이히만이 했기를 바라는 모든 일은 아니라 하더라도) 결코 토론에 부쳐지지 않았다. 이 사실들은 재판이 시작되기 오래전에 입증이 되었고, 그에 의해서 반복적으로 고백되었기 때문이다. 그가 종종 지적한 대로 그를 교수형에 처하고도 남을 만큼 증거는 충분했다. (아이히만이 소유하지도 않은 권력을 그에게 귀속시키려고 경찰심문관이 노력했을 때, "나에 대한 것은 이미 충분히 갖고 있지 않나요?"라고 그는 이의를 제기했다.) 그러나 그는 학살이 아니라 수송에 종사했기 때문에 그가 적어도 자신이 한 일에 대해 알고 있었는지는 법적, 형식적으로 의문이 남아 있었다. 그리고 그가 자신이 저지른 행위의 흉악성을 판단할 지위에 있었던가(그가 의학적으로 건전하다는 사실과는 별개로 그가 법적으로 책임이 있는가)라는 것도 추가로 던져야 할 질문이었다. 두 가지 질문은 이제 모두 그렇다고 답변되었다. 그는 수송이 이루어질 장소를 모색했는데 충격을 받아 말문이 막혔다. 이 모든 의문들 가운데 가장 혼란스러웠던 마지막 질문 한 가지가 판사들, 특히 주심 판사에 의해 반복적으로 제기되었는데, 그것은 유대인 학살이 자신의 양심에 어긋난 것이었는가라는 질문이었다. 그런데 이것은 도덕적 질문이었으며, 거기에 대한 대답은 법적으로 적합한 것이 아니었을 수도 있었다.

소송을 위한 사실들이 이제 확인이 되었다 하더라도 법적 질문 두 가지가 더 등장한다. 첫째, 그에 대한 재판의 준거가 되고 있는 법률 제10조가 규정한 바와 같이 그가 '임박한 죽음의 위험에서 벗어나기 위해' 행동을 한 것이라는 이유로 그가 형사적 책임을 면할 수 있는가? 법률 제11조가 열거하는 것처럼, 그가 '불법행위의 결과가 가져올 위험을 경감시키려고 최선을 다하거나' 또는 '귀결된 결과보다 더 심각한 결과를 회피하기 위해 최선을 다했기' 때문에 그는 정상참작을 청원할 수 있는가? 1950년에 만들어진 나치스 및 나치 부역자 (처벌)법 제10조와 제11조는 분명히 유대인 '부역자'를 염두에 두고 만들어진 것이었다. 유대인 특별부대는 실제 학살이 이루어진 곳에서는 어디서나 이용되었고, 그들은 '임박한 죽음의 위험에서 벗어나기 위해' 범죄행위를 했으며, 유대인위원회(Joodsche Raad)와 장로회는 '귀결된 결과보다 더 심각한 결과를 회피'할 수 있다고 생각했기 때문에 협력했다. 아이히만의 경우 이 두 질문에 대해 자신의 증언으로 답했는데 그 답은 전적으로 부정적인 것이었다. 한때 그는 자신의 유일한 대안이 자살이었을 것이라고 말한 것은 사실이지만 이것은 거짓이었다. 왜냐하면 처형부대 부대원들이 심각한 처벌을 받지 않고서도 자신의 임무를 중단하기란 놀랄 만큼 쉬웠다. 그런데 그는 그 점에 대해 주장하지 않았고, 자신의 주장을 글자 그대로 받아들이기를 바라지 않았다. 뉘른베르크 보고서에서는 "처형에 참여하기를 거절한 이유로 사형을 받은 친위대 대원들은 단 한 사람도 발견되지 않았다."[*] 그리고 재판에서는 피고 측 증인 폰 뎀 바흐-첼레브스키가 증언했는데, 그는 다음과 같이 주장했다. "다른 부대로 전근을 신청하는 방식으로 임무를 회피하는 것은 가능했다. 분명한 것은 개개의 경우 어떤 징계성의 처벌을 감수해야 한다는 것이다. 물론 생명에 위협을 가할 정도는 결코 아니었다." "명령에 불복하자니 군법회의에서 총살형을 받을 것 같고, 복종하자니 판사와 배심원들에 의해 교수형에 처해질 것 같은"[**] 병사가 처해 있는 고전적인 '어려운 입장'이 아이히만의 상황은 결코 아니라는 것을 자신이 아주 잘 알고 있었다. 그는 친위대 대원이었기 때문에 결코 군법회의에 회부되

---

[*] Herbert Jäger, "Betrachtungen zum Eichmnn-Prozess," in *Kriminologie und Strafrechtsreform*, 1962.

[**] Dicey가 자신의 유명한 *Law of the Constitution*에서 이런 표현을 사용했다.

지 않을 것이고, 단지 경찰 또는 친위대 법정에 회부될 뿐이었다. 법정에서의 최후 진술에서 아이히만은 자기가 이러저러한 핑계를 대고 빠져나올 수 있었으며 다른 사람들은 그렇게 했다는 점을 인정했다. 그는 그와 같은 일이 '허용될 수 없는' 일이라고 항상 생각했고, 지금도 그러한 일이 '칭찬할 만한' 일은 아니라고 생각했다. 그것은 단지 또 다른 월급을 많이 받는 일로 전환하는 것일 뿐이라는 것이다. 공개적 불복종이라는 전쟁 이후의 개념은 동화와 같은 소리였다. "당시의 상황에서 그러한 행위는 불가능했습니다. 아무도 그런 식으로 행동하지 않았어요." 그것은 "생각조차 할 수 없었습니다." 그가 죽음의 수용소 소장이라면 좋은 친구였던 회스처럼 살인할 수 없었기 때문에 그는 자살을 해야 했을 것이다. (덧붙이자면, 회스는 젊었을 때 살인한 적이 있었다. 그는 발터 카도브라는 사람을 암살했는데, 카도브는 레오 슐라게터[라인란트의 민족주의 테러리스트로 후에 나치스에 의해 민족적 영웅으로 만들어졌음]를 프랑스 점령 당국에 밀고한 배신자였다. 독일 법정은 그를 5년 동안 수감시켰다. 물론 아우슈비츠에서 회스는 살인할 필요가 없었다.) 그러나 아이히만이 그런 종류의 일을 제안받았을 것 같지는 않다. 왜냐하면 명령을 내리는 사람들은 "어떤 사람이 어느 정도까지 일을 해낼 수 있는지 그 한계를 아주 잘 알았다." 그렇다. 그는 '임박한 죽음의 위협'을 받지 않았다. 그리고 그는 자신이 맹세한 대로 모든 명령에 복종했고, "자신이 의무를 항상 완수"하는 데 상당한 자부심을 가졌다고 주장했다. 그래서 그는 물론 '범죄행위의 결과들'을 경감시키려 하기보다는 악화시키는 데 항상 최선을 다했다. 그가 주장한 유일한 '정상참작'은 그가 자신의 임무를 수행하면서 '가능한 한 불필요한 어려움을 피하려고' 애썼다는 점이다. 그리고 그것이 참이었는지의 여부와는 별개로, 그리고 만일 그렇다 하더라도 이 같은 특정 사안에 대해서 정상참작을 구성할 요건을 거의 갖추지 못했다는 점과는 별개로, 그 주장은 타당하지 않았다. 왜냐하면 '불필요한 어려움을 피하'는 것은 그가 받은 표준 지령 가운데 있는 내용이었다.

따라서 그 테이프레코더가 법정에서 청취된 후, 상관의 명령에 따른 행위라는 이유에서 (이스라엘 법 제11조에 따라) 처벌이 경감될 수 있는 가능성이 법적으로도 있다는 사실을 제외한다면, 사형선고는 기정사실화되었다. 그러나 그러한 경감의 가능성은 범죄의 흉악성에 비추어볼 때 아주 희박했다. (피고 측 변호사가 상관의 명령이라는 점에 호소하지 않고 '국가적 행위'라고 주장하며 그런 이유에서 무죄 석방을 요구한 점을 기억하는 것이 중요하다. 이 전략은 세르바티우스 박사가 뉘른베르크에서 4개년 계획을 위한 괴링 연구소에서 노동력 배치 전권대사였던 프리츠 자우켈을 변호하면서 시도한 전략이었지만 성공하지 못했다. 자우켈은 폴란드에서 유대인 노동자 수만 명을 처형한 책임을 물어 1946년에 정식으로 교수형당했다. '국가적 행위'란 독일 법에서는 그 효과를 보다 잘 설명해주는 방식으로 이름이 붙여져 '면책의'(gerichtsfreie) 또는 '재판권이 면제된 사법적 행위'(Justizlose Hoheitsakte)라고 불렸는데, 이것은 '주권적 권력의 행사'에 의존하는 것이다.* 따라서 그런 행위들은 전적으로 사법권 밖에서 이루어지지만, 다른 한편 모든 명령과 지시는 적어도 이론상 여전히 사법적 통제하에 있다. 만일 아이히만이 한 일들이 국가적 행위였다면, 그의 상관들 즉 국가수반인 히틀러에 이르기까지 어느 누구도 어떠한 법정에서도 재판받을 수 없다. '국가적 행위' 이론은 세르바티우스 박사의 일반적 철학과 아주 잘 일치했기 때문에 그가 이 이론을 다시 주장한 것은 그리 놀랄 만한 일이 아니다. 놀랄 만한 일은 판결문이 낭독되었지만 선고는 아직 이루어지지 않은 상태에서 상관의 명령에 의한 행위므로 정상참작을 해달라는 주장을 그가 하지 않은 점이다.) 이 점과 관련해서는 이 재판이 평범한 재판이 아니므로 사람들은 안도하면서 반길 수 있었다. 여기서는 형사법적 변론을 담지 않은 진술은 부적절하고 내용이 없는 것으로 간주되어 폐기되어야 했다. 법을 처음에 구성한 사람이 생각

---

* E.C.S. Wade, *British Year Book for International Law*, 1934.

한 것처럼 사태가 그렇게 단순하지 않았기 때문이다. 그리고 평범한 사람이 범죄에 대한 내적 반감을 극복하는 데 얼마나 많은 시간이 걸리는지, 그리고 그가 일단 그렇게 극복했을 때 그에게 정확히 무슨 일이 일어났는지를 아는 것이 법적으로는 그다지 적합한 것이 아니었다 해도, 정치적으로는 커다란 관심사였다. 이 질문에 대해 아이히만의 경우 가장 분명하고 가장 정확한 대답을 제공했다.

동부지역의 학살센터를 처음으로 공식 방문한 직후인 1941년 9월 아이히만은 히틀러의 '희망'에 따라 독일과 보호령으로부터 첫 번째 대량 이송을 체계화했다. 히틀러는 힘러에게 가능한 한 신속하게 제국을 유대인이 없는 지역으로 만들라고 명령했다. 첫 선적은 5,000명의 집시들과 라인란트에서 온 2만 명의 유대인이었는데, 이 최초의 이송과 연관해 이상한 일이 일어났다. 자기 스스로 어떠한 결정도 내려본 적이 없었고, 명령으로 '둘러싸이도록' 항상 극단적으로 조심했으며 (그와 함께 일을 한 사실상 모든 사람들로부터 자유롭게 청취된 증언에서 확인된 것처럼), 자발적인 제안조차 원하지 않아서 항상 '지시' 해주기를 바란 아이히만이 이제는 '처음이자 마지막으로' 명령과 반대되는 제안을 했다. 돌격대에 의해 즉각적으로 총살될 리가와 민스크 같은 러시아 지역으로 이 사람들을 보내는 대신 우츠 게토로 이송하도록 지시했는데, 그곳은 그가 어떠한 학살 준비도 아직 되지 않은 곳으로 알고 있었다. 게토를 책임지고 있는 행정구 장관 위벨회어가 '자신의' 유대인에게서 상당한 이익을 뽑아낼 수단과 방법을 발견한 것이 유일한 이유였다(사실상 우츠는 최초로 만들어지고 가장 늦게 폐쇄된 게토였다. 병이나 굶주림으로 죽지 않은 수용자들은 1944년 여름까지 생존해 있었다). 이러한 결정은 아이히만을 상당한 곤란에 빠뜨렸다. 게토에 사람들이 지나치게 붐비자 위벨회어 씨는 새로운 수감자를 받아들일 기분도 아니었고 그들을 수용할 수 있는 입장도 아니었다. 그는 화가 나 힘러에게 아이히만이 "집시들에게서 배운, 흥정하면서 사기 치기"로 자신과 자신의 부하들을 기만했다고 불평했다. 하이드리히와 마찬가지로 힘러는 아이히만을 보호했고, 이 일은 곧 용서를 받고 잊혀졌다.

무엇보다도 아이히만은 이 일을 잊어버려 경찰심문이나 자신의 비망록 어디서도 단 한 번도 언급하지 않았다. 그가 심문석에 앉아 선임 변호사에게 심문을 받고 변호사가 제시한 서류들을 보았을 때, 그는 자신이 "선택"했다고 주장했다. "여기서 저는 처음이자 마지막으로 선택을 했습니다……. 그 선택은 우츠였습니다. ……우츠에서 어려움이 있다면 이 사람들은 동부로 보내졌을 것이다. 그런데 준비상황을 제가 보았기 때문에 사용 가능한 모든 수단을 동원해 이 사람들을 우츠로 보내기 위해 할 수 있는 모든 것을 하기로 결심했습니다." 피고 측 변호사는 이 사건에서 아이히만이 할 수만 있다면 언제나 유대인을 구했다는 결론을 이끌어내고자 했다. 이것은 명백히 사실이 아니었다. 나중에 이 사건과 관련해 그를 심문한 검사는 아이히만 본인이 모든 선적의 최종 도착지를 결정했고, 따라서 이송된 특정한 사람들이 처형될 것인지의 여부를 결정했다는 점을 입증하려 했다. 이것도 사실이 아니었다. 자신은 명령에 불복하지 않았고 단지 '선택'의 기회를 활용했을 뿐이라는 아이히만 본인의 설명도 결국 사실이 아니었다. 그 자신이 잘 아는 것처럼 우츠에는 어려운 일들이 있었기에 수많은 말로 이루어진 그의 명령에는 최종 목적지가 민스크나 리가라고 되어 있었다. 비록 아이히만이 이 모든 것을 잊었지만 이것은 분명 그가 유대인을 실제로 구하려 한 유일한 경우였다. 그러나 3주일 후 프라하에서 하이드리히가 주재한 회의가 열렸는데, 이때 아이히만은 "[러시아] 공산주의자[이는 돌격대가 현장에서 사살할 수 있는 범주에 속함]들을 위해 사용한 수용소에 유대인도 넣어야 하고", 이런 취지에서 지역 사령관들과 "합의를 보았다"고 진술했다. 우츠에서 발생한 난제에 대해 얼마간 토의를 했는데 이 문제는 5만 명의 유대인을 제국(이는 오스트리아와 보헤미아, 모라비아를 포함함)으로부터 리가와 민스크에 있는 돌격대가 활동하는 지역의 수용소로 이송하도록 함으로써 결국 해결되었다. 따라서 우리는 과연 피고가 양심을 가지고 있었는가에 대한 란다우 판사의 질문(재판과정을 지켜보던 거의 모든 사람들 마음속에 있었던 가장 큰 질문)에 대답할 수 있는 처지에 있다. 그렇다. 그는 양심을 가지고 있었다. 그런데 그의 양심은 4주 동안 예상한 방식으로 기능했지만 그 후에 그것은 정반대 방향으로 기능하기 시작했다.

그의 양심이 그 몇 주일 동안 정상적으로 작동하기는 했지만 그것도 다소 정상을 벗어난 한계 내에서일 뿐이었다. 총통의 명령에 대해 알기 전까지 아이히만은 동부에서 돌격대의 살인적 만행을 알고 있었다. 그는 전선 바로 뒤에서 모든 러시아 기관원들('공산주의자들')과 모든 전문가 계층의 폴란드인들, 그리고 모든 지방 유대인이 무차별 사격으로 살해되었다는 것을 알고 있었다. 더욱이 같은 해 7월, 하이드리히에게 소환되기 수주 전에 그는 바르테가우(Warthegau)에 주둔하고 있는 한 친위대 대원으로부터 "올겨울에 유대인이 먹을 것이 없다"는 사실을 알리면서 "보다 신속한 어떤 수단을 통해 일할 수 없는 유대인을 살해하는 것이 가장 인간적인 해결책이 아닌가. 여하튼 그렇게 하는 것이 그들을 굶겨 죽이는 것보다 더 낫지 않은가"라고 제안하며 이를 고려해보라는 메모를 받았다. 이와 함께 전달된 '친애하는 아이히만 동지께'라고 시작하는 편지에서 편지를 쓴 사람은 "이러한 일들이 때때로 환상적으로 들리기는 하지만 상당히 가능한 일입니다"라고 인정했다. 이러한 인정이 보여주는 것은 이보다 훨씬 더 '환상적인' 총통의 명령을 아직도 이 편지를 쓴 사람이 몰랐다는 사실을 보여주고 있지만, 이 편지는 또한 총통의 명령이 어느 정도로 현실성이 없는지도 보여주고 있다. 아이히만은 이 편지에 대해 한 번도 언급하지 않았는데, 아마도 그 내용에 대해 조금도 충격을 받지 않은 것 같다. 왜냐하면 이 제안은 단지 현지의 유대인만 관련된 것이지 제국이나 다른 서방국가 출신의 유대인과 관련된 것이 아니기 때문이다. 그의 양심은 살인이라는 생각에 저항한 것이 아니라 살해되는 사람이 독일계 유대인이라는 생각에 저항한 것이다("나는 결코 돌격대가 학살 명령을 받았다는 것을 알고 있었음을 부정하지는 않는다. 내가 몰랐던 것은 동부지역으로 소개된 제국 출신의 유대인이 동일한 취급을 받았다는 것이다. 이 점을 나는 모르고 있었다"). 이러한 양심은 과거 당의 일원이었고 러시아 점령지 총경이었던 빌헬름 쿠베라는 사람의 양심과 같은 것이었다. 이 사람은 철십자 훈장을 받은 독일계 유대인이 '특별취급'을 받기 위해 민스크에 도착했을 때 격분했다. 쿠베의 진술이 아이히만의 진술보다는 더 상세하기 때문에, 아이히만이 양심으로 번민했을 때 그 마음속에 무엇이 오갔는지에 대해 우리를 생각하게 해준다. 그는 1941년 12월에 자신의 상관에게 다음과 같이 썼다. "나는 분명히 강한 사람이고 유대인 문제를 해결하는 데 도울 준비가 되어 있소. 그러나 나와 같은 문화적 배경을 가진 사람들은 동물과 같은 토착민 군중들과는 분명히 다른 존재요." 이러한 종류의 양심이 저항을 한다면, 그 양심은 '내 자신과 같은 문화적 배경을 가진' 사람들의 학살에 저항하는 부류의 것으로, 이는 히틀러의 통치기간을 지나서도 남아 있었다. 오늘날 독일인들 가운데에는 '오직' 동부 유럽 유대인만 학살당했다고 생각할 정도로 '잘못된 정보'에 대한 확고한 믿음이 존재한다.

　'원시적인' 사람과 '문화적인' 사람들에 대한 학살을 구별하는 이러한 사고방식은 독일인들의 전유물은 아니다. 유대인의 문화적 정신적 업적에 대한 바론(Salo W. Baron) 교수의 증언과 관련해 하리 물리슈는 다음과 같은 질문이 어떻게 갑자기 자신에게 떠올랐는지를 말했다. "유대인이 만일 문화가 없는 민족이라면 그들의 죽음은 보다 덜 악한 일이 되었겠는가? 아이히만은 인간 도살자로 재판을 받고 있는가 아니면 문화의 파괴자로 재판을 받고 있는가? 인간 도살자가 그 과정에서 문화도 또한 파괴했다면 그 죄는 더 무거운가?" 그가 이러한 질문을 법무장관에게 했을 때 대답은 "그[하우스너 씨]는 그렇다고 생각하고 나는 아니라고 생각한다"는 것이었다. 우리가 이 문제를 잊어버리는 것이, 과거와 더불어 이 골치 아픈 문제를 사장시키는 것이 얼마나 감당하기 어려운 것인지는 최근에 나온 영화 「스트레인지러브 박사」에서 드러난다. 이 영화에서는 폭탄에 대한 이상한 사랑을 가진 (나치스 유형으로 묘사된) 사람이 다가올 재난에 대해 지하 피난시설에서 살아남게 될 수십만 명의 사람들을 선택했다. 그런데 그 행복한 생존자가 누구였는가? I.Q.가 가장 높은 사람들이었다.

예루살렘에서 그토록 곤란하게 했던 양심의 문제가 나치 정부에 의해서도 결코 무시되지는 않았다. 그와 반대로 1944년의 7월 반 히틀러 음모의 가담자들이 사적인 서신들과 히틀러 암살 계획이 성공할 경우 사용하려고 준비한 선언문에서 동부지역에서 일어난 무차별적 대량학살에 대해서는 거의 언급하지 않고 있다는 사실에 비추어보건대, 나치스는 이 문제의 실질적 중요성을 과대평가했다는 결론을 내리고 싶은 유혹을 받게 된다. 우리는 여기서 독일인들이 히틀러에 반대한 초기의 단계에 대해서는 고려하지 않아도 될 것이다. 이때의 저항운동은 아직도 반파시스트 운동의 성격을 갖는 것으로, 전적으로 좌파운동이었다. 이는 원칙적으로 도덕적 문제에 대해서는 아무런 중요성을 두지 않았고, 유대인 처형에 대해서는 더더욱 중요하게 간주하지 않았다. 좌파의 견해에 따르면, 그것은 정치 문제 전체를 결정하는 계급투쟁의 '단순한' 한 가지에 불과한 것이었다. 더욱이 저항은 그 시기를 제외하고는 거의 사라져버렸다. 저항운동은 친위대 대원들이 집단수용소와 게슈타포의 지하실에서 가한 끔찍한 테러로 인해 파괴되었고, 재무장을 통해 이루어진 전 국민 고용을 통해 흔들렸으며, 공산당이 스스로 '트로이의 목마'처럼 히틀러의 당에 가입해 그 일부가 된다는 전략을 수행하다가 사기 저하가 일어나버렸다. 개전 초기에 있었던 이 반대행위에 참여하지 않은 사람들(일부 노조 지도자들과 자신들 배후에 무엇이 있는지를 알지도 못하고 알 수도 없었던 '독립적 좌파'의 일부 지식인들)은 마침내 7월 20일에로 연결되는 음모를 통해서만 그 존재의 중요성을 드러냈다. (독일 저항운동의 힘을 집단수용소를 거쳐간 사람들의 수로 측정한다는 것은 물론 전적으로 받아들일 수 없다. 전쟁 발발 이전에는 다양한 범주의 수감인들이 있었는데, 이 다양한 범주의 사람들은 어떤 종류의 저항과도 관계가 없었다. 유대인처럼 전적으로 '무죄인' 사람들도 있었고, 유죄로 확정된 사람들과 동성애자들과 같은 '반사회분자들', 그리고 이러저러한 일로 죄를 범한 나치스 등도 있었다. 전쟁 중에는 수용소가 유럽 점령지 전반에 걸쳐서 잡혀온 레지스탕스로 넘쳐났다.)

대부분의 7월 음모자들은 실제로 전 나치스였거나 제3제국에서 고위직에 있던 자들이었다. 그들의 반대를 촉발시킨 것은 유대인 문제가 아니라 히틀러가 전쟁을 준비한다는 사실이었고, 그들이 고민한 양심의 갈등과 위기는 전적으로 그들의 일이 대역죄에 해당한다는 것과 히틀러에게 한 충성서약을 범하게 된다는 것에 달려 있었다. 더욱이 그들은 사실상 해결할 수 없는 딜레마에 봉착해 있었다. 히틀러가 성공하게 된다면 사람들이 자신들을 이해하려 하지 않을 것이기 때문에 그들은 아무것도 할 수 없고, 독일이 패한다면 자신들의 행위가 또 다른 '등에 칼 찌르기' 전설로 되는 것을 두려워했다.[1] 마지막에는 그들의 최대 관심사가 혼란을 어떻게 막을 것이며 내전의 위험을 어떻게 피할 것인가에 있었다. 그리고 그 해결책이란, 연합군은 '합리적'이어서 질서가 회복될 때까지 '모라토리움'(지급유예)을 허용할 것이라는 것이었다. 그리고 물론 이와 더불어 독일군의 저항 능력도 있었다. 그들은 동부지역에서 일어나고 있는 일에 대해 가장 정확한 지식을 가지고 있었다. 그러나 당시의 상황에서 독일에 일어날 수 있는 최상의 일이 공개적 반역을 꾀하여 내전을 일으키는 것일 수도 있다는 생각을 감히 할 수 있었던 사람은 그들 중 아무도 없었다. 독일에서의 활동적인 저항은 주로 우파에서 나왔지만, 독일사회민주주의자들의 과거 기록을 통해 보건대, 만일 좌파들이 음모자들 사이에서 더욱 커다란 역할을 했더라면 상

---

1) 제1차 세계대전이 끝난 후 수립된 정권은 독일 국민들로부터 등에 칼을 찌른, 즉 배신한 정권이라는 오명을 쓰면서 제대로 권력을 누리지 못했고, 이러한 권력의 틈에서 나치스가 득세했다.

황은 상당히 달라지지 않았겠는가라는 생각은 미심쩍었다. 문제는 이런 종류의 어떤 생각도 학문적 차원에 머물러 있다는 것이다. 독일 역사가 게르하르트 리터(Gerhard Ritter)가 적절히 지적한 것처럼, 전쟁 기간에는 어떠한 '조직적이고 사회주의적인 저항'도 독일에서 존재하지 않았기 때문이다.

  실제로 상황은 절망적이었고 동시에 아주 단순했다. 독일인 절대 다수가 히틀러를 신봉하고 있었다. 러시아 침공과 두 전선에서 두려운 전쟁이 발생한 후에도, 미국이 참전한 후에도, 심지어 스탈린그라드 전투,[2] 이탈리아의 변절, 연합군의 프랑스 상륙 이후에도. 이렇게 단결된 절대 다수에 반대해 국가적 도덕적 파국을 완전히 깨달은 불특정 수의 고립된 개인들이 들고 일어났다. 그들은 때때로 서로를 신뢰했고, 그들 사이에는 우정이 싹텄으며 의견 교환이 이루어졌다. 그러나 어떠한 반동의 계획이나 의도는 없었다. 끝으로 나중에 음모자로 알려진 사람들이 몇몇 있었지만 그들은 음모를 꾸미는 일뿐만 아니라 어떠한 일에도 합의를 이룬 적이 없었다. 그들의 지도자는 전 라이프치히 시장이었던 카를 프리드리히 괴르델러였는데, 이 사람은 나치스 치하에서 3년간 물가통제관으로 일한 적이 있었으나 다소 이른 1936년에 사퇴했다. 그는 입헌 군주제 설립을 주장했다. 그리고 좌파의 대표로 전 노조 지도자며 사회주의자인 빌헬름 로이슈너는 자신에게 "대중적 지지"가 따를 것이라고 확언했다. 헬무트 폰 몰트케의 영향권에 있던 크라이자우 모임(Kreisau Circle)에서는 법의 통치가 "마구 짓밟히고 있다"고 이따금씩 불평해댔다. 그러나 이 모임의 주요 관심은 두 기독교회의 통합과 연방주의를 선호하는 분명한 입장과 결합된 '세속 국가 내에서의 성스러운 선교'의 문제였다.*

---

2) 현재의 볼고그라드에서 1942년 여름부터 1943년 2월까지 독일의 침공으로 벌어진 전투로 소련군의 완강한 저항과 반격으로 독일군이 패했다.

* 저항운동 전반에 걸친 정치적 파탄상에 대해서는 George K. Romoser의 박사학위 논문 참조.

전쟁이 계속되고 패배가 확실해졌을 때, 정치적 입장 차이는 그다지 중요하지 않게 되었고 정치적 행위가 보다 시급하게 이루어져야만 했을 것이다. 그런데 이 점에 대해서도 게르하르트 리터의 다음과 같은 말은 옳은 것 같다. "클라우스 폰 스타우펜베르크 백작의 결심이 없었더라면 저항운동은 다소 난감한 무력감의 수렁으로 빠져버렸을 것이다." 이 사람들을 결속시킨 것은 그들이 히틀러에게서 '사기꾼', '자신의 전문가들의 충고를 따르지 않아 군대를 희생시킨' '어설픈 지식의 소유자', 독일에서는 '범죄자나 바보'를 의미하면서 쓰는 말로 그들 자신도 종종 그렇게 불렸던 '광인', '악마', '악의 화신'을 보았다는 사실이었다. 그러나 이처럼 늦은 시기에는 히틀러에 대해 이러한 의견을 갖는다는 것이 "결코 친위대나 당, 또는 정부요직에서 직책을 빼앗기는 이유가 되지 않았다."* 따라서 음모자 모임에서는 정부의 범죄에 깊이 연루된 상당수의 사람들을 배제하지 않았다. 예를 들면 당시 베를린 경찰서장이었고 (괴르델러의 장관 예정자 명단에 따르면) 쿠데타가 성공리에 끝났더라면 독일 경찰총경이 되었을 헬도르프 백작이나, 동부지역에서 모처의 차량학살부대 사령관을 지낸 제국중앙정보본부의 아르투르 네베가 있었다. 1943년 여름, 힘러의 지시에 따른 학살 프로그램이 절정에 달했을 때 괴르델러는 힘러와 괴벨스를 잠정적 동지로 고려했다. "왜냐하면 이 두 사람은 히틀러와 함께 패배할 것이라는 것을 인식했기 때문이다." (사실상 괴벨스는 아니지만 힘러는 '잠정적 동지'가 되었고, 그들의 계획에 대한 완전한 정보를 제공받았다. 그는 계획이 실패로 돌아간 후에야 음모자들에 반하는 행동을 취했다.) 이상은 괴르델러가 야전사령관 폰 클루게에게 보낸 편지의 초고에서 인용했다. 그러나 이러한 이상한 동맹은 군사령관 대면 시 필요한 '전략적 고려사항들'이라는 식으로 설명되지는 않는다. 왜냐하면 그와는 반대로 '그 두 괴물들(힘러와 괴링)은 처형시켜야 한다는 특별 명령'을 내린

---

* Fritz Hesse.

사람이 클루게와 롬멜이기 때문이다.* 이는 괴르델러의 전기작가 리터가 앞서 인용한 편지에서 "히틀러 정부에 대한 자신의 증오를 가장 열정적으로 표현한 것"이라고 주장한 사실과는 완전히 별개의 문제이다.

히틀러에게 등돌린 이들은 아무리 뒤늦게라도 자신의 생명을 바쳐야 했고 아주 끔직한 죽임을 당했다. 이들 가운데 많은 사람들의 용기는 경탄할 만하지만 그것은 도덕적 분개에 의해서나 다른 사람들이 고통을 받고 있다는 사실에 의해 움직인 것은 아니었다. 그들은 거의 전적으로 독일이 앞으로 패배하고 폐허가 될 것이라는 신념에 따라 움직였다. 그렇다고 해서 이들 가운데 일부, 예컨대 요크 폰 바르텐부르크 같은 사람이 "1938년 11월 유대인에게 가해진 폭동에 의한 소요"**에 분개하여 정치적 반대를 하게 되었다는 점을 부정하지는 않는다. 그러나 그달 유대교 회당들이 화염에 휩싸이고 사람들은 모종의 공포로 떨고 있었다. 신의 집들이 불붙고 신자들이나 미신을 믿는 사람들은 신의 복수를 두려워했다. 고위 관료층은 히틀러의 이른바 '위원회의 명령'이 1941년 5월에 발표되어 다가오는 러시아와의 전쟁에서 모든 소련 관료들은 물론 모든 유대인이 간단히 학살될 것이라는 것을 알고 분명히 갈등을 겪었다. 괴르델러가 말한 것처럼 "점령지에서 유대인에 대해 인간말살 기술과 종교적 처형 기술이 사용되었다……"는 사실에 관해 이 모임은 관심을 두었다. "이러한 일 때문에 우리의 역사는 무거운 짐을 항상 짊어지게 될 것이다." 그러나 "그것은 [연합군과 평화협정 협상 시] 우리의 입장을 엄청나게 어렵게 만들 것이다"는 사실보다, 그것은 '독일의 좋은 이름 위의 오점'을 남기며 군대의 사기를 떨어뜨릴 것이라는 것 이상의 무엇, 더욱 심각한 무엇을 의미한다는 생각이 그들에게는 결코 떠올랐던 것 같지는 않다. "수천 명의 유대인이 가득 들어차 있는 구덩이를 향해 기관총으로 난사하고는 아직도 경련을 일으키

---

* Ritter.
** Ritter.

고 있는 몸뚱어리들 위로 흙을 덮는 것은 그리 보기 좋은 모습은 아니었다'고 무심히 보고하고 있는" 친위대 대원의 보고를 들으며, 괴르델러는 "도대체 〔1814년에 나폴레옹에 맞서〕 해방전쟁을 수행한 자랑스러운 군대와 〔1870년의 프랑스와 프러시아 간의 전쟁〕에서 빌헬름 1세가 이룩한 것을 그들은 도대체 무엇으로 만들어버렸는가"라고 소리쳤다. 그들이 맹목적인 증오로 인해 '국가주의적'이고 '비이성적'이라고 손쉽게 비판한 연합군의 무조건 항복 요구와 이러한 잔혹한 일들이 모종의 연관성을 갖고 있다는 생각도 그들에게는 결코 들지 않았다. 1943년 독일이 결국 패배할 것이 거의 확실해졌을 때, 그리고 이 시기 이후에도 그들은 히틀러가 얼마나 정의롭지 못한 전쟁을, 또 정당한 근거가 없는 전쟁을 시작했는지를 너무나도 잘 알면서도 여전히 자신들이 '동등한 자격으로' '정의로운 평화'를 위한 협상을 할 권리가 있다고 믿고 있었다. 이보다 더 놀라운 것은 '정의로운 평화'에 대한 그들의 기준이었다. 괴르델러는 이 기준에 대해 자신의 수많은 비망록에서 반복해서 다음과 같이 기록했다. '〔알자스로렌의 합병을 의미하는〕 1914년의 국경을 다시 획정하고 오스트리아와 수데텐 지역*을 포함하며' 또한 '대륙에서 독일의 주도권을 인정하고' 남 티롤**의 회복도 인정할 것!

우리는 또한 그들이 준비한 성명서를 통해 그들이 자신들의 입장을 어떻게 국민들에게 제시하려 했는지를 알고 있다. 예를 들면 국가수반 루트비히 베크 장군은 군인들에 대한 포고령의 초안을 썼는데, 거기서 그는 히틀러 정권의 '고집'과 '무능력과 절제의 부족', 그의 '오만함과 허영'에 대해 길게 말하고 있다. 그런데 핵심적인 것은 '정권의 가장 파렴치한 점'이 다가올 패배로 인해 발생하게 될 파국에 대한 '책임을 군 지휘관들'에게 물으려 했다는 것이었다. 여기에 대해 베크는 "독일 민족의 명예에 오점을 남기고 세계인의 눈앞에서 독일 민족이 획득

---

* 슐레지엔과 보헤미아 사이에 있는 수데텐산맥 지역을 말한다.
** 서부 오스트리아와 북부 이탈리아에 걸쳐 있는 알프스산맥 중의 지역을 말한다.

한 좋은 평판을 더럽히는" 범죄를 저질렀다고 덧붙였다. 그러면 히틀러가 제거된 다음 단계는 무엇인가? 독일 군대는 '전쟁을 명예롭게 종결할 수 있을 때까지'(이것은 알자스로렌과 오스트리아, 수데텐 지역의 병합을 의미) 계속 싸울 것이다. 독일 소설가 프리드리히 P. 레크말레체벤이 이들에 대해 내린 신랄한 판단에 대해 전적으로 동의할 좋은 이유가 있다. 그는 독일이 붕괴되기 전날 밤에 집단수용소에서 처형되었으며 반 히틀러 음모에 가담하지 않았다. 그가 쓴, 거의 알려지지 않은 『절망 속의 한 인간의 일기』*에서 레크말레체벤은 히틀러 암살 계획이 실패로 돌아갔다는 소식을 들은 다음 유감스러워하면서 다음과 같이 썼다. "조금 늦었군요, 신사 여러분들. 모든 것이 잘 돌아가는 듯이 보였을 때 독일의 최고 파괴자를 만들고 그를 추종한 사람들은 당신들이었죠. ……당신들에게 요구한 맹세를 주저 없이 하고, 수십만 명을 살해하고 전 세계의 비탄과 저주를 짊어진 이 범죄자의 비열한 똘마니로 자신을 만들어버린…… 사람들은 당신들이었죠. 이제 당신은 그를 배신했군요……. 지금, 파산을 더 이상 숨길 수 없는 이때, 스스로를 위한 정치적 알리바이를 만들기 위해 그들은 파산해가는 집을 배반하는구나. 자신의 권력 추구의 길에 방해가 된 모든 것들을 배신한 바로 그 사람들이."

7월 20일의 사람들과 아이히만이 개인적 관계를 맺은 증거 또는 그 비슷한 것도 존재하지 않는다. 그리고 우리는 그가 아르헨티나에서조차 이들을 전부 배신자요 악당으로 간주했다는 것을 알고 있다. 그런데 만일 그가 유대인 문제에 대한 괴르델러의 '독창적' 생각을 알 수 있는 기회를 가졌더라면 어떤 동의점을 발견했을 수도 있었을 것이다. 분명한 것은 괴르델러가 "독일계 유대인의 죽음과 잘못된 대우에 대해 보상할 것"을 제안했다는 점이다. 그런데 이러한 제안이 있었던 1942년에는 그것이 단지 독일계 유대인의 문제만이 아니었고, 단지 잘못 대

---

* Friedrich P. Reck-Malleczewen, *Tagebuch eines Verzweifelten*, 1947.

우받거나 약탈당하던 때가 아니라 가스로 살해당하던 때였다. 그런데 그는 그러한 기술적인 문제들뿐만 아니라 마음속에 더욱 건설적인 어떤 생각을 갖고 있었는데, 이는 이른바 '영구적 해결책'이라는 것으로 "[모든 유럽의 유대인을] 유럽의 '객(客) 민족'이라는 다소 바람직하지 못한 그들의 지위로부터 구원하려는" 것이었다. (아이히만의 어법으로 표현하자면, 그들에게 "그들 발아래 확고한 땅을 놓으려는" 것이었다.) 이러한 목적을 위해 괴르델러는 (캐나다나 남아메리카와 같은) '식민지 국가 내의 독립국가'를 요구했다. 이것은 그가 분명히 들은 적이 있었을 마다가스카르 계획과 같은 것이었다. 그러나 그는 여전히 모든 유대인이 추방되지는 않을 것이라는 약간의 유예를 두기도 했다. 나치스 정부의 초기 단계 및 당시에도 여전히 통용되던 특권층 개념에 상당히 부합하여, 그는 '독일을 위해 특별한 군사적 희생을 했다고 입증된 유대인이나 오랜 전통을 가진 가문에 속한 유대인에게 부여한 독일 시민권을 부정하지 않을' 자세가 되어 있었다. 그래도 괴르델러가 '유대인 문제에 대한 영구적 해결책'이 무엇을 의미하든지 간에 (리터 교수가 1954년에도 자신의 영웅에 대해 대단한 경탄을 보내면서 말한 것과는 달리) 그것은 별로 '독창적'인 것은 아니었다. 그리고 괴르델러는 당과 심지어 친위대의 상층부 내에서 자신의 프로그램의 이 부분에 대한 수많은 '잠재적 동지들'을 발견할 수 있었을 것이다.

앞서 인용한 야전사령관 폰 클루게에게 보내는 편지에서 괴르델러는 클루게의 '양심의 소리'에 한 차례 호소했다. 그러나 그가 의미한 것은 장군이라 하더라도 '승리의 가능성이 없는 전쟁을 계속한다는 것은 명백한 범죄'라는 것이었다. 이렇게 쌓인 증거로부터 사람들은 양심 자체가 독일에서 명백히 사라졌으며, 사람들이 양심에 대해 거의 기억조차 못하고, 이 놀라운 '새로운 독일적 가치'가 외부 세계와는 공유될 수 없었다는 사실을 깨닫지도 못했다고만 결론을 내릴 수 있을 것이다. 그러나 이것은 전적으로 옳은 것이 아니다. 왜냐하면 독일에는 이 정권의 초기부터 결코 동요하지 않은 사람들이 있었기 때문이다. 그들이 몇 명이나 되는지(수십만 명일 수도 있고 또는 그 이상이거나 그 이하일 수도 있다)는 아무도 모른다. 그들의 목소리가 결코 들리지 않았기 때문이다. 그들은 어디서나 발견될 수 있었다. 사회의 각계각층에서, 교육받은 사람뿐만 아니라 평범한 사람들 중에서, 모든 정당들에서, 심지어는 국가사회주의독일노동당(나치당)의 고위층에서도 그렇다. 앞서 언급한 레크말레체벤이나 철학자 카를 야스퍼스처럼 아주 극소수만이 대중적으로 알려졌다. 그들 중 일부는 내가 아는 어떤 장인처럼 진실되고 속 깊은 경건한 모습을 보여주었다. 그는 나치스에 입당하는 '약간의 형식적 절차'를 취하는 것보다 자신의 독립적 실존을 버리고 공장에서 단순한 노동자가 되는 것을 선호했다. 몇몇 사람은 맹세를 심각하게 받아들여, 히틀러의 이름으로 서약을 하기보다는 대학 경력을 포기하는 것을 선택했다. 보다 많은 사람들, 특히 베를린의 노동자들과 사회주의 지식인들은 자신과 안면 있는 유대인을 도와주려고 애를 썼다. 끝으로 귄터 바이젠보른의 『조용한 봉기』(*Der lautlose Aufstand*, 1953)에 나오는 이야기와 연관된 두 소년 농부가 있었다. 이들은 전쟁이 끝날 무렵 친위대로 징집되었으나 입대를 거부했다. 그들은 사형선고를 받았고 처형당하기 전날 가족들에게 보내는 마지막 편지에 다음과 같이 썼다. "우리 두 사람은 그런 끔찍한 일로 우리의 양심에 부끄러운 짓을 하는 것보다는 차라리 죽는 것이 낫습니다." 실질적으로 말하자면 아무런 일도 하지 않은 이러한 사람들의 입장은 음모자들의 입장과는 전적으로 달랐다. 옳고 그른 것을 구별하는 그들의 능력은 온전하게 남아 있었고 결코 '양심의 위기'를 경험하지 않았다. 레지스탕스 요원들 가운데도 그런 사람들이 있겠지만, 그런 사람들의 수가 일반 사람들보다 고위직의 음모자들 가운데 더 많다고는 말할 수 없다. 그 사람들은 영웅도 성인도 아니었고 완전한 침묵 가운데 머물러 있었다. 오직한 경우에, 유일한 절망적인 몸부림으로, 이러한 전적으로 고립된 무언의 요소가 공개적으로 나타났다. 그들은 무니히 대학에 다니던 두 남매다. 그들의 선생 쿠르트 후버의 영향을 받은 숄 남매는 그 유명한 전단을 뿌렸는데 거기서 그들은 히틀러를 마침내 그의 실재의 모습대로, 즉 '대량학살자'라고 불렀다.

그런데 7월 20일의 음모가 성공하면 히틀러를 계승했을 이른바 '다른 독일'에 대한 서류와 준비된 선언문을 검토해보면 그들조차 세계 다른 지역과 얼마나 큰 거리를 갖고 있었는지 알면 놀랄 것이다. 특히 괴르델러의 환상을 어떻게 설명할 수 있겠는가. 혹은 어느 누구보다도 힘러나 심지어 리벤트로프 같은 사람이 종전을 몇 달 앞둔 시점에서 패전국 독일을 위해 연합군과 협상할 상대로서의 막대한 새로운 역할을 꿈꾸기 시작했다는 사실을 어떻게 달리 설명할 수 있겠는가. 리벤트로프가 단지 어리석은 사람이었다 하더라도 힘러는 그의 인간성이 어떻든 간에 결코 바보는 아니었다.

나치 고위층 가운데 양심의 문제를 해결하는 데 가장 재능이 있었던 요원은 힘러였다. 그는 히틀러가 1931년 친위대 앞에서 행한 연설에서 따온 '나의 명예는 나의 충성심'과 같은 슬로건들을 만들어냈다. 이러한 구절들을 아이히만은 '날개 달린 말들'이라고 불렀고 재판관들은 '공허한 말들'이라고 불렀다. 아이히만이 기억하고 있는 것처럼 힘러는 이러한 말들을 아마도 크리스마스 보너스와 함께 끄집어내어 '1년 내내' 사용하도록 했다. 아이히만은 이 말들 가운데 한 가지만을 기억해서 계속 반복했다. 그것은 "이는 미래의 세대들이 다시는 싸울 필요가 없는 전쟁이다"는 것으로 여성과 아이들, 노인들, 그리고 다른 '쓸모없는 입들'에 대한 전쟁임을 암시했다. 힘러가 돌격대 지휘관들과 친위대 고위층과 경찰 지도자들 앞에서 행한 연설들 가운데 뽑은 다른 몇 구절은 다음과 같은 것이었다. "인간적 연약함으로 인한 예외를 제외하고는 그것을 참고 견디는 것, 품위를 지키며 남는 것, 그것이 우리를 강하게 만드는 것이다. 이것은 지금까지 결코 쓰인 적이 없었고 결코 쓰이게 되지도 않을 우리 역사의 영광의 한 페이지다." "유대인 문제를 해결하라는 명령, 이것은 한 조직이 받을 수 있는 명령 가운데 가장 무서운 명령이다." 우리가 당신에게 기대하는 것은 '초인', 즉 '초인적으로 비인간적'이 되는 것임을 우리는 깨닫는다. 모든 사람들은 그들의 기대가 어긋나지 않았다고 말할 수 있다. 그런데 힘러가 이데올로기적 용어를 사용하여 정당화하려 한 적이 거의 없었다는 것은 주목할 만하다. 만일 그가 그렇게 했더라도 그것은 곧 잊혔을 것이 분명하다. 살인자가 된 이 사람들의 마음에 꽂힌 것은 단지 역사적이고 장엄하고 독특한 어떤 일('2000년 역사에 오직 한 번 일어나는 사건'), 따라서 감당하기 어려운 일에 관계하고 있다는 생각뿐이었다. 이 점은 중요하다. 왜냐하면 살인자들은 사디스트나 천성적인 살인자가 아니었기 때문이다. 반대로 자신이 하는 일에서 육체적 쾌락을 얻는 사람들을 모두 색출하는 데 체계적인 노력이 기울여졌다. 돌격대 부대는 독일의 어느 일반 부대보다 범죄 기록을 더 많이 갖고 있지 않은 군대 조직인 무장 친위대로부터 징발되었다. 그리고 그 지휘관들은 하이드리히가 대학 학위를 가진 친위대 엘리트 가운데서 선택했다. 따라서 문제는 양심을 어떻게 극복하는가라는 것이 아니라 모든 정상적인 사람들이 육체적 고통을 당하는 것을 보는 데서 느끼게 되는 동물적인 동정심을 어떻게 극복하는가 하는 것이었다. 힘러가 사용한 책략은 (그는 스스로도 이런 본능적인 반응을 다소 강하게 느꼈던 것 같다) 아주 단순했고 또 아주 효과적이었던 것 같다. 그것은 이러한 본능을 뒤집는 것으로, 말하자면 자기 자신을 향하도록 하는 것이었다. 그래서 내가 사람들에게 얼마나 끔찍한 일을 하고 있는가, 라고 말하는 대신, 나의 의무를 이행하는 가운데 내가 얼마나 끔찍한 일을 목격해야만 하는가, 내 어깨에 놓인 임무가 얼마나 막중한가, 라고 살인자들은 말할 수 있게 되었다.

힘러의 독창적인 표어들과 관련된 아이히만의 결함 있는 기억은 양심의 문제를 해결하는 데 다른 더 효과적인 장치들이 있었다는 것을 보여주기도 한다. 이 가운데 최고의 것은 히틀러가 적절히 예견한 것처럼 전쟁이라는 단순한 사실이었다. 아이히만은 종종 '주검들을 도처에서 볼 때', 그리고 모든 사람들이 자신의 죽음을 무관심하게 기대하게 될 때, 죽음에 대해 '다른 개인적 태도'를 갖게 된다는 점을 종종 주장했다. "우리는 오늘 또는 내일 죽는지에 대해 별로 상관하지 않았다. 우리가 여전히 살아 있다는 것을 발견하게 되는 아침을 저주하는 때가 있었다." 이 같은 폭력적 죽음 속에서 특히 효과적인 것은 마지막 단계로 들어간 최종 해결책으로 총살, 즉 폭력을 통해 수행하지 않고, 가스 공장에서 수행했다는 사실이다. 이는 개전 후 몇 주일이 지나 히틀러가 명령한 '안락사 계획'과 처음부터 끝까지 밀접하게 연관된 것으로, 러시아 침공 때까지 독일에서는 정신병에 적용시킨 계획이었다. 처형 계획은 1941년 가을에 시작되었는데, 말하자면 전혀 다른 방향에서 진행되었다. 한 방향은 가스공장이, 다른 방향은 돌격대가 이끌었다. 특히 러시아에서는 군대의 후방에서 작전을 수행한 돌격대는 유격대 전쟁을 핑계로 정당화되었는데 그 희생자들은 결코 유대인만이 아니었다. 그들은 진짜 유격대 외에도 러시아 관료들과 집시들, 반사회분자들, 정신병자들과 유대인을 다루었다. 유대인은 '잠정적인 적'으로 분류되었는데, 불행하게도 수개월이 지나서야 러시아 유대인은 이 사실을 알게 되었고, 흩어지기에는 이미 너무 늦어버렸다. (구세대들은 제1차 세계대전 때를 기억하여 독일군을 해방군으로 환영했고, 젊은이들이나 노인들 모두 '유대인이 독일에서 어떻게 취급되고 있는지 그리고 바르샤바에서는 또 어떠했는지'에 대해서는 아무것도 듣지 못하고 있었다. 독일 정보부대가 백러시아 지역에서 보고한 것처럼 그들은 "놀랄 만큼 정보에 어두웠다."* 더욱 놀라운 것은, 이 지역에 당도한 독일계 유대인 가운데 때때로 자신들이 제3제국을 위한 '개척자'로서 보내졌다는 환상에 사로잡힌 사람들도 있었다는 것이다.) 이들 이동 살인부대에는 모두 4부대가 있었는데, 각 부대는 대대 규모였고 총 인원은 약 3,000명이었기 때문에 무장 군대의 긴밀한 협조와 도움을 얻고 있었다. 사실상 이들의 관계는 보통 '탁월했고' 어떤 경우에는 '열렬했다'(herzlich). 장

---

* Hilberg.

군들은 '유대인에 대해 놀랄 만큼 친근한 태도'를 보여주었다. 그들은 유대인을 돌격대에 넘겨주었을 뿐만 아니라 자신의 부대원이나 일반 병사들을 차출하여 학살하는 것을 돕도록 했다. 그들에게 희생된 전체 유대인의 수는 힐베르크에 따르면 거의 150만에 달했다. 그러나 이것은 전체 유대인에게 신체적 처형을 하라는 총통의 명령에 따른 결과가 아니었다. 그것은 그 이전의 명령, 즉 히틀러가 힘러에게 1941년 3월에 내린 '러시아에서 특별 의무를 수행'하기 위해 친위대와 경찰을 준비하라는 명령의 결과였다.

　러시아와 폴란드계 유대인뿐만 아니라 모든 유대인을 처형하라는 총통의 명령은 비록 나중에 내려졌지만 훨씬 이전에까지 거슬러 올라갈 수 있다. 그것은 제국중앙보안본부나 하이드리히 또는 힘러의 다른 사무실에서 시작된 것이 아니라 총통의 자문실(Chancellery), 즉 히틀러의 개인 사무실에서 시작된 것이다. 그것은 전쟁과는 아무 관계가 없었고 군사적 필요를 핑계로 삼은 적이 없었다. 동부지역의 가스공장 학살 계획은 히틀러의 안락사 계획에서 싹텄다는 점을 의심할 여지 없는 수많은 자료를 증거로 활용하여 증명한 것은 게랄트 라이트링거의 『최종 해결책』의 위대한 장점 가운데 하나다. 그리고 아이히만의 재판이 '역사적 진실'에 너무나 몰두한 나머지 이러한 사실적 연관성에 아무런 주의도 기울이지 않은 것은 통탄할 만한 일이다. 이것은 제국중앙보안본부의 아이히만이 가스 사건(Gasgeschichten)에 관여했는지에 많은 논란을 일으킨 문제에 대해 중요한 빛을 던져주었을 수도 있었다. 비록 그의 부하 중 한 사람인 롤프 귄터가 아이히만의 자발적 동의 여부에 관심을 가졌지만 아이히만은 그 일에 관여하지 않은 것 같다. 예를 들면 루블린 지역에 가스 시설을 설치했고 아이히만의 방문을 받기도 한 글로보크니크는 더 많은 인력이 필요했을 때 힘러에게 직접 요청하거나 다른 경찰, 또는 친위대 당국에 요청하지 않았다. 그는 총통의 고문 빅토르 브라크에게 요청했고, 브라크는 그 요구를 다시 힘러에게 하달했다.

최초의 가스 방들은 "불치병에 걸린 사람들에게 안락사가 허용되어야 한다"고 말한 1939년 9월 1일자 포고령을 이행하기 위해 그해 건설되었다. (가스학살을 '의학적 문제'로 간주해야 한다는 세르바티우스의 놀라운 확신을 고무한 것은 아마도 이 같은 가스의 '의학적' 기원 때문이었을 것이다.) 이 생각 자체는 상당히 오래된 것이었다. 1935년에 이미 히틀러는 자신의 제국 의학지도자 게르하르트 바그너에게 "전쟁이 발발하면 이 안락사 문제를 다루고 해결하게 될 것인데 왜냐하면 전시에 그렇게 하는 것이 더욱 쉽기 때문"이라고 한 것이었다. 이 포고령은 정신병자들에 대해서는 즉각적으로 수행되어 1939년 12월과 1941년 8월 사이에 대략 5만 명의 독일인들이 시설에서 일산화탄소 가스로 살해되었다. 이 시설에 설치된 죽음의 방들은 나중에 아우슈비츠에서 그랬던 것(샤워실 또는 목욕실로)과 똑같이 위장되었다. 이 계획은 실패작이었다. 주변의 독일인들에게 감추고 가스 사용을 비밀로 유지한다는 것은 불가능했다. 의학의 본질과 의사의 임무에 대한 '객관적'인 통찰을 아직도 획득하지 못한 것으로 보이는 각층의 사람들로부터 저항이 있었다. 동부지역에서의 가스 사용(나치스의 용어로 하면 '사람들에게 안락사를 허용함으로써' '인간적인 방식으로' 하는 살인)은 독일에서의 가스 사용이 중지된 거의 같은 날에 시작되었다. 독일에서 안락사 계획에 고용된 사람들은 이제 모든 사람들을 제거하기 위한 새로운 시설들을 만들기 위해 동부로 보내졌다. 그리고 이들은 히틀러의 자문실 출신이거나 제국보건부 출신이었는데 그때부터 힘러의 행정권 아래에 놓이게 되었다.

기만과 은폐를 위해 교묘하게 고안된 다양한 '언어규칙' 가운데 이처럼 히틀러가 첫 번째 전쟁을 벌이는 데 살인자들의 정신상태에 작용한 것보다도 더 결정적인 효과를 발휘한 것은 없었다. 여기서 '살인'이라는 말 대신 '안락사 제공'이라는 표현이 사용되었다. 이 사람들의 최종 목적지가 여하튼 분명한 죽음이었다는 사실에 비추어 '불필요한 고통'을 피하도록 하라는 지시가 조금 반어적인 것이 아니었는가를 경찰

심문관이 물었을 때 아이히만은 이 질문을 이해조차 하지 못했다. 그리고 용서할 수 없는 죄는 사람들을 죽인 것이 아니라 불필요한 고통을 일으키는 것이었다는 것이 아직도 너무나 확고하게 그의 마음속에 뿌리내려 있었다. 재판 기간 동안 그는 증인이 친위대 대원에 의해 자행된 잔인하고 잔혹한 일을 증언하면 예외 없이 진지한 분노를 표시했다. (비록 법정과 수많은 참관인들은 이러한 모습을 포착하지는 못했다. 왜냐하면 그의 자기 관리를 하려는 분명한 노력으로 인해 사람들은 그가 '무감각하고' 무심하다고 믿게 되었다.) 그를 진정으로 동요하게 만든 일은 수백만 명의 사람들을 죽음으로 몰고 갔다는 비난이 아니라 자기가 유대인 소년을 때려죽인 적이 있었다는 (법정에 의해 기각된) 한 증인의 비난이었다. 분명히 그는 사람들을 돌격대 지역으로 보내 '안락사를 부여받지 못하고' 총살시킨 적이 있었지만, 그러나 이 작전의 마지막 단계에서 가스실의 수용능력이 계속 증가함으로써 이런 일이 더 이상 필요하지 않게 되었다는 말을 들었을 때 아마도 안도했을 것이다. 이 새로운 방식이 사용된 것은 유대인에 대한 나치 정부의 태도가 결정적으로 향상되었음을 입증하는 것이라고 그는 생각했음이 틀림없다. 왜냐하면 가스 계획이 시작될 무렵 안락사의 혜택은 분명히 독일인에게만 제한될 것이라는 확실한 선언이 있었기 때문이다. 전쟁이 벌어지면서 폭력적이고 끔찍한 죽음이 도처에서 (러시아 전선에서, 아프리카 사막에서, 이탈리아에서, 프랑스의 백사장에서, 독일 도시의 폐허 속에서) 횡행하게 되자 아우슈비츠와 헤움노, 마이다네크와 벨체크, 트레블링카와 소비보르에 있는 가스센터에서는 실제로 안락사 전문가들이 이름 붙인 '시설 진료를 위한 자선 단체들'이 등장했다. 더욱이 1942년 1월 이후 동부에서는 '얼음과 눈 속에서 부상자들을 돕는' 안락사 팀이 활동하고 있었다. 그리고 부상병들을 죽이는 것도 '일급비밀'이었지만 이 일에 대해 많은 사람들, 특히 최종 해결책을 수행하는 사람들은 분명히 알고 있었다.

일반인들과 교회의 용기 있는 몇몇 고위 성직자들의 저항 때문에 독일 내부에서 정신병자들에 대한 가스 처리가 중지되어야 했다는 사실은 빈번하게 지적되어왔지만, 한편으로 이 계획이 유대인의 가스사로 전환되었을 때에는 그러한 저항의 소리가 들리지 않았다. 살인센터 가운데 몇 곳은 당시 독일 영토 내부에 위치하여 그 주위에 독일 주민들이 살고 있기도 했지만 말이다. 그런데 전쟁이 발발할 무렵에 저항이 있었다. '안락사에 대한 교육'의 효과는 그렇다 치고 '가스를 사용한 고통 없는 죽음'에 대한 태도는 전쟁이 진행되는 동안 변한 것이 분명하다. 이런 종류의 일은 입증하기가 어렵다. 전체 계획이 비밀로 지켜졌기 때문에 이런 일을 입증하는 자료들은 존재하지 않는다. 그리고 어떤 전범도 이 점에 대해 언급한 적이 없었고, 뉘른베르크에서 있었던 의사들에 대한 재판에서도 이 주제에 대해서는 국제 문헌에서 수많은 인용을 해댄 변호인들조차도 언급하지 않았다. 아마도 그들은 자신들이 살상을 범한 시기의 여론 분위기를 망각하고 있었거나, 또는 자신들의 '객관적이고 과학적인' 태도가 일반인들이 가진 의견보다도 훨씬 더 진보된 것이라고 잘못 생각하고 있어서 그 점에 대해 전혀 신경도 쓰지 않았을 것이다. 그런데 자신의 충격적인 반응을 더 이상 이웃과 공유할 수 없다는 사실을 완전히 인식하게 된 신실한 사람들이 쓴 전시의 일기장에서 진실로 그 가치를 헤아릴 수 없는 몇몇 이야기들이 발견되었는데, 이 이야기들은 국민 전체의 도덕적 붕괴에도 불구하고 지금까지 전해져왔다.

앞서 언급한 레크말레체벤은 농부들에게 격려 연설을 하기 위해 1944년 여름에 바바리아로 갔던 한 여성 '지도자'에 대한 이야기를 하고 있다. 그녀는 '기적의 폭탄'과 승리에 대해 말하는 데 많은 시간을 낭비하지 않은 것 같다. 그녀는 다가올 패배에 대해 농부들에게 솔직히 말했고, 여기에 대해 훌륭한 독일인들은 염려할 필요가 없다고 했다. 왜냐하면 총통이 "자비심 많게도 모든 독일 국민들을 위해 전쟁이 불행한 종말을 맞을 경우를 대비하여 가스 사용을 통해 편안한 죽음을 맞이할 수 있도록 준비해놓았기 때문이다." 그리고 글쓴이는 다음과 같이 덧붙였다. "오, 맙소사. 나는 이 장면을 상상할 수 없다. 이 사랑스런 여성이 허깨비가 아니라니, 나는 내 눈으로 그녀를 보고 있다. 40대를 바라보는 노란 피부의 미친 눈을 가진 여성을. ……그런데 무슨 일이 있어났던가? 이 바바리아 농부들이 죽음에 대한 그녀의 준비된 열정을 식혀주기 위해 호숫물에 빠뜨렸는가? 그들은 그런 일을 하지 않았다. 그들은 머리를 저으며 집으로 돌아갔다."

나의 다음 이야기는 핵심에 더욱 근접한다. 왜냐하면 '지도자'도 당원도 아닌 사람에 관한 이야기이기 때문이다. 이 사건은 1945년 1월, 러시아가 이 도시를 완전히 파괴하고 폐허지를 점령하여 연방으로 합병시키기 며칠 전 독일의 다른 변방인 동프러시아의 쾨니히스베르크에서 일어났다. 이 이야기는 한스 폰 렌스도르프 백작이 『동프러시아의 일기』(Ostpreussisches Tagebuch, 1961)에서 언급한 것이다. 철수가 불가능한 부상병들을 의사로서 돌보기 위해 그는 그 도시에 남아 있었다. 그는 교외에 있는 한 커다란 피난민 센터로 불려갔는데 그곳은 이미 붉은군대가 장악해 있었다. 거기서 어떤 여성이 다가와 수년 동안 앓은 정맥류를 보여주면서 지금 시간이 있으니 바로 치료해주길 원한다고 말했다. "현재로서는 쾨니히스베르크를 탈출하고 치료는 나중에 받는 것이 더 중요하다고 그녀에게 애써 설명했다. 당신은 어디로 가고 싶냐고 내가 그녀에게 물었다. 그녀는 어디로 갈지 몰랐지만 그들이 제국으로 모두 되돌아가고 있다는 것은 알고 있었다. 그러고는 그녀는 놀랍게도 다음과 같이 덧붙였다. '러시아인들은 결코 우리를 잡지 못할 것에요. 총통께서는 결코 그것을 허용하지 않을 것입니다. 그보다 훨씬 전에 그가 우리에게 가스를 줄 것이니까요.' 나는 은밀히 주위를 돌아보았다. 그러나 어느 누구도 이 말이 정상에서 벗어난 것임을 알아차린 것 같지 않았다." 대부분의 실화처럼 이 이야기는 완전하지 않다. 한 목소리, 더욱이 여성의 목소리가 무거운 한숨과 함께 들려왔다. 이제 그 모든 좋고 값비싼 가스를 모두 유대인에게 낭비해버렸으니!

제7장
반제회의, 혹은 본디오 빌라도

아이히만의 양심에 대한 내 보고서는 지금까지 아이히만 자신이 잊고 있었던 증거들을 따라가며 쓰였다. 이 문제에 대한 그 자신의 설명에 전환점이 나타난 것은 4주 후가 아니라 4개월 후, 즉 1942년 1월에 있었던 국가 차관회의에서였는데, 나치스는 이 회의를 반제회의라고 불렀고 지금까지도 그렇게 불리고 있다. 하이드리히는 베를린 교외에 있는 한 집에 관계자들을 초청했다. 이 회의의 공식명이 가리키듯 만일 최종 해결책이 유럽 전체에 적용될 경우 제국의 국가기구의 암묵적 수용 이상의 것이 요구될 것이기 때문에 이 회의가 필요하게 되었다. 그것은 모든 장관들과 전체 공무원들의 적극적 협조가 요구되는 일이었다. 장관들 면면은 히틀러가 권좌에 오른 뒤 9년이 지나도록 모두가 오랫동안 당직을 유지해온 당원들로 이루어져 있었다. 정권의 초기 시절에 단지 상황에 맞게 '대처해 나간' 사람들은 아주 유연하게 그 자리가 대체되었다. 그러나 그들 중 대부분은 전폭적인 신뢰를 받지 못했는데, 왜냐하면 이들 가운데 하이드리히나 힘러처럼 전적으로 나치스에 의존하여 자신의 경력을 쌓은 사람은 거의 없었기 때문이다. 그리고 그런 사람들도 외무성의 수장이며 전 샴페인 상인이었던 요아힘 폰 리벤트로프처럼 하잘것없는 사람들이었다. 그러나 문제는 장관들 바로 아래에 있는 고위 공무원에 관해서는 아주 민감하다. 모든 정부 행정의 중

추인 이 사람들은 쉽게 대체할 수 있는 것이 아니어서, 히틀러는 마치 아데나워 수상이 그랬던 것처럼 이들이 구원을 받을 수 없을 정도로 타협할 사람들이 아닌 한 이들에게 관용을 베풀었다. 따라서 차관과 다양한 정부 부처의 법 또는 다른 부분의 전문가들은 당원이 아닌 경우들도 많았고, 이들로부터 대량학살에 대해 능동적인 도움을 얻을 수 있을는지 하이드리히가 걱정한 것은 상당히 이해할 만한 것이었다. 아이히만이 말한 것처럼 하이드리히는 "가장 큰 난제를 맞이할 것이라 예상했다." 그런데 이것은 그가 가장 착각한 부분이었다.

이 회담의 목적은 최종 해결책 실행을 위해 모든 노력들을 조정하는 것이었다. 반쪽 유대인, 그리고 혼혈 유대인의 처리문제, 즉 이들을 살해할 것인가 아니면 단지 단종시킬 것인가와 같은 '복잡한 법적 문제들'을 중심으로 다루었다. 이어서 '이 문제에 대한 가능한 다양한 유형의 해결책들'에 대한 솔직한 토론이 이어졌는데, 이것은 여기서는 다양한 살해방법을 의미하는 것이었고, 여기에 대해 '참여자들은 유쾌한 동의' 이상의 것을 이루었다. 최종 해결책은 모든 참석자들에게서 '각별한 열광'과 함께 환영을 받았는데 특히 내무성 부장관인 빌헬름 슈투크아르트 박사가 그랬다. 이 사람은 '과격한' 당의 조치들에 대해 다소 미온적이고 주저했다고 알려졌고, 뉘른베르크에서 있었던 한스 글로브케 박사의 증언에 따르면 철저한 준법주의자였다. 그러나 다소의 어려움도 있었다. 폴란드 일반정부 부사령관이었던 요제프 뷜러 부장관은 유대인이 서부에서 동부로 소개될 것이라는 것을 예측하고는 낙담했는데, 왜냐하면 이것은 폴란드에 더 많은 유대인이 들어오는 것을 의미하기 때문이었다. 그래서 그는 이 소개령을 연기하고 "최종 해결책을 아무런 운송 문제가 없는 일반정부에서 시작하자"고 제안했다. 외무성 관료들은 주도면밀하게 준비한 비망록을 갖고 나타나 '유럽의 유대인 문제에 대한 전체적 해결을 위한 바람과 생각'을 표현했는데, 여기에는 아무도 주의를 기울이지 않았다. 아이히만이 적절히 지적한 것처럼, 핵심은 공무를 담당하는 다양한 관청의 사람들이 단지 자신의 견해를 표현하는 데 그친 것이 아니라 구체적인 제안을 했다는 데 있었다. 회담은 한 시간 내지 한 시간 반밖에 진행되지 않았고, 이어 음료가 제공되었으며, 모두 점심식사를 했다. 그들 간에 필요한 개인적 접촉을 강화하기 위해 마련된 '편안한 작은 사교모임'이었다. 이것은 이처럼 많은 '고위직'과 사교모임을 가져본 적이 없는 아이히만에게는 아주 중요한 기회였다. 그는 참석자들 가운데 직책과 사회적 지위 면에서 최하위였다. 그는 초대장을 보내고 하이드리히의 시작 연설을 위한 (엄청난 오류들로 가득 찬) 통계 자료(크기를 과장하기 위해 1,100만 명의 유대인을 죽여야 한다는 내용)를 준비했다. 그리고 후에 그는 의사록을 작성했다. 간단히 말해 그는 이 회의에서 서기로 활동했다. 이것이 그가 참석하게 된 이유였는데, 고위층들이 떠난 다음 그는 그의 상관 뮐러와 하이드리히와 화롯가에 앉아 "처음으로 하이드리히가 담배를 피고 술을 먹는 것을 보았다." 그들은 '공적인 이야기를 하지 않았고, 긴 업무시간 뒤의 약간의 휴식을 즐겼는데' 그들은 몹시 만족해했고, 특히 하이드리히는 기분이 아주 고조되어 있었다.

이 회담 날이 아이히만에게 잊혀지지 않게 된 또 다른 이유가 있었다. 비록 그가 최종 해결책을 돕기 위해 최선을 다해왔지만 그는 여전히 '폭력을 통한 그러한 피투성이의 해결책'에 대해 약간의 의구심을 갖고 있었는데, 이러한 의구심들이 이제는 사라지게 되었다. "지금 이곳에서, 이 회담에서 가장 유망한 사람들이, 제3제국의 교황들이 말씀하셨다." 이제 그는 히틀러뿐만 아니라, 하이드리히와 '스핑크스' 뮐러뿐만 아니라, 친위대나 당뿐만 아니라, 착하고 연륜 있는 엘리트 공무원들이 이 '피투성이의' 문제에서 주도권을 갖는 명예를 얻기 위해 서로 경쟁하고 싸우는 것을 자신의 눈으로 보고 자신의 귀로 들을 수 있었다. "당시 나는 일종의 본디오 빌라도[1]의 감정과 같은 것을 느꼈다.

---

1) 예수 시절에 유대 지역을 다스리던 로마의 총독으로 유대인은 예수를 로마에 대한 반역죄로 몰아 빌라도에게 고발했다. 빌라도는 예수의 무죄를 확신했지

나는 모든 죄로부터 자유롭게 느꼈기 때문이다." 그를 심판할 자가 누구인가? '이 문제에 있어서 [자기] 자신의 생각을 가진' 자가 누구인가? 그는 조심성 때문에 패망하게 된 최초의 사람도 최후의 사람도 아니었다.

아이히만이 기억한 것처럼 그 이후로는 점점 더 쉬워지고 또 곧 일상적이 되어버렸다. 그는 '강제이주'의 전문가였던 것처럼 재빨리 '강제소개'의 전문가가 되었다. 이 나라 저 나라에서 유대인은 등록을 해야 했고, 손쉬운 식별을 위해서 노란색 표지를 달도록 강요받았으며, 함께 집결해서 이송되었고, 다양한 운송수단을 통해 그때마다의 센터의 상대적 수용능력에 따라 동부지역에 있는 이곳저곳의 학살센터로 옮겨 다녔다. 유대인을 실은 기차가 센터에 도착하면 그들 중 힘센 사람들은 사역하도록 뽑혀서 때때로 학살 장치를 가동하게 했고 다른 모든 사람들은 즉각적으로 처형되었다. 장애요인들도 있었지만 사소한 것들이었다. 외무성은 점령지 또는 나치스와 합병된 지역의 당국자들과 접촉하여 그들에게 유대인을 이송하거나 죽음의 수용소의 수용능력에 대한 적절한 고려 없이 무질서하게 허둥지둥 유대인들을 동부지역으로 소개하는 일이 일어나지 않도록 막았다. (이것은 이 일에 대한 아이히만의 기억 그대로다. 사실상 일은 그렇게 단순하지 않았다. 법률 전문가들은 희생자들이 무국적 상태가 되도록 필요한 법적 조치들을 강구했는데, 이 일은 두 가지 점에서 중요했다. 즉 그렇게 함으로써 어떤 나라도 그들의 운명에 대해 문제 삼지 못하게 되고, 또 그들이 머무르고 있는 국가에서 그들의 재산을 몰수할 수 있었다. 재무부와 국가은행은 유럽 전 지역으로부터 시계에서 금니에 이르는 엄청난 약탈물들을 받을 수 있도록 수단들을 강구했다. 이 모든 것들은 분류되어 프러시아

만 유대인의 요구와 정치적 압박을 이기지 못하고 예수를 십자가형에 처하도록 판결했는데, 이 판결 후 빌라도는 손을 물로 씻으면서 자신은 죄가 없다고 말했다.

국가 조폐국으로 보내졌다. 교통부는 필요한 열차편을 준비했는데, 철도 차량이 아주 부족할 때도 주로 화물열차가 준비되었다. 그리고 그들은 운송 열차 스케줄이 다른 시간표와 충돌하지 않도록 배려했다. 유대인 장로회는 아이히만과 그의 부하들을 통해 각 열차를 채우는 데 얼마나 많은 유대인이 필요한지에 대해 들은 다음 수송될 사람의 명단을 만들어주었다. 유대인은 등록을 하고, 무수히 많은 서류들을 작성했으며, 재산을 보다 손쉽게 탈취할 수 있도록 하는 여러 장의 재산 관련 질문지들을 작성하고 또 작성했다. 그리고 그들은 집결지에 모여 열차에 탑승했다. 일부 숨거나 탈출하려는 사람들은 유대인 특별경찰에 의해 검거되었다. 아이히만이 아는 한에서는 아무도 저항하지 않았고 아무도 협력을 거절하지 않았다. 1943년 베를린에서 한 유대인 목격자가 쓴 것처럼 "매일매일 사람들은 자신의 장례식장을 향해 이곳을 떠났다."

곧 모든 유럽의 나치스 점령지와 나치스 동맹지에서 이루어지게 될 작전 수행 과정의 엄청난 어려움들을 다 해결하기에는, 그리고 무엇보다도 "살인하지 말라"는 계명을 듣고 자라났으며, 예루살렘 지방법원의 판결문에서 아주 적절히 인용한 것처럼 "살인을 하면 그 죄가 대대로 이어질 것이다"라는 성경구절을 잘 알고 있는 작전 수행자들의 양심을 편하게 해주기에는 단순한 복종만으로는 결코 충분하지 않았을 것이다. 스탈린그라드에서 엄청난 손실을 본 후 아이히만이 '죽음의 회오리바람'이라고 불렀던 것(독일 도시들에서 이루어진 집중포화와 민간인 살상에 대한 그의 진부한 변명, 그리고 대량학살에 대해 독일에서 시도한 진부한 변명 등)이 독일 위로 떨어졌는데 일상에서 목격한 경험들은 예루살렘에서 보고된 잔혹상들과 아주 다르기는 했지만 끔찍하기는 그와 마찬가지였다. 그때 그들에게 일말의 양심이라도 남아 있었더라면 그 양심을 편하게 하거나 아니면 아예 양심을 없애버리는 데 그 일들이 기여했을는지는 모르지만 여러 증거에 따르면 상황은 그

렿지 않았다. 체계적 학살의 진행은 전쟁의 공포가 독일을 강타하기 훨씬 전부터 세세한 면까지 계획되어 완성되어 있었다. 그리고 패배를 예견한 마지막 몇 해뿐만 아니라 손쉬운 승리를 해가던 처음 몇 년 동안에도 동일하게 흔들림 없는 정확성을 견지한 채 그 복잡한 관료적 조직이 기능했다. 고위 지도층 엘리트와 특히 친위대 고위층 장교들 사이에서는 처음에는 의무 불이행이 거의 나타나지 않았는데, 이때는 사람들이 아직도 양심을 갖고 있었는지도 모른다. 의무 불이행은 독일이 전쟁에서 패할 것이 확실해졌을 때에만 느껴질 정도였다. 더욱이 그러한 의무 불이행은 체계적 진행에 장애가 될 만큼 심각한 것은 아니었다. 그리고 그것은 양심에 의해 고무된 것이 아니라 다가올 어두운 시간을 대비해서 약간의 돈과 약간의 연줄을 비축하기 위한 것이었다. 1944년 학살을 중지하고 죽음의 공장 시설들을 해체하라는 힘러의 명령은 그의 어리석지만 진지한 확신, 즉 연합국들이 이러한 자상한 태도에 대해 어떻게 감사할지 알 것이라는 확신에서 나온 것이었다. 힘러는 다소 의심이 많은 아이히만에게 그러한 일 덕분에 자신이 후베르투스부르크의 평화(Hubertusburger-Frieden), 즉 1763년에 프러시아 프리드리히 2세의 7년전쟁이 종결되면서 후베르투스부르크에서 체결된 것으로 이 평화조약에 따라 프러시아가 비록 패했지만 실레지아를 계속 유지할 수 있게 될 것이라 믿게 된 환상을 협상을 통해 얻어낼 수 있을 것이라고 말했다.

아이히만이 말한 것처럼 자기 자신의 양심을 무마시킨 가장 유력한 요소는 실제로 최종 해결책에 반대한 사람을 한 명도, 단 한 명도 볼 수가 없었다는 단순한 사실이었다. 그런데 그는 단 하나의 예외를 만나게 되는데, 그와는 몇 차례 이야기를 나누었고 그로부터 깊은 인상을 받았음이 틀림없다. 이 일은 1만 대의 트럭과 교환하는 조건으로 100만 명의 유대인을 석방한다는 힘러의 제안에 대해 그가 카스트너 박사와 헝가리에서 협상할 때였다. 새로운 국면 전환에 용기를 얻은 카스트너는 아이히만에게 '아우슈비츠의 죽음의 공장'을 중지할 것을 요구했는데,

아이히만은 '진정으로 기꺼이'(herzlich gern) 그렇게 하고 싶지만 아쉽게도 이 일은 자신의 능력 밖이고, 또 자신의 상관들의 능력 밖이기도 하다고 대답했다. (사실이 그랬다. 물론 그는 유대인이 자신의 파괴 작업에 대한 일반적 열정을 공유할 것을 기대하지는 않았지만 그래도 그는 단순한 순응 이상의 것, 즉 그들의 협조를 기대했다.) 그래서 그는 사실상 상당한 정도로까지 협조를 얻었다. 이것은 빈에서의 활동에서 그러한 것처럼 자신이 한 모든 일에 중요한 전환점이 되었다. 행정과 경찰 업무에 유대인의 도움이 없었더라면 (베를린에서 유대인을 최종적으로 처리하던 일은 내가 앞서 언급한 것처럼 전적으로 유대인 경찰에 의한 것이었음) 완전한 혼돈상태에 빠졌거나 독일의 인력 공급이 불가능할 정도로 심각한 누수현상이 발생했을 것이다. ("희생자들의 도움이 없었더라면 수천 명의 사람들이, 더욱이 대부분 사무실에서 일하던 그들이 수십만 명의 타인들을 절멸시키는 것은 거의 가능하지 않았을 것이라는 것은 의심의 여지가 없다. ……죽음에 이르는 전 과정에 걸쳐 폴란드계 유대인은 독일인들을 손가락으로 꼽지 못할 만큼 거의 본 적이 없었다." 이상은 펜도르프가 앞서 언급한 저술에서 한 말이다.) 따라서 점령지에서 크비슬링 정부[2]들이 형성될 때마다 중앙의 유대인 사무실 조직이 동원되었다. 그리고 우리가 나중에 보게 되겠지만, 나치스가 괴뢰정부를 세우지 못한 곳에서는 유대인의 협조를 얻는 데도 실패했다. 그런데 크비슬링 정부들이 통상 반대당에서 요원들을 차출한 것에 반해 유대인위원회의 요원들은 항상 지역에서 인정받는 유대인 지도자들이었는데, 이들에게는 엄청난 권력이 주어졌다. 이것도 역시 중부 및 서부 유럽에서 온 경우는 테레지엔슈타트로, 동부 유럽공동체 출신인 경우는 아우슈비츠로 이송될 때까지만이었다.

자기 민족을 파괴하는 데 유대인 지도자들이 한 이러한 역할은 유대

---

[2] 노르웨이의 친 나치스 정치가 비드쿤 크비슬링의 이름에서 딴 것으로 배신자 정부, 괴뢰정부를 일컫는 말이다.

인에게는 의심할 여지 없이 이 모든 어두운 이야기 가운데 가장 어두운 장을 이룬다. 여기에 대해서는 내가 앞서 언급한 적이 있는 라울 힐베르크의 권위 있는 저술 『유럽 유대인의 파멸』(*The Destruction of the European Jews*)에서, 이전에도 알려져 있기는 했으나 이번에는 그의 병적이고도 지저분한 세부사항까지 처음으로 노출된 것이다. 협조의 문제에서는 고도로 동화된 중부 및 서부 유럽의 유대인 공동체들과 이디시를 사용하는 동부의 대중들 사이에 아무런 차이가 없었다. 바르샤바처럼 암스테르담에서도, 부다페스트에서처럼 베를린에서도 사람들과 그들의 명단을 작성하고, 자신들의 추방과 학살 비용을 충당하기 위해 추방자들로부터 돈을 인수하고, 소개된 아파트를 계산하고, 유대인을 체포하는 데 도움을 주고 그들을 기차에 태우도록 경찰력을 제공하며, 마침내 마지막 행동으로 유대인 공동체 자산의 최종 약탈을 위해 질서 정연한 방식으로 전달하는 데 이르기까지 유대인 요원들은 신뢰를 받을 수 있었다. 그들은 노란색 별 표지를 분배했고, 때로는 바르샤바에서처럼 "완장 판매가 정규 사업이 되었다. 보통의 천 완장이 있었지만 세탁이 가능한 멋진 합성 소재 완장도 있었다." 나치스가 시켜서이긴 하지만 나치스의 말을 그대로 받아 적지 않은 그들의 선언문에서 그들이 새로운 권력을 얼마나 즐기고 있었는지를 우리는 여전히 감지할 수 있다. 부다페스트 위원회의 첫 번째 성명서에는 "유대인 중앙위원회는 모든 유대인의 정신적, 물질적 부에 대해서, 그리고 모든 유대인의 인력에 대해서 처분할 수 있는 절대적 권리를 부여받았다"고 서술되어 있다. 우리는 유대인 관리들이 살인의 도구가 되었을 때 ('자신의 배가 침몰할 때 갖고 있던 화물들을 바다로 던져버리고 배를 안전하게 항구로 성공적으로 운항한' 선장들처럼, '100명의 희생자를 내고 1,000명을 구한, 1,000명을 희생시키고 1만 명을 구한' 구원자들처럼) 어떤 느낌을 가졌는지를 알고 있다. 진실은 더욱 끔찍했다. 예를 들면 헝가리에서 카스트너 박사는 대략 47만 6,000명의 희생자를 내고 정확히 1684명을 구출했다. '맹목적인 운명'에 따라 선별작업이 이루어지지 않도록 하기 위해 '진정으로 신성한 원칙들'이 필요하게 되었다. '모르는 사람들의 이름을 서류에 써서 그로 인해 그들의 삶과 죽음이 나뉘는 연약한 인간의 손을 인도할 힘'이 될 수 있도록. 그런데 이러한 '신성한 원칙들'은 누구를 구원으로 이끌어냈는가? '지부르〔공동체〕를 위해 생명을 바쳐 일한' 사람들(즉 지도층 인사들)과 '아주 저명한 유대인'이라고 카스트너는 자신의 보고서에서 말하고 있다.

유대인 관리들로 하여금 비밀을 지키도록 맹세하라는 요구를 그 누구도 하지 않았다. 그들은 자발적인 '비밀의 담지자들'이었는데, 이는 카스트너 박사처럼 조용히 일들이 진행되어 혼란을 예방하려는 목적에서, 또는 전 베를린 최고 랍비였던 레오 배크 박사의 경우처럼 '가스로 죽는다는 것을 알면서 살아가는 것이 더 어려운 일이기 때문'이라는 '인간적' 배려에서였다. 아이히만 재판 도중에 한 증인은 이러한 종류의 '인간성'의 불행한 결과들을 지적했다. 사람들은 테레지엔슈타트에서 아우슈비츠로 가는 이송작업을 자원봉사했고, 그들에게 진실을 말하려는 사람들을 '제정신이 아니라고' 비난했다. 자신의 사인을 담은 지폐와 자신의 옆모습을 넣은 우표를 발행하고 거의 다 부서진 말마차를 타고 돌아다닌 하임 아이라는 우츠의 유대인 장로 하임 룸코브스키와 같은 사람에서부터, 유대인 경찰이 '친절하고 도움을 주는 존재 이상으로' '호된 시련을 가볍게 덜어주는' 사람들(이들에게는 훨씬 더 중요한 일이 많았기 때문에 이들은 사실상 더욱 잔인하고 덜 부패했다)이라고 믿은 학자풍으로 좋은 매너를 가졌으며 고등교육을 받은 레오 배크와 같은 사람과 끝으로 (랍비는 아니고 무신론자였으며 폴란드어를 하는 유대인 기술자였지만, "그들이 당신을 죽이게 하라, 그러나 선은 넘지 말라"라는 랍비의 말을 아직도 기억한 바르샤바 유대인위원회 의장이었던 아담 체르니아코브와 같은) 자살을 한 몇몇 사람들에 이르기까지, 우리는 나치스의 통치 기간 동안의 유대인 지도자들 모습을 아주 잘 알고 있다.

아데나워 행정부를 당황하게 만들지 않으려고 무척 조심한 예루살렘 검찰은 보다 더 크고 더 명백한 정당성을 주장하는 가운데 이 장이 담고 있는 이야기가 공개되는 것을 될 수 있으면 피하려고 한 것은 어쩌면 당연한 일이었다. (그러나 이 주제들은 이스라엘의 학교 교과서에서 아주 공개적이고 또 놀랄 만큼 솔직하게 논의되었다.*) 그러나 이 장은 여기 이 보고서에도 포함되어야 하는데, 그 이유는 일반적으로 자료들이 넘치도록 많이 제공되는 사건에도 달리 설명할 수 없는 공백이 나타나며 이 장은 이러한 공백을 설명해주기 때문이다. 판사들은 그러한 한 가지 예, 즉 H.G. 아들러의 저서『테레지엔슈타트 1941~45』(*Theresienstadt 1941~45*, 1955)에 빠진 부분에 대해 언급했는데, 검찰은 다소 당황하면서도 이러한 지적이 '논박할 수 없는 근거들에 기초한 진실한' 것임을 인정했다. 그 예가 빠져 있었던 이유는 명백했다. 그 책은 친위대가 얼마나 많은 사람들이 이송되어야 하는지 그리고 어떤 나이, 성별, 직업, 출신 국가 등에 해당하는지를 명기하고 있는 일반적인 지시들을 하달한 뒤에, 테레지엔슈타트의 유대인위원회가 그 공포의 '운송 리스트'를 어떻게 취합했는지를 상세하게 묘사하고 있다. 만일 운명의 장소로 보내진 개인들의 명단 작성이 거의 예외 없이 유대인의 행정적 작업에 의해 이루어진 것이었음을 검찰이 인정한다면 검찰의 주장은 약화될 것이었다. 그리고 뒷자리에 앉아 검사의 소송작업을 지휘한 검찰청장 야코프 바로어 씨는 "저는 전체적 그림을 훼손시키지 않으면서도 어쨌든 피고를 지목하는 그런 사례들을 끄집어내려고 노력하고 있습니다"라고 말하는 가운데 여하튼 이 점을 지적했다. 사실상 그림은 아들러의 책을 포함시킴으로써 상당히 훼손되었다. 왜냐하면 그것은 아이히만 자신이 이러한 선택을 했다고 주장한 테레지엔슈타트 사건에 대한 주요 증인의 증언과 모순될 것이기 때문이었다.

---

* 이 내용은 Mark M. Krug, *Comparative Education Review*, October, 1963에 수록된 "Young Israelis and Jews Abroad—A Study of Selected History Textbooks"에 잘 정리되어 있다.

그보다 더 중요한 문제는 가해자와 피해자 사이를 명확히 구분하려는 검찰의 큰 그림이 크게 타격을 입게 된다는 것이다. 검찰에 불리한 증거를 입수하는 것은 통상 피고의 일이므로, 증언 중 몇 가지 사소한 불일치점들을 인지한 세르바티우스 박사가 왜 그처럼 손쉽게 입수할 수 있고 널리 알려져 있는 자료들을 입수하지 않았는가는 대답하기 어렵다. 이주 전문가에서 '소개' 전문가로 변신하자마자 즉각적으로 아이히만은 이주 사무실에서 함께 일해온 유대인 협력자들(베를린에서 이주를 담당한 파울 엡슈타인 박사와 빈에서 같은 일을 한 랍비 베냐민 무르멜슈타인)을 테레지엔슈타트에서 '유대인 장로들'로 임명한 사실을 지적할 수 있었을 것이다. 그렇게 했더라면, 맹세나 충성심, 주저 없는 복종에 대한 불유쾌하고 또 종종 노골적으로 공격적인 말을 한 것보다는 아이히만이 일한 분위기를 입증하는 데 더욱더 많은 기여를 했을 것이다.

내가 앞서 인용한, 테레지엔슈타트에 대한 샤로테 잘츠베르거 부인의 증언은 검찰이 계속해서 '일반적인 그림'이라고 불렀던 것 가운데 이처럼 무시된 측면을 우리로 하여금 적어도 다시 한번 되돌아보게 한다. 재판장은 그 말을 별로 좋아하지도 않았고 또 그 그림도 좋아하지 않았다. 그는 법무장관에게 수차례, "우리는 여기서 그림을 그리고 있지 않다" "고발이 있고, 이 고발이 우리 재판과정의 골격이다", 법정은 "고발에 따라서 이 재판에 대한 법정 자체의 견해를 갖고 있다", 그리고 "검찰은 재판에서 펼쳐진 내용에 맞추어가야 한다"고 말했다. 이것이 형사재판과정임을 고려할 때 경탄할 만한 충고였지만, 이 가운데 어떤 말에도 주의를 기울이지 않았다. 검찰은 단지 그 말에 주의를 기울이지 않는 것 이상의 잘못을 범했다. 검찰은 증인을 제대로 이끌어가기를 분명히 거부해버린 것이다. (즉 법정이 지나치게 완고한 태도를 보일 때 검찰은 질문을 아주 무심히 해버리고 만 것이다.) 그 결과 증인들은 마치 자신이 법무장관이 주관한 회합에 참석한 연사처럼 행동했다. 법무장관은 그들을 발언 전에 방청객들에게 소개했다. 증인들은 거의 자기가 하고 싶은 만큼 말을 했고 그들이 특정한 질문을 받은 적은 거의 없었다.

　전시용 재판이 아니라, 연사들이 청중을 자극하기 위해 차례로 최선을 다하는 대중 집회와 같은 이러한 분위기는 바르샤바 게토에서의 봉기와 빌나(Vilna) 및 코브노(Kovno)에서 일어난 유사한 시도들에 대해 증언할 증인들을 검사가 차례로 불러냈을 때 특별히 느낄 수 있었다. (이 문제들은 피고의 범죄와는 아무런 연관이 없었다. 영웅적 노력속에서 그토록 위대하고도 재앙을 불러일으킨 역할을 한 유대인위원회들의 활동상에 대해 만일 이 사람들이 말을 했더라면 이들의 증언은 재판에 무엇인가 공헌을 했을 것이다. 물론 여기에 대한 언급이 있기는 있었다.) '친위대 요원들과 그 협력자들'을 언급한 증인들은 '유대인위원회'뿐만 아니라 '역시 나치스 살인자들의 손에 놀아난 게토 경찰'도 '친위대 협력자들'의 부류로 간주했다. 그러나 그들은 너무나 신이나 자신의 이야기 가운데 이 측면을 '정교히 다듬어내지' 못했다. 그리고 그들은 진짜 배신자들에 대한 논의로 넘어갔는데, 그런 사람은 수적으로 거의 없었고, 또 그들은 '나치스에 대항해서 싸운 일로 고통당한 모든 지하조직의 사람들'처럼 '유대인 대중들에게는 알려지지 않은 무명의 사람들'이었다. (이 증인들이 증언하는 동안 청중은 다시 바뀌었다. 바뀐 청중은 키브츠, 즉 연사가 소속해 있는 이스라엘 공동 정착지의 구성원들이었다.) 지금 대략 40세 정도 되어 보이는, 아직도 미모를지니고 있으며 감상적 생각이나 자기도취에 전혀 빠져 있지 않은 치비아 루베트킨 추커만은 가장 순수하고 분명한 설명을 해주었는데, 그녀가 밝힌 사실들은 조리가 있었으며 자신이 하고자 하는 말의 요점을 항상 분명히 했다. 법적으로 이들 증인들의 증언이 유대인 유격대와 폴란드 및 러시아 지하 투사들 사이에 밀접한 접촉이 있었음을 입증하는 것을 제외하고는 대수로운 것은 없다. (하우스너 씨는 그의 마지막 논고에서 이들의 증언은 하나도 언급하지 않았다.) 그런데 그 같은 접촉을 입증하는 증거는 다른 증언("모든 사람들이 우리를 등지고 있었다")

과 모순될 뿐만 아니라 피고 측에 유용할 수도 있었다. 왜냐하면 그것은 "바이츠만이 1939년에 독일에 대한 전쟁을 선포했다"는 아이히만의 반복적인 주장보다도 민간인에 대한 총체적 학살에 대한 훨씬 나은 정당화를 제공했기 때문이다. (이 주장은 완전한 난센스였다. 하임 바이츠만이 전쟁 전에 있었던 마지막 시온주의자 총회에서 말한 것은 서구 민주주의 국가들의 전쟁이 "우리의 전쟁이며, 그들의 투쟁은 우리의 투쟁이다"는 것이었다. 하우스너 씨가 올바로 지적한 것처럼 비극은 바로 나치스가 유대인을 교전 상대자로 인정하지 않았다는 점이다. 왜냐하면 만일 그렇게 되었더라면 그들은 전쟁포로 또는 민간인 수용소에서 살아남을 수 있었을 것이기 때문이었다.) 세르바티우스 박사가 이 점을 지적했더라면 검찰은 이 저항 단체들이 얼마나 불쌍할 정도로 작았는지, 얼마나 믿을 수 없을 만큼 약하고 본질적으로 무해했는지 (그리고 게다가 당시 자신들에 대해서 무기를 들기도 한 유대인에 대해 얼마나 작은 대표성을 지니고 있었는지)에 대해 인정하지 않을 수 없었을 것이다.

이 모든 아주 많은 시간을 소모하는 증언들이 법적으로 얼마나 부적절했는지가 유감스럽게도 분명히 나타나는 동안 이 증언을 이끈 이스라엘 정부의 정치적 의도를 추측하기란 어렵지 않았다. 하우스너 씨(또는 벤구리온 씨)가 입증하고 싶은 것은 마치 추커만 씨가 말한 것처럼, 모든 유대인 가운데 오직 시온주의자들만큼은 스스로 자기 생명을 구하려 하지 않더라도 자기의 명예는 구할 가치가 있다는 것을 알고 있었으므로 아마도 저항운동이 있었다면 그것이 무엇이건 시온주의자들이 행했다는 것이었을 것이다. 즉 추커만 부인의 취지와 논지에서 분명히 나타나는 것처럼, 그 같은 상황에서 인간에게 일어날 수 있는 최악의 것은 '순결한' 것이고 또 그렇게 남아 있으려고 하는 것이었다. 그러나 이러한 '정치적' 의도는 오발했는데 왜냐하면 증인들은 진실했고 법정에서 모든 유대인 조직들과 정당들이 저항운동에 있어서 나름대로의 역할을 했다고 말했기 때문이다. 그래서 진정한 구별은 시온주의자와 비시온주의자들 사이에서 이루어진 것이 아니라 조직된 사람들과 조직이 이루어지지 않은 사람들 사이에서 이루어졌으며, 또한 그보다 더 중요한 구별은 젊은이와 중년 사이에서 이루어졌다. 분명한 것은 저항자들이 소수 아니 극소수에 불과했지만, 증인들 가운데 한 사람이 지적한 것처럼 그 같은 상황에서 "기적은" "그러한 소수가 존재했다는 것이다."

　법적 고려점들은 차치하고라도, 과거 유대인 레지스탕스가 증언석에 출현한 것은 아주 환영을 받았다. 그의 출현으로 인해 보편적 협조라는 망령과 최종 해결책을 둘러싸고 있었던 숨 막히고 독기를 품은 분위기가 흐트러지게 되었다. 학살센터에서 실질적인 살인 작업이 유대인 부대의 손으로 이루어졌다는 잘 알려진 사실은 검찰의 증인들에 의해 공정하고도 분명하게 확립되었다. 그들이 어떻게 가스실과 화장터에서 일을 했는지, 그들이 어떻게 금니를 뽑고 시신의 머리카락을 잘랐는지, 그들은 어떻게 무덤을 파고 또 대량학살의 흔적을 없애기 위해 그 무덤을 덮어 없앴는지, 유대인 기술자들이 어떻게 테레지엔슈타트에서 가스실을 만들었는지가 분명히 드러났다. 테레지엔슈타트에서는 유대인의 '자율성'은 심지어 유대인이 사형집행인이 될 정도로까지 나아갔다. 그런데 이것은 끔찍하기는 했지만 도덕적 문제는 아니었다. 수용소에서 일꾼들을 선별하고 분류한 것은 친위대에 의해 이루어졌는데 이들은 범죄적 요소에 대한 특별한 편애를 가진 사람들이었다. (이는 특히 폴란드에서 그러했는데, 거기서는 나치스가 폴란드 지식인들과 전문직 종사자들을 학살한 것과 때를 같이하여 많은 수의 유대인 지식인들을 학살했다. 덧붙여 말하면, 이것은 서부 유럽에서의 정책과 분명한 대조를 이루는데, 거기서 나치스는 독일인 민간인 억류자나 전쟁 포로들과 교환할 목적으로 저명한 유대인을 남겨놓는 경향이 있었다. 베르겐벨젠은 원래 '교환용 유대인'을 위한 수용소였다.) 비록 최종 해결책이라는 상황하에서라 하더라도, 유대인의 협조에 대한 아이히만의 다음과 같은 묘사 가운데 존재하는 진실 속에 도덕적 문제가 놓여 있었다. "〔테레지엔슈타트〕에서의 유대인위원회 구성과 업무 할당은 위원장의 임명권을 제외하고는 모두 위원회의 재량권에 맡겨졌는데, 누가 위원장이 될 것인가는 물론 우리에게 달려 있었습니다. 하지만 이 임명은 독재적인 결정의 형태로 된 것이 아니었습니다. 우리가 줄곧 접촉해왔던 지도층 인사들이 있었습니다. 물론 그들은 신중히 다루어져야 했지요. 그들은 내내 명령을 받은 것은 아니었습니다. 왜냐하면 지도급 관료들에게 당신은 이것을 해라 저것을 해라 하는 식으로 할일을 명령해서는 일에 도움이 되지 않기 때문입니다. 문제가 된 사람이 자기가 하는 일을 좋아하지 않을 경우 일 전체에 어려움이 발생할 것이기 때문이지요. ……우리는 어쨌든 모든 일들을 좋아하도록 만들려고 최선을 다했습니다." 그들이 그렇게 했다는 데는 의심의 여지가 없다. 문제는 그들이 어떻게 성공했는가 하는 것이다.

그러므로 그 '일반적인 그림'에서 빠진 가장 심각한 부분은 나치 지도자와 유대인 당국 사이의 협력을 증언해줄 증인이 빠진 것이다. 따라서 "왜 당신은 결국 자기 자신의 파괴로 이어지는 당신 자신의 민족의 파괴에 협력했나요?"라는 질문을 할 기회가 빠졌다. 유일한 증인으로 나온 유대인위원회의 한 저명한 위원은 부다페스트 출신으로 전 남작 필리프 폰 프로이디거, 지금의 이름은 핀하스 프로이디거였는데, 청중들에 의해 야기된 유일한 심각한 사건이 그의 증언 중에 일어났다. 사람들이 헝가리어와 이디시어로 증인에게 소리를 질렀고, 법정은 그날의 공판을 잠시 휴정해야 했다. 상당한 품위를 지닌 정통 유대인인 프로이디거는 동요하는 가운데 다음과 같이 말했다. "여기에는 탈출하지 말라는 명령을 받았다고 말하는 사람이 있습니다. 그러나 탈출한 사람들 가운데 50퍼센트가 체포되거나 살해되었습니다." (탈출하지 않은 사람들의 99퍼센트가 그러한 것과 비교해보라.) "그들은 어디로 갈 수 있었나요? 그들은 어디로 도망갈 수 있었습니까?" 그러나 그 자신은 루마니아로 도망갔는데, 왜냐하면 그는 부유했고 또 비슬리케니[3]가 그를 도와주었기 때문이다. "우리가 무엇을 할 수 있었겠는가? 우리가 무엇을 할 수 있었겠는가?" 여기에 대한 유일한 대답은 판사에게서 나왔다. "나는 그것이 주어진 질문에 대한 대답이 아니라고 생각합니다." 법정이 아니라 청중들이 제기한 질문 말이다.

　판사들은 협력 문제를 두 차례 언급했다. 이츠하크 라베 판사는 레지스탕스인 한 증인으로부터 '게토 경찰'이 '살인자들의 손에 놀아난 도구'였다는 사실을 이끌어냈다. 그리고 할레비 판사는 아이히만에 대한 반대심문에서 나치스가 이러한 협조를 자신들의 유대인 정책의 중요한 초석으로 간주했다는 점을 짚어냈다. 그러나 재판의 사실적 배경에 대해 아무것도 모르는 사람들에게는 아주 자연스럽게 들렸던 질문으로, 레지스탕스 전사들을 제외한 각각의 증인들에게 일정하게 검찰이 제기한, "왜 당신은 반란을 일으키지 않았습니까?"라는 질문은 실제로는 묻지 않은 질문에 대한 연막으로 기능했다. 그래서 하우스너 씨가 자신의 증인들에게 한 대답할 수 없는 질문에 대한 모든 대답들은 "진실, 모든 진실, 오직 진실만을"[4]에는 상당히 못 미치는 것이었음은 간과되었다. 진실은, 전체의 유대인이 조직을 이루지 않고 있었다는 것이고, 그들은 어떠한 영토도, 정보도, 또 군대도 갖지 않았다는 것이며, 그들은 가장 절실히 필요한 순간에 연합군 내에 자신들을 대표할 망명정부(바이츠만 박사가 의장으로 있을 당시의 팔레스타인을 위한 유대인 대표부는 기껏해야 비참한 대체물이었을 뿐이었다)와 무기 은닉소, 그리고 군사 훈련을 받을 청년들을 갖지 못했다. 그러나 모든 진실은 현지 및 국제적 수준에서 유대인 공동체 조직들과 유대인 정당, 그리고 복지 조직들이 존재했다는 것이다. 어디에서 살든지 간에 유대인에게는 인정받는 지도자들이 있었고, 거의 예외 없이 이들의 리더십은 이러저러한 이유에서 이러저러한 방식으로 나치스와 협력했다. 모든 진실은

---

3) 디터 비슬리케니(Dieter Wisliceny: 1911?~48). 최종 해결책의 핵심 인물 가운데 한 사람이다.

4) "Truth, the whole truth, and nothing but the truth"라는 표현으로 미국의 법정에서 증인이 증언을 하기 전에 선서를 하면서 말하는 서약문이다.

만일 유대인이 정말로 조직이 되어 있지 않았고 또 지도자가 없었더라면 혼란과 수많은 불행들이 있었겠지만 희생자들 전체가 400만, 500만, 600만에 달할 리가 거의 없었을 것이라는 점이다. (프로이디거의 계산에 따르면 유대인위원회의 지시를 따르지 않았더라면 그들 가운데 절반은 목숨을 구할 수 있었을 것이라고 한다. 이것은 물론 단순한 추산에 불과하지만, 이 추산치는 네덜란드에서 나온, 즉 네덜란드 국립전쟁문서연구소 소장인 드 종(L. de. Jong) 박사에게서 내가 입수한 더욱 믿을 만한 수치와 이상하게도 일치한다. 모든 국가 당국과 마찬가지로 유대인위원회도 아주 재빠르게 '나치스의 도구'가 되어버린 네덜란드에서는 10만 3,000명의 유대인이 죽음의 수용소로 이송되었고, 대략 5,000명은 테레지엔슈타트로 통상적인 방법을 통해 이송되었는데, 이는 물론 유대인위원회의 협력을 받아서였다. 이 가운데 단지 519명의 유대인만이 죽음의 수용소로부터 돌아왔다. 이 숫자와는 대조적으로 그 2만 내지 2만 5,000명의 유대인 가운데 1만 명의 유대인은 나치스를 탈출(이것은 유대인위원회로부터의 탈출도 의미함)하여 지하로 잠적해서 살아남았다. 이것은 40 내지 45퍼센트에 해당한다. 테레지엔슈타트로 보내졌던 대부분의 유대인은 네덜란드로 되돌아왔다.

예루살렘 재판이 세계의 눈앞에 그 진정한 차원을 드러내 보이지 못하고 있는 이 장의 이야기에 내가 집중하는 것은 이 이야기가 존경할 만한 유럽 사회에서 발생한 나치스의 전반적인 도덕적 붕괴에 대한 가장 놀랄 만한 통찰을 제공해주기 때문이다. (이것은 독일에서뿐만 아니라 모든 나라들에서도, 또 학살자들뿐만 아니라 피해자들에 대해서도 그렇다.) 아이히만은 나치 운동의 다른 요소들과 대비하여 항상 '좋은 사회'라는 관념에 의해 압도되었고, 그가 종종 독일어를 말하는 유대인 지도층 인사들에게 보여주었던 공손함은 대체로 자기가 다루고 있는 사람들이 사회적으로는 자기보다 높은 신분의 사람들이라는 사실을 인정한 결과였다. 그는 한 증인이 자기에 대해 말한 것과 같은, 십계명이 존재하지 않으며 갈망을 느끼게 해주는 지역으로 도피하기를 원하는 용병은 결코 아니었다. 그가 끝까지 열렬히 믿은 것은 성공이 었고, 이것이 그가 알고 있던 '좋은 사회'의 주된 기준이었다. 히틀러 (그와 그의 동지 자센이 자신들의 이야기의 '중심'이 되기를 원한 사람)에 관한 주제에 대해 그가 한 마지막 말은 전형적인 것이었다. 그는 말하기를 히틀러가 "모든 것이 틀린 것은 아니고, 이 하나만큼은 논쟁의 여지가 없습니다. 그 사람은 노력을 통해 독일 군대의 하사에서 거의 8,000만에 달하는 사람의 총통의 자리에까지 도달했습니다. ……그의 성공만으로도 제게는 이 사람을 복종해야만 할 충분한 증거가 됩니다." 그는 자기가 그랬던 것처럼 그 '좋은 사회'가 모든 곳에서 열정과 열성을 가지고 반응하는 것을 보았을 때 사실상 그의 양심은 휴식상태에 있었다. 판결문에 나오는 말처럼 "양심의 소리에 자신의 귀를 가까이할" 필요가 그에게는 없었다. 그것은 그가 양심을 가지고 있지 않아서가 아니라, 그의 양심이 "자기가 존경할 만한 목소리와 함께", 자기 주변에 있는 사회의 존경할 만한 목소리와 더불어 말했기 때문이다.

그의 양심을 불러일으키는 외부로부터 온 목소리가 존재하지 않았다는 것이 아이히만의 주장 가운데 하나였다. 그리고 그것이 그렇지 않다는 것, 그가 경청할 수 있었던 목소리가 존재했다는 것, 그리고 어찌되었든 그는 자신에게 부과된 의무의 요구를 훨씬 넘어 열정을 가지고 자신의 일을 수행했다는 것을 입증하는 것은 검찰의 과제였다. 이상하게 들리겠지만, 이러저러한 때에 그를 제어하려고 한 사람들의 목소리들 가운데 자리 잡은 모호성과 그의 살인적인 열정이 전혀 무관했다는 사실을 제외한다면 그 무엇이 충분한 사실로 판명되었던가. 우리는 여기서 독일에서의 이른바 '내면적 이주'(inner emigration, 제3제국에서 종종 지위를 가졌던 사람들, 심지어 고위직을 가진 자들, 그리고 전쟁이 끝난 뒤 자기 자신과 세계에 대해 자기들은 정권에 대해 항상 '내면적으로 반대를' 했다고 말한 사람들)에 대해 단지 스쳐 지나가면서 언급하도록 하겠다. 여기서 문제는 그들이 진실을 말하고 있는지의 여부가 아니다. 초점은 오히려 히틀러 정부의 비밀에 싸인 분위기 속에서 어떠한 비밀도 그 같은 '내적 반대'보다는 지켜내기가 더 수월했다는 것이다. 이것은 나치스의 공포 상태하에서는 거의 당연한 일이었다. 자신의 진실됨에 대해 분명히 믿은 다소 잘 알려진 '내면적 이주자'가 한때 내게, 자기 자신들의 비밀을 지키기 위해서는 일반 나치스가 한 것보다도 훨씬 더 '외적으로' 드러나야 했다고 말한 적이 있었다. (덧붙여 말하자면, 이것은 왜 학살 프로그램에 대해서 저항한 소수의 잘 알려진 사람들이 군대 지휘관이 아니라 과거의 당원으로부터 나왔는지를 설명해줄 수 있을 것이다.) 따라서 제3제국에서 살면서 나치스처럼 행동하지 않으면서 살아갈 수 있는 유일한 길은 전혀 밖으로 노출되지 않는 것뿐이다. '공적 생활에 유의미한 참여를 하지 않는 것'이 어떤 사람의 개인적인 죄를 측정할 수 있는 사실상 유일한 기준이었다고 오토 키르히하이머가 최근에 그의 『정치적 정의』(*Political Justice*, 1961)에서 언급했다. 만일 '내면적 이주'라는 말이 어떤 의미를 가질 수 있으려면, 헤르만 야라이스 교수가 뉘른베르크 재판을 받기 전에 쓴 '모든 피고 측 변호인들에 대한 성명'에서 지적한 대로, '내면적 이주자'란 단지 '맹목적으로 신봉하는 대중들 한가운데에서 자기 자신의 민족들 중에 버려진 것처럼' 살아가는 사람만을 가리킨다. 왜냐하면 반대란 조직이 존재하지 않는 곳에서는 사실상 '전적으로 무의미한' 것이기 때문이다. 이러한 '외적 냉대' 속에서 12년 동안 그렇게 산 독일인들이 있었던 것은 사실이지만, 그러나 그 수는 무의미할 정도였고 심지어 레지스탕스 요원들도 그 수가 무의미하다고 생각했다. 근년에는 '내면적 이주'라는 구호는 (이 말 자체가 애매한 느낌이 드는데, 이는 한 사람의 영혼 속의 내면적 영역으로 이주한다는 것을 의미할 수도 있고, 또 자신이 이주자처럼 행동하는 방식을 의미할 수도 있기 때문에) 일종의 조크가 되었다. 한 돌격대의 전 멤버였던 사악한 오토 브라트피슈 박사는 적어도 5만 명 이상의 학살을 주관했는데, 독일 법정에서 자신은 항상 자기가 한 일에 대해 "내면적으로 반대를 했다"고 말했다. 아마도 '진짜 나치스'의 눈에 알리바이로 제공하는 데 5만 명의 죽음이 필요했던 모양이다. (바르테가우의 대지도관이었던 아우투르 그라이저도 폴란드 법정에서 동일한 주장을 했지만 그리 성공적이지는 못했다. 그가 1946년에 교수형을 당하게 만든 범죄들을 수행한 것은 그의 '공적인 영혼'뿐이었고, 그의 '사적인 영혼'은 항상 그 범죄에 반대했다는 것이다.)

아이히만은 '내면적 이주자'를 한 번도 만나본 적이 없었던 것 같다. 하지만 그는 오늘에 와서 자기들은 사태를 '약화시키고' 또 '진짜 나치스'가 자신의 자리를 차지하는 것을 막기 위한 한 가지 목적에서 그 직책에 그대로 남아 있었다고 주장하는 수많은 공무원들 가운데 많은 사람들을 잘 알고 있었음이 틀림없다. 우리는 국무성 차관을 지냈고 1953년에서 1963년까지 서독 대법원 인사부장을 지낸 한스 글로브케 박사의 유명한 경우에 대해 언급했다. 그는 이 재판 기간 동안 언급된 이 같은 범주에 속하는 유일한 공무원이었기 때문에 그의 처벌을 경감시키려는 활동들은 살펴볼 가치가 있다. 글로브케 박사는 히틀러가 권좌에 오르기 전에 프로이센의 내무성에서 근무했는데 거기서 유대인 문제에 대해 다소 성급한 관심을 보였다. 그는 이름을 바꾸기 위해 허가를 받으려고 신청한 사람들에게 '아리인족의 혈통이라는 증명'을 요구한 첫 번째 지시를 내렸다. 1932년 12월(히틀러의 권력 장악이 아직 확실시되지는 않았지만 강한 가능성을 보였던 때)에 발효된 이 회람장에는 이상하게도 '일급비밀 포고령', 즉 히틀러 정부가 훨씬 나중에 도입하게 되는, 법을 통한 전형적인 전체주의적 통치가 예견되고 있었고, 수신인에게 "이 지시문은 인쇄되어서는 안 된다"는 주의사항이 있었다. 이 점은 대중의 관심사를 끌지 못했다. 내가 이미 언급한 것처럼 글로브케 박사는 줄곧 이름들에 관심을 가지고 있었다. 그리고 1935년의 뉘른베르크 법에 대한 그의 주석은 구 당원이자 유대인 문제에 대한 내무성의 전문가인 베른하르트 뢰젠너 박사의 민족보호법 위반에 대한 초기 해석보다 훨씬 더 심했기 때문에, 그들이 '진짜 나치스' 하에 있었을 때보다 사태를 더 심각하게 만들었다는 죄목으로 그를 고소할 수 있었다. 그런데 비록 우리가 그의 선의를 전적으로 인정한다고 하더라도,

실제로 일어난 일보다도 그가 더 나은 일을 그러한 상황에서 할 수 있었겠는가를 생각하기란 어려운 일이다. 그러나 최근 한 독일 신문이 많은 조사를 한 끝에 이 같은 곤란한 문제에 대해 한 가지 답을 내놓았다. 그들은 글로브케 박사라고 분명히 서명한 문서를 발견했는데, 그것은 독일 병사와 결혼한 체코인 신부들이 결혼 허가서를 얻기 위해서는 수영복을 입은 사진을 제출해야만 한다는 포고를 담은 것이었다. 여기에 대해 글로브케 박사는 "이 기밀문서를 통해 3년간 끌어오던 스캔들이 다소 경감되었다"고 설명했다. 그가 이것을 고안하기 전까지 체코인 신부들은 완전 나체를 찍은 사진을 제출해야만 한 것이다.

글로브케 박사는 뉘른베르크에서 설명한 것처럼, 또 다른 '상황을 약화시키려 한 자'인 빌헬름 슈투크아르트 국무성 차관의 지시를 받으며 일할 수 있었던 것은 행운이었다. 우리는 그를 반제회의의 열렬분자로서 만난 적이 있었다. 슈투크아르트가 한 상황을 약화시키는 활동이란 반쪽 유대인에 대한 것으로, 그들을 단종시킬 것을 그는 제안했다. (반제회의의 회의록을 갖고 있었던 뉘른베르크 법정은 그가 학살 프로그램에 대해서는 아무것도 알지 못했다는 점을 믿지는 않은 것 같았으나 그의 건강상의 이유로 일정기간만 복역하도록 선고를 내렸다. 독일의 탈 나치 법정은 그에게 500마르크의 벌금형을 선고했고 그가 '명분상의 당원'[말단 당원]이라고 선언했다. 비록 그들은 적어도 슈투크아르트가 당의 '오랜 수호자'에 속하고 일찍이 친위대에 명예 대원으로 가입했다는 사실을 알고 있었음이 분명했지만.) 분명한 것은 히틀러의 사무실 내부에 '상황을 약화시키려 한 자'가 있었다는 이야기는 전후에 날조된 이야기에 불과하고, 그 이야기 역시 아이히만의 양심을 울릴 수 있었던 목소리 정도로 간주해버릴 수 있을 것이다.

이러한 목소리에 대한 의문이 예루살렘에서는 개신교 목사인 하인리히 그뤼버 감독의 법정 출현으로 심각해졌는데, 그는 검찰을 위한 유일한 (물론 미국에서 온 유일한 비유대인인 마이클 무스마노 판사를 제외하고는) 독일인 증인이었다. (피고를 위한 독일인 증인들은 처음부터 배제되었는데, 왜냐하면 그들이 등장하게 된다면 법정에서 체포되어 아이히만 재판의 근거가 되는 동일한 법에 따라 이스라엘에서 피소될 수 있기 때문이었다.) 그뤼버 감독은 히틀러에 원칙적으로 반대하면서도 민족주의적 차원에서 반대하지는 않은, 그리고 유대인 문제에 대해서 분명한 입장을 가지고 있었던 수적으로도 작고 정치적으로도 중요한 위치에 있지 않은 사람들 가운데 속했다. 그는 아이히만과 수차례 협상을 벌인 적이 있었기 때문에 멋진 증언을 약속했고, 따라서 그가 법정에 나타난 것만으로도 일종의 센세이션을 일으켰다. 불행하게도 그의 증언은 모호했다. 수년이 지난 일이어서 그는 언제 아이히만과 대화를 했는지를 기억하지 못했고, 또 더욱 심각한 것은 어떤 주제로 대화를 나누었는지도 기억하지 못했다. 그가 분명히 기억하는 거라고는 유월절을 지키기 위해 헝가리로 누룩을 쓰지 않은 빵을 운송할 수 있도록 허가를 요청한 적이 있었다는 것과 또 자기의 기독교인 친구들에게 상황이 얼마나 위험한지 말하고 이주의 기회를 더 많이 주도록 재촉하기 위해서 전쟁 기간에 스위스를 여행했다는 것뿐이었다. (그 협상은 최종 해결책이 시행되기 전에 일어났음이 분명한데, 그 시기는 힘러가 모든 이주를 금지하는 포고를 내린 때와 일치하기 때문이다. 이 일은 러시아 침공 전에 일어났던 것 같다.) 그는 누룩을 쓰지 않은 빵을 스위스로 안전하게 가지고 갔다가 돌아올 수 있었다. 그에게 어려움이 발생하기 시작한 것은 나중에 이송이 시작되었을 때였다. 그뤼버 감독과 그의 개신교 목사들 집단이 처음에 개입한 것은 단지 "제1차 세계대전 때 부상당한 사람들과 고급 무공훈장을 받은 사람들을 위해서, 노인을 위해서, 그리고 제1차 세계대전 때 미망인들을 위해서였다." 이 범주들은 원래 나치스가 스스로 예외로 제외한 자들이었다. 그런데 그뤼버는 자신의 활동이 "정부 정책에 정면으로 어긋난다"는 말을 듣게 된 것이다. 그러나 어떠한 심각한 일도 그에게 일어나지 않았다. 그러나 이 일이 있은 직후 그뤼버 감독은 정말 특별한 일을 했다. 그는 남부 프랑스에 있는 구어스(Gurs) 집단수용소에 가려고 했는데, 그곳은 비시 정부5)가 독일계 유대인 난민들과 함께 바덴과 자르팔츠 출신 유대인 약 7,500명을 수용하고 있었다. 이 유대인은 아이히만이 1940년 가을에 독일-프랑스 국경 너머로 몰래 내보낸 사람들이며, 또한 그뤼버 감독의 정보에 따르면 폴란드로 이송된 유대인보다 훨씬 더 가난한 사람들이었다. 이러한 시도의 결과 그는 체포되어 집단수용소(처음에는 작센하우젠에 있는 수용소, 나중에는 다카우에 있는 수용소)에 수용되었다. (이와 비슷한 운명이 베를린에 있는 성 헤드비히 대성당의 가톨릭 사제이자 주교좌성당 참사회장이었던 베르나르트 리히텐베르크에게도 다가왔다. 그는 용감하게 영세를 받건 받지 않았건 상관없이 모든 유대인을 위해 공공연히 기도를 했다. 이는 '특별한 경우'에 관여하는 것보다 훨씬 더 위험한 일이었다. 그뿐 아니라 그는 유대인이 동부지역으로 옮겨갈 때 그들과 함께할 수 있게 해달라고 요구했다. 그는 집단수용소로 가던 도중에 사망했다.)

'또 다른 독일'의 존재에 대해 증언한 것 외에 그뤼버 감독은 이 재판의 법적 또는 역사적 중요성에 대해 별로 기여하지 못했다. 그는 아이히만에 대해 "얼음덩어리"같다든가 "대리석" "농노와 같은 천성을 가진 사람" "자전거 타는 사람"(요즈음 독일어 속어로 자기 상관에게는 아부하고 부하는 천대하는 사람을 가리키는 말)과 같이 아주 적절한 판단을 많이 했지만 이 가운데 어느 것도 그뤼버 감독을 특별히 훌륭한 심리학자처럼 보이게 하지는 않았다. 게다가 "자전거 타는 사람"이라는 비판은 아이히만이 자기 부하들에 대해 다소 정중한 태도를 보였다는 증거들과 모순되기도 한다. 여하튼 이런 것들은 어떤 법정 기록으로부터도 정상적으로 끄집어낼 수 있는 해석이자 결론이었다. 물론 예루살렘에서는 그러한 것들도 판결문에 참조가 되었지만 말이다. 이런 것들이 없었더라면 그뤼버 감독의 증언은 피고 측의 입장을 강화시켰을 것이다. 왜냐하면 아이히만은 그뤼버에게 결코 직접적인 대답을 하

---

5) 제2차 세계대전 기간에 독일이 프랑스에 세운 꼭두각시 정부를 말한다.

지는 않았고, 그뤼버 감독이 다른 지시를 요구했을 때에 아이히만은 그에게 항상 다시 오라고만 말했기 때문이다. 보다 중요한 것은 세르바티우스 박사가 한 차례 심문하면서 증인에게 한 다음과 같은 아주 적절한 질문이었다. "당신은 그에게 영향력을 주려고 애써보았습니까? 목사로서 당신은 그의 감정에 호소하고, 그에게 설교하고, 그에게 그의 행위가 도덕성에 모순된다고 말하려고 시도해보았습니까?" 물론 아주 용감한 이 감독은 그런 종류의 일은 하나도 하지 않았다. 그리고 그의 지금 대답은 아주 당혹스러운 것이었다. 그는 "행동이 말보다 더 효과적입니다" 또 "말해보았자 쓸데없었을 것입니다"라고 대답했다. 그는 이 상황이 담고 있는 현실과 무관한 상투적인 말로 대답했다. 여기서 '단순한 말' 자체가 행동이었을 수가 있고, 또 아마도 '말이 쓸데가 있는지 없는지'를 시험해보는 것이 목사의 의무였을 것이다.

　세르바티우스 박사의 질문보다 더 적절한 것은 아이히만이 이 일에 대해 마지막 진술에서 한 말이었다. 그는 다음과 같이 반복했다. "그 누구도 제게 와서 제가 의무를 수행하면서 한 어떤 일에 대해서 저를 책망한 적이 없었습니다. 그뤼버 감독조차도 그렇게 했다고 주장 못하지 않습니까." 그리고 그는 덧붙였다. "그는 제게 와서 고통을 줄일 방도를 찾았습니다만 실제로 제가 그러한 직무를 수행하는 것 자체를 반대하지는 않았습니다." 그뤼버 감독의 증언에 따르면 그가 추구한 것은 '고통을 줄이는 것'이라기보다는 이미 나치스가 인정한 기존의 범주들에 따라 고통을 없애는 것이었다. 그 범주들은 애초부터 독일계 유대인에 의해 저항 없이 받아들여진 것이었다. 그리고 특권적 범주(폴란드계 유대인과 구별하여 독일계 유대인으로서, 일반적인 유대인과 구별하여 참전용사요 훈장 받은 유대인으로서, 최근에 귀화한 시민과 구별하여 독일 태생의 선조를 가진 가족들로서 등등)를 수용함으로써 존경받는 유대인 사회의 도덕적 붕괴는 시작되었다. (오늘날 그런 문제들이 마치 재난이 임박했을 때 모든 사람들로 하여금 자신의 품위를 상실시키는 어떤 인간 본질의 법칙이 존재하는 것처럼 종종 다루어진다는 사실을 고려해본다면, 우리는 이와 동일한 특권을 자신의 정부로부터 제안받았을 때 다음과 같이 대답한 프랑스 유대인 참전 용사의 태도를 회상해볼 수 있겠다. "우리는 과거의 공직자라는 우리의 지위에서 나오는 어떠한 예외적 혜택들도 거부한다는 것을 엄숙히 선언합니다."*) 말할 필요 없이 나치스 자신들은 이러한 구별을 진지하게 간주하지 않았다. 왜냐하면 그들에게는 유대인은 유대인일 뿐이었다. 그런데 이 범주들은 끝까지 어떤 기능을 담당했는데, 왜냐하면 이 범주가 있음으로 해서 독일인들 사이에 발생할 어떤 불편함을 잠재우는 데 도움이 되었기 때문이다. 폴란드계 유대인만 이송된다거나, 징집 기피자만 대상이라거나 하는 식이었다. 자신의 눈을 감지 않으려 한 자들에게 "일반적 규칙을 보다 쉽게 유지할 수 있기 위해서는 어떤 예외들을 허용하는 것이 일반적 관습이다"**는 것은 처음부터 명백했음이 분명하다.

이러한 특권적 범주들을 수용하는 것이 도덕적으로 보면 아주 재앙적이라고 할 수 있는 것은 '예외'기를 요구하는 모든 사람들이 자기 일을 추구하는 가운데 이 규칙을 함축적으로 인정하고 있다는 점이다. 유대인이건 이방인이건 특별 취급을 요구할 수 있는 '특별 케이스'에 대해 관심을 쓰느라 바빴던 이들 '선한 사람들'은 이 점을 결코 파악하지 못했음이 명백하다. 유대인 희생자들조차도 어느 정도로 최종 해결책의 기준들을 받아들였는가 하는 것을 이른바 카스트너 리포트***라는 것보다 더 명확하게 나타낸 것은 없다. 전쟁이 끝난 후에도 카스트너는 자기가 1942년에 나치스에 의해 공식적으로 도입된 범주인 '저명한 유대인'을 성공적으로 구출한 것에 자부심을 느꼈는데, 이는 마치 자신의 관점에서는 역시 유명한 유대인이 일반적인 유대인보다 살아 있어야

---

* *American Jewish Yearbook*, 1945.

** "Jews and Non-Jews in Nazi-Occupied Holland"라는 계몽적인 논문에서 Louis de Jong이 사용한 표현이다.

*** Rudolf Kastner, *Der Kastner-Bericht über Eichmanns Manschenhandel in Ungarn*, 1961.

할 이유가 더 많은 것은 당연하다고 생각한 것 같았다. 그러한 '책임'(나치스가 '유명한' 사람들을 익명의 대중에서 뽑아내려고 노력하는 것을 돕는 것. 왜냐하면 이것이 그 규칙의 의미이므로)을 스스로 지는 것은 '죽는 것보다 더 큰 용기를 요구하는 것'이라고 그는 말했다. 그러나 '특별 케이스'를 요구한 유대인과 이방인들은 자신이 비자발적으로 공조하고 있음을 의식하지 못했다. 그것이 모든 특별하지 않은 케이스에 해당하는 사람들의 죽음을 의미하는 규칙에 대해 암묵적으로 인정하는 것임이 살인 업무에 가담한 사람들에게는 아주 명백했기 때문이다. 적어도 그들은 예외로 해달라는 요구를 받는 가운데, 그리고 때때로 예외를 인정해주고 그래서 감사를 받는 가운데, 자신이 하고 있는 일의 합법성을 그 반대자들에게 확인시켜주고 있었다고 느꼈음이 분명하다.

게다가 그뤼버 감독과 예루살렘 법정은 정권의 반대자들만이 예외에 대한 요구를 처음으로 주장했다고 추정한 점에서 아주 잘못되어 있었다. 그와는 반대로 하이드리히가 반제회의에서 명백히 주장한 것처럼, 테레지엔슈타트를 특권적 범주에 대항하는 사람들을 위한 게토로 만든 것은 모든 측면으로부터 많은 협의를 한 결과로 나온 것이었다. 테레지엔슈타트는 나중에 해외에서 온 방문객들에게 보여주는 장소가 되었고 외부 세계 사람들을 속이는 데 기여했지만 이것이 그의 원래의 존재 이유는 아니었다. 이 '낙원'(아이히만이 적절히 언급한 것처럼, 이곳과 다른 수용소는 낮과 밤처럼 달랐다)에서 정기적으로 일어났던 끔찍한 살빼기 과정은 필수적이었는데 왜냐하면 그곳에서는 모든 특권층에게 충분한 공간을 결코 줄 수 없었기 때문이다. 또한 우리는 제국중앙보안본부의 부장 에른스트 칼텐브루너가 내린 지시에서 알 수 있는 것처럼, "외부 세계와 연관이 있거나 중요한 인물을 아는 유대인을 이송시키지 않도록 각별한 주의를 기울이라고" 했기 때문이다. 다른 말로 하면 동부지역에서 사라져버릴 경우 불편한 조사를 받게 될 사람들을 위해 덜 '저명한' 유대인은 항상 희생되었다. '외부 세계에 있는 아는 사람'

이 반드시 독일 외부에 거주하는 사람일 필요는 없었다. 힘러에 따르면 "8,000만 명의 선한 독일인이 존재하며, 그들 각각은 훌륭한 유대인을 알고 있었다. 분명한 것은 다른 사람들은 돼지들이지만, 이 특정한 유대인은 일등급이다."* 히틀러는 340명의 '일등급 유대인'을 알고 있었다고 한다. 그는 이들 모두에게 독일인의 지위를 부여하거나 반쪽 유대인의 특권을 부여했다고 한다. 수천 명의 반쪽 유대인은 모든 제약을 면제받았는데, 이것이 친위대 내에서의 하이드리히의 역할과 괴링의 공군부대 원수인 에르하르트 밀히의 역할을 설명해준다. 하이드리히와 밀히가 반쪽 유대인이라는 것은 일반적으로 알려져 있었기 때문이다. (주요 전범들 가운데 오직 두 사람만이 죽기 전에 참회를 했다. 체코 애국자들에 의해 입은 상처로 죽기까지 걸린 9일 동안 하이드리히가 참회를 했고, 한스 프랑크는 뉘른베르크 사형수 감방에서 참회했다. 이는 불유쾌한 사실인데, 왜냐하면 하이드리히가 참회한 것은 살인이 아니라 자기 민족을 배신한 사실이었다고 의심해보지 않을 수 없기 때문이다. 만일 '저명한' 유대인을 위한 개입이 '저명한' 사람들에 의해 이루어졌다면 그 경우는 종종 상당한 성공을 거두었다. 히틀러의 가장 열렬한 신봉자 중 한 사람이었던 스벤 헤딘은 저명한 지리학자인 본 출신의 필리프존 교수를 위해 개입했는데, 그는 "테레지엔슈타트에서 형편없는 조건 속에서 살고 있었다." 히틀러에게 보내는 편지에서 헤딘은 "독일에 대한 자신의 태도는 필리프존의 운명에 달려 있을 것이다"라고 협박했는데, 이에 따라 (H.G. 아들러의 테레지엔슈타트에 대한 저술에 따르면) 필리프존 교수는 즉각 보다 나은 막사를 배정받았다.

오늘날 독일에서는 '저명한' 유대인에 대한 이러한 생각이 아직도 잊히지 않고 있다. 참전용사들과 다른 특권 계층들에 대해서는 더 이상 언급되지 않지만, 다른 모든 사람들의 죽음에도 불구하고 여전히 '유명한' 유대인의 운명이 애도되고 있다. 어린 한스 콘이 비록 천재는 아

---

* Hilberg.

니지만 그를 전쟁이 끝날 무렵 살해한 것은 더욱 큰 죄악임을 깨닫지 못한 채, 독일이 아인슈타인을 이주시킨 것을 아직도 공공연히 후회하는 사람들이 특히 문화적 엘리트들 가운데 적지 않다.

제8장

법을 준수하는 시민의 의무

이처럼 아이히만이 본디오 빌라도처럼 느낄 수 있었던 기회는 많았지만, 달이 가고 해가 가면서 그는 무엇이든 느낄 필요를 상실하게 되었다. 일은 이런 식으로 진행되었고, 이것이 총통의 명령에 기초한 이 땅의 새로운 법이었다. 그가 행한 모든 일은 그가 법을 준수하는 시민으로서 인식한 만큼 행동한 것이었다. 그는 경찰과 법정에서 계속 반복해서 말한 것처럼 의무를 준수했다. 그는 **명령**을 지켰을 뿐만 아니라 **법**을 지키기도 했다. 아이히만은 이러한 구별이 중요하다는 것을 흐릿하게나마 알고 있었으나, 피고 측도 판사도 이 문제에 대해 그를 심문하지 않았다. '상부의 명령' 대 '국가적 행위'라는 낡아빠진 구절이 끝없이 오갔을 뿐이었다. 이 구절들은 뉘른베르크 재판 기간 동안 이러한 문제들을 다루는 토론 전체를 지배했다. 이는 전례가 전혀 없는 일에 대해 마치 전례가 존재하며, 또 그 전례에 속한 기준에 따라 재판이 가능하다는 환상을 주었기 때문이었다. 다소 온건한 성격을 지닌 아이히만은, 법정에서 이러한 견해들에 분명히 도전을 하고 자신의 견해를 제안할 만한 사람이 결코 아니었다. 그가 법을 준수하는 시민의 의무라고 생각한 바를 수행한 것 외에도 그는 명령에 따라 (항상 '보호받을 수 있도록' 아주 조심스럽게) 행동했기 때문에 완전히 혼란에 빠지게 되었고, 그래서 맹목적인 복종, 또는 그가 '시체들의 복종'(Kadavergehorsam)이라고 불렀던 미덕과 악덕을 차례로 강조하면서 끝냈다.

　본질에 있어서나 의도에 있어서 병사들이 명백히 범죄적인 명령을 수행해야 하는가에 대한 문제 이상으로 이 문제 전체와 연관된 것이 있는가에 대한 아이히만의 애매한 생각이 처음으로 나타난 것은 경찰심문이 진행될 때였다. 이때 그는 갑자기 자기가 전 생애에 걸쳐 칸트의 도덕 교훈, 특히 칸트의 의무에 대한 정의에 따라 살아왔다는 것을 아주 강조하며 선언하듯 말했다. 이것은 표면상 전혀 터무니없는 것이었고 또 이해할 수 없는 것이었는데, 왜냐하면 칸트의 도덕철학은 맹목적인 복종을 배제하는 인간의 판단 기능과 아주 밀접하게 결부되어 있기 때문이다. 심문관은 이 점에 집중하지 않았지만, 라베 판사는 호기심에서였는지 아니면 아이히만이 자신의 범죄와 연관하여 감히 칸트의 이름을 거론한 데 대해 분개해서였는지 간에 피고에게 질문하기로 결심했다. 그런데 모든 사람이 놀랍게도 아이히만은 정언명법에 대한 거의 정확한 정의를 다음과 같이 말했다. "칸트에 대해 언급하면서 제가 말하려 한 것은, 나의 의지의 원칙이 항상 일반적 법의 원칙이 될 수 있도록 해야 한다는 것입니다." (이것은 도둑질이나 살인에는 적용될 수 없다. 왜냐하면 예컨대 도둑이나 살인자도 다른 사람에게 자신의 물건을 훔치거나 자신을 죽이는 권리를 부여하는 법적 체계에서 살아가기를 의식적으로 바랄 수는 없기 때문이다.) 계속되는 질문에 대해 그는 칸트의 『실천이성비판』을 읽었노라고 대답했다. 그러고는 계속해서 자신이 최종 해결책을 수행하라는 명령을 받은 순간부터 칸트의 원리들을 더 이상 따르지 않았으며, 그리고 자기도 그 점을 알고 있었고, 또 그는 자기가 더 이상 '자기 행위의 주인이 아니'라는 생각과 '어떤 것도 변경시킬 수' 없다는 생각으로 자신을 위로했다고 설명했다. 그가 법정에서 지적하지 못한 것은 이제 그 자신이 그렇게 부르기 시작한 것처럼 이 같은 '국가에 의해 합법화된 범죄의 시대'에는 칸트의 정식이 더 이상 적용 가능하지 않으므로 기각했을 뿐만 아니라 그것을 왜곡하여 읽었던 것이다. 즉 당신의 행동의 원칙이 이 땅의 법의 제정자의 원칙과 동일한 한에서 행위하라라든가, (또는 한스 프랑크의 '제3제국에서의 정언명법'의 정식화처럼) "만일 총통이 당신의 행위를 안다면 승인할 그러한 방식으로 행위하라"*라는 식으로 말이다. 칸트는 분명히 이런 종류의 어떤 것도 말할 의도를 갖지 않았다. 반대로 그에게는 모든 사람이 행위를 시작하는 그 순간 입법자다. 인간이 자신의 '실천이성'을 사용하여 법의 원칙이 될 수 있고 또 되어야 하는 원칙들을 발견한다. 그런데 아이히만의 무의식적 왜곡은 그 자신이 '어린아이가 가정에서 사용할' 칸트라고 불렀던 것과 일치한다. 이러한 가정적으로 사용하는 가운데 남게 되는 칸트적 정신이란, 인간은 법에 대한 복종 이상을 행해야 한다는 요구, 단순한 복종의 요구를 넘어서서 법의 배후에 있는 원리(법이 발생하는 원천)와 자신의 의지를 일치시켜야 한다는 요구뿐이다. 칸트의 철학에서 그 원천은 실천이성이었다. 아이히만이 말하는 칸트의 가정적 사용에서 그 원천은 총통의 의지였다. 최종 해결책의 수행에서 보인 끔찍이 공들인 철저함(보통 관찰자들에게 전형적으로 독일적이라고, 또는 완벽한 관료의 전형이라고 보인 철저함)의 대부분은 사실상 독일에서는 아주 일반화된 이상한 관념, 즉 법을 준수한다는 것은 단순히 법을 따를 것이 아니라 자기가 따르는 법의 제정자인 것처럼 행위하는 것을 의미한다는 이상한 관념으로 그 근원이 추적될 수 있다. 그래서 의무의 부름을 넘어서 나아가는 것이라야 충분하다는 신념이 나온 것이다.

독일에서 '어린아이의' 정신 상태를 형성하는 데 칸트의 역할이 무엇이든 간에 한 가지 사실, 즉 법은 법이고 예외는 없다는 점에서 아이히만이 칸트의 교훈을 따랐던 것만은 의심의 여지가 없다. '8,000만 독일인들'이 '품위 있는 유대인'을 갖고 있었던 시절에 아이히만이 오직 두 번의 그러한 예외를 승인했다는 것을 예루살렘에서 인정했다. 그는 반쪽 유대인인 자신의 조카를, 또 자기 삼촌의 개입에 따라 빈에

---

* Hans Frank, *Die Technik des Staates*, 1942, pp.15~16.

서 한 유대인 부부를 도와주었다. 이러한 불일치는 여전히 그를 다소 불편하게 만들어 공개 심문 때 여기에 대한 질문을 받고, 그는 공공연히 변명조가 되어 자신의 상관에게 "자기의 죄를 고백했다"고 말했다. 자신의 살인적 의무의 수행에 대한 이러한 비타협적인 태도가 판사의 눈에는 그 무엇보다도 더 그의 죄를 확정짓는 것으로 이해할 만했다. 그러나 아이히만의 눈에는 이것이 분명히 그를 정당화시키는 것이며, 이는 그가 남겨놓은 양심이 있다면 그것이 무엇이건 간에 그것을 한때 침묵시켰던 것이기도 했다. 어떠한 예외도 없다는 것, 그것은 그가 자신의 '성향'과 다르게 항상 행동했다는 증거였다. 그 성향이 감성적이었건 또는 이익에 의해 고무된 것이었건 그는 항상 그의 '의무'를 다한 것이다.

자기의 '의무'를 수행한 것이 결국 그를 자신의 상관이 내린 명령과 공개적으로 충돌하게 되었다. 전쟁 마지막 해, 반제회의가 있은 지 2년 이상이 지난 뒤 그는 자신의 양심의 마지막 위기를 경험했다. 패배가 다가옴에 따라 그는 점점 더 집요하게 예외를 요구했고 또 결국에는 최종 해결책의 중지를 요구하며 싸운 자기 동급의 사람들과 충돌하게 되었다. 이때는 그의 조심성이 무너지고 한 번 더 주도권을 갖기 시작한 때였다. 예를 들어, 그는 연합군의 폭격 때문에 수송 체계가 파괴되었을 때 유대인을 부다페스트에서 오스트리아 국경까지 걸어서 행진하게 했다. 때는 1944년 가을이었고, 아이히만은 힘러가 아우슈비츠의 학살 시설들을 철거하라고 명령해서 게임이 끝났다는 것을 알았다. 대략 이 시기쯤에 아이히만은 힘러와 가진 사적인 인터뷰 중 어떤 인터뷰에서 힘러가 그에게 소리를 질렀다고 전해진다. "만일 이제까지 자네는 유대인을 없애는 데 분주했지만, 이제부터는 내가 명령을 내리는데 자네가 마치 보모처럼 유대인을 잘 돌보느라 바쁘게 될걸세. 자네에게 상기시켜주고 싶은 것은 1933년에 제국중앙보안본부를 설립한 것은 (뮐러 소장도 아니고 자네도 아닌) 바로 나라는 사실이야. 여기서 명령을 내리는 사람은 바로 나야!" 이러한 말을 실제로 했는지를 입증할 유일한 증인은 아주 의심스런 인물인 쿠르트 베허 씨였다. 아이히만은 힘러가 자기에게 소리를 질렀다는 것을 부정했지만 그러한 인터뷰가 있었다는 것을 부정하지 않았다. 힘러가 그렇게 말한 것 같지는 않다. 그리고 그는 분명히 제국중앙보안본부가 1933년이 아니라 1939년에 설립되었다는 것을 알고 있었고 또 자신 혼자가 아니라 하이드리히의 묵인하에 설립되었다는 것을 알고 있었다. 하지만 그런 종류의 일이 분명히 일어났다. 당시 힘러는 유대인을 잘 대우하라는 제대로 된 명령을 내렸다. 이것은 그의 '가장 안전한 투자'였다. 그리고 그것이 아이히만에게는 자신을 완전히 산산조각 내는 경험이었음이 분명했다.

아이히만에게 다가온 마지막 양심의 위기는 1944년 3월에 있었던 헝가리로 가는 임무와 함께 시작되었는데, 이때는 붉은군대가 카파치아 산맥을 지나 헝가리 국경을 향해 움직이고 있었다. 헝가리는 1941년에 히틀러 편에 서서 전쟁에 참전했는데, 그 이유는 다름 아니라 이웃하고 있는 나라 슬로바키아, 루마니아, 유고슬라비아로부터 얼마간의 영토를 더 얻으려는 속셈 때문이었다. 헝가리 정부는 그 이전부터 반유대주의를 공공연히 표명했는데, 이제는 새로이 획득한 영역에서 모든 무국적 상태의 유대인을 이송하기 시작했다. (거의 모든 나라에서 반유대적 행위는 무국적자부터 시작했다.) 이것은 최종 해결책과 전적으로 무관한 것이었고, 사실상 그 당시 유럽에서 '서에서 동까지 샅샅이 뒤지'려는 세부 계획을 준비하고 있었는데 이 계획과도 맞지 않았다. 그래서 헝가리는 작전을 수행하는 데 우선순위에서 후순위로 다소 밀려 있었다. 무국적 유대인은 헝가리 경찰에 의해 러시아 인근지역으로 내몰렸고, 그 지역의 독일 점령 당국은 이들이 몰려오는 것에 반대했다. 헝가리인들은 육체노동이 가능한 수천 명의 사람들은 되돌아오게 하고 나머지는 독일 경찰대의 안내로 헝가리 군대가 학살하게 했다. 헝가리의 파시스트 통치자인 호르티 제독은 일을 더 이상 진행시키기를 원하지 않았다. 그러나 (아마도 무솔리니와 이탈리아 파시즘의 억압적 영향력 때문에) 그 중재기간에는 헝가리가 이탈리아와 다르지 않게 유대인의 천국이 되었는데, 심지어는 폴란드와 슬로바키아에서 온 난민들도 때때로 그곳으로 탈출하기도 했다. 지역 합병과 조금씩 들어오는 난민들 때문에 헝가리의 유대인 수는 전쟁 전의 약 50만에서 1944년에는 대략 80만으로 늘어났다. 이때 아이히만이 들어온 것이다.

오늘날 우리가 알고 있듯이, 헝가리로 새로 들어온 이 30만 명의 유대인의 안전은 망명을 제공하려는 헝가리의 열성 덕분이 아니라 이 한정된 수의 사람들을 위해 별도 행동을 취하는 것을 독일이 꺼려했기 때문이었다. 1942년 독일 외무성의 압력으로 헝가리는 모든 유대인 망명자들을 넘겨주겠다고 제안했다. 독일 우방국의 진실성에 대한 시금석이 전쟁의 승리에 얼마나 도움을 주는가에 달려 있지 않고 '유대인 문제의 해결'에 얼마나 도움을 주는가에 달려 있다는 점을 독일 외무성은 항상 명확히 했다. 외무성은 이것을 올바른 방향으로 나아가는 첫 번째 걸음으로 기꺼이 받아들였지만 아이히만은 거부했다. 기술적인 이유에서 그는 '헝가리가 헝가리계 유대인을 수용하도록 준비될 때까지 이러한 행동을 연기하는 것이 바람직하다'고 생각했다. 오직 한 범주의 유대인만을 위해서, 즉 '헝가리에서 유대인 문제를 해결하는 데 어떠한 진보도 이루지 못한 채' '전 소개 체제를 가동하는 것'은 너무나 비용이 많이 들 것이라는 이유에서였다. 1944년 당시 헝가리는 '준비가 되어 있었는데,' 왜냐하면 3월 19일에 독일 육군 2개 사단이 이 나라를 점령했기 때문이었다. 그들과 함께 제국의 새로운 전권대사이자 외무성에 나가 있는 힘러의 대리인 친위대 대령 에드문트 베젠마이어 박사와, 고위층 친위대 요원이자 경찰지도자단, 따라서 힘러의 명령을 직접 받는 친위대 상급집단지휘관 오토 빙켈만이 도착했다. 이 나라에 도착한 세 번째 친위대 장교는 유대인 소개 및 이송 전문가인 아이히만이었고, 그는 제국중앙보안본부의 밀러와 칼텐브루너의 휘하에 있었다. 히틀러 자신은 이 세 장교의 도착이 의미하는 것이 무엇인지를 의심할 바없이 분명히 했다. 이 나라를 점령하기 전 한 유명한 인터뷰에서 그는 호르티에게 '헝가리는 아직도 유대인 문제를 해결하기 위한 필요한 조치들을 도입하지 않고 있다'고 말했고, 그에게 "유대인을 학살하지 못하도록"* 임무를 부여했다.

아이히만의 임무는 명백했다. 그의 모든 사무실은 모든 '필요한 조치들을' 취하도록 하기 위해 부다페스트로 옮겨졌다. (이것은 그의 이력을 중심으로 말하자면 '안착하는 것'이었다.) 그에게는 앞으로 일어날 일에 대한 어떠한 불길한 전조도 없었다. 그는 헝가리인들이 저항할 것에 대해 상당한 두려움을 갖고 있었는데, 이 문제가 발생하면 그로서는 해결할 수 없을 것이기 때문이었다. 그에게는 인력이 없었고 또 지역 상황에 대한 지식도 결여되어 있었다. 이러한 두려움은 완전한 기우였음이 드러났다. 헝가리의 헌병대 본부는 필요한 모든 일을 하는 데 아주 열정적이었고, 헝가리 내무성의 정치 (유대인) 문제를 담당하는 새로운 국무장관은 '유대인 문제에 아주 정통한' 사람이었으며, 따라서 아이히만이 자유로운 시간을 함께 보낼 수 있을 정도로 가까운 친구가 되었다. 모든 것은 그가 이 시절을 회상할 때마다 반복한 말처럼 '꿈처럼' 흘러갔다. 아무런 어려움이 없었다. 물론 자신의 명령과 자기의 새로운 친구들의 희망 사이에 약간의 사소한 차이점들을 어려움이라고 부르지 않는다면 말이다. 예를 들어, 붉은군대가 동부에서 서부로 이동함께 따라 그는 이 나라가 "동부에서 서부로 샅샅이 훑어 내리도록" 명령했다. 이것은 부다페스트의 유대인이 처음 수주일 또는 수개월 동안 소개되지 않을 것이라는 것을 의미했다. 이것은 유대인으로서는 상당히 유감스런 문제였는데, 왜냐하면 헝가리인들은 그들의 수도가 유대인이 없는 지역이 되기를 원한 것이다. (아이히만의 '꿈'은 유대인에게는 믿을 수 없을 정도의 악몽이었다. 다른 어떤 곳에서도 그토록 많은 사람들이 그토록 짧은 시간에 이송되어 처형된 적이 없었다.

---

* Hilberg.

2개월도 채 되지 않아 147량의 열차가 대당 100여 명씩, 43만 4,351명의 사람을 밀폐된 화물차에 싣고 이 나라의 서쪽으로 이송했는데, 아우슈비츠의 가스실도 이렇게 많은 수를 해결할 수는 없었다.

어려움은 다른 부분에서 나타났다. 이 세 사람을 제외한 어느 누구도 자신들이 '유대인 문제 해결'을 도와주라는 명문화된 명령을 받지 못했다. 이 세 사람은 각각 다른 집단에 속해 있었고 따라서 다른 명령 계통에 서 있었다. 기술적으로 말하면 빙켈만은 아이히만의 상관이었지만 고위층 친위대와 경찰 지도자는 아이히만이 속해 있던 제국중앙보안본부의 명령을 받지 않았다. 그리고 외무성 소속의 베젠마이어는 이 두 기관으로부터 독립해 있었다. 여하튼 아이히만은 이들 양자로부터 명령받기를 거부했고, 그들이 자기와 함께 있는 것에 대해 유감으로 생각했다. 그런데 최악의 어려움은 네 번째 사람으로부터 나왔는데, 그는 힘러가 상당수의 유대인, 그것도 중요한 경제적 지위를 아직도 누리고 있는 유대인이 머물고 있는 유일한 유럽 국가에 '특별 임무'를 주어 파견한 사람이었다. (헝가리에 있는 전부 11만 개의 점포들과 산업시설 가운데 4만 개가 유대인의 소유로 보고되었다.) 이 사람은 상급대대 지휘관으로서 나중에 연대 지휘관이 된 쿠르트 베허였다.

지금은 브레멘에서 유복한 상인이 되어 있는 아이히만의 숙적인 베허는 이상하게도 피고 측 증인으로 소환되었다. 그가 예루살렘으로 올 수 없는 것은 당연한 것이고, 그래서 그의 고향 집에서 심문을 받았다. 그의 증언은 기각되어야 하는데 왜냐하면 그는 나중에 선서를 통해 대답할 문제들에 대해 훨씬 전에 알게 되었기 때문이다. 아이히만과 베허가 서로 대면할 수 없었던 것은 사법적 이유에서뿐만 아니라도 상당히 유감스런 일이었다. 그 대면이 이루어졌더라면 '일반적 그림'의 또 다른 부분이 드러났을 것이고, 그것은 법적으로도 결코 부적절하지 않았을 것이다. 그 자신의 설명에 따르면 베허가 친위대에 가입한 이유는 "1932년부터 지금까지 그가 활발한 승마 활동을 했기 때문이었다." 30년 전 승마는 오직 유럽의 상류층만 즐길 수 있는 운동이었다. 1934년

216

에 한 교관이 그에게 친위대 기마 연대에 들어오라고 설득했는데, 이 부대는 당시 남자가 '운동'에 가담하기를 원한다면, 게다가 그의 사회적 지위에 맞는 존경을 받기 위해서라면 마땅히 해야 할 일로 간주되었다. (이것이 베허가 증언에서 승마를 강조한 이유 가운데 하나일 텐데, 이것은 결코 언급된 적이 없었다. 뉘른베르크 재판에서는 범죄조직 리스트에서 기마 친위대는 제외되어 있었다.) 전쟁기간에 베허는 전방에서 보병으로서가 아니라 무장 친위대로서 자신의 의무를 활발히 수행했는데, 그는 육군 사령부와 연결된 연합 장교였다. 그는 곧 전방을 떠나 친위대 인사부를 위해 말을 구입하는 주요 구매자가 되었는데, 이 일로 해서 그는 당시 받을 수 있는 거의 모든 훈장을 받았다.

베허는 자기가 헝가리로 파견된 것은 단지 친위대에 쓸 2만 필의 말을 구입하기 위해서라고 주장했다. 이것은 사실이 아닌 것 같다. 왜냐하면 그가 도착하자마자 즉시 거대한 유대인 기업체의 장들과 아주 성공적인 협상을 시작했다. 그와 힘러와의 관계는 돈독했고 그가 원할 때면 언제든지 그를 만날 수 있었다. 그의 '특별 임무'는 아주 분명했다. 그는 헝가리 정부의 등뒤에서 주요 유대인 사업체의 통제권을 얻으려고 했고, 그 대가로 그 소유주들을 이 나라 밖으로 자유롭게 나갈 수 있게 해주었을 뿐 아니라 외국환으로 상당한 액수를 갖게 해주었다. 그의 가장 중요한 거래는 3만 명의 직원을 거느린 거대 기업인 만프레드 바이스 철강회사와 한 거래였는데, 이 회사는 비행기, 트럭, 자전거에서 통조림, 핀, 바늘에 이르기까지 모든 것을 생산하는 회사였다. 그 협상 결과 바이스 가족 45명은 포르투갈로 이주시켰고 베허는 이 회사의 사장이 되었다. 아이히만은 이러한 추잡한 일(Shweinerei)을 들었을 때 분노했다. 이러한 거래는 헝가리인들과 좋은 관계를 맺기 위해 벌였던 그의 모든 타협들을 위험에 빠뜨렸다. 헝가리인들은 의당 유대인의 재산을 징발하여 자신이 소유하기를 기대했다. 그에게는 분노할 만한 이유가 있었는데, 왜냐하면 이러한 거래는 통상의 나치스 정책의 아주 관대한 태도와는 모순되는 것이었기 때문이다. 어느 나라에서도 유대인 문제를 해결하는 데 도움을 받기 위해서 독일인들은 유대인의 재산에서 아무것도 요구하지 않았고, 단지 유대인을 이송하고 처형하는 데 드는 비용만을 요구했다. 그리고 그 비용은 나라마다 달랐다. 슬로바키아에서는 유대인 한 사람당 300에서 500제국마르크를 지불하도록 요구했고, 크로아티아에서는 단지 30마르크를, 프랑스에서는 700마르크를, 그리고 벨기에에서는 250마르크를 요구했다. (실제로 돈을 지불한 곳은 크로아티아를 제외하고는 아무 곳도 없었던 것 같다.) 독일이 전쟁 막바지에 헝가리에서 물품으로 지불할 것을 요구했다. 이송될 유대인이 소비할 음식의 양만큼 제국으로 식품을 수송할 것을 요구한 것이다.

바이스 사건은 단지 시작에 불과했고, 아이히만의 관점에서 보기에는 사태가 상당히 악화되어가고 있었다. 베허는 타고난 사업가여서, 아이히만이 겨우 조직과 행정의 막대한 업무만을 본 곳에서 베허는 거의 무제한의 돈을 벌 가능성을 보았다. 그가 하는 일에 유일하게 방해가 된 것은 자신의 직업을 신중하게 받아들이는 아이히만과 같은 종속적 인물의 협소한 심성이었다. 자신의 계획에 따라 돌격대장 베허는 곧 루돌프 카스트너 박사의 구출 노력에 적극적으로 협조하게 되었다. (뉘른베르크에서 베허가 나중에 자유를 얻게 된 것은 자신의 편에서 도와준 카스트너의 증언 덕분이었다. 오랜 시온주의자였던 카스트너는 종전 후 이스라엘로 이주해왔는데, 거기서 친위대와 협력한 사실이 한 언론인에 의해 기사화될 때까지 고위직에 앉아 있었다. 그 언론 기사에 대해 그는 명예훼손혐의로 해당 언론인을 고발했다. 뉘른베르크에서는 자신의 문제에 대한 그의 증언이 중요하게 취급되었다. 이 문제가 예루살렘 지방법원에서 다루어졌을 때 아이히만 재판을 담당한 세 명의 판사 가운데 한 명인 할레비 판사가 카스트너에게 "악마에게 자신의 영혼을 팔았다"라는 말을 했다. 1957년 3월 그의 사건이 이스라엘 대법원에 항소되기 직전 카스트너는 살해되었다. 그를 살해한 사람들 가운데 헝가리 출신은 아무도 없는 것 같았다. 하급심 평결에 뒤이은

청문회에서 하급심의 평결은 취소되었고 카스트너는 완전히 복권되었다.) 베허가 카스트너와 맺은 거래는 기업 실력자들과의 복잡한 협상보다 훨씬 단순한 것이었다. 협상은 구출될 유대인 각각에 대해 생명값을 정하는 것으로 이루어졌다. 그 값을 놓고 상당히 옥신각신했고, 어느 순간에는 아이히만도 예비 토론의 일부에 가담한 것 같다. 과연 그답게 그가 제시한 가격은 최하로, 유대인 한 명당 200달러밖에 되지 않았다. 물론 이것은 그가 더 많은 유대인을 구하기 위해서가 아니라 단지 크게 생각하는 데 익숙하지 않았기 때문이었을 뿐이다. 결국 최종가격은 1,000달러였고, 카스트너 가족을 포함한 1,684명의 유대인 집단이 실제로 헝가리를 떠나 베르겐벨젠에 있는 임시 수용소로 이동해서 거기서 그들은 마침내 스위스에 도착하게 되었다. 베허와 힘러가 각종 물품을 구입하기 위해 미국 공동유통위원회로부터 2,000만 스위스프랑을 얻으려고 시도한 유사한 거래로 인해 모든 사람이 러시아가 헝가리를 해방시킬 때까지 다 분주하게 뛰어다녔지만 아무런 소득이 없었다.

베허의 활동은 힘러의 완전한 승인하에 이루어졌고, 또한 아이히만의 제국중앙보안본부 내의 직속상관인 뮐러와 칼텐브루너를 통해 아이히만에게 전달된 이전의 '철저한' 명령들과는 아마도 정면으로 대립했을 것이라는 데 의심의 여지가 없다. 아이히만의 관점에서 보자면 베허와 같은 사람들은 부패했지만 그러한 부패상이 아이히만의 양심의위기를 조장했을 것 같지는 않다. 왜냐하면 그는 비록 이러한 유혹에는잘 넘어가지 않은 것이 분명하지만 그 당시까지 수년 동안 그는 부패에둘러싸여 지냈을 것이기 때문이다. 그의 친구이자 부하인 디터 비슬리케니 총돌격대장이 벌써 1942년에 브라티슬라바에 있는 유대인 구호위원회로부터 슬로바키아에서 오는 이송을 지연시키는 대가로 5만 달러를 받은 것을 몰랐다고 생각하기는 전혀 불가능한 것은 아니지만 어려운 일이다. 그러나 1942년 가을에 힘러가 새로운 친위대 대원을 모집하는 데 필요한 충분한 외화를 얻기 위해 슬로바키아 유대인에게 출국 허가서를 판매하려고 한 사실을 아이히만이 모르지는 않았을 것이다. 그런데 1944년 헝가리에서는 힘러가 '사업'에 관여한 것이 아니라 사업이 이제는 공식적 정책이 되었다는 점에서 달랐다. 그것은 더 이상 부패의 문제가 아니었다.

처음에 아이히만은 게임에 참여하여 새로운 규칙에 따라 게임을 하려고 시도했다. 그것은 그가 환상적인 '핏값으로 물건 사기' 협상(망해가는 독일 군대를 위해 1만 대의 트럭당 100만 명의 유대인)에 관여했을 때의 일이었다. 이 일은 분명 그가 시작한 일은 아니었다. 예루살렘에서 이 문제에 대해 자기의 역할을 설명한 방식이 한때 그가 이 일을 스스로에게 어떻게 정당화했는가를 분명히 보여준다. 즉 이주 사업에 중요한 새로운 역할을 더해주는 추가적 이익을 그에게 가져다주는 군사적 필요에서였다. 그가 스스로 결코 인정하지 않은 부분은, 매일같이 모든 편에 부여되는 산더미 같은 난제들로 인해 만일 그가 자신의 주위에서 계속되는 새로운 권력을 위한 경주 가운데 어떤 발판을 발견하지 못한다면 곧 일자리를 잃게 될 것이라는 점(사실 이 일은 수개월 후에 일어났다)이었다. 교환 계획이 실패로 끝날 것이 확실해질 무렵, 힘러가 주로 히틀러의 물리적 공포에 따라 당연히 갖게 된 끊임없는 우유부단함에도 불구하고 (사업과 무관하게, 군사적 필요와도 무관하게, 그리고 독일에 평화를 가져올 자라는 자신의 미래의 역할에 대해 그가 날조한 환상을 제외하고는 이를 위해 보여준 것이 전혀 없었어도) 최종 해결책을 전부 마치기로 결심한 것은 이미 알려진 대로다. 친위대의 '온건파'가 등장한 것이 이때였다. 이들은 자신들이 죽일 수 있는 수만큼의 사람들을 죽이지 않은 것을 입증할 수 있는 살인자가 멋진 알리바이를 가진 것이라고 믿을 만큼 아주 어리석은 사람들과 돈과 좋은 연줄이 또다시 최고로 중요하게 되는 때가 되면 '정상적 상태로' 돌아갈 수 있을 것이라고 예견할 만큼 아주 영악한 사람들로 이루어져 있었다.

아이히만은 결코 이러한 '온건파'에 가담하지 않았다. 그가 만일 거기에 가담하려 했다면 승낙이 되었을까 하는 문제는 의문의 여지가 있다. 그가 너무나 깊숙이 타협했다는 것뿐만 아니라, 유대인 지도층 인사들과의 지속적인 접촉으로 인해 너무나 잘 알려진 점도 있었다. 그는 이러한 잘 교육받은 중상류 계급의 '신사들'에 비해 너무나도 원시적이었기 때문에 이들에 대해서 그는 가장 극심한 유감을 끝까지 갖고 있었다. 그는 수백만 명의 사람들을 죽음으로 보내는 데 상당히 유능했지만, 그는 그 문제에 대해 자신의 기존의 '언어규칙' 없이 적절한 태도로 설명할 능력이 없었다. 그는 피고 측 변호인과는 달리 마구 말을 해댔다. 아이히만에 대한 변호인들의 사회적 우월감은 여러 차례 보였다. (세르바티우스의 보조인 디터 베흐텐브루흐 박사는 법정 밖에서 기자들과 만났다. 그는 카를 슈미트의 제자로 이 재판의 처음 몇 주일 동안 임석했으나 나중에 피고 측 증인에 대한 심문을 위해 독일로 갔다가 8월 첫 주에 다시 나타났다. 그는 아이히만의 범죄보다도 그가 고상한 취향도 없고 교육도 받지 못했다는 사실에 더 충격을 받은 듯했다. 그는 아이히만을 '조무라기'라고 부르며 "우리가 그를 어떻게 장애물을 넘도록 만드는지를 보아야 합니다"라고 말했다. 세르바티우스 자신도 재판 이전에 이미 자신의 의뢰인이 '평범한 우편배달부'의 성품이라고 단언하기도 했다.

힘러가 '온건'하게 되었을 때 그의 명령에 대해 아이히만은 가능한 만큼, 적어도 그가 직속상관에 의해 '비호'받고 있다고 느낄 정도로 사보타주했다. "아이히만이 어떻게 감히 힘러의 명령에 대해 고의적인 방해를 할 수 있었는가?"라고 카스트너가 비슬리케니에게 한 차례 물었다. 이 경우는 1944년 가을에 있었던 도보 이동을 막은 것을 말한다. 그런데 그 대답은 "그는 아마 어떤 전보를 내 보일 수 있었을 것이다. 뮐러와 칼텐브루너가 그를 비호했음이 틀림없다"는 것이었다. 붉은군대가 도착하기 전에 테레지엔슈타트에서 사람을 완전히 없애버리기 위한 어떤 혼란스런 계획을 가졌을 가능성이 높지만, 여기에 대해서는 디터 비슬리케니의 신빙성 없는 증언을 통해서만 알 뿐이다. (이 사람은 종전 수개월 전에, 아니 아마도 수년 전부터 아이히만을 이용하여 자신을 보호할 알리바이를 조심스럽게 준비하기 시작했다. 그리고 뉘른베르크 법정에서 이 알리바이를 써먹었는데, 거기서 그는 검찰 측 증인으로 나왔다. 그 알리바이는 그에게 전혀 도움이 되지 않았다. 왜냐하면 그는 체코슬로바키아로 인도되어 프라하에서 재판을 받고 처벌받았는데, 그곳에는 아무런 연줄도 없었고 또 자구책 마련에 사용할 돈도 없었기 때문이다.) 다른 증인들은 이것을 계획한 사람이 아이히만의 부하 가운데 한 사람인 롤프 귄터라고 주장했고, 그리고 또 한편으로 게토를 손대지 않은 채 두어야 한다는 아이히만의 문서 명령이 존재한다고 주장하기도 했다. 여하튼 사실상 모든 사람들이 완전히 '온건'하게 된 1945년 4월에도 아이히만은 유대인에 대한 힘러의 새로운 명령에 대해 바로 자신이 승인하지 않았다는 점을 기록에 남기도록 스위스 적십자사에서 파견 나온 M. 파울 두난트가 테레지엔슈타트를 방문한 기회를 이용하기도 했다.

따라서 아이히만이 최종 해결책을 정말로 최종이 되도록 하기 위해서 항상 최선을 다했다는 사실은 이론의 여지가 없었다. 단지 이것이 사실상 그의 광신, 즉 유대인에 대한 끝없는 증오를 입증하는 것인지, 그리고 자신은 항상 명령에 복종했을 뿐이라고 주장한 것이 경찰에게는 거짓말하고 또 법정에서 위증한 것인지의 여부가 문제였다. 판사들에게 이와는 다른 설명이 제시된 적은 없었다. 판사들은 피고를 이해하려고 열심히 노력했고, 그를 사려와 빛나는 진정한 인간성을 가지고 대했는데, 아이히만은 그전에는 살아오는 동안 이런 것을 접해보지 못했을 것이다. (베흐텐브루흐 박사는 기자들에게 아이히만이 '란다우 판사에 대한 깊은 신뢰'를 갖고 있으며 이는 마치 란다우가 일을 잘 가려줄 것으로 여기는 듯하다고 말하면서, 이러한 신뢰가 생긴 것은 아이히만이 권위를 필요로 하는 인물이기 때문이라고 했다. 그 기초가 무엇이건 간에 신뢰는 재판 기간 내내 명백하게 드러났고, 그 때문에 판결에 대해 아이히만은 아주 크게 '실망'하게 되었다. 그는 인간성을 부드러움으로 착각했다. 그들이 아이히만을 이해하는 데 결코 이르지 못했다는 것은 이들 세 사람이 '선'하다는 증거가 될 수 있고 또 자신의 직업에 대한 도덕적 기초에 대한 그들의 방해받지 않은 약간의 구식인 신념의 증거가 될 수 있다. 왜냐하면 이 문제에 관한 슬픈, 그리고 아주 불편한 진리는, 아이히만으로 하여금 종전 무렵 타협하지 않는 태도를 갖도록 만든 것은 그의 광신이 아니라 바로 그의 양심이라는 점이다. 마치 그 양심이 3년 전에는 그를 잠시 동안 반대 방향으로 움직이게 한 것처럼 말이다. 아이히만은 힘러의 명령이 총통의 명령과 정반대가 된다는 것을 알고 있었다. 이러한 이유에서 그는 사실상 세부사항을 알 필요가 없었는데, 그러한 세부사항들을 알았더라면 그의 입장이 더욱 강화되었을 것이다. 검사가 대법원 심리에서 강조한 것처럼, 히틀러가 트럭을 얻기 위해 유대인을 교환하는 협상에 대해 칼텐브루너로부터 들었을 때 "히틀러의 눈에는 힘러의 권위가 완전히 손상되었다." 힘러의 최근의 움직임을 감지하지 못한 것이 분명한 히틀러는, 힘러가 아우슈비츠에서 학살을 완전히 중지시키기 겨우 몇 주일 전에야 호르티 편으로 최후통첩을 보내 힘러에게 "부다페스트에서 유대인을 없애는 조치들을 헝가리 정부를 통해 지체됨이 없이 수행하라"고 말하도록 했다. 헝가리 유대인의 소개를 중지하라는 힘러의 명령이 부다페스트에 도달했을 때, 아이히만은 베젠마이어로부터 온 전문에 의거하여 "총통으로부터 온 새로운 결정을 요구하라"고 협박했는데, 이 전문에 대해 판결문에서는 '100명의 증인이 할 수 있는 것보다도 유죄를 더 입증하는' 것이라고 했다.

아이히만은 친위대 제국지휘관 겸 독일 경찰 수장이 이끄는 '온건파'에 대항한 싸움에서 패했다. 이 패배의 최초의 징후는 1945년 1월에 나타났는데, 이때 상급대대 지휘관 쿠르트 베허가 대령으로 승진했는데, 이 계급은 아이히만이 전쟁기간 내내 꿈꾸던 것이었다. (그의 신분에는 더 이상의 고위직이 가능하지 않았다는 그의 말은 반은 진실이다. 그는 제IV-B-4부의 책상 대신 제IV-B부의 부장이 될 수도 있었을 것이다. 그러고는 자동적으로 승진될 수도 있었을 것이다. 진실은 아마도 아이히만과 같은 사람이 계급을 따라 승진하는 데 전방이 아니라면 중령 이상은 허락되지 않는다는 것이다.) 바로 그 달에 헝가리는 해방되었고 아이히만은 베를린으로 소환되었다. 거기서 힘러는 그의 숙적 베허를 모든 강제수용소를 책임지는 제국특별위원으로 임명했는데, 아이히만은 '유대인 문제'를 다루는 직책에서, 그가 아무것도 모르는 '대교회 투쟁'을 담당하는 전적으로 무의미한 직책으로 전보되었다. 종전 직전 수개월 동안 이루어진 그의 신속한 몰락은 1945년 4월 그가 베를린 벙커에서 한 말, 즉 친위대는 더 이상 믿을 수 없다는 말이 어느 정도로 옳은 말인지를 가장 잘 말해준다.

예루살렘에서 히틀러와 총통의 명령에 대한 자신의 특별한 충성심을 입증하는 문서를 대면한 아이히만은 제3제국에서는 "총통의 말이 법적 효력을 가지고 있었다"는 것을 설명하기 위해 수차례 애를 썼다. 이것은 무엇보다도 만일 그 명령이 히틀러에게서 직접 내려온 것이라면 그것은 문서로 되어 있을 필요가 없다는 것을 의미했다. 그는 이것이 자기가 히틀러로부터 문서로 된 명령을 결코 요구하지 않은 이유였다고 설명하려 했다. (최종 해결책과 관련된 어떠한 문서도 발견된 적이 없었는데 아마도 그런 것은 결코 존재하지도 않았을는지 모른다.) 그러나 그는 힘러에게는 서면 명령을 보여달라고 요구했다. 분명한 것은 이것이 환상적인 사태였으며, 아주 '유식한' 사법적 코멘트를 담은 수많은 문헌이 이에 대해 쓰였는데, 이 모든 것은 총통의 말, 즉 그의 입에서 나온 말이 그 땅의 기본적 법이었다는 것을 증명하고 있었다. 이러한 '법적' 틀 안에서는 히틀러의 말을 적은 글이나 그 정신에 반하는 모든 명령은 정의상 불법적인 것이었다. 따라서 아이히만의 입장은 합법성에 대한 자신의 일상적 경험에 반하기 때문에 범죄적이라고 인식된 명령의 수행을 거부하면서 정상적인 법적 틀 내에서 행동하는, 빈번히 인용되는 병사의 입장과 아주 불편한 유사성을 보여준다. 이 주제에 대한 많은 문헌들은 통상 '법'이라는 단어가 가진 일반적으로 애매한 의미로 인해 이 경우를 지지한다. 이 맥락에서 이것은 때로는 그 국가의 법(수립된 실증법)을 의미하기도 하고 또 때로는 모든 사람의 마음 안에서 같은 목소리로 말한다고 생각되는 법을 의미하기도 한다. 그러나 실질적으로 말하면 명령에 불복종하는 것은 '명백히 불법적'인 것이 된다. 그리고 불법성은 (판결문에서 지적된 것처럼) "〔그들의〕머리 위에 휘날리는 검은 깃발처럼 '금지!'라고 쓰인 경고가 된다." 그런데 정상적인 상황에서는 범죄적 명령 위에서 합법적인 명령이 나부끼는 것처럼, 범죄적 정부에서는 이처럼 '경고'를 담은 '검은 기'가 정상적으로 (예컨대 유대인이라는 이유로 해서 무고한 사람을 죽여서는 안 된다는 것과 같은) 합법적인 명령 위에서 '분명히' 나부끼게 된다. 분명한 양심의 소리에 의존하는 것(또는 법률가의 보다 모호한 표현처럼, '일반적인 인류의 감정'에 의존하는 것)은 단지 선결문제의 오류를 범하는 것만이 아니다. 그것은 우리 시대의 핵심적인 도덕적, 법적, 정치적 현상들에 주목하기를 고의적으로 거부하는 것을 의미한다.

분명한 것은 아이히만의 행동을 결정하는 것이 이제는 힘러가 '범죄적' 명령을 내리고 있다는 그의 확신만이 아니었다는 점이다. 분명히 관계된 사적 요소는 광신이 아니라, (피고의 증인 가운데 한 사람이 그렇게 부른 것처럼) 그의 진정한 '히틀러에 대한 끝없고 과도한 경탄', '하사에서 제국의 총통이 된' 사람에 대한 경탄이었다. 독일이 이미 폐허가 된 때 그의 내면에서 히틀러에 대한 경탄과 제3제국의 법을 준수하는 시민으로 남기를 바라는 그의 결심 가운데 어느 것이 더 강했는가를 묻는 것은 무의미할 것이다. 전쟁이 끝나기 직전의 며칠 동안, 그는 베를린에 있으면서 그의 주위의 모든 사람들이 러시아인이나 미국인이 오기 전에 위조문서를 가지고 자기변호를 하려고 민감하게 움직이고 있는 모습을 격렬한 분노로 바라보았을 때, 위의 두 동기가 함께 한 차례 더 작동하고 있었다. 몇 주일 후 아이히만도 가명을 써서 여행을 시작했는데, 그때는 이미 히틀러가 죽었고 '이 땅의 법'은 더 이상 존재하지 않았다. 그리고 그가 지적한 대로 그는 더 이상 자신이 맹세에 구속받지 않았다. 친위대 요원으로서 한 맹세는 독일이 아니라 히틀러에 대해서만 구속력을 갖는다는 점에서 군인들이 한 군대의 맹세와 달랐다.

상당히 복잡하지만 결코 독특한 것은 아닌 아이히만의 양심의 문제는 독일 장성들의 경우와는 거의 견줄 수 없다. 그들 가운데 한 사람이 뉘른베르크에서 "당신들 모두와 같이 존경받을 만한 장성들이 그 같은 무조건적인 충성심을 가지고 살인자에게 계속적으로 봉사할 수 있었는가?"라는 질문을 받고, 다음과 같이 대답했다. "자신의 최고 명령권자에 대해 판단하는 행위는 병사들의 임무가 아니다. 그 일은 역사가들이나 하늘의 신이 하게 하라."(뉘른베르크에서 교수형을 당한 알프레트 요들 장군의 말이다.) 말하자면 교육도 제대로 받지 못하고 그렇게 지성적이지 않은 아이히만은 적어도 희미하게나마 그들 모두를 범죄자로 몰아간 것은 명령이 아니라 법이었다는 것을 알아차렸다. 명령과 총통의 말의 차이는 후자의 경우 타당성이 시간과 공간에 제한을 받지 않는 반면, 전자의 경우 그의 중요한 특징이 된다는 점이다. 이것은 또한 최종 해결책에 대한 총통의 명령에 이어 엄청난 양의 법규와 지시가 단지 행정가뿐만 아니라 전문 변호사와 법조인들에 의해 기초되어 쏟아져나온 것에 대한 이유가 된다. 일상적인 명령과는 대조적으로 이러한 명령은 법으로서 다루어졌다. 덧붙일 필요도 없이, 그에 따른 법적 부속물들은 단순한 독일의 학자적 현학이나 철저함이라는 단순한 증상과는 무관하게 이 모든 일에 합법성의 외관을 더하는 데 가장 효과적으로 기여했다.

문명화된 나라들의 법에서는 비록 인간의 자연적 욕구와 성향이 때때로 살인의 충동이라 하더라도 양심의 소리는 모든 사람들에게 "살인하지 말라"고 말한다고 추정하는 것과 마찬가지로, 히틀러의 땅의 법은 비록 살인이 대부분의 사람들의 정상적인 욕구와 성향에 반한다는 것을 대량학살 조직자가 아주 잘 알고 있다고 하더라도 양심의 소리가 모든 사람에게 "너는 살인할 지어다"라고 말하기를 요구한다. 제3제국의 악은 대부분의 사람들이 그 악을 인식하게 되는 특질(유혹이라는 특질)을 상실했다. 수많은 독일인들과 많은 나치스, 아마도 엄청난 수의 그들은 살인을 하지 않으려는, 도둑질하지 않으려는, 그들의 이웃이 죽음의 길로 가지 않도록 하려는(유대인은 그들이 알고 있는 운명의 장소로 이송되었기 때문. 비록 물론 그들 가운데 많은 사람들은 소름 끼치는 세부사항을 잘 알지는 못했겠지만), 그리고 그들로부터 이익을 취함으로써 이 모든 범죄의 공범자가 되지 않으려는 유혹을 분명히 받았을 것이다. 그러나 맙소사, 그들은 그러한 유혹에 어떻게 저항하는지를 배워버렸다.

제9장

제국으로부터의 이송: 독일, 오스트리아 및 보호국

아이히만이 본디오 빌라도처럼 느껴 자신이 무죄라는 의미에서 손을 씻었던 1942년 1월의 반제회의와 대량학살이 마치 유감스러운 실수일 뿐이었던 것처럼 히틀러의 등뒤에서 최종 해결책이 폐기된 1944년 여름과 가을 힘러의 명령이 내려졌던 그 사이에, 아이히만은 어떠한 양심 문제 때문에 번민하지 않았다. 세계대전 한가운데서, 그러나 그에게 더욱 중요한 '유대인 문제의 해결'로 바쁜 다양한 국가 및 당 사무실들 사이의 권위 영역에 대한 무수한 음모와 싸움의 한가운데에서, 그의 생각은 흔들리는 조직과 행정 문제로 완전히 가득 차 있었다. 그의 주된 경쟁자들은 고위층 친위대와 경찰 지도자였는데 이들은 힘러의 직접 명령을 받는 자들로 그와 쉽게 접촉할 수 있었으며 직책상 항상 아이히만을 능가했다. 그리고 새로운 국무차관이자 리벤트로프의 부하 마르틴 루터 박사의 지휘하에 있던 외무성은 유대인 문제에 아주 활동적인 역할을 하게 되었다. (루터는 1943년에 정교한 음모를 통해 리벤트로프를 축출하려고 시도했으나 실패하여 강제수용소에 수감되었다. 그의 후계자인 에버하르트 폰 타덴 공사관 참사관 아래에 있었고, 예루살렘 재판에서 피고 측 증인으로 나온 한 사람이 유대인 문제에 대한 자문인(Referent)이 되었다.) 그곳에서는 이따금씩 이송 명령이 내려와 그의 해외 대리인들로 하여금 수행하게 했는데, 이들은 특권을 이유로 고위층 친위대와 경찰 지도자들을 시켜 일하기를 선호했다. 게다가 동부 점령지에는 군 사령관들이 있었는데, 이들은 '즉석에서', 즉 사살을 통해 문제들을 해결하고자 했다. 한편 서부지역 국가들에서는 군인들이 항상 협조하기를 꺼려했고, 또 자신들의 군대를 차출하여 유대인의 수를 줄이거나 체포하기를 꺼려했다. 끝으로 지역 지도자들인 대지도관들이 있었는데 이들은 자기 지역이 최초로 유대인이 없는 지역이 되었다고 선포하기를 원했고, 그래서 때때로 독자적으로 이송 절차를 밟기도 했다.

"모든 사람들이 따로 명령을 내리고" 그것도 "기분 내키는 대로 해서", 그가 묘사한 것처럼 '완전한 혼란'에 빠진 상황에서 아이히만은 체계 있게 해보려고 모든 '노력들'을 조정해야 했다. 그리고 그의 사무실에서 운송 수단의 조정이 이루어졌기 때문에 그는 비록 결코 완전히는 아니지만 전체 과정에서 핵심적 지위를 획득하는 데 사실상 성공했다. (아우슈비츠가 위치한) 상부 실레지아 지역의 게슈타포 수장이자 나중에 덴마크 보안경찰의 수장이 된 루돌프 밀트너 박사에 따르면 이송 명령은 문서 형태로 힘러에게서 제국중앙보안본부의 수장 칼텐브루너에게 하달되었는데, 그는 제국중앙보안본부의 제IV부 게슈타포의 우두머리인 뮐러에게 전달했고, 뮐러는 다시 그 명령을 구두로 제IV-B-4부의 관계자, 즉 아이히만에게 구두로 전달했다. 힘러는 또한 명령을 지역 친위대 고위층과 경찰 지도자들에게 내리기도 했고 이에 따라 칼텐브루너에게 전달했다. 유대인 이송자들에게 어떻게 해야 하는지, 얼마나 많은 사람들이 처형되어야 하는지, 얼마나 많은 사람들을 사역시키기 위해 살려놓아야 하는지 등의 문제도 힘러가 결정했다. 이러한 문제들에 대한 그의 명령은 폴의 행정경제본부로 하달되었고, 거기서는 집단수용소 및 죽음의 수용소 검열관인 리하르트 글뤼크스에게로 전달하며, 그는 다시 수용소 사령관에게 전달했다. 검사는 뉘른베르크 재판에서 나온 이러한 문서들을 무시했다. 왜냐하면 이 문서들은 아이히만이 특별한 권력을 행사했다는 이론과 모순되기 때문이다. 피고 측은 밀트너의 진술서에 대해 언급했지만 큰 의도를 두고 한 것이 아니었다. 아이히만 자신은 '폴리아코프와 라이트링거와 상담한 후' 다양한 색으로 17개의 차트를 만들었는데 이것이 제3제국의 복잡한 관료 체계를 더 잘 이해시키지는 못했다. 그러나 그의 일반적인 진술("모든 것은 늘 항시적인 유동성 속에, 즉 계속 흐르는 강과 같은 상태로 있었다.")은 전체주의를 공부하는 학생에게는 그럴듯하게 보였는데, 학생들은 이런 형태의 정부에 단선적 특성이 있다는 것이 신화라는 것을 알고 있었다. 모든 점령지와 반독립국들에 있는 유대인 문제에 대해 자문을 해준 그의 부하들이 어떻게 그에게 "모든 행동이 전적으로 실행 가능하다"고 보고했는지, 그래서 그가 "나중에 승인되기도 하고 거부되기도 한 보고서들"을 어떻게 준비했는지, 그리고 뮐러가 어떻게 명령을 내렸는지를 아직도 희미하게 기억했다. "실질적으로 이것이 의미하는 바는 파리나 헤이그로부터 온 제안이 제국중앙보안본부의 승인받은 지시의 형태로 파리나 헤이그로 2주일 후면 나가게 된다는 것입니다." 아이히만의 입장은 거대한 체계 안의 가장 중요한 컨베이어 벨트의 입장이었다. 왜냐하면 얼마나 많은 유대인이 어떤 특정한 지역에서 이송될 수 있고 또 이송되어야 하는지에 대한 결정은 항상 그와 그의 부하에게 달려 있었기 때문이었다. 그리고 이 이동의 궁극 목적지가 밝혀지는 것은 그의 사무실에서였는데, 그래도 그 목적지를 그가 결정한 것은 아니었다. 그런데 출발과 도착을 종합적으로 운용하는 데의 어려움, 즉 철도 당국과 교통부로부터 충분한 기차를 확보하려는 다툼에 대한 염려, 적시에 유대인을 대기시켜 어떠한 기차도 '낭비되지' 않도록 하는 데 대한 염려, 체포한 자들을 실어 나르기 위해 점령국 또는 합병국 당국으로부터 도움을 얻는 일에 대한 염려, 그리고 각 나라마다 따로 설정되고 항상 변하는 유대인 분류법에 따라 서로 다르게 내려진 법과 지시를 따르는 일에 대한 끝없는 염려 등, 이 모든 염려는 일상적인 일이 되어버렸다. 그 상세한 내용에 대해서는 그가 예루살렘으로 압송되기 오래전에 잊어버렸다.

최종 해결책의 유일한, 외로운 설계자(음모는 결코 없었으며, 그런 것이 있었더라도 그 음모는 음모꾼을 별로 필요로 하지 않았으며 필요한 것은 더 많은 실행자들이었다)인 히틀러에게는 전쟁의 주요 목적들 가운데 하나일 뿐 아니라 경제적 군사적 고려사항들과 무관하게 제1순위로 실행하기를 요구한 것, 그리고 아이히만에게는 그의 직업이자 일상 활동을 통해 일이 잘 되고 못 되는 것을 겪은 것, 그것은 유대인에게는 그야말로 글자 그대로 세상의 끝이었다. 수백 년 동안 그들은 자신의 역사에 대해 그것이 옳든 그르든 간에 오랜 수난의 이야기로 이해하는 데 익숙해져왔다. 이것은 이 재판의 모두 연설에서 검사가 잘 기술한 것이다. 그런데 이러한 태도의 배후에는 '암 이슈라엘 하이'(Am Yisrael Chai), 즉 이스라엘 민족은 살게 될 것이라는 승리의 신념이 오랫동안 존재했다. 유대인 개인들, 유대인 가족들 전체가 조직적 학살로 죽었고, 공동체 전체가 소멸되기도 했지만 민족은 살아남았다. 그들은 결코 민족적 대량학살을 직면해보지는 않았다. 더욱이 그러한 오랜 위로의 구절은 적어도 서부 유럽에서는 어쨌든 더 이상 효과가 없었다. 고대 로마 이래로, 즉 유럽 역사가 시작된 이래로 유대인은 약간 더 부유하거나 가난한 차이가 있었고, 또 불행이나 영광을 경험한 차이가 있었지만 그래도 유럽 국가들과 친선관계를 유지해왔다. 그러나 지난 150년간 그 관계는 꽤나 좋았고, 또 영광의 순간들이 너무나 많아 중부 및 서부 유럽에서는 그것이 관례가 된 듯했다. 따라서 이 민족이 결국은 살아남을 것이라는 신념은 더 이상 유대인 공동체의 다수에게는 그다지 중요성을 갖지 않았다. 그들은 유럽 문명의 틀을 벗어난 유대인의 삶을 상상할 수 없었던 것만큼 그들은 스스로 유대인이 존재하지 않는 유럽을 그려볼 수도 없었다.

세상의 종말은 비록 놀랄 만큼 단조롭게 진행되기는 했어도 유럽에 존재한 국가들의 수만큼 다양한 형태와 모습으로 나타났다. 이러한 것은 유럽 민족의 발전에 익숙하거나 민족국가 체제의 등장에 익숙한 역사가들에게는 놀랄 만한 일은 아니지만 나치스에게는 커다란 놀라움으로 다가왔다. 나치스는 반유대주의가 모든 유럽을 통일하는 공통분모가 될 것이라고 진정으로 확신했다. 이것은 커다란, 많은 대가를 지불한 오류였다. 비록 이론적으로는 아니었지만 실제로는 수많은 나라에서 반유대적 태도에 커다란 차이가 있다는 것이 금세 드러났다. 한층 더 성가셨던 일은 그것이 손쉽게 예견되기는 했어도 독일의 '근본적' 다양성이 완전히 평가된 것은 나치스가 '인간 이하의' 야만적 무리들로 간주하기로 결심한 동부 유럽 사람들(우크라이나, 에스토니아, 라트비아, 리투아니아, 그리고 어느 정도는 루마니아 사람들)에 의해서뿐이었다는 점이다. 유대인에 대해 남들과 같은 증오감을 보여주지 않았던 사람들은 스칸디나비아 민족들(크누트 함순과 즈벤 헤딘은 예외였음)이었는데, 이들은 나치스에 따르면 독일과 피를 나눈 형제였다.

물론 세상의 종말은 독일 제국에서 시작했는데, 이는 당시 독일뿐만 아니라 오스트리아와 모라비아, 보헤미아, 체코 보호국 및 폴란드 서부 합병지역 등을 말한다. 이 가운데 마지막 지역인 이른바 바르테가우에서 유대인은 폴란드인들과 함께 전쟁이 시작된 다음에 대규모 동부 이주 계획(예루살렘 지방법원의 판결문에 나온 것처럼 '조직적 민족 이동')에 따라 동부지역으로 이송되었다. 한편 독일 출신의 폴란드인들은 서쪽으로 '제국으로 귀환'하도록 배로 운송되었다. 독일 민속강화 국장의 자격으로서 힘러는 '이주와 소개'에 대해서는 하이드리히를 신임했고, 1940년 1월에는 제국중앙보안본부 내 아이히만의 공식 부서인 제IV-D-4부를 만들었다. 비록 이 직책이 나중의 직책인 제IV-B-4부로 가는 발판이었음이 행정적으로 입증되었지만, 이곳에서의 아이히만의 일은 겨우 일종의 견습, 즉 사람들을 이주시키는 과거의 업무에서 그들을 이송하는 미래의 과업으로 전환을 연습하는 것이었다. 그의 최초의 이송 작업은 최종 해결책에 속한 것이 아니었다. 그것은 공식적인 히틀러의 명령이 있기 전의 일이었다. 이후에 일어난 상황에 비추어볼 때 그 일은 시험케이스로, 파국 가운데의 한 실험으로 간주될 수 있다. 최초의 이송은 1,300명의 유대인을 슈체친에서 옮긴 일로, 이는 1940년 2월 13일 하룻밤 사이에 이루어졌다. 이는 독일계 유대인에 대한 최초의 이송작업이었는데, 하이드리히는 "그들이 살던 아파트가 전쟁경

비와 관련된 이유에서 긴급하게 요구되었기 때문"이라는 구실로 이 이송작업을 명령했다. 그 이송은 전에 없이 잔혹스러운 상태에서 폴란드의 루블린 지역으로 가는 것이었다. 2차 이송은 같은 해 가을에 이루어졌다. 바덴과 자르팔츠의 모든 유대인(대략 7,500명의 남녀와 아이들)이 내가 앞서 말한 것처럼 비점령지 프랑스로 배로 운송되었는데, 이것은 당시에 상당한 트릭이었다. 왜냐하면 프랑스-독일 휴전협정에는 비시 정부하의 프랑스가 유대인의 하치장이 될 수 있다는 조항은 전혀 없었기 때문이다. 아이히만이 기차에 동승해서 국경의 프랑스 역무원에게 이것은 독일 '군수물자 수송'이라고 확신시켜줘야 했다.

이러한 두 작전에는 이후의 정교한 '법적' 준비가 완전히 결여되어 있었다. 유대인이 제국에서 이송될 때 그들에게서 국적을 뺏는다는 법은 아직 통과되지 않았다. 그리고 유대인 재산 몰수의 조정을 위한 수많은 서류 작성 대신에 슈체친 지역의 유대인은 자신의 모든 재산을 좌우할 일괄 포기각서에 서명하기만 하면 되었다. 물론 이러한 최초의 작전을 통해 검토하려 한 것은 행정기구가 아니었다. 그 목적은 전반적인 정치적 조건(유대인이 제 발로 자기의 작은 손가방만을 들고 한밤중에 어떠한 사전 고지도 없이 자신의 운명의 장소로 걸어갈 것인지, 아침에 빈 아파트를 발견한 이웃의 반응이 어떠할지, 그리고 끝으로 가장 중요하지는 않은 목적이 되겠지만 바덴 출신의 유대인의 경우 외국 정부가 수천 명의 유대인 '난민들'을 갑자기 만났을 때 어떻게 반응할 것인지)을 시험하려고 한 것 같다. 나치스가 예상할 수 있었던 만큼 모든 일은 아주 만족스러웠다. 독일에서는 '특별 케이스'에 대해 많은 개입(예컨대 슈테판 게오르게 서클의 한 사람인 시인 알프레트 몸베르트의 경우 스위스로의 이주가 허락되었다)이 있었지만, 전반적으로 사람들이 신경을 적게 쓰지는 않았을 것이다. (아마도 유대인을 익명의 대중들과 분리하는 것이 얼마나 중요한지를 하이드리히가 깨닫고 히틀러의 동의를 받아 테레지엔슈타트와 베르겐벨젠을 만들기로 결심한 때가 이때인 것 같다.) 프랑스에서는 훨씬 더 좋은 일이 일어났다. 비시 정부는 바덴에서 온 7,500명의 유대인을 피레네 산기슭에 있는 악명 높은 구어스 집단수용소에 수용했는데, 이곳은 원래 스페인 공화군을 위해 만든 것으로 1940년 5월 이래로 이른바 '독일 출신 난민들'을 위해 사용되었으며, 물론 이들 가운데 다수는 유대인이었다. (최종 해결책이 프랑스에서 발효되기 시작했을 때 구어스 수용소의 수감자들은 모두 아우슈비츠로 이송되었다.) 무엇이든 일반화하는 데 열심이었던 나치스는 유대인이 어디에서도 '바람직하지 않은 존재'들이고 모든 비유대인은 현실적이고 잠재적으로 반유대적이라고 생각했다. 그러니 만일 나치스가 이 문제를 '근본적으로' 처리하기 위해 덤벼든다면 누군가가 왜 거북해하겠는가? 마찬가지로 이러한 일반화의 주문 아래 아이히만은 예루살렘에서 어떤 나라도 유대인을 받아들일 준비가 되어 있지 않았다고, 그리고 이 이유, 바로 이 이유로 인해 커다란 파국이 초래되었다고 계속해서 불평을 해댔다. (만일 어떤 다른 외국인들 집단, 돈도 없고, 여권도 없고, 그 나라말도 할 줄 모르는 사람들의 집단이 무리를 지어 갑자기 저 조밀하게 조직된 유럽의 민족국가들에게로 내려온다면 그들은 아주 다르게 반응하기라도 했을 것처럼 말이다!) 그러나 외국의 확신에 찬 반유대주의 분자들도 기꺼이 '일관적으로' 행동하지 않았고, 또 '근본적인' 조치에는 꽁무니를 빼는 통탄할 만한 경향을 보여 나치 관료들은 끊임없이 놀랐다. 베를린에 있는 스페인 대사관의 한 요원처럼 여기에 대해 솔직하게 말한 사람은 거의 없었지만 대부분은 바로 그와 같은 생각을 가지고 있었다. 스페인에 한 번도 가본 적이 없었지만 스페인 여권을 받았고, 또 프랑코 정부가 독일 사법권 지역으로 그렇게 보내고 싶어 한 스페인계 유대인 후손들에 대해 그 요원은, "오직 한 사람이라도 그들이 멸절되지 않을 것이라고 확신할 수가 있다면"이라고 말했던 것이다.

이러한 최초의 실험이 있은 다음 이송 문제에 약간의 소강상태가 뒤따랐으며, 우리는 마다가스카르를 둘러싸고 아이히만이 어떻게 자신에게 강요된 무기력을 이용했는지를 이미 보았다. 그러나 1941년 3월,

러시아와의 전쟁을 준비하는 동안 아이히만은 갑자기 새로운 하부부서의 책임을 맡게 되었다. 아니 그의 하부부서 이름이 '이주와 소개'에서 '유대인 문제와 소개'로 바뀌었다고 말할 수 있다. 그 이후로 비록 아직 최종 해결책에 대해 정보를 받지 못했지만 그는 이민이 결정적으로 끝났을 뿐만 아니라 이송작업이 일어날 것이라는 점을 깨달았음이 분명하다. 그런데 아이히만은 눈치를 잘 알아차리는 사람이 아니었는 데다, 그에게는 아직도 다르게 말해준 사람이 없었기 때문에 이민을 중심으로 계속 생각하게 되었다. 따라서 1940년 10월에 있었던 외부성 대표들과의 회의에서 모든 독일계 유대인의 시민권이 해외에서 무효되도록 하자는 제안이 제기되었을 때 아이히만은 '그러한 조치는 지금까지 유대인 이민자들에게 문호를 개방하고 입국허가를 내주려는 다른 나라들에 영향을 줄 것'이라면서 격렬히 반대했다. 그는 어떠한 법이나 포고령이든 그 당시에 타당한 한도 내에서만 좁은 제한을 두고 생각했는데, 최종 해결책에 대한 히틀러의 명령이 공식적으로 그것을 실행할 사람들에게 하달된 이후에야 비로소 새로운 반유대주의적 입법의 홍수가 제국의 유대인 위로 쏟아졌다. 동시에 제국은 제일의 우선순위가 될 것이고 그의 점령지에도 전속력으로 유대인이 없는 지역으로 만들도록 결정되었다. 그 일을 하는 데 아직도 거의 2년이나 걸렸다는 것은 놀라운 일이다. 다른 모든 나라들에 대해 모델로 곧 기능하게 될 예비적 규율들은 첫째, 황색 표지를 도입하는 것이었다(1941년 9월 1일). 둘째, 국적법을 변경하여 제국의 국경 밖에 사는 유대인은 독일 국민으로 간주할 수 없도록 했다(따라서 그 사람은 당연히 이송될 것이다). 셋째, 국적을 상실한 독일계 유대인의 모든 재산은 제국에 의해 몰수된다는 칙령이었다(1941년 11월 25일). 이러한 준비들은 법무장관 오토 티에라크와 힘러의 합의로 수렴되었다. 여기서 티에라크는 친위대를 선호하여 과거의 '폴란드인, 러시아인, 유대인, 집시'에 대한 사법권을 포기하는데, 왜냐하면 '법무장관은 이들 민족의 멸절에 대해서 단지 작은 기여만을 할 수 있기 때문'이었다. (1942년 10월에 법무장관이 당

자문단 수장인 마르틴 보르만에게 보낸 편지에 나온 이 공개적 언사는 주목할 만하다.) 약간 다른 지시가 테레지엔슈타트로 이송될 사람들에게 적용될 수 있도록 발표되어야 했는데, 왜냐하면 테레지엔슈타트는 제국의 속지이므로 그곳으로 이송될 유대인은 자동적으로 무국적 상태가 되기 때문이었다. 이러한 '특권적 범주'의 경우 1933년의 구법은 정부로 하여금 '민족과 국가에 대해 적대적인' 활동을 하는 데 사용된 재산을 몰수하도록 허용했다. 이러한 종류의 몰수는 집단수용소에 수감된 정치범의 경우에는 관습적인 것이었다. 그리고 비록 유대인이 이러한 범주에 들지 않더라도 (1942년 가을에 이르러서는 독일과 오스트리아의 모든 집단수용소에는 유대인이 더 이상 존재하지 않게 되었다) 단지 규칙 하나만 더하면 되었는데, 이는 1942년 3월에 공표된 것으로 추방된 모든 유대인은 '민족과 국가에 대해 적대적인' 존재라는 점을 밝히는 것이었다. 나치스는 법 제정을 아주 신중하게 다루었다. 그래서 비록 그들은 스스로는 '테레지엔슈타트 게토'니 '늙은이를 위한 게토'와 같은 말을 사용하기는 했어도 테레지엔슈타트가 공식적으로는 강제수용소로 분류되었고, 이 사실을 아는 유일한 사람들(이 '주거지'는 '특별 케이스'를 위해 마련된 것이기 때문에 자신의 감정을 상하지 않으려 한 사람들)은 그 수감자들뿐이었다. 그리고 그곳으로 수송된 유대인이 의심을 하지 않도록 하기 위해서, 베를린에 있던 유대인 연합(또는 제국연합)은 각각의 강제이주자들과 테레지엔슈타트에서의 '주거지 획득'을 위해 협약을 맺었다. 지원자들은 자신의 모든 재산을 유대인연합으로 이전했는데, 이는 유대인연합이 그에게 집과 음식, 의류, 의료보장을 평생동안 해준다는 점을 고려해서였다. 끝으로 유대인연합의 마지막 관리들이 테레지엔슈타트로 보내졌는데, 이때 제국은 이 연합의 금고에 있던 상당한 양의 돈을 간단히 몰수해버렸다.

서부지역에서 동부지역으로 가는 모든 이송은 제국중앙보안본부의 제IV-B-4부에서 아이히만과 그의 부하들에 의해 조직되고 조정되었다. 이 점은 재판 기간 동안 전혀 논란의 대상이 되지 않았다. 그런데 유대인을 기차에 태우기 위해서 그는 일반 경찰 조직의 도움이 필요했다. 독일에서는 치안경찰이 기차를 경호했고 감시원을 세웠으며, 동부지역에서는 보안경찰(힘러의 보안대, 즉 S.D.와 혼동하지 말 것)이 기차를 접수하기 위해 목적지에서 대기하고 있었고 그 이송인들을 학살센터의 당국으로 넘겨주었다. 예루살렘 법정에서는 뉘른베르크에서 확정된 '범죄 조직'의 정의를 따랐다. 이것이 의미하는 바는, 비록 최종 해결책 실행을 위한 그들의 활발한 개입이 이 시기까지 폭넓게 확인되었다 하더라도 치안경찰이나 보안경찰은 결코 언급된 적이 없다는 것이다. 그런데 비록 모든 경찰 조직이 '범죄적'이라고 인정된 네 개의 조직(나치당의 지도자단, 게슈타포, S.D., 그리고 친위대)에 부속되었다고 하더라도 뉘른베르크의 구분은 부적절했고 제3제국의 현실에 잘 맞지 않았다. 왜냐하면 사태의 진실은 적어도 전쟁 기간 동안에는 범죄적 행위나 거래에 가담하지 않은 조직이나 공적 기구는 독일에서는 단 하나도 존재하지 않았기 때문이다.

개별적 개입이라는 고약한 문제가 테레지엔슈타트의 설립으로 해결된 이후에도 두 가지 사안이 '근본적'이고 '최종적'인 해결책으로 가는 데 방해가 되었다. 하나는 반쪽 유대인의 문제로서 '근본주의자들'은 이들을 완전한 유대인과 함께 강제 이송시키기를 원했고, '온건주의자들'은 이들을 단종시키기를 원했다. 왜냐하면 내무성의 슈투크아르트가 반제회의에서 말한 것처럼, 만일 당신이 반쪽 유대인의 살상을 허용한다면 그것은 당신이 '그들의 피 가운데 독일인의 절반'을 버리는 것을 의미하기 때문이다. (실제로 반쪽 유대인(Mischlinge)이나 혼합 결혼을 한 유대인에 대해서는 아무런 일도 생기지 않았다. 아이히만의 말로 '수많은 난제들'이 그들을 둘러싸고 있었고 또 그들을 보호하고 있었다. 한편으로는 그들의 비유대인 친척 때문에, 또 다른 한편으로는 나치 외과 의사들이 단단히 약속했음에도 불구하고 대량단종을 시술하는 신속한 수단을 발견하지 못했기 때문이었다.) 둘째 문제는 수천의 외국계 유대인이 독일에 있다는 것인데, 독일은 강제이주를 통해 이들에게서 국적을 뺏을 수는 없었다. 수백 명의 미국 및 영국계 유대인이 억류되어 교환을 목적으로 수용되어 있었는데, 중립 국가들의 국적자나 독일 우방국의 국적자들을 다루기 위해 고안된 방법들은 여기에 기록해둘 만큼 흥미로운 것이다. 특히, 그 방법들이 재판에서 모종의 역할을 했기 때문이다. 단 한 명의 유대인도 자기에게서 달아나지 못하게 하는 데 과도한 열정을 보여주었다고 아이히만을 고발한 것은 이 사람들에게 의거한 것이다. 라이트링거가 말한 것처럼, "유대인 몇몇을 고문과 느린 죽임에서 벗어나게 한 것은 중요한 관심사라고 말한 전문적인 외무성 관료들", 그와 같은 모든 경우에 상담해야 한 그 관료들과 함께 아이히만은 그러한 열정을 공유했다. 아이히만에 관한 한, 가장 단순하고 가장 논리적인 해결책은 모든 유대인을 그들의 국적과 상관없이 이송하는 것이었다. 히틀러가 승승장구하던 날에 열린 반제회의의 지시사항에 따르면 최종 해결책은 모든 유럽의 유대인에게 적용될 예정이었고, 그 수는 1,100만에 달했으며, 국적이나 동맹국 또는 중립국의 권리 따위는 언급조차 되지 않았다. 그러나 전쟁 기간 중 가장 좋았던 때에도 독일은 어디에서나 그 지역의 선의와 협조에 의존했으므로 이러한 형식적 조건들은 냉소에 부칠 수도 있었다. 이러한 특정한 '골칫덩어리'에서 벗어나는 길을 발견하는 것은 외무성의 경험 있는 외교관들의 과제였고, 이 가운데 가장 탁월한 것은 독일 영역 내의 외국계 유대인을 그들 본국의 일반적인 분위기를 시험하는 데 사용하는 것이었다. 이런 일들이 이루어진 방법은 비록 간단하기는 했어도 다소 미묘한 것이었고, 아이히만의 정신적 파악 능력과 정치적 이해력을 상당히 넘어서는 것이었음은 분명했다. (이 점은 문서들을 통해 입증되었다. 이 문제들에 대해 외무성으로 보내는 그의 부서의 편지들은 칼텐브루너나 뮐러가 서명한 것이었다.) 외무성은 외국 당국에 공문을 보내 독일 제국은 유대인을 제거하는 과정을 밟고 있으며, 외국계 유대인이 반유대인 조치에 포함되지 않기 위해서는 본국으로 반드시 소환되어야 한다는 내용을 담고 있었다. 눈에 보이는 것 이상의 것이 이 최후통첩에 담겨 있었다. 이들 외국계 유대인은 통상 그들 국가에 귀화한 시민이거나 보다 심한 경우는 사실상 무국적 상태나 마찬가지였는데, 그러나 외국에 있는 동안 그것을 지니고 있음으로써 유효한 여권을 모종의 아주 의심스런 방법으로 획득한 것이다. 이것은 특히 남미계 국가들에서 그러했는데, 이 나라의 해외 주재 영사들은 유대인에게 아주 공공연히 그런 여권을 판매했다. 그런 여권을 소지하고 있는 운 좋은 사람들은 그들의 '모국'으로 들어갈 권리를 제외하고는 영사관의 보호를 받을 권리를 포함한 모든 권리를 가지고 있었다. 따라서 외무성의 최후통첩은 적어도 오직 명목상으로만 시민권을 가진 이 유대인에 대해 외국 정부들로부터 최종 해결책을 적용하는 데 동의를 구하는 것을 목표로 하고 있었다. 자국 내에 항구적인 주거지를 마련하고 있지 않은 수백 또는 수천의 유대인에게 스스로 도피처를 제공할 호의를 보이지 않은 정부들이 그러한 유대인 전체가 추방되고 제거되는 날 별반 이의를 제기하지 않으리라고 생각하는 것은 논리적이지 않은가? 아마도 그것이 논리적이기는 하겠지만, 우리가 곧 보게 되는 것처럼 합리적이지는 않았다.

1943년 6월 30일, 히틀러가 희망한 것보다 한참 지난 뒤에 제국(독일, 오스트리아 및 보호국들)에서 유대인은 존재하지 않는다는 선포가 이루어졌다. 얼마나 많은 유대인이 실제로 이 지역에서 이송되었는지에 대한 정확한 수치는 존재하지 않는다. 그러나 독일 통계에 따르면 1942년 1월까지 이송되었거나 이송될 사람들의 수 26만 5,000명 가운데 탈출한 사람은 거의 없었다는 것을 우리는 알고 있다. 아마 수백, 기껏해야 수천의 사람들이 숨거나 전쟁 기간에 살아남을 수 있었을 뿐이다. 유대인의 이웃의 양심을 편안하게 하는 것이 얼마나 쉬운 일이었는가는 1942년 가을 당 자문단이 발행한 회보에 나타난 이송에 대한 다음과 같은 공식 설명을 통해 가장 잘 예시된다. "어떤 점에서는 이러한 아주 어려운 문제들이 오직 무자비한 강인성(rücksichtsloser Härte)에 의해서만 우리 민족의 영원한 안전이라는 이해관계 속에서 해결될 수 있을 것이라는 점이 사태의 본질이다."

제10장

서유럽으로부터의 이송:
프랑스, 벨기에, 네덜란드, 덴마크, 이탈리아

제3제국의 지도자들이 극찬한 특성인 '무자비한 강인성'은 자신의 나치 과거에 대해서는 대충 말해버리는 데 진정한 천재성을 발휘한 전후의 독일에서는 종종 좋지 않은(ungut) 것으로 묘사되었다. 이는 마치 이러한 특성을 가진 사람들이 기독교적 사랑의 엄격한 기준에 따라 행동하는 데 통탄스럽게도 실패한 것 외에는 아무것도 잘못한 것이 없는 것처럼 대하는 것이다. 여하튼 '유대인 문제 고문관'으로 아이히만 사무실에서 (정규 외교적 임무 또는 군사요원, 보안경찰대 지역사령관 등에 덧붙여) 다른 나라로 파견된 사람들은 모두 이러한 덕성을 최고도로 지니고 있었기 때문에 선택되었다. 즉 1941~42년 가을과 겨울, 그들의 주요 임무는 해당국의 다른 독일인 관료들, 특히 명목상의 독립국에 있는 독일 대사들과 점령 지역에 있는 제국 최고 책임자들과 만족할 만한 관계를 수립하는 것이었던 것 같다. 두 경우 모두 유대인 문제에서 사법권에 대해서는 항상 갈등이 있었다.

1942년 6월 아이히만은 프랑스와 벨기에 및 네덜란드에 있는 고문관을 이들 나라로부터의 이송 계획을 수립하기 위해 소환했다. 힘러는 프랑스가 "유럽을 서부에서 동부로 쓸어내는 데" 최우선 순위를 두어야 한다고 명령을 내렸는데, 그 이유는 한편으로는 **최고의 민족**이 갖는 내재적 중요성 때문이고, 또 한편으로는 비시 정부가 유대인 문제에 대해 진정으로 놀랄 만한 '이해'를 보이며 스스로 자발적으로 많은 양의 반유대인 법률을 도입했기 때문이라고 했다. 비시 정부는 유대인 문제를 다루는 특별부를 설립하기도 했는데, 그 수장은 처음에는 자비에 발랑이, 그리고 얼마 뒤에는 다르퀴에 드 펠레푸아가 담당했는데, 이 두 사람은 모두 유명한 반유대주의자들이었다. 모든 인구 계층에 퍼져 있던 강력한, 일반적으로 국수주의적 성향의 인종중심주의와 직결된 프랑스판 반유대주의의 허용에 따라 외국계 유대인에 대한 작전이 시작되었다. 그래서 1942년 이래로 외국계 유대인 절반 이상이 무국적 상태가 되었다. 이들은 러시아, 독일, 오스트리아, 폴란드, 루마니아, 헝가리에서 온 망명객과 이주민들로, 다시 말해 독일 점령지거나 전쟁 발발 전에 반유대인 법안이 통과된 지역 출신이었다. 그 작전은 대략 10만 명의 무국적 유대인을 이송하는 것으로 시작하기로 결정되었다. (이 나라의 전체 유대인 인구는 이제는 30만 명이 족히 넘는다. 1940년의 벨기에와 네덜란드로부터의 망명객 유입이 있기 전인 1939년에는 대략 27만 명의 유대인이 있었고, 이 가운데 적어도 17만 명이 외국계거나 외국 출생자였다.) 5만 명씩 차례로 점령지역과 비시 정부의 프랑스로부터 신속하게 소개될 예정이었다. 이 일은 상당한 과업이었다. 이는 비시 정부의 동의뿐만 아니라 프랑스 경찰의 능동적인 도움이 필요한 일이었는데, 이들은 독일에서 치안경찰이 한 일을 해야 했기 때문이다. 우선 거기에는 아무런 문제가 없었다. 왜냐하면 페탱 원수하에서 수상을 한 피에르 라발이 지적한 것처럼 "이 외국계 유대인은 프랑스에서는 항상 문젯거리"였으며, 따라서 "프랑스 정부는 이들을 제거할 기회를 프랑스에게 부여한 독일의 태도 변화를 기뻐했기" 때문이었다. 라발과 페탱은 이 유대인이 동부에서 재정착할 것이라고 생각했다는 점은 덧붙여두어야 한다. 그들은 '재정착'이 무엇을 의미하는지 아직 모르고 있었던 것이다.

특히 두 사건이 예루살렘 법정에서 주목을 끌었는데, 이 두 사건은 모두 작전이 시작하기 수주일 전인 1942년 여름에 일어났다. 첫째 사건은 7월 15일에 보르도를 출발하기로 한 기차와 관련된 일이었는데, 이 일은 은폐되어야 했다. 왜냐하면 겨우 150명의 무국적 유대인만이 보르도에서 발견되었기 때문이다. 이는 아이히만이 아주 어렵게 구한 기차를 채우기에는 충분치 않은 수였다. 모든 사람들이 의당 그렇게 생각한 것처럼, 아이히만이 이 일을 그렇게 쉽사리 진행되지 않을 것임을 가리키는 첫 번째 징후라고 여기든 말든 간에 그는 아주 흥분을 했고, 그의 부하들에게 이 일이 '특권의 문제'라고 말했다. (프랑스인의 눈에가 아니라, 아이히만의 조직의 효율성에 대해 잘못된 생각을 가진 교통성의 눈에는 그러했다.) 그리고 그는 만일 이런 일이 반복된다면 "소개의 문제에 관한 한 프랑스를 완전히 배제하지 말아야 할 것인지를 고려해야 할 것"이라고 말했다. 예루살렘에서는 이 협박이 아이히만이 실권을 가진 증거로 간주되어 아주 심각하게 취급되었다. 그가 원했다면 '프랑스를 누락시킬' 수 있었다는 것이다. 사실상 이것은 그의 '추진력'을 입증하는 아이히만의 우스꽝스런 허풍 가운데 하나일 뿐이었고 '그의 부하의 눈에는 그의 지위를 나타내는 증거'가 거의 되지는 못했다. 전시의 직업치고는 부하들의 아주 안락한 직업을 잃게 한다는 명백한 협박이라는 점만을 제외한다면 말이다. 그런데 보르도 사건이 하나의 익살극이었다면, 두 번째 사건은 예루살렘에서는 머리카락을 쭈뼛서게 만드는 수많은 이야기 중에서도 가장 끔찍한 일에 속한다고 할 수있다. 이 이야기는 이미 아우슈비츠로 이송된 부모와 떨어진 4,000명의 아이들에 대한 것이었다. 아이들은 프랑스 집결지인 드랑시 집단수용소에 남겨졌는데, 7월 10일에 아이히만의 프랑스 대표인 테오도어 단네커 총돌격대장이 그에게 전화를 걸어 이 아이들을 어떻게 조치할 것인지를 물었다. 아이히만이 결정을 내리는 데 열흘이 걸렸다. 그러고는 그는 단네커에게 전화를 걸어 "열차편을 〔폴란드의〕 일반정부로 다시 급파하자마자 아이들을 수송할 수 있도록 하라"고 명령을 내렸다. 세르바티우스 박사는 이 모든 일들이 사실상 "관련된 사람들에 대한 결정권이 피고에게도 또한 그의 사무실 요원에게도 있지 않음"을 증명한

다고 지적했다. 그러나 불행하게도 16세 이하의 아이들도 수송되어야
한다고 제안한 사람은 라발 자신이었음을 단네커가 아이히만에게 알
려주었다고 어느 누구도 언급하지 않았다. 이것이 의미하는 것은, 이
모든 섬뜩한 에피소드가 '상부 명령'의 결과조차도 아니고 프랑스와
독일의 최고위급에서 협상한 결과였다는 점이다.

1942년 여름과 가을 동안 2만 7,000명의 무국적 유대인(파리에서 1만
8,000명, 비시 정부에서 9,000명)이 아우슈비츠로 이송되었다. 그때 프
랑스 전역에는 대략 7만 명의 무국적 유대인이 남아 있었는데 독일인
들은 첫 번째 실수를 저질렀다. 프랑스인들이 유대인을 이송하는 데 아
주 익숙하므로 이제는 더 이상 이 일을 꺼리지 않을 것이라고 확신하여
독일인들은 프랑스계 유대인도 포함시켜달라고 요구했다. 이는 단지
행정적 처리에 불과했다. 그런데 이 일이 국면을 완전히 뒤바꾸어놓았
다. 프랑스인들은 자신의 유대인을 독일인에게 인도하기를 완강히 거
부한 것이다. 그리고 (아이히만이나 그의 요원들로부터가 아니라 고위
층 친위대와 경찰 지도자들로부터) 힘러가 이 상황에 대한 보고를 받
자마자 즉각 포기하고는 프랑스계 유대인을 남겨두기로 약속했다. 그
러나 이제는 너무 늦었다. '재정착'에 대한 최초의 소문이 프랑스에 도
달했다. 프랑스의 반유대주의자들이나 비반유대주의자들도 외국계 유
대인이 어떤 다른 곳이라면 그곳으로 이주하기를 바랐을 터지만, 반
유대주의자들조차도 대량학살의 공범이 되고 싶어 하지 않았다. 따라
서 프랑스인들은 얼마 전까지만 하더라도 열심히 생각해보았던 조치,
즉 1927년 이후(또는 1933년 이후)에 유대인에게 부여한 귀화권의 박
탈 조치를 취하기를 거부했다. 이 조치가 이루어졌더라면 5만 명의 유
대인이 더 이송되었을 것이다. 그들은 또한 무국적 상태에 있거나 외
국 출신의 유대인의 이송과 관련하여 끊임없는 어려움들을 만들어내
기 시작하여, 프랑스로부터 유대인을 소개시키려는 모든 야심찬 계획
들이 사실상 '취소'되어야 했다. 수만 명의 무국적자들이 숨었고, 또한
수천 명이 이탈리아령의 프랑스 지역인 코테 다주르로 도피했는데, 그

곳에서 유대인은 출신지와 국적에 상관없이 안전하게 지낼 수 있었다. 1943년 여름, 독일이 유대인은 더 이상 존재하지 않는다고 선포했다. 또 연합군이 시칠리아에 막 도착한 그때 겨우 5만 2,000명의 유대인만이 이송되었고, 이 숫자는 전체 유대인 수의 20퍼센트도 채 되질 않았다. 그리고 이 가운데 단지 6,000명만이 프랑스 국적을 소유하고 있었다. 프랑스 군을 위해 만들어진 독일의 포로수용소에 수감된 유대인 전범들조차도 '특별대우'를 위해 분류되지 않았다. 1944년 4월, 연합군이 프랑스에 발을 디디기 두 달 전에는 이 나라 안에 아직도 25만 명의 유대인이 있었고, 그들은 전쟁이 끝날 때까지 살아남았다. 나치스는 확고한 반대에 직면했을 때 '강하게' 남아 있을 수 있는 인력이나 의지력을 소유하고 있지 않았음이 드러났다. 우리가 보게 되겠지만 이 문제의 진실은 게슈타포 요원들조차도 무자비함과 연약함을 같이 지니고 있었던 것이다.

1942년 6월에 베를린에서 있었던 회의에서는 벨기에와 네덜란드에서 즉각적으로 이송될 사람의 추정 수치가 다소 낮게 책정되었는데 이는 아마도 프랑스에서 수를 높게 잡았기 때문인 것 같다. 벨기에에서는 1만 명의 유대인이, 그리고 네덜란드에서는 1만 5,000명이 가까운 장래에 체포되어 이송될 것으로 추정되었다. 이 두 경우 모두 나중에 그 수치가 상당히 확대되었는데, 아마도 프랑스에서의 작전에서 봉착한 어려움 때문이었던 것 같다. 벨기에의 상황은 몇 가지 점에서 독특했다. 이 나라는 독일 군당국에 의해 독점적으로 통치되었고, 법정에 제출된 한 벨기에 정부 보고서에서 지적된 것처럼 경찰은 "다른 지역에서 행사한 것과 같은 영향력을 여타의 독일 행정 서비스에 대해서는 갖질 못했다." (벨기에 지사였던 알렉산더 폰 팔켄하우젠은 나중에 히틀러에 대한 1944년 6월 음모에 연루되었다.) 주민 협력자가 중요한 역할을 한 곳은 플란더스 지역뿐이었다. 프랑스어를 사용하는 왈론 사람들 가운데 드그렐이 이끈 파시즘 운동은 영향력이 거의 없었다. 벨기에 경찰은 독일인들에게 협조하지 않았고, 벨기에의 철도원들은 혼자 이송열차를 운행할 만큼의 신뢰를 받지 못했다. 그들은 열차 문을 잠그지 않은 채 두기도 했고 또 매복을 주선하여 유대인이 탈출할 수 있도록 도와주기도 했다. 가장 독특한 점은 유대인 인구의 구성이었다. 전쟁 발발 전에는 9만 명의 유대인이 있었는데, 이 가운데 대략 3만 명은 독일계 유대인 난민들이었고, 5만 명이 다른 유럽 국가에서 유입된 사람들이었다. 1940년 말까지 거의 4만 명의 유대인이 이 나라를 탈출했고, 남아 있던 5만 명 가운데 벨기에 태생인 시민은 기껏해야 5,000명밖에 없었다. 게다가 탈출한 사람들 가운데는 아주 중요한 유대인 지도자들이 있었는데, 이들 대부분은 어쨌든 외국인들이었다. 그래서 유대인위원회는 지역 유대인 가운데 아무런 권한도 행사하지 않았다. 이 모든 측면에서의 '이해의 부족'을 고려해볼 때, 아주 소수의 벨기에 유대인만이 이송되었다는 것은 놀랄 일이 아니다. 그러나 최근에 귀화한 무국적 유대인(체코, 폴란드, 러시아, 독일 출신으로, 이들 가운데 대부분은 아주 최근에 도착한 사람들이었음)은 쉽게 인지하는 것이 가능했고, 이 작고 완전히 산업화된 국가에서는 숨기가 아주 어려웠다. 1942년 말까지 1만 5,000명이 아우슈비츠로 이송되었고, 1944년 가을까지, 즉 연합군이 이 나라를 해방시킬 때까지 총 2만 5,000명이 살해되었다. 아이히만은 벨기에에 평범한 '조언자'를 두고 있었지만 이 조언자는 이 작전에서 아주 활동적이었던 것 같지 않아 보인다. 작전은 외무성의 점증하는 압력에 따라 마침내 군 행정당국에 의해 수행되었다.

다른 모든 나라와 마찬가지로 네덜란드로부터의 이송도 무국적 유대인에서 시작되었는데, 이번 경우는 이 유대인 거의 모두가 독일로부터 온 난민들로, 전쟁 전의 네덜란드 정부로부터 '바람직하지 않은' 존재라고 공개적으로 선언된 사람들이었다. 전체 15만 명의 유대인 인구 가운데 외국계는 3만 5,000명이었다. 벨기에와는 달리 네덜란드는 민간 행정요원들이 있었지만, 프랑스와는 달리 이 나라에는 독자적인 정부가 없었다. 왜냐하면 내각은 왕실과 함께 런던으로 달아났기 때문이었다. 이 작은 나라는 전적으로 독일의 처분에 달려 있었고 네덜란드에 있던 친위대 소속의 아이히만 '고문'은 빌리 죄프라는 사람이었다. (이 사람은 최근 독일에서 체포되었는데, 프랑스에서 활약한 훨씬 더 중요한 고문인 단네커는 아직 잡히지 않았다.) 그런데 그에게는 별로 할 말이 없었던 것 같고, 베를린과 연락을 취하는 것 외에는 할 수 있는 일이 거의 없었던 것 같다. 이송 및 이와 관련된 모든 일들은 변호사 에리히 라자코비치가 다루었는데, 이 사람은 빈과 프라하에서 아이히만의 법률 고문을 한 사람으로서 아이히만의 추천에 따라 친위대에 들어왔다. 그는 1941년 4월에 하이드리히에 의해 네덜란드로 파견되었다. 그는 베를린에 있는 제국중앙보안본부에 대해서는 직접적인 책임이 없었고 헤이그에 있는 지역 정보부장인 빌헬름 하르스텐 박사에 대해서 책임 관련 있었는데, 하르스텐은 다시 고위층 친위대와 경찰 지도자인 한스 라우터 상급대대 지휘관과 유대인 문제 비서인 페르디난트 퓐텐의 휘하에 있었다. (라우터와 퓐텐은 네덜란드 정부에 의해 사형선고를 받았다. 라우터는 처형되었고, 퓐텐은 추정컨대 아데나워 행정부의 개입으로 종신형으로 감형받았다. 하르스텐도 재판을 받기 위해 네덜란드로 이송되어 12년 형을 언도받아 복역하여 1957년에 석방되었는데 이때부터 그는 바르바리아 주정부의 공무원이 되었다. 네덜란드 당국은 스위스나 이탈리아에서 살고 있는 것으로 보이는 라자코비치에 대한 소송을 고려하고 있다. 이 모든 자세한 내용은 네덜란드의 보고서와 스위스 신문 『바슬러 나치오날차이퉁』의 네덜란드 특파원 E. 야코프의 보도에 따라 작년에 알려지게 된 것이다.) 예루살렘의 검사는 한편으로는 어떤 대가를 치르고라도 아이히만과 연관지으려는 목적에서, 또 다른 한편으로는 독일 관료의 복잡한 업무관계를 이해하지 못하고 거기서 헤어나질 못해 이 모든 관료들이 아이히만의 명령을 수행했다고 주장했다. 그러나 고위층 친위대와 경찰 지도자는 힘러로부터 직접 지시받았고, 당시 아직도 라자코비치가 아이히만으로부터 명령을 받았을 개연성은, 특히 그 후 네덜란드에서 진행된 사건에 비추어보아 거의 없다. 판사는 논쟁에 빠지지 않고 검사가 범한 오류를 (모두는 아니지만) 조용히 교정하여, 제국중앙보안본부와 경찰 지도자, 그리고 다른 관료들 사이에서 진행된 입장들에 대해 줄곧 교묘히 정리해나갔다. 아이히만은 이를 "집요하고 끝없고 영원한 협상"이라고 불렀다.

아이히만은 네덜란드에서 이루어진 조정상태에 대해 특히 화가 났다. 왜냐하면 아이히만 자신의 이송 시각을 상당히 곤란하게 만든 사람들이 현장에 있던 요원들이었고, 또한 그들은 일반적으로 베를린의 '조정센터'의 중요성을 조롱했다는 사실을 제외하고도 아이히만의 콧대를 꺾어놓은 사람이 바로 힘러 자신이 분명했기 때문이다. 따라서 바로 처음부터 1만 5,000명이 아니라 2만 명의 유대인이 이송되었으며, 모든 현직에 있었던 사람들보다 지위에 있어서나 계급에 있어서나 훨씬 아래인 아이히만 휘하의 죄프는 1943년에 이송을 신속히 진행하라는 압박을 받았다. 이 문제에 대한 법적 갈등이 아이히만을 내내 괴롭혔고, 자신의 말을 들으려는 사람들에게 "만일 이 단계에서 다른 당국에서 다시금 유대인 문제를 다루려고 한다면 그것은 친위대 제국지휘관 [즉 힘러]의 명령과 모순될 것이며 비논리적이 될 것이다"라고 설명한 것이 무위로 돌아갔다. 네덜란드에서의 마지막 충돌은 1944년에 일어났다. 이번에는 칼텐브루너도 개입하려 했는데 이는 일에 통일성을 이루기 위해서였다. 세파르디계 유대인은 비록 살로니카에서 아우슈비츠로 이송되기는 했어도 네덜란드에서는 스페인 태생의 세파르디계 유대인은 면제가 되었다. 법정에서 제국중앙보안본부가 "이 논쟁에 대해 우세했다"는 것을 밝히려고 한 것은 오류였다. 대략 370명의 세파르디계 유대인이 암스테르담에서 괴로움을 당하지 않고 지낼 수 있었던 이유는 신만이 알 것이기 때문이다.

힘러가 네덜란드에서 자신의 고위층 친위대와 경찰 지도자들을 통해 일하기를 선호한 이유는 단순하다. 이 사람들은 이 나라에서 일이 진행되는 방식에 대해 잘 알고 있었고, 네덜란드 사람들이 야기한 문제는 결코 쉬운 것이 아니었기 때문이다. 네덜란드는 유대인 교수들이 해고되었을 때 학생들이 파업을 하고, 유대인을 독일 강제수용소로 처음 이주시킨 일에 대해 일련의 파업이 발생한 전 유럽에서 유일한 국가였다. 죽음의 수용소로의 이주에 비한다면 이 이주는 최종 해결책이 네덜란드에 도달하기 전에 이루어진 단지 징벌적 조치에 불과했는데도 말이다. (드 종이 지적한 것처럼, 독일인들은 교훈을 얻었다. 이제부터는 "처형은 나치 돌격대의 곤봉을 통해서가 아니라……『유대인 주보』가 억지로 수록해야 한…… '명령 공지문'에 수록된 포고령을 통해서 수행되었다." 거리에서의 경찰의 검색은 더 이상 이루어지지 않았고 사람들도 더 이상 파업하지 않았다.) 그러나 반유대인 조치들에 대해 네덜란드에 널리 퍼져 있던 적개심과 반유대주의에 대한 네덜란드 국민들의 상대적 면역은 두 가지 요소로 통제되었는데, 이로써 결국 유대인은 치명적인 결과를 맞게 된다. 첫째, 네덜란드에 아주 강한 나치스 운동이 있었다는데, 이는 유대인을 체포하고 은신처를 수색하는 등의 경찰 조치를 수행하는 데 신뢰를 얻었다. 둘째, 원주민 유대인에게는 자신과 새로 들어온 유대인을 구별하는 아주 강한 경향이 있었다는 것이다. 이것은 아마도 독일로부터 온 난민들에 대한 네덜란드 정부의 아주 비우호적인 태도에 기인한 것이라고 할 수 있고, 또 프랑스에서와 마찬가지로 네덜란드에서의 반유대주의가 외국계 유대인을 향한 것이라는 것도 이유가 될 것이다. 이것은 나치스가 유대인위원회를 상대적으로 쉽게 만들 수 있게 해주었다. 이 유대인위원회는 오랫동안 오직 독일계 유대인과 외국계 유대인만이 이송의 희생물이 될 것이라는 인상을 주면서 존속했다. 또 친위대가 네덜란드의 경찰병력뿐만 아니라 유대인 경찰력도 확보할 수 있게 된 것은 그 때문이었다. 그 결과는 여타의 서부 유럽 국가의 경우와 비할 수 없을 정도의 파국이었다. 거기에 견줄 수 있는 것은 단지 아주 다른 상태, 즉 처음부터 상대적으로 절망적 상태에 있었던 폴란드 유대인의 멸종뿐이다. 비록 폴란드에서와는 달리 네덜란드 국민들은 수많은 유대인을 숨도록 허용하는 태도(그토록 작은 국가임에 비해 2만에서 2만 5,000이라는 숫자는 아주 높은 수치에 해당한다)를 가졌지만, 그러나 숨어 지내던 상당수의 유대인, 적어도 그들의 절반가량이 결국 발각되었는데, 이는 전문적이고 곳곳에 산재된 정보원들의 노력을 통해서라고 볼 수 있다. 1944년 7월까지 11만 3,000명의 유대인이 이송되어 이들 대부분은 폴란드의 루블린 지역의 버그 강변에 있는 소비보르로 갔는데, 이곳에서는 노동 가능한 사람들의 선별이 한 차례도 일어나지 않았다. 네덜란드에 살던 전체 유대인의 4분의 3이 살해되었는데 여기에는 네덜란드 태생의 원주민 유대인의 3분의 2가 포함되어 있었다. 1944년 가을에 마지막 이송이 이루어졌는데, 이때는 연합군 순찰대가 네덜란드 국경에 있을 때였다. 숨어서 살아남은 1만 명의 유대인 가운데 약 75퍼센트가 외국계였다. 이 비율은 네덜란드의 유대인이 현실을 직시하기를 꺼려했음을 입증하는 것이다.

반제회의에서 외무성의 마르틴 루터는 스칸디나비아 국가들, 특히 노르웨이와 덴마크에서 큰 어려움이 발생할 수 있다고 경고했다. (스웨덴은 점령된 적이 없었고, 핀란드는 전시에 추축국 편에 있었지만 나치스가 유대인 문제에 대해 거의 접근조차 한 적이 없는 유일한 나라였다. 대략 2,000명의 유대인이 살고 있던 핀란드가 이 같은 놀라운 예외가 된 것은 핀란드인에 대한 히틀러의 높은 평가 때문이었던 것 같은데, 그래서 이들에 대해 그는 협박이나 우스꽝스런 음모를 벌이지 않은 것 같다.) 루터는 스칸디나비아에서 잠시 동안 철수할 것을 제안했는데, 이 일은 덴마크에 대해서는 너무나 당연한 일이었다. 왜냐하면 이 나라에는 독립 정부가 있었고, 비록 1940년 4월에 독일 군대가 침공하기는 했어도 1943년 가을까지는 중립국으로 존중을 받고 있었기 때문이다. 덴마크에서는 언급할 가치가 있는 파시스트나 나치스 운동이 존재하지 않았고, 따라서 협력자도 없었다. 그러나 노르웨이에서 독일인들은 열정적인 지지자들을 찾을 수 있었다. 친 나치스, 반유대적인 노르웨이 정당의 지도자는 비드쿤 크비슬링이었는데, 나중에 그의 이름을 딴 '크비슬링 정부'가 등장했다. 노르웨이의 1,700명의 유대인은 무국적자로 독일에서 온 난민이었다. 그들은 1942년 10월과 11월에 있었던 몇 차례의 번개 작전에서 체포되고 억류되었다. 아이히만의 사무실에서 이들의 아우슈비츠 이송을 명령했을 때 크비슬링의 사람 몇 명이 정부의 요직에서 사임했다. 이런 일들이 루터나 외무성에는 놀라운 일로 다가오지는 않았지만, 더욱 심각하고 또 전적으로 예기치 않은 일은 스웨덴이 처벌받은 모든 사람들에게 즉각적으로 망명을 허용하고 때로는 스웨덴 국적까지도 허용한 것이다. 외무성의 차관이었던 에른스트 폰 바이츠제커가 그 제안을 받았는데 그에 대해서 논의하기를 거부했다. 그러나 이 제안은 어쨌든 도움이 되었다. 한 나라에서 불법적으로 떠나는 것은 항상 상대적으로 쉬운 일이었지만, 허가 없이 피란지를 찾거나 이주 당국을 속이는 것은 거의 불가능한 일이었다. 따라서 이 작은 노르웨이의 유대인 공동체의 절반을 약간 넘는 900명가량이 스웨덴으로 잠입해 들어올 수 있었다.

그러나 외무성의 염려가 얼마나 전적으로 정당했는가를 독일인들이 알 수 있었던 곳은 덴마크에서였다. 덴마크 유대인의 이야기는 아주 특별하며, 덴마크인들과 덴마크 정부의 행위는 유럽의 모든 나라들(점령되었건, 추축국의 일원이었건, 또는 중립적이고 진정으로 독립적이었건 간에) 가운데 독특한 것이었다. 사람들은 비폭력적 행위 가운데, 그리고 엄청나게 압도적인 폭력 수단을 가진 적에게 저항하는 가운데 내재된 엄청난 잠재력에 대해 무엇인가를 배우려는 모든 학생들을 위한 정치학 필독서로 이 이야기를 추천하고 싶어 한다. 분명히 유럽의 몇몇 다른 나라에서는 적절한 '유대인 문제에 대한 이해'가 결여되어 있었고, 따라서 사실상 그들 대부분은 '근본적'이고 '최종적'인 해결책에는 반대했다. 덴마크와 마찬가지로 스웨덴과 이탈리아, 불가리아도 반유대주의에 거의 면역되어 있었지만 이 세 나라는 독일의 영향권에 있었고, 그래서 오직 덴마크인들만 그들의 주인인 독일인들에게 이 주제에 대해 감히 소리내어 말할 수 있었다. 이탈리아와 불가리아에서는 독일의 명령에 대해 태업을 벌였고, 이중 행위와 이중 방해 작업에 몰두하여 자신의 유대인을 아주 기발한 계책으로 구출해냈지만, 그러나 그들은 결코 정책 자체에 대해서는 대항하지 않았다. 이 점이 덴마크인들이 한 것과 전적으로 다르다. 독일인들이 노란색 표지를 다는 문제로 그들에게 아주 조심스럽게 접근했을 때, 왕이 그것을 가장 먼저 달 것이라는 말을 단순히 듣고도 덴마크 정부 관리들은 여하한 종류의 반유대적 조치를 취하면 그들은 즉각적으로 사임할 것이라는 점을 조심스럽게 지적했다. 이 모든 문제에 있어서 대략 6,400명의 유대계 덴마크인들과 전쟁 이전에 이 나라로 망명을 왔고 이제는 독일 정부에 의해 무국적자라고 선언받은 1,400명의 독일계 유대인 난민들을 구별하는 아주 중요한 조치를 독일인들이 도입하지도 못한 것은 결정적이었다. 이 같은 거부는 독일인들을 끝없이 놀라게 했음이 분명한데 왜냐하면 귀화를 단적으로 부정하고 노동허가조차 주지 않은 사람들을 정부가 보호하는 것은 아주 '비논리적'으로 보였기 때문이다. (법적으로는 덴마크에서의 난민들의 전쟁 전 상태는 프랑스에서의 상태와 다르지 않았다. 다만 프랑스의 제3공화국의 공무원들이 일반적으로 부패해서 뇌물이나 '연줄'을 통해 몇몇이 귀화증을 입수할 수 있었고 또 프랑스의 대부분의 난민들이 허가 없이도 불법취업을 할 수 있었던 점을 제외한다면 말이다. 그러나 스위스와 마찬가지로 덴마크는 잘 정돈된 나라는 아니었다.) 그러나 덴마크인들은 무국적 난민들이 더 이상 독일 시민이 아니기 때문에 나치스는 덴마크의 동의 없이 그들에 대한 요구를 할 수 없다고 독일 관리인들에게 말했다. 이것은 무국적성도 자산임을 나타낸 몇 안 되는 경우 중 하나다. 물론 유대인을 구한 것이 무국적성 자체가 아니라 그 반대로 덴마크 정부가 그들을 보호하기로 결정한 사실이었다. 따라서 살인을 위한 관료제의 수립을 위해 그토록 중요한 그 어떠한 예비적 조치들도 수행할 수 없었고, 그래서 작전은 1943년 가을까지 연기되었다.

그때 참으로 놀라운 일이 일어났다. 다른 유럽 국가에서 일어난 일과 비교해보았을 때 모든 일은 엉망진창이었다. 1943년 8월 (독일의 러시아 침공이 실패하고, 아프리카 부대가 튀니지에서 패배하고, 연합군이 이탈리아를 침공한 이후) 스웨덴 정부는 독일 군대가 자국의 영토를 통과할 수 있는 권한을 부여한 독일과의 1940년 협정을 파기했다. 게다가 덴마크 노동자들은 이러한 일들의 진행을 더욱 촉진시키기로 결정했다. 그래서 덴마크 조선소에서는 폭동이 일어났고 거기서 조선 노동자들은 독일 배의 수리를 거부하고 파업에 돌입했다. 독일군 사령관은 비상사태를 선포하고 군법을 적용했는데, 힘러는 이때가 오랫동안 미루어져 온 유대인 문제에 대한 해결책을 수행할 적시라고 생각했다. 그가 계산에 넣지 못한 것은 (덴마크인의 저항과는 별개로) 이 나라에서 오랫동안 살았던 독일 관리들이 더 이상 옛날 같지 않다는 것이었다. 군사령관이었던 폰 하네켄 장군은 제국 전권대사 베르너 베스트 박사의 명령에 따른 부대이동에 거부한 것만은 아니었다. 뉘른베르크에서 있었던 베스트의 증언에 따르면, 덴마크에 주둔한 특별친위부대는 '중앙관리들이 수행하라고 명령한 조치들'을 아주 빈번하게 거부했다. 과거 게슈타포 요원이었고, 하이드리히의 전 법률고문이었으며, 경찰에 관한 책을 저술하여 당시 유명하게 되었고, 파리의 군사정부를 위해 자신의 상관이 전적으로 만족할 만큼 업무를 수행한 베스트 자신도 더 이상 신임을 받지 못했다. 물론 그가 어느 정도로 믿을 수 없는 존재였는지를 베를린에서 알았는지는 의문이다. 그러나 애초부터 사태가 원만히 진행되지 않은 것은 분명했다. 그래서 아이히만의 사무실에서 가장 뛰어난 한 사람을 덴마크로 보냈는데, 그는 필수적 자질인 '무자비한 강인성'을 소유하지 않았다고 어느 누구로부터도 고발당하지 않은 롤프 귄터였다. 귄터는 코펜하겐에서 동료들에게 아무런 인상도 주지 못했고, 폰 하네켄은 이제 모든 유대인이 일하도록 요구하는 칙령의 발동조차도 거부했다.

베스트는 베를린으로 가서 모든 덴마크 출신 유대인이 그들의 소속에 관계없이 테레지엔슈타트로 보낸다는 약속을 얻었다. 이는 나치스의 관점에서 보면 아주 중요한 양보였다. 10월 1일 밤은 그들을 체포하고 바로 출발하는 날로 정해졌다. 배가 항구에 준비되어 있었다. 덴마크인들이나 유대인, 덴마크 주둔 독일 군대도 도움을 줄 것이라고 신뢰하지 않았기 때문에 경찰부대가 가택수색을 하기 위해 독일로부터 당도했다. 마지막 순간에 베스트는 그들에게 아파트 안으로 쳐들어가는 것을 허용하지 않았다고 말했다. 그렇게 되면 덴마크 군대가 개입할 것이고, 그러므로 그들은 덴마크인들과 싸워서는 안 된다는 이유에서였다. 따라서 그들은 자발적으로 문을 연 유대인만 체포할 수 있었다. 전체 7,800명 이상 가운데 집에 있다가 그들을 들어오게 하여 체포된 자는 정확히 477명이었다. 운명의 날을 며칠 앞두고 베스트로부터 정보를 얻은 것으로 보이는 한 독일인 운송담당자 게오르크 F. 두크비츠가 모든 계획을 덴마크 정부 관리들에게 폭로했고, 이들은 다시 서둘러서 유대인 공동체 수장들에게 정보를 제공했다. 다른 나라의 유대인 지도자들과는 아주 다르게 그들은 이 소식을 신년 기념예식 때 회당에서 공개적으로 전달했다. 유대인은 때맞춰 자신의 아파트를 떠나 은신처로 갈 수 있었는데, 이는 덴마크에서는 아주 쉬운 일이었다. 판결문에 쓰인 대로 '왕에서 평범한 시민들에 이르기까지 모든 부류의 덴마크인들'은 이들을 맞을 준비가 되어 있었다.

만일 덴마크인들이 스웨덴을 이웃한 축복을 받지 않았더라면 유대인은 전쟁이 끝날 때까지 숨어 있어야 했을 것이다. 유대인이 스웨덴으로 배를 타고 건너는 것은 합리적으로 보였고, 이 일은 덴마크 어부들의 도움을 받아 이루어졌다. 재산이 없는 사람들의 운송비(1인당 약 100달러)는 대체로 부유한 덴마크 시민이 지불했는데, 이것은 그 어떤 일보다도 놀라운 일이었다. 당시는 유대인이 자신의 운송을 위해 돈을 지불한 때였으며 그들 가운데 부유한 사람들은 (네덜란드, 슬로바키아, 그리고 나중에는 헝가리에서도) 탈출허가를 얻기 위해 지역 당국자들에게 뇌물을 바쳤다. 네덜란드의 경우 유대인은 1인당 5,000달러 내지 1만 달러에 해당되는 금액을 오직 현금으로만 받고 탈출허가증을

판 친위대와 '합법적인' 협상을 해서 결국 자신의 재산을 다 바쳐야 했다. 유대인은 진정한 동정심을 얻고 기꺼운 마음으로 도움을 받은 곳에서도 운송비를 지불해야 했기 때문에 가난한 사람들이 탈출할 기회는 없었던 것이다.

덴마크와 스웨덴을 갈라놓은 5마일 내지 15마일의 바다를 가로질러 10월 어느 좋은 날 모든 유대인을 싣고 페리호는 떠났다. 스웨덴은 5,919명의 난민을 받아들였는데, 이 가운데 적어도 1,000명은 독일 태생이었고 1,310명은 반쪽 유대인이었으며, 686명은 유대인과 결혼한 비유대인이었다. (덴마크계 유대인의 절반가량은 그 나라에 남아 은신처에서 전쟁 기간 동안 살아남은 것 같다.) 비덴마크계 유대인은 이전보다 살기가 나아졌고, 모두가 노동허가를 받았다. 독일경찰이 체포한 수백 명의 유대인은 테레지엔슈타트로 이송되었다. 그들은 늙거나 가난해서 제때 소식을 듣지 못했거나, 소식을 들었어도 그 의미를 이해하지 못했다. 덴마크 기관들과 사람들이 끝없는 '소란'을 일으킨 덕분에 수용소에서 이들은 어느 다른 집단보다 더 큰 특혜를 누렸다. 48명이 죽었지만 이 숫자는 그 집단의 평균연령을 고려해보았을 때 특별히 많은 것은 아니다. 이 모든 일이 지났을 때 아이히만이 숙고해서 내린 의견은 "여러 이유에서 덴마크에서의 유대인에 대한 행동은 실패였다"는 반면, 이 별난 베스트 박사는 '그 작전의 목표는 많은 유대인을 체포하는 것이 아니라 덴마크에서 유대인을 없애는 것이었는데, 이 목표는 달성되었다'고 선언했다.

정치적으로 또 심리학적으로 이 사건의 가장 흥미로운 측면은 덴마크 내의 독일 당국이 취한 역할, 즉 베를린으로부터 온 명령에 대해 그들이 명백히 사보타주를 했다는 것이다. 이것은 나치스가 원주민으로부터 공개적 저항을 받은 우리가 알고 있는 유일한 경우며, 그 결과 이 저항에 노출된 사람들의 마음이 변화를 일으킨 것 같다. 그들 자신은 분명히 민족 전체의 처형을 더 이상 당연한 문제로 여기지 않았다. 그들은 원칙에 기초한 저항과 맞닥뜨리자 그들의 '강인성'은 태양 아래

놓인 버터처럼 녹아내려, 진정한 용기를 몇 차례 조심스럽게 드러낼 수 있기까지 했다. '강인성'이라는 이상은, 아마도 몇몇 반은 미친 야수들을 예외로 하고는, 어떤 대가를 치르고서라도 합일을 이루려는 무자비한 욕망을 감춘 자기기만의 신화에 불과하다는 것이 뉘른베르크 재판에서 명백하게 드러났다. 이 재판에서 피고들은 서로를 고발하고 배신했으며, 자신들은 "항상 거기에 반대했다"고 세상을 납득시키려 하거나 또는 아이히만이 그런 것처럼 자신들의 최상의 재능이 상관들에 의해 "오용"되었다고 주장했다. (예루살렘에서 그는 '권력에 있는 자들'이 자신의 "복종심"을 오용했다고 고발했다. "좋은 정부의 신하가 되는 것은 행운이고, 나쁜 정부의 신하가 되는 것은 불운이다. 나는 운이 없었다.") 분위기는 바뀌었다. 비록 그들 대부분이 벌을 받게 되리라고 생각했지만 그들 중 단 한 사람도 나치 이데올로기를 옹호할 용기를 갖지 않았다. 베르너 베스트는 뉘른베르크에서 자신은 복잡한 이중역할을 수행했다고, 그리고 덴마크 관리들이 임박한 파국에 대해 경고를 받은 것은 자기 덕분이었다고 주장했다. 그러나 이와는 반대로 문헌정보에 따르면 그 자신이 베를린에서 덴마크의 작전을 제안했는데, 그는 이것이 모두 게임의 일부였다고 설명했다. 그는 덴마크에서 재판을 받고 사형선고를 받았는데 이에 항소를 해서 놀라운 결과를 얻었다. '새로운 증거'에 따라 그의 형량이 5년 형으로 감량되었고 거기서 그는 곧 석방되었다. 그가 진정으로 자신이 최선을 다했음을 덴마크 법정이 만족할 만큼 입증할 수 있었던 것 같다.

이탈리아는 독일에 유럽 내의 유일한 진정한 동맹이었고, 동등한 취급을 받았으며 주권 독립국가로 존중을 받았다. 그 동맹은 아마도 동일하지는 않지만 유사한 두 개의 새로운 형태의 정부를 서로 묶어주는 최고 종류의 공통이해에 의존하는 것이었다. 무솔리니가 한때 독일의 나치 집단들에서 크게 칭송받은 것은 사실이다. 그러나 전쟁이 발발하고 이탈리아가 잠시 머뭇거리다 독일제국과 연합했을 때는 그것은 과거의 일이었다. 나치스가 이탈리아의 파시즘보다 스탈린식의 공산주의와 더 많은 공통점을 가지고 있다는 것을 충분히 인식하고 있었다. 그래서 무솔리니의 편에서는 독일에 대한 큰 신뢰나 히틀러에 대한 큰 경탄도 갖고 있지 않았다. 그러나 이 모든 것은 특히 독일에서 최고위층의 비밀에 속했으며, 전체주의의 국가형태와 파시즘적 국가형태 사이의 깊고 결정적인 차이점들에 대해 전반적으로 세상에 전적으로 이해된 적은 없었다. 그 차이점들은 유대인 문제를 다루는 데에서 가장 명백하게 드러났다.

1943년 여름에 있었던 바돌리오(Badoglio) 쿠데타에 앞서, 그리고 독일의 로마와 북이탈리아 점령에 앞서, 아이히만과 그 요원은 이 나라에서 활동하는 것이 허용되지 않았다. 그러나 그들은 아무것도 해결하지 않는 이탈리아 방식을 프랑스와 그리스, 유고슬라비아 등의 국가들의 이탈리아 점령지에서 만났다. 처형될 유대인이 끊임없이 이 지역으로 탈출했는데 여기에서 그들은 임시 망명권을 확보할 수 있었다. 아이히만보다 훨씬 높은 계층의 사람들에게는 최종 해결책에 대한 이탈리아의 사보타주가 상당히 심각하게 다가왔는데 이는 주로 유럽의 다른 파시스트 정부(프랑스의 페탱, 헝가리의 호르티, 루마니아의 안토네스쿠, 스페인의 프랑코)에 대한 무솔리니의 영향 때문이었다. 만일 이탈리아가 자국의 유대인을 살려두기를 중지하지 않는다면 독일의 위성국가들도 동일한 시도를 할 것 같았다. 따라서 독일이 호르티에게 강제로 임명하게 한 헝가리 수상 도메 초자이는 반유대인 조치에 대하여 이탈리아에 적용한 것과 동일한 법규를 시행해도 되는지 항상 알고 싶어 했다. 아이히만의 상관인 돌격대장 뮐러는 이 주제에 대한 모든 문제를 지적하는 장문의 편지를 외무성으로 보냈다. 그러나 외무성 관리들은 여기에 대해 별다른 조치를 하지 않았는데, 왜냐하면 그들은 항상 미묘하게 은폐된 이와 동일한 저항과 동일한 약속, 그리고 동일한 약속 불이행을 보아왔기 때문이었다. 이 사보타주는 공개적으로, 그리고 거의 조롱하는 수준으로 수행되었기 때문에 훨씬 더 당혹스러운 것이었다.

무솔리니 자신과 다른 최고위층 관료들이 약속을 해왔다. 그리고 만일 장성들이 그 약속을 이행하지 못했을 때 무솔리니는 그들의 '다른 지적 구조'를 이유로 그들을 용서하곤 했다. 나치스가 명백한 거부에 부딪히는 일이 아주 가끔 있었는데, 유대인을 유고슬라비아 내의 이탈리아 점령지역에서 해당 독일 당국자에게 넘겨주는 것은 "이탈리아 군대의 명예에 부합하지 않는" 것이라고 로아타 장군이 선언했을 때가 바로 그 경우였다.

이탈리아인들이 약속을 수행한 것처럼 보였을 때는 사태가 상당히 악화되었을 것이다. 이 같은 한 예가 연합군이 프랑스령 북아프리카에 당도했을 때 일어났다. 이때 모든 프랑스 지역은 남부에 있는 이탈리아 영역을 제외하고는 독일이 점령하고 있었는데, 이탈리아 지역에서는 대략 5만 명의 유대인이 안전하게 지내고 있었다. 독일의 상당한 압력으로 이탈리아인 '유대인 문제 최고책임관'이 임명되었는데, 그의 유일한 임무는 이 지역의 모은 유대인을 등록받아 지중해 연안으로 추방시키는 것이었다. 2만 2,000명의 유대인이 체포되어 이탈리아 지역 내부로 이송되었고, 그 결과 라이트링거에 따르면, "가장 가난한 계층의 유대인 1,000명이 이제르와 사부아의 최상급 호텔에서 살게 된 것이다." 이에 따라 아이히만은 자신의 가장 거친 요원 가운데 한 사람인 알로이스 브루너를 니스와 마르세유로 보냈는데, 그가 도착했을 때는 프랑스 경찰이 등록된 유대인 명단을 모두 폐기한 다음이었다. 1943년 가을, 이탈리아가 독일에 대해 선전포고했을 때, 독일 군대는 마침내 니스로 옮겼고, 아이히만 자신은 서둘러 코테 다주르에 왔다. 거기서 그는 1만 또는 1만 5,000명의 유대인이 모나코(약 2만 5,000명의 거주민이 살고 있는 공국으로, 그 영토는 『뉴욕타임스 매거진』에서 "센트럴파크 속으로 들어갈 수 있을 정도"라고 논평했다)에 숨어서 살고 있다고 들었다(그리고 그렇게 믿었다). 이 때문에 제국중앙보안본부에서 일종의 조사 프로그램을 시작하게 되었다. 그것은 마치 전형적인 이탈리아 농담처럼 들린다. 여하튼 유대인은 거기에 더 이상 있지 않았다. 그들은 이탈리아 내의 안전한 곳으로 달아났고, 주변 산에 숨어 있던 사람들은 스위스나 스페인으로 갔다. 이탈리아인들이 유고슬라비아의 점령지를 포기했을 때도 같은 일이 일어났다. 유대인은 이탈리아 군대와 함께 떠났고 피우메에서 피난지를 찾았다.

이탈리아가 그의 강력한 친구이자 동맹에 대해 적응하려는 아주 신중한 노력을 하는 가운데도 광대극과 같은 요소가 빠지지 않았다. 독일의 압력을 받은 무솔리니가 1930년대 후반에 반유대적 법률을 도입했을 때 그는 통상적인 예외(참전용사, 고급 훈장을 받은 유대인 등)를 약속했지만, 그는 한 범주, 즉 과거의 파시스트당 요원과 그의 부모와 조부모, 아내와 자녀 및 증손을 추가했다. 이 문제와 관련된 어떠한 통계도 없지만, 그러나 이는 그 결과 수많은 이탈리아 유대인이 예외가 되었음이 분명한 것으로 보인다. 유대인 가족 중에는 적어도 한 사람이라도 파시스트 정당원이 아닌 가족은 거의 없었다. 이는 유대인이 다른 이탈리아인들과 마찬가지로 거의 20년 동안 파시스트 운동에 참여했을 때 일어난 것이기 때문인데, 이때 공무원직은 오직 파시스트 당원만이 할 수 있었다. 그리고 원칙적으로 파시스트에 반대한 유대인, 주로 사회주의자와 공산주의자들은 더 이상 이 나라에 있지 않았다. 신념을 가진 이탈리아인 반유대주의자들조차도 이 문제를 심각하게 취급할 수 없었고, 이탈리아 반유대주의 운동의 우두머리 로베르토 파리나치는 유대인 비서를 고용하기도 했다. 분명 이 같은 일들이 독일에서도 일어났다. 아이히만도 언급했지만, 보통의 친위대원 가운데도 유대인이 있었다는 것을 믿지 못할 이유가 없었다. 그러나 하이드리히와 밀히 등이 유대인 출신이라는 것은 극비사항이었고 소수의 사람만이 알고 있었던 반면, 이탈리아에서는 이러한 일들이 공개적으로, 말하자면 부지불식간에 일어났다. 물론 수수께끼의 열쇠는 이탈리아가 실제로 유럽 국가들 가운데, 모든 반유대적 조치들이 단정적으로 인기가 없었던 몇 안 되는 국가들 가운데 하나였다는 사실이다. 왜냐하면 치아노의 말처럼, 이 조치들은 "다행히도 존재하지 않은 문제를 제기"했기 때문이다.

자주 남용되는 말인 동화는 이탈리아에서는 진지한 사실이었다. 이탈리아에는 5만 명이 채 안 되는 원주민 유대인이 살고 있었지만 그 역사는 로마제국까지 거슬러 올라간다. 그것은 이데올로기나 모든 독일어권에서처럼 사람들이 믿어야 할 어떤 것, 또는 프랑스에서 분명히 나타난 것처럼 신화거나 또는 명백한 자기기만이 아니었다. '무자비한 강인성'에서 압도되지 않을 이탈리아 파시즘은 이 국가에서 전쟁 발발 전에 외국계 및 무국적 유대인을 제거하려고 시도했다. 그 시도가 그다지 성공을 거두지 못했는데, 그 이유는 하급 이탈리아 공무원들이 일반적으로 '강인하게' 되기를 원하지 않았기 때문이었다. 그리고 생사의 문제와 연관된 일에 대해서는 그들은 자신의 주권을 유지한다는 구실로 이와 관계된 유대인 주민들을 버리기를 거부했다. 그 대신 이탈리아인들은 그들을 이탈리아 캠프에 수용했고, 거기서 그들은 독일이 이 나라를 점령할 때까지는 안전했다. 이 같은 행위는 객관적 조건('유대인 문제'의 부재)만으로는 거의 설명될 수 없다. 왜냐하면 이 외국인들은 자국민 사이의 민족적, 문화적 동질성에 기초한 모든 유럽의 민족국가에서 그러한 것처럼, 자연적으로 이탈리아에서 문제를 일으켰다. 덴마크에서 진정한 정치적 의미를 가진 귀결, 즉 시민과 독립의 전제조건 및 책임에 대한 타고난 이해였던 것("덴마크인들에게는…… 유대인 문제가 정치적 문제였지 인류애 문제가 아니었다."*)이 이탈리아에서는 오랜 문명화된 민족의 거의 자동적인 일반적 인류애(humanity)의 산물이었다.

더욱이 이탈리아인의 인류애는 전쟁 마지막 1년 반 동안 그 사람들에게 내린 공포라는 시험을 견뎌냈다. 1943년 12월 독일 외무성이 아이히만의 상관인 뮐러의 도움을 공식적으로 요구하며 다음과 같이 말했다. "총통의 지시에 따른 반유대인 조치의 시행에서 이탈리아 관리

---

* Leni Yahil.

들이 지난 수개월 동안 보여준 열성의 결여를 고려할 때 외무성 소속인 우리는 그 조치의 시행을…… 독일 관리들의 감독하에 두는 것이 긴급하고도 필수적이라고 여긴다." 이에 따라 루블린 지역의 죽음의 수용소 출신 오딜로 글로보크니크와 같은 유명한 유대인 킬러들이 이탈리아로 파송되었다. 군사 당국의 수장조차도 군인이 아니라 폴란드 갈리시아 지역의 전 지사였던 돌격대장 오토 뵈흐터였다. 이로써 장난 같은 일(practical jokes)은 끝났다. 아이히만의 사무실에서는 예하 부서에 '이탈리아 국적의 유대인'은 즉각적으로 '필요한 조치'를 따라야 한다는 회람 통지를 내렸다. 그리고 최초의 타격은 로마에 있는 8,000명의 유대인에게 가해졌는데, 이들은 이탈리아 경찰을 신뢰하지 못한다는 이유에서 온 독일 경찰 부대에 의해 체포되었다. 유대인은 과거 파시스트들로부터 제때에 여러 차례 경고를 받았고 7,000명이 탈출했다. 독일인들은 늘 그렇듯이 저항에 부딪히면 양보하다가, 이제는 이탈리아 유대인이 비록 면제 대상의 범주에 속하지는 않지만 이송되지는 않았고 이탈리아 수용소에 수용되기만 했다. 이 '해결책'은 이탈리아에는 충분히 '최종적'이었던 것 같다. 북 이탈리아에서는 대략 3만 5,000명의 유대인이 체포되어 오스트리아 국경 근처의 강제수용소로 보내졌다. 1944년 봄 붉은군대가 루마니아를 점령하고 연합군이 로마에 진입했을 때, 독일인들은 약속을 깨고 이탈리아 출신의 유대인을 아우슈비츠로 이송하기 시작했다. 그곳으로 간 7,500명 가운데 겨우 600명만이 돌아왔다. 그래도 이것은 당시 이탈리아에 살던 모든 유대인의 10퍼센트에 훨씬 못 미치는 숫자였다.

제11장

발칸 지역으로부터의 이송:
유고슬라비아, 불가리아, 그리스, 루마니아

재판과정을 지켜보고 그 재판의 복잡하고 혼란스러운 '전반적 그림'을 재구성한 판결문을 읽은 사람들에게는 판결문에서 나치스가 통제한 동부 및 남동부지역과 민족국가 체계를 지니고 있던 중부 및 서부 유럽에 대한 엄격한 구분이 한 번도 언급되지 않은 것은 놀라운 일이었다. 북으로는 발틱해에서 남으로는 아드리아해에 이르는 혼합 민족들로 이루어진 지대, 그 대부분이 지금 철의 장막[1] 안에 있는 이 지역은 당시에는 제1차 세계대전 이후 승전국들에 의해 만들어진 이른바 계승국들[2]로 이루어져 있었다. 제국(북으로는 러시아 제국, 남으로는 오스트리아-헝가리 제국, 남동으로는 터키 제국)의 점령하에서 수세기 동안 살아온 수많은 민족 집단들에게는 새로운 정치적 질서가 부여되었다. 그 결과 생겨난 민족국가들 가운데는 자신들의 정치적 제도의 모범으로 삼은 구 유럽 국가들이 가지고 있었던 민족적 동질성을 비슷하게라도 가진 나라는 한 나라도 없었다. 그 결과 이 나라들은 현 정부에 격렬히 적대적인 거대한 민족 집단을 가지게 되었다. 왜냐하면 그들 자신

---

1) 철의 장막이란 구 소련을 지칭하는 말로서 정보가 통제되어 내부 사정을 잘 알 수 없었다는 점 때문에 붙여진 이름이다.
2) 패전 후 소멸된 국가들의 부채를 승계한 나라들을 말한다.

의 민족적 열망은 자신들보다 약간 더 많은 수의 이웃들에 의해 좌절되었기 때문이다. 최근에 설립된 이들 국가들이 정치적으로 안정되지 못했다는 사실에 대한 증거가 필요하다면 체코슬로바키아의 경우가 충분히 입증해줄 수 있다. 히틀러가 1939년 3월에 프라하로 행진해 들어갔을 때 그는 독일 소수계인 수데텐도이치족뿐만 아니라 슬로바키아족으로부터도 환영을 받았는데, 슬로바키아족은 히틀러로부터 '독립' 국가 제안을 받아 '해방'되었다. 이후에 이와 똑같은 일이 유고슬라비아에서 일어났는데, 거기서 다수족이며 이 나라의 통치자가 된 세르비아는 적으로 간주되었고, 크로아티아 소수민족에게는 그 자신의 민족 정부가 주어졌다. 게다가 이 지역에는 인구의 굴곡이 심해서 어떤 자연적 또는 역사적 경계도 존재하지 않았다. 그리고 트리아농 조약과 성 게르마인 조약[3]을 통해 형성된 이 경계들은 전적으로 자의적인 것이었다. 따라서 헝가리와 루마니아, 불가리아는 자신의 영역을 관대하게 확정시킴으로써 추축국의 파트너가 될 수 있었다. 그리고 이처럼 새롭게 합병된 지역에 있는 유대인은 국민으로서의 지위가 거부되었다. 그들은 자동적으로 무국적 상태가 되었고, 따라서 서부 유럽의 난민들과 똑같은 운명을 겪게 되었다. 그들은 분명히 가장 먼저 이송되고 학살될 사람들이었다.

또한 이 시절에 붕괴된 것은 소수민족 조약들의 정교한 체계였다. 이 조약들을 통해 연합국들은 민족국가의 정치적 틀로서는 해결할 수 없는 문제를 해결하려고 헛된 희망을 품었던 것이다. 유대인은 모든 계승국들에서 공식적으로 인정받는 소수민족이었다. 그리고 이 지위는 그들에게 강제로 부과된 것이 아니라 마르세유 평화협정에 보낸 자신들의 대표들을 통해 제기한 주장과 협상의 결과였다. 이것은 유대인 역사

---

3) 1920년의 트리아농 조약을 통해 구 오스트리아 제국으로부터, 그리고 성 게르마인 조약을 통해 헝가리로부터 체코슬로바키아와 유고슬라비아가 각각 땅을 받아 국가를 설립했다.

에서 중요한 전환점을 이루는데, 왜냐하면 서부 유럽의 유대인이나 동화된 유대인이나 할 것 없이 유대인은 전체 유대인을 위한 대변인으로 인정받은 적이 없었기 때문이다. 놀랍게도, 그리고 동시에 때때로 실망스럽게도, 서구의 교육받은 유대인 '귀족'들 대다수는 일종의 사회적 그리고 문화적 자율성은 원했지만 정치적 자율성을 원하지 않았음이 드러났다. 법적으로는 동부 유럽의 유대인의 지위는 다른 여타의 소수 민족의 지위와 동일했다. 그러나 정치적으로는 (그리고 이것이 결정적이었는데) '고향'이 없는 지역에서 살고 있는, 즉 자신들이 인구 중 다수를 이루며 살아가는 지역이 없는 유일한 민족 집단이었다. 그러나 그들은 서부나 중부 유럽의 형제들처럼 동일하게 흩어져서 산 것은 아니었다. 히틀러 이전에는 서부나 중부 유럽에서 유대인을 유대인이라고 부르는 것 자체가 반유대주의의 표지였지만 동부 유럽의 유대인은 동지나 적 모두에게서 분명한 하나의 민족으로 인정받았다. 이 사실은 동화된 동부의 유대인의 지위에서 아주 중요한 역할을 하여, 동화를 하는 것이 하나의 규칙처럼 된 서부 유럽과는 완전히 다른 지위를 갖게 해주었다. 서부와 중부 유럽에서는 중산층 유대인이 대부분이었다는 것이 특징인데, 동부에서는 그렇지 않았다. 그 대신 우리가 발견하게 되는 것은 얇은 층으로 이루어진 중상층 가족들로 이들은 실제로는 지배계층에 속했고, 그들의 이방 사회에 대한 (돈과 세례, 종족간 결혼을 통한) 동화의 정도는 서부 대부분의 유대인 동화 정도보다 비교할 수 없을 정도로 컸다.

최종 해결책의 수행자들이 이러한 조건들에 직면한 최초의 국가들 가운데 유고슬라비아에는 꼭두각시 국가인 크로아티아가 있었는데 그 수도는 자그레브였다. 안테 파벨릭 박사가 이끄는 크로아티아 정부는 정부 설립 3주 후에 아주 의무감을 가지고 반유대인 법안을 도입했다. 그리고 독일에 있는 수십 명의 크로아티아계 유대인에 대해 어떻게 할 것인가라는 질문을 받았을 때 정부는 그들이 '동부로 이송되는 것을 감사하게 될 것이다'라고 답했다. 제국 내무성 장관은 1942년 2월까지 유대인이 없도록 해야 한다고 요구했고, 아이히만은 총돌격대장 프란츠 아브로마이트를 자그레브에 있는 독일경찰 무관과 함께 일하도록 보냈다. 이송작업은 크로아티아인들 자신, 특히 강력한 파시스트 운동의 요원인 우스타쉐 당원들에 의해 수행되었다. 그리고 크로아티아인들은 나치스에게 각 유대인의 이송비로 30마르크씩 지불했다. 그 대가로 그들은 이주자들의 모든 재산을 물려받았다. 독일의 공식적 '점령지 원칙'에 따르면 이것은 모든 유럽 국가에 적용 가능한 것이었는데, 이에 따라 국가는 자신의 국경 안에 머무르다 살해당한 유대인의 재산을 상속받았다. (나치스가 '점령지 원칙'을 항상 준수한 것은 결코 아니었다. 만일 수고를 마다하지 않는다면 그것을 회피하는 방법은 많았다. 독일인 사업가들은 유대인이 이송되기 전 그들로부터 직접 무엇이든 사들였고, 돌격대 지휘관 로젠베르크도 처음에는 독일의 반유대주의 연구본부를 위해 모든 히브리인, 유대인의 재산을 몰수하다가 곧 자신의 활동을 넓혀 값진 가구나 예술 작품들까지 모아들였다.) 유대인이 크로아티아에서 이탈리아 점령지로 탈출할 수 있었기 때문에 원래의 기한이었던 1942년 2월은 맞추어지지 않았지만, 바돌리오의 쿠데타 이후 또 다른 아이히만의 사람이었던 헤르만 크루마이가 자그레브에 도착했고 그래서 1943년 가을까지 3만 명의 유대인이 죽음의 센터로 이송되었다.

그제야 독일인들은 이 나라가 아직도 유대인이 없는 나라가 아니라는 사실을 깨달았다. 최초의 반유대인 법에서 '크로아티아의 이익'에 기여하는 모든 유대인을 '명예 아리안족'으로 바꾸는 이상한 조항을 독일인들이 발견했다. 이러한 유대인의 수가 이 개입 기간 동안 당연히 크게 증가했다. 다른 말로 하면 자기 재산을 가지고 자발적으로 떠난 아주 부유한 사람은 제외되었다. 이보다 훨씬 더 흥미로운 사실은 친위대 정보부(돌격대장 빌헬름 회틀의 지휘하에 있었는데, 그는 먼저 예루살렘에서 피고 측 증인으로 소환되었으나 그의 선서 진술서는 검찰에 의해 사용되었다)가 정부수반에서 우스타쉐당의 지도자에 이르기까지 크로아티아의 거의 모든 지배자들이 유대인과 결혼한 것을 발견했다는 것이었다. 이 지역의 유대인 가운데 살아남은 1,500여 명(유고슬라비아 정부 보고서에 따르면 5퍼센트)은 분명히 모두가 이처럼 고도로 동화된, 그리고 극도로 부유한 유대인 집단이었다. 그리고 동부의 대중들 가운데 동화된 유대인의 비율은 종종 약 5퍼센트로 추산되기 때문에, 동부에서 동화가 가능한 경우 유럽 다른 지역에서보다도 생존하는 데는 더 나은 가능성을 제공해주었다.

세르비아의 인접국들에서는 상황이 많이 달랐다. 세르비아에서는 독일 점령군이 거의 첫날부터 러시아 전방에서의 전투와 비견할 수 있을 정도의 유격대 전투를 치러야 했다. 나는 앞서 세르비아에서 일어난 유대인 멸절과 아이히만이 연결된 유일한 사건에 대해 언급했다. 법정에서는 "세르비아 유대인을 다루는 일상적 명령 체계가 우리에게는 아주 분명하게 인지되지 않았다"는 점을 인정했다. 그리고 이에 대한 설명에 따르면 아이히만의 사무실에서는 이 지역의 일에 전혀 개입하지 않았는데 그 이유는 어떠한 유대인도 이송되지 않았기 때문이라는 것이었다. '문제'는 모두 현장에서 해결되었다. 유격대원과의 전투에서 체포한 인질을 살해한 핑계로 군대는 유대인 남성을 총으로 사살했다. 여성들과 아이들은 치안경찰 사령관 에마누엘 셰퍼에게 넘겼는데, 이 사람은 하이드리히의 부하로 그들을 가스차량에서 살해했다. 1942년 8월에 군사정부 민간인 부서장인 하랄 투르너 추밀원 고문관은 자부심에 차서 세르비아는 '유대인 문제와 집시 문제를 동시에 해결한 유일한 나라'라고 보고했고, 가스차량을 베를린으로 돌려보냈다. 대략 5,000명의 유대인이 유격대로 가담했는데 이것이 유일한 탈출로였다.

셰퍼는 전후에 독일 형사법정에서 심판대에 서야 했다. 6,280명의 여성과 아이들을 가스로 살해한 죄로 그는 6년 6개월 형을 언도받았다. 이 지역의 군 통치자 프란츠 뵈메 장군은 자살했지만 투르너는 유고슬라비아 정부로 넘겨져 사형선고를 받았다. 이제 같은 이야기가 다시 계속해서 반복된다. 뉘른베르크 재판을 피하고 자신이 죄를 범한 나라에서도 재판을 받지 않은 사람들은 결국 재판에 회부되지 않았거나 독일의 법정에서 가능한 최고의 '이해'를 얻었다. 불행히도 사람들은 바이마르 공화국의 일을 떠올렸는데, 그 공화국이 한 일이라고는 정치적 살인자가 폭력적인 반공화국적 우파 단체에 속해 있다면 그 살인행위를 용서해주는 것이었다.

불가리아는 발칸반도의 국가들 가운데 어느 나라보다도 나치 독일에 대해 고마워해야 할 이유가 있었다. 불가리아는 루마니아와 유고슬라비아, 그리스를 대가로 상당한 정도의 영토를 확장했기 때문이다. 그러나 불가리아는 고마워하지 않았으며, 그 정부도 국민도 '무자비한 강인성' 정책이 시행되도록 할 만큼 부드럽지 않았다. 이것은 유대인 문제에만 나타난 것이 아니었다. 불가리아 군주 정부는 본국의 파시스트 운동인 라트니치에 대해 염려해야 할 이유가 없었다. 왜냐하면 그 운동은 수적으로도 적고 정치적으로도 영향력이 없었으며, 의회는 상당히 존중받는 정치체였고 왕과도 부드러운 관계를 유지하고 있었기 때문이다. 따라서 그들은 러시아에 대해 선전포고하기를 거부했으며, 동부 전선에 '지원병'으로서 상징적인 원정군을 보내지도 않았다. 그러나 가장 놀라운 것은 반유대주의가 집단마다 강력히 퍼져 있던 혼합 민족지역 가운데 속하는 불가리아인들은 '유대인 문제에 대한 이해'를 도무지 갖고 있지 않았다는 것이다. 불가리아 군대가 모든 유대인(약 1만 5,000명 정도)을 새롭게 합병한 지역으로 이송하는 데 동의한 것은 사실이고 그 지역은 군 정부 관할지역이며 지역주민은 반유대적이었다. 그러나 그들이 '동부로의 재정착'이 실제로 무엇을 의미하는지를 알고 있었던 것 같지는 않다. 다소 이른 시기인 1941년 1월에 정부는 몇 가지 반유대적 법률을 도입하는 데 동의하기도 했지만, 나치스의 관점에서 보면 그것은 단지 웃기는 정도일 뿐이었다. 그것은 대략 6,000명의 노동 가능한 남자들은 강제노동시키며, 모든 세례받은 유대인은 언제 개종했는지에 상관없이 면제되었고, 그 결과 개종행위가 순간적으로 확산되었다. 대략 1만 5,000명의 유대인 가운데 5,000명의 유대인이 추가로 특권을 부여받았다. 그리고 유대인 의사와 사업가에게는 인원제한 제도가 도입되었는데 그 제한선이 다소 높았다. 왜냐하면 그 제도는 국가 전체가 아니라 해당 도시에 거주하는 유대인의 비율에 근거한 것이기 때문이었다. 이러한 조치들이 발효되었을 때 불가리아 정부 관리들은 사태가 이제 모든 사람들이 만족할 만큼 안정되었다고 공식적으로 선언했다. 분명한 것은 나치스가 그들에게 '유대인 문제의 해결'을 위해서 시행되어야 할 필수 조치들에 대해 계몽시켜주어야 했을 뿐 아니라 법적 안정과 전체주의 운동은 화해할 수 없다는 것을 그들에게 가르쳐주어야만 했다는 것이다.

독일 당국은 앞에 놓인 난제에 대해 얼마간 의심했음이 분명하다. 1942년 1월에 아이히만은 외무성에 보내는 편지에서 자신이 "불가리아에서 유대인을 받아낼 충분한 가능성이 있다"고 선언했다. 그는 불가리아 정부에 접근하여 소피아에 있는 경찰 무관이 "이송을 기술적으로 완료하도록 할 것"이라는 점을 외무성에 분명히 말할 것을 제안했다. (이 경찰 무관은 이 일을 그리 열심히 하지 않은 것으로 보인다. 왜냐하면 그 직후 아이히만은 자신의 부하 테오도어 단네커를 파리에서 불러 소피아에 '고문관으로' 보냈기 때문이다.) 이 편지가 아이히만이 겨우 몇 달 전에 세르비아로 보낸 소식에서 유대인을 받아들일 어떤 시설도 아직 확보되지 않았고 제국 출신의 유대인조차도 이송할 수가 없다고 한 것과 정면으로 모순이 된다는 점에 주목하면 아주 흥미롭다. 불가리아에서 유대인을 없애는 과업에 최고 우선권이 주어졌던 것은 어떤 일이든 달성하려면 상당한 속도가 필수적이라는 정확한 정보를 베를린이 입수했다는 것만으로 설명이 가능하다. 이제 독일 대사관이 불가리아인들에게 접근했다. 그러나 6개월이 지나서야 그들은 '근본적' 조치의 방향으로 첫걸음을 내딛을 수 있었다. 나치스에게는 이것조차도 커다란 실망으로 나타났다. 그들의 의무에 따라 보고한 내용에 따르면 첫째, 가슴에 붙이는 장식은 '너무나 작은 별'일 따름이었다. 둘째, 대부분의 유대인은 그것을 그냥 달지 않았다. 그리고 셋째, 그것을 단 사람들은 "그것을 오인하는 군중들로부터 아주 많은 동정심을 받아 그들은 실제로 자신이 단 별에 자부심을 느꼈다." 이 내용은 제국중앙보안본부 방첩대 대장이었던 발터 셸렌베르크가 보안대로 보낸 보고서에 있었는데, 이 보고서는 1942년 11월에 외무성으로 전달되었다. 여기에 대해 불가리아 정부는 칙령을 취소했다. 독일의 큰 압력을 받은 불가리아 정부는 결국 모든 유대인을 소피아에서 변방 지역으로 추방하기로 결정했다. 그러나 이 조치는 독일인들이 원한 것이 결코 아니었는데, 왜냐하면 그 조치는 유대인을 집결시키는 것이 아니라 분산시켰기 때문이다.

이러한 추방은 전체 상황으로 봐서는 실제로 중요한 전환점을 마련했다. 왜냐하면 소피아 주민들은 유대인이 기차역으로 가는 길을 막으려 했고 나아가 왕궁 앞에서 시위했기 때문이다. 독일인들은 처음에 불가리아의 유대인을 안전하게 지키는 것이 보리스 왕의 책임이라고 착각했기 때문에 독일 정보원들이 그를 암살한 것은 합리적으로 생각해볼 때 확실했다. 그러나 군주의 죽음도, 1943년 초에 있었던 단네커의 도착도 상황을 조금도 변화시키지 못했다. 의회와 민중이 분명히 유대인을 편들고 있었기 때문이다. 단네커가 불가리아 유대인문제위원회와 6,000명의 '지도급 유대인'을 트레블링카로 이송하는 문제에 합의를 보는 데 성공했지만 이들 유대인 가운데 아무도 이 나라를 떠나지 않았다. 이 합의 자체가 주목할 만한데 왜냐하면 그것은 나치스가 유대인 지도자들을 자신의 목적에 맞도록 명단을 갖출 아무런 희망도 갖지 않았음을 보여주기 때문이다. 소피아의 최고 랍비를 만날 수 없도록 소피아의 메트로폴리탄 슈테판이 숨겼는데, 그는 공개적으로 "신이 유대인의 운명을 결정했고, 인간이 유대인을 고문하고 처형할 아무런 권리가 없다"*고 선언했다. (이것은 바티칸이 한 어떤 선언보다도 상당히 더

---

* Hilberg 저서에서 인용했다.

강한 것이었다. 마침내 불가리아에서는 몇 달 후 덴마크에서 일어난 일과 똑같은 일이 일어났다.) 그 지역의 독일 관리들은 스스로에 대한 확신을 잃어버리게 되었고 더 이상 신뢰할 수 없게 되었다. 유대인을 수색하여 체포해야 하는 친위대 요원 경찰 무관이 그러했고, 또 "불가리아인들은 아르메니아인, 그리스인, 그리고 집시들과 함께 너무나 오래 살았기에 유대인 문제에 대해 제대로 평가할 줄 모르기" 때문에 이 상황은 희망이 없다고 1943년 6월에 외무성에 보고한 소피아 주재 독일 대사 아돌프 베케를레도 그러했다. 불가리아인들에 대한 그 같은 평가는 완전히 말도 안 되는 것이었다. 그것은 동부 및 남동부 유럽의 모든 나라들에서도 마찬가지로 적용되는 것이기 때문이다. 제국중앙보안본부에 아주 자극받은 어조로 더 이상 할 게 없다고 보고한 사람도 베케를레였다. 그 결과 붉은군대의 진주와 더불어 반유대 법안들이 폐기될 때까지 불가리아 유대인도 이송되거나 자연사가 아닌 죽임을 당한 사람은 한 명도 없었다.

여러 민족들이 섞여서 살고 있는 지역에서 독특한 경우에 해당하는 불가리아인들의 행위에 대해 설명하려는 어떠한 시도에 대해서도 나는 알지 못한다. 그런데 사람들은 불가리아 공산주의자 게오르기 디미트로프를 기억한다. 그는 나치스가 권력을 장악했을 때 독일에 머물러 있었는데, 1933년 2월 27일 베를린 의사당에서 일어난 의심스런 화제 사건으로 인해 나치스는 그를 고소했다. 그는 독일 최고법정에서 재판을 받았고 괴링과 대면했는데, 디미트로프는 마치 자기가 재판을 진행하는 것처럼 괴링에게 질문을 했다. 반 데르 루베를 제외한 모든 피고들이 무죄 석방된 것은 그의 덕분이었다. 그의 행동은 너무나 당당하여 전 세계의 경탄을 샀으며, 독일도 예외는 아니었다. 사람들은 다음과 같이 말하곤 했다. "독일에는 한 사람만이 남아 있다. 그런데 그는 불가리아인이다."

독일인들에게 북쪽을 점령당하고 이탈리아인들에게 남쪽이 점령당한 그리스는 어떤 특별한 문제를 야기하지 않고 따라서 그 나라에서 유대인을 없애는 순서가 돌아오기를 기다리고 있었다. 1943년 2월 아이히만의 두 전문가 디터 비슬리케니와 알로이스 브루너 총돌격대장이 살로니카에서 유대인을 이송시키기 위한 모든 준비를 위해 도착했다. 그곳은 그리스계 유대인의 3분의 2인 약 5만 5,000명이 집중적으로 모여 있는 지역이었다. 제IV-B-4부에서 온 임명서에 나와 있는 것처럼 이것은 '유럽 유대인 문제의 최종 해결의 근본 틀' 안에서 이루어진 계획에 따른 것이었다. 그들은 이 지역의 군 당국을 대변하는 막스 메르텐 박사라는 전쟁관리위원과 밀접하게 작업을 하는 가운데 즉각적으로 통상적인 유대인위원회를 만들고 코레츠 랍비 장을 위원장으로 세웠다. 살로니카의 유대인 문제 특별부대의 수장 비슬리케니는 노란 표지를 다는 제도를 도입했고 어떠한 예외도 허용하지 않을 것이라는 점을 즉각적으로 공표했다. 메르텐 박사는 모든 유대인을 게토로 몰아넣었는데, 그곳은 기차역에서 가까웠기 때문에 유대인은 쉽게 제거될 수 있었다. 특권을 받은 계층은 외국 여권을 가진 유대인과 늘 그렇듯 유대인위원회 요원들뿐이었다. 이들은 모두 합쳐서 수백 명을 넘지 않았는데, 이들도 결국 베르겐벨젠의 교환 수용소로 모두 이송되었다. 이들에게는 남부 지역으로 비행기를 타고 가는 것 외에는 탈출로가 없었는데, 남부 지역에 있던 이탈리아인들은 다른 곳에서와 마찬가지로 유대인을 독일인들에게 넘기기를 거부했으므로 이탈리아 영역에서의 안전은 잠시 보장되었다. 그리스 민중은 기껏해야 무관심한 태도를 취한 정도였고 심지어 일부 당원들은 이 작업에 대해 '찬성'했다. 두 달 이내에 공동체 전체가 이송되었는데 아우슈비츠행 열차는 하루에 2,000명 내지는 2,500명을 화물칸에 싣고 떠났다. 같은 해 가을, 이탈리아 군대가 괴멸했을 때 아테네와 그리스 섬들을 포함한 그리스 남부 지역 출신의 1만 3,000명가량의 유대인의 소개가 신속히 완료되었다.

아우슈비츠에서 많은 그리스계 유대인은 이른바 죽음의 부대에 고용되어 있었는데, 이 부대는 가스실과 화장터에서 작업을 했다. 이들은 헝가리 유대인이 처형되고 우츠 게토가 폐쇄된 1944년까지도 살아 있었다. 그해 여름 가스를 이용한 살해가 곧 중지되고 시설물들이 폐쇄될 것이라는 소문이 돌자 수용소에서 거의 일어나지 않은 폭동이 일어났다. 죽음의 부대는 이제 자신들도 살해당할 것이라고 확신한 것이다. 폭동은 완전한 재앙 그 자체였다. 오직 한 사람만이 살아남아 그 이야기를 전해주고 있다.

그리스계 유대인의 운명에 대한 그리스인들의 무관심은 해방 이후에도 남아 있는 것 같다. 지금 아이히만 재판에서 피고 측 증인으로 나온 메르텐 박사는 다소 앞뒤가 맞지 않은 논조로 자신은 아무것도 몰랐다고 주장하면서 동시에 자기가 몰랐던 운명으로부터 유대인을 구해냈다고 주장하고 있다. 그는 전쟁 후 조용히 그리스로 돌아가 여행사 대표로 살았다. 그는 체포되었지만 곧 석방되어 독일로 돌아가도 좋다는 허락을 받았다. 그의 경우는 독특하다고 할 수 있는데, 왜냐하면 독일이 아닌 다른 나라에서 벌어진 전범재판은 항상 심한 처벌로 귀결되었기 때문이다. 그가 베를린에서 피고 측과 검찰 양쪽의 대리인이 임석한 가운데 한 피고를 위한 그의 증언도 상당히 독특했다. 아이히만이 살로니카에 있던 약 2만 명의 여성과 아이들을 구하는 데 상당히 도움을 주었으며, 또 모든 악한 일은 비슬리케니에게서 나왔다고 주장했다. 그러나 그는 증언하기 전에 린츠에서 변호사 일을 하는 아이히만의 형과 과거 친위대 요원들로 이루어진 한 독일 조직과 접촉했다고 결국 진술했다. 아이히만 본인은 이 모든 것을 부인했다. 그는 살로니카에 가본 적도 없었고 도움을 준 메르텐 박사를 만난 적도 없었던 것이다.

아이히만은 자신의 조직적 재능, 즉 그의 사무실에서 이루어진 소개와 이주에 대한 조정 작업이 사실상 희생자들에게 도움이 되었다고 한 차례 이상 주장했다. 그것이 유대인의 운명을 보다 쉽게 만들어주었다는 것이다. 이런 일들이 이루어져야 했다면 질서정연하게 이루어지는 것이 더 낫다는 것이 그의 주장이었다. 재판 기간 동안 아무도 심지어 피고 측 변호인단도 이 주장에 전혀 주의를 기울이지 않았다. 그 주장은 자신이 '강제이주'를 통해 수만 명의 유대인의 생명을 구했다는 그의 어리석고도 집요한 주장과 같은 범주에 속하는 말임이 분명했기 때문이다. 그런데 루마니아에서 일어난 일에 비추어보면서 사람들은 의문을 갖기 시작했다. 여기서도 모든 일은 뒤죽박죽이었지만, 게슈타포 사람들조차도 베를린에서 온 명령을 사보타주한 덴마크의 경우와는 달랐다. 루마니아에서는 친위대조차도 거대한 규모로 이루어진 구식의 자발적인 유대인 학살에 깜짝 놀랐고 때때로 공포에 젖기까지 했다. 그들은 순전한 도살행위로부터 유대인을 구하기 위해 종종 개입했으며, 그래서 그들에 따르면 살상이 문명화된 방식으로 이루어지도록 했다.

루마니아가 전쟁 전 유럽에서 가장 반유대주의가 심한 나라라고 하는 것은 거의 과장이 아니다. 심지어 19세기에도 루마니아는 반유대주의가 잘 구축된 것이 사실이었다. 1878년에 강대국들이 베를린 조약을 통해 개입하여 루마니아 정부가 유대인 거주자들을 루마니아 국민으로 인정하도록 했다. (비록 그들은 2등 시민으로 남아 있겠지만 말이다.) 하지만 그들은 성공하지 못했고, 제1차 세계대전이 끝날 무렵에 모든 루마니아계 유대인(수백 명에 해당하는 세파르디계 가족들과 일부 독일계 유대인은 예외)은 여전히 외국인 거주자 신분이었다. 평화협정 회담 기간 동안 연합군은 루마니아 정부가 소수자 협정을 받아들여 유대인에게 소수자 시민권을 부여하도록 '설득'하는 데 전력을 기울였다. 세계 여론에 대한 이러한 양보는 1937년과 1938년에 취소되었는데, 이때 히틀러 독일의 힘을 신뢰한 루마니아인들은 소수자 협정을 자신의 '주권'에 대한 강압으로 간주하여 무효를 선언함으로써 전체 유대인 인구의 약 4분의 1 되는 수십만 명의 유대인으로부터 시민권을 박탈하는 위험을 감수할 생각을 갖게 했다. 2년 후인 1940년 8월, 히틀러 독일 편에 서서 루마니아가 전쟁에 참가하기 몇 달 전, 새로운 철권 독재정부의 수장인 이온 안토네스쿠 제독은 평화협정 이전에 루마니아 시민이 된 몇백 가구를 제외하고는 모든 루마니아 유대인이 무국적자라고 선포했다. 같은 달 그는 또한 독일을 포함한 전 유럽에서 가장 혹독한 반유대인 법을 제도화했다. 전쟁 참전용사와 1918년 이전에 루마니아인이 된 유대인으로 이루어진 특권 계층은 겨우 1만여 명으로서, 전체 유대인 집단의 1퍼센트를 넘지 않았다. 루마니아가 독일을 앞지를 위험에 처해 있음을 깨달은 히틀러는 최종 해결책 명령을 내린 몇 주 후인 1941년 8월에 괴벨스에게 "안토네스쿠 같은 사람이 이 문제에서 우리가 현재 하고 있는 것보다 훨씬 더 철저한 방식으로 진행하고 있다"고 불평했다.

루마니아가 1941년 2월에 전쟁에 참전하여 루마니아 지역은 곧 있을 러시아 침공 시에 고려에 넣은 군사지역이 되었다. 오데사에서만 루마니아 병사들은 6만 명을 학살한 책임이 있었다. 다른 발칸반도 국가들의 정부와는 대조적으로 루마니아 정부는 처음부터 동부에서 이루어지던 유대인 학살에 대한 아주 정확한 정보를 갖고 있었다. 철권통치가 축출된 뒤인 1941년 여름에도 루마니아 병사들은 같은 해 1월 '철권통치가 부카레스트에서 폭발시켰던 것보다는 작은 규모'기는 하지만 학살과 이송 계획("이 계획은 순전한 공포 면에서 보자면 전체 잔혹사에 대한 기록에서 비교할 대상이 없을 정도였다."*)에 여전히 참여했다. 루마니아 스타일이란 5,000명을 열차 화물칸에 발디딜 틈 없이 태우고는 여러 날 동안 목적지도 계획도 없이 교외를 계속 달리게 하여 질식사하도록 하는 것이었다. 이러한 살해 작전을 마치고 나서는 흔히 유대인 도살장에 시신들을 전시했다. 루마니아 공포의 강제수용소는 동부로의 이송이 가능하지 않았기 때문에 루마니아인들 스스로 만들고 운영했는데, 우리가 독일에서 일어난 것으로 알고 있는 어떤 일들보다도 더 교묘하고 잔혹한 것이었다. 아이히만이 유대인 문제 일반고문인 구스타프 리히터 총돌격대장을 부카레스트로 보냈을 때, 리히터는

---

* Hilberg.

안토네스쿠가 이제는 11만 명의 유대인을 '부크강 너머의 두 수풀 지대', 즉 독일이 점령한 러시아 지역에서 학살하기 위해 이송을 원한다고 보고했다. 독일인들은 경악하여 모두가 이 현안에 개입했다. 이들은 군 사령관, 점령지 동부지역을 위한 로젠베르크의 각료, 베를린의 외무성, 부카레스트로 보낸 대사 프라이헤어 만프레트 폰 킬링거 등이었는데, 킬링거는 돌격대 고위 관료였고 룀의 개인적인 친구였기 때문에 친위대의 눈에는 의심스런 인물이어서 아마도 그에게 유대인 문제에 대해 자문한 리히터의 감시를 받고 있었을 것이다. 그러나 이 문제에 대해 그들은 모두 의견이 일치했다. 아이히만 본인은 이 단계에서 '유대인을 제거하기 위한' 이 같은 비조직적이고 비성숙한 루마니아의 노력을 중지해달라고 1942년 4월 외무성에 보낸 한 편지에서 탄원했다. 루마니아인들에게는 '이미 활발하게 진행되고 있던 독일계 유대인의 제거'가 우선적으로 이루어져야 한다고 이해시킨 것 같고, 그래서 그는 "비밀경찰을 투입하겠다"고 협박하면서 글을 맺었다.

독일인들이 원래 모든 발칸 반도 국가들을 위해 계획한 최종 해결책에서 루마니아에 우선적인 권한을 주기를 아무리 꺼려했다 하더라도, 만일 그들이 상황을 유혈의 혼란 상태로 빠뜨리지 않고자 했더라면 그들은 입장을 변경해야 했을 것이다. 그러나 아이히만이 비밀경찰을 보내겠다는 협박을 즐긴 만큼이나, 유대인을 구하는 것이 그들이 훈련받은 내용은 아니었다. 따라서 8월 중순(이때까지 루마니아인들은 거의 어떠한 독일의 도움 없이 30만에 가까운 유대인을 죽였다)에 외무성은 안토네스쿠와 '유대인의 루마니아로부터의 소개 작업을' 독일 군대가 수행한다는 협정을 마쳤다. 그리고 아이히만은 20만 명의 유대인을 루블린에 있는 죽음의 수용소로 이동시킬 충분한 열차 편을 얻기 위해 독일 철도청과 협상을 시작했다. 그러나 모든 것이 준비되고 이러한 큰 양보가 허용된 이때 루마니아인들은 갑자기 태도를 바꾸었다. 마른하늘의 날벼락처럼 믿고 있었던 리티허로부터 한 통의 편지가 베를린에 도착했다. 안토네스쿠 제독이 마음을 바꾸었다는 것이었다. 킬링거 대사가 보고한 것처럼 제독은 이제 유대인을 '편안한 방식으로' 제거하기를 원한다는 것이었다. 독일인들이 고려하지 못한 것은 이 나라가 과도한 비율의 단순 살인자들이 많은 나라라는 사실뿐만 아니라, 루마니아도 역시 발칸에서 가장 타락한 국가였다는 사실이다. 대량학살과 더불어 면제 사업이 폭발적으로 증가했는데, 여기에 국가 차원이나 지방 차원을 막론하고 거의 모든 공공 기관들이 신이 나서 개입했다. 정부만의 특기는 높은 세금이었는데 이것이 어떤 단체나 전체 유대인 공동체에 위험스러울 정도로 부과되었다. 이제는 유대인을 현금(1인당 1,300달러)을 받고 해외로 팔 수 있다는 것을 알게 되자 루마니아인들은 유대인 이민에 대해 가장 열광적으로 집착했다. 이것이 바로 전쟁 기간 중 루마니아가 팔레스타인으로 가는 유대인을 이주시킨 몇 안 되는 나라들 가운데 하나가 된 이유다. 붉은군대가 다가옴에 따라 안토네스쿠는 훨씬 더 '온건'해져서, 이제는 기꺼이 유대인이 아무런 보상도 없이 나갈 수 있도록 해주었다.

안토네스쿠가 처음부터 끝까지 (히틀러가 생각한 것처럼) 나치스보다 더 '철저한' 것이 아니라 독일의 진행에 항상 한 걸음만 앞서 있었다는 것은 흥미로운 사실이다. 그는 모든 유대인에게서 국적을 최초로 박탈했고, 또 나치스가 아직도 첫 실험을 하느라 분주했을 때 대량학살을 공개적으로, 그리고 또한 부끄러움 없이 자행하기 시작했다. 그는 힘러가 '피의 트럭'을 제안하기 1년 전에 유대인 매매라는 생각을 했고, 힘러가 마침내 그렇게 한 것처럼 그는 이 모든 일들이 마치 농담이었다는 듯 취소해버렸다. 1944년 8월 루마니아가 붉은군대에 항복했을 때 소개작업의 전문가였던 아이히만이 몇 명의 '본래의 독일인'을 구하기 위해 황급히 이 지역으로 파견되었지만 허사였다. 루마니아에 있던 85만 명의 유대인 가운데 절반가량이 살아남았지만, 이들 대부분(수십만 명)은 이스라엘로 가는 길을 발견한 사람들이었다. 오늘날 이 나라에 얼마나 많은 유대인이 남아 있는지 아는 사람은 아무도 없다. 루마니아의 학살자들은 모두 정식으로 처형되었으며, 킬링거는 러시아인들이 체포하기 전에 자살했다. 사실상 어떠한 행동도 할 기회를 얻지 못한 퇴역 총돌격대장 리히터만 1961년까지 독일에서 평화롭게 살았는데, 이제 아이히만의 재판과 더불어 뒤늦게 희생자가 되었다.

제12장

중부 유럽으로부터의 이송: 헝가리, 슬로바키아

아이히만의 양심에 대한 곤란한 의문과 관련하여 앞서 언급한 헝가리는 헌법상으로는 왕이 없는 왕국이었다. 바다에 접해 있지도 않고 해군이나 상선도 없었지만 이 나라는 제독이자 섭정자, 또는 집정관인 니콜라우스 폰 호르티가 통치(또는 존재하지 않는 왕을 보호하기 위해 이 나라를 소유)했다. 충성심에 대한 유일한 가시적 표지는 존재하지 않는 어전회의를 위한 많은 수의 왕궁 고문관의 존재였다. 옛날 옛적에는 신성로마제국의 황제가 헝가리의 왕이었고, 보다 최근인 1806년 이후 다뉴브 지역에는 황제 같은 왕의 왕정이 오스트리아의 황제자 헝가리의 왕인 합스부르크 가문에 의해 불안하게 지배되고 있었다. 1918년에 합스부르크 제국은 계승국들로 해체되었고 오스트리아는 이제 독일과의 합병을 희망하는 공화국이었다. 오토 폰 합스부르크는 망명 중이었고, 지독히 민족주의적인 마자르인들이 그를 결코 헝가리의 왕으로 받아들이지 않을 것이었다. 다른 한편으로 진정한 헝가리 왕족은 역사적 기억으로도 존재하지 않았다. 그래서 인정받는 정부 형태로서의 헝가리가 무엇인가 하는 것은 오직 호르티 제독만이 알고 있었다.

왕의 위엄이라는 허상 배후에는 세습의 봉건구조가 존재했는데, 여기에는 땅을 소유하지 못한 농노의 과도한 비참상과 가난에 찌든 지역보다는 유럽 양자들의 고향인 시골 지역을 소유하고 있던 소수의 귀족 가족들의 과도한 사치가 있었다. 헝가리인들은 자신들이 부조화에 대한 그 어떠한 감각도 상실했다는 자기기만에 오랫동안 길들여진 환상가들인 것처럼 생각하는 그만의 독특한 풍미를 부다페스트 사회에 부여한 것은 바로 이 같은 해결되지 않은 사회적 문제들의 배경 및 전반적 배경이었다. 이탈리아 파시즘의 영향하에 있었던 1930년대 초에는 이른바 활 십자가인(Arrow Cross men)이라는 강력한 파시스트 운동이 일어났고, 1938년에는 이탈리아를 따라 그들의 첫 번째 반유대인 법률을 통과시켰다. 이 나라에 대한 가톨릭교회의 강력한 영향력에도 불구하고 이 법은 1919년 이후 개종한 영세받은 유대인에게도 적용되었다. 그리고 그 기한 이전에 개종한 유대인도 3년 후에는 포함시켰다. 그러나 인종주의에 기초한 완전히 포괄적인 반유대주의가 공식적인 정부 정책이 되었을 때, 11명의 유대인이 의회 고위직에 그대로 앉아 있었다. 그리고 헝가리는 동부 전선에 유대인 부대(13만 명으로 비전투 지원부대였지만 헝가리 제복을 입었음)를 파병한 유일한 추축국이었다. 이처럼 앞뒤가 맞지 않는 사항에 대한 설명은 그들의 공식 정책에도 불구하고 헝가리인들이 다른 나라들보다 원주민 유대인과 동부 유대인을 구분하는데, 즉 (트리아농 조약에 따라 다른 계승국과 마찬가지로 설립된) '트리아농 헝가리'의 '마자르화'된 유대인과 최근 합병국의 유대인을 구분하는 데 아주 단호했다는 것이다. 헝가리의 주권은 1944년 3월까지 나치스 정부가 존중해준 결과 유대인에게 이 나라는 '파괴의 대양' 가운데 있는 안전한 섬이 되었다. (붉은군대가 카르파티아 산맥을 넘어 접근해오고 헝가리 정부가 이탈리아의 예를 따라 단독휴전을 절망적으로 추구했기 때문에) 독일 정부가 이 나라를 점령하기로 했다는 것은 이해할 수 있지만, 그러나 이 단계의 게임에서 '유대인문제에 사로잡혀 있는 것이 아직도 그날의 명령'이어야 했다는 것은 거의 믿을 수 없는 일이다. 즉 베젠마이어가 1943년 12월에 외무성에 보낸 보고서에서 명시했듯이 유대인의 '전멸'이 '헝가리가 전쟁에 참여하는 전제조건'이었던 것이다. 왜냐하면 이 '문제'의 '해결'은 80만 명의 유대인과 약 10만 또는 15만 명의 개종 유대인의 소개를 포함하고 있기 때문이다.

아무튼 전에 말한 대로 아이히만은 이 일의 중대성 때문에 1944년 4월 전 부서원들과 함께 부다페스트에 도착했는데, 그가 부서원들을 쉽게 모을 수 있었던 것은 다른 곳에서의 일이 다 끝났기 때문이었다. 그는 비슬리케니와 브루너를 슬로바키아와 그리스로부터, 아브로마이트를 유고슬라비아로부터, 단네커를 파리와 불가리아로부터, 지그프리트 자이들을 테레지엔슈타트의 사령관직에서 불러냈고, 빈에서는 헤르만 크루마이를 불렀는데, 이 사람은 헝가리에서 아이히만의 대리인이 되었다. 베를린으로부터는 부서 요원들 가운데 훨씬 더 중요한 사람들, 즉 그의 최고 대리인이었던 롤프 귄터, 그의 이송담당 보좌관이었던 프란츠 노박, 그리고 그의 법률 전문가였던 오토 훈셰를 불러왔다. 따라서 아이히만 특별 돌격대는 부다페스트에 본부를 차렸을 때 대략 10명의 요원들과 몇 명의 서기보조원으로 이루어져 있었다. 그들이 도착한 바로 그날 밤에 아이히만과 그의 요원들은 유대인 지도자들을 모임에 불러내어 유대인위원회를 구성하라고 설득했다. 이 위원회를 통하여 명령도 내리고, 그 대가로 헝가리의 모든 유대인에 대한 절대적 사법권을 부여하려고 했다. 이것은 바로 이 시점에 그리고 바로 그 장소에서는 결코 쉬운 속임수가 아니었다. 교황 대사의 말처럼 이때는 "전 세계가 이송이 실제로 의미하는 것이 무엇인지를 안" 때였다. 게다가 부다페스트에서 유대인은 "유럽 유대인의 운명을 따라갈 수 있는 독특한 기회가 있었던 터였습니다. 우리들은 돌격대의 일에 대해 아주 잘 알고 있었습니다. 우리는 아우슈비츠에 대해 필요 이상으로 알고 있었습니다"라고 카스트너 박사는 뉘른베르크에서 증언했다. 나치스가 '마자르화'된 유대인과 동부 유대인 사이의 성스러운 구별을 인정한다는 것을 납득시키기 위해서는 아이히만의 이른바 '최면적 힘' 이상의 어떤 것이 필요한 것은 분명했다. 이 순간에 "그런 일은 여기서 일어날 수 없어"("그들이 헝가리 유대인을 어떻게 헝가리 밖으로 내보낼 수 있겠어?")라고 모든 헝가리계 유대인 지도자들을 믿게 하기 위해서는, 그리고 이 같은 신념이 매일매일 현실과 모순되더라도 그렇게 계속 믿도록 하기 위해서는 자기 기만술이 고도의 예술로 발전되어야 했다. 이런 일이 어떻게 달성되었는지는 증언대에서 발설된 가장 주목할 만한 다음과 같은 불합리한 추론을 통해 드러났다. 유대인중앙위원회(헝가리 유대인위원회가 이렇게 불림)의 위원이 된 사람들은 이웃나라 슬로바키아로부터, 지금 자신들의 협상 대상자인 비슬리케니가 뒷돈을 잘 챙기는 사람이라는 말을 들었고 또 모든 뇌물을 받고서도 그는 "모든 슬로바키아의 유대인을 이송해버렸다……"는 것도 알고 있었다. 이러한 사실에서 프로이디거는 다음과 같이 결론을 내렸다. "나는 비슬리케니와 관계를 맺을 수단과 방법을 찾는 것이 필요하다고 이해했다."

이 같은 어려운 협상에서 발휘된 아이히만의 가장 영악한 속임수는 그와 그의 요원들이 부패한 것처럼 행동하는 것이었다. 유대인 공동체의 대표자 호르티의 비밀위원회의 위원 로프라트 사무엘 슈테른은 훌륭한 예의를 갖춘 대우를 받았고 유대인위원회의 대표라는 사실에 동의를 받았다. 그와 다른 위원회 위원들은 타자기와 거울, 여성의 란제리, 오데콜론 향수, 진짜 와토 가운, 그리고 여덟 대의 피아노를 공급해달라고 요구받았을 때 안도감을 느꼈다. 여덟 대의 피아노 가운데 일곱 대는 "그런데 여러분, 저는 피아노 가게를 열고 싶지 않습니다. 저는 단지 피아노를 치고 싶을 뿐이에요"라고 말하면서 돌격대장 노박이 우아한 태도로 돌려주었다. 아이히만 자신은 유대인 도서관과 유대인 박물관을 방문해서 사람들에게 이 모든 조치들은 일시적일 뿐이라고 확언했다. 그리고 처음에는 기만전술로 부패한 척했지만, 곧 실제상황이 되어버렸다. 물론 유대인이 바란 형식은 아니지만. 유대인이 그토록 많은 돈을 쓰고도 아무런 결실을 얻지 못한 곳은 아무 데도 없었다. 그 이상한 카스트너 씨의 말로 하자면, "자신의 목숨과 자기 가족의 목숨으로 떨고 있던 유대인은 돈에 대한 모든 감각을 잃어버렸다."(원문 그대로 인용함) 이러한 내용은 재판을 통해 앞서 언급한 필리프 폰 프로이디거의 증언을 통해서, 그리고 헝가리의 다른 경쟁적 유대인 단체인 시온주의구호구출위원회를 대표하던 조엘 브란트의 증언을 통해서 확인되었다. 크루마이는 1944년 4월에 프로이디거로부터 25만 달러나 받았고, 구출위원회는 비슬리케니와 친위대 정보부원 몇 명을 만나는 특권을 얻는 데에만 2만 달러를 지불했다. 이 모임에서 참석자들은 각각 참석비로 1,000달러씩 추가로 받았고, 비슬리케니는 이른바 유럽 계획이라는 것을 다시 끄집어냈다. 이것은 그가 1942년에 제안했다가 무위로 돌아간 것인데, 이 계획에 따르면 힘러가 폴란드를 제외한 모든 지역의 유대인에게 몸값으로 200만 내지 300만 달러를 받고 살려준다는 것이다. 오랫동안 책상 서랍 안에 있던 이 제안이 가진 힘 때문에 유대인은 비슬리케니에게 할부금을 납부하기 시작했다. 아이히만의 '이상주의'조차도 이 들어보지 못한 풍요의 나라에서는 무너졌다. 아이히만이 이 일을 하는 가운데 재정적으로 이익을 취했다는 점은 입증할 수 없었지만 검찰은 아이히만의 부다페스트에서의 생활수준이 아주 높은 것을 적절히 강조했다. 여기서 그는 최고급 호텔에서 머무르며, 나중에 숙적이 된 쿠르트 베허에게서 받은 잊지 못할 선물인 수륙양용차를 운전사가 몰게 해서 타고 다녔으며, 사냥도 하고 말도 탔고, 헝가리 정부에서 알게 된 그의 새로운 친구의 개인교습을 받으면서 이전에 알지 못한 온갖 종류의 사치를 즐겼다.

그러나 이 나라에는 상당한 규모의 유대인 단체가 있었는데, 그 지도자는 적어도 자기기만에 적게 빠져 있었다. 시온주의 운동은 늘 헝가리에서는 특히 강력했는데, 이제는 최근에 형성된 구호구출위원회(Vaadat Ezra va Haxalah)가 대표가 되었다. 이 위원회는 팔레스타인 사무실과 긴밀한 접촉을 갖고 있었으며 폴란드와 슬로바키아, 유고슬라비아와 루마니아에서 온 난민들을 돕고 있었다. 이 위원회는 자신의 활동에 재정적 지원을 하는 미국연합기부위원회와 지속적인 연락을 취하고 있었고, 소수의 유대인을 합법적 또는 불법적으로 팔레스타인으로 보낼 수 있었다. 자신의 국가가 파국에 빠졌기 때문에 이 위원회는 세례 증명서인 '크리스천 서류'를 위조해서 그것을 가진 사람들이 쉽게 지하에 은닉할 수 있도록 하는 일에 주의를 기울였다. 그들이 할 수 있는 다른 일이 무엇이든 간에 그것이 불법적이라는 것을 시온주의 지도자들은 알고 있었기에 그에 따라 행동했다. 전쟁이 한창일 때 유대 인 100만 명의 생명을 1만 대의 트럭과 바꾸자는 힘러의 제안을 연합 군 측에 제시하기 위해 파견된 불행한 밀사 조엘 브란트는 구호구출위 원회의 지도적 관리 가운데 한 사람이었다. 그는 헝가리에서의 과거의 경쟁자 필리프 폰 프로이디거와 마찬가지로 아이히만과의 이 거래에 대해 증언하기 위해 예루살렘으로 왔다. 어찌 된 일인지 아이히만이 전 혀 기억하지 못한 프로이디거가 그러한 인터뷰에서 그가 당한 무례한 일들에 대해 기억을 떠올렸지만, 브란트의 증언은 아이히만이 시온주 의자들과 어떻게 협상했는지에 대한 아이히만의 설명을 대부분 사실 상 확인해주었다. 브란트가 들었던 것은 '한 이상주의적 독일인'이 지 금 '이상주의적인 유대인'과 이야기를 나누고 있다는 것(두 존경할 만 한 적이 전투가 잠시 중단된 동안 동등한 관계로 만나고 있다는 것)이 었다. 아이히만은 그에게 "내일은 아마도 우리가 다시 전장에 서 있을 것이다"라고 말했다. 이것은 물론 끔찍한 코미디지만, 진정한 의미 없 이 남을 치켜세우는 말을 아이히만이 잘 하지 못한 것이 예루살렘 재판 에서 일부러 꾸며 한 태도는 아니었다는 것을 분명히 보여주는 것이었 다. 더욱 흥미로운 것은, 시온주의자들과의 만남에서는 아이히만이나 다른 특별돌격대원들이 유대인위원회 위원들을 이용하기 위해 순전한 거짓말 전략을 사용하지 않았다는 점이다. 심지어 '언어규칙'도 유예 되었으며, 대부분의 시간동안 스페이드는 스페이드라고 불렸다. 게다 가 심각한 협상(출국허가증을 사는 데 필요한 돈의 액수, 유럽 계획, 생 명과 트럭을 교환하는 일에 대한 협상)에서는 아이히만뿐만 아니라 관 계자 전원, 즉 비슬리케니, 베허, 조엘 브란트가 매일 아침 커피 집에서 만나곤 한 정보부 요원들은 당연히 시온주의자들을 주목했다. 이렇게 된 이유는 구호구출위원회가 필요한 국제적 연결을 갖고 있었기에 보다 쉽게 외환을 만들 수 있었기 때문이었다. 한편 유대인위원회 위원들은 그들 배후에 아무도 없었고 다만 의심스런 집정관 호르티의 보호만 있었을 뿐이었다. 또한 헝가리의 시온주의자 대표들은 유대인위원회 위원들에게 부여된 통상적인 일시적 구속 및 이송 면책권보다 더 큰 권리를 가지고 있었음이 분명했다. 시온주의자들은 실질적으로 그들이 원하는 대로 오갈 수 있는 자유가 있었고, 노란 별 달기를 면제받았으며, 헝가리 집단수용소 방문 허가증을 받았다. 그리고 얼마 뒤 구호구출위원회를 처음 만든 카스트너 박사는 자신이 유대인임을 보여주는 증명서 없이도 나치 독일 이곳저곳을 여행할 수 있었다.

유대인위원회를 조직하는 일은 빈과 프라하, 베를린에서의 경험이 있는 아이히만에게는 단 2주면 되는 일이었다. 여기서 관건은 이 정도의 숫자를 움직이는 데 필요한 헝가리 관리들의 도움을 받아낼 수 있는가 하는 것이었다. 그에게는 이 같은 일이 새로운 일이었다. 보통 경우라면 이 일은 외무성과 그 대표들이 그를 위해 해주었을 것이고, 이 경우에는 새로 임명된 제국 전권대사인 에드문트 베젠마이어 박사가 해주었다. 아이히만은 그에게 한 '유대인 문제 고문관'을 보냈을 것이다. 아이히만 자신은 명백히 고문관의 역할을 할 의향이 없었다. 왜냐하면 그 직책은 총돌격대장 또는 대위 이상의 지위를 가진 사람이 수행하지 않았고, 그는 상급대대 지휘관, 즉 중령으로 두 계급이나 위였다. 헝가리에서의 그의 가장 큰 업적은 그 자신이 직접 계약을 성사시킬 수 있었다는 것이다. 처음 관계된 사람은 세 사람이었다. 아즐로 엔드레는 호르티조차도 '미쳤다'고 한 반유대주의 때문에 최근에 내무성 내의 정치(유대인)문제 담당 부장관으로 임명받은 자였고, 아즐로 바키도 역시 내무성 부장관으로 헝가리 경찰 젠다르메리(Gendarmerie)를 책임지던 자였으며, 경찰관 페렌치 중령은 이송을 직접 책임진 자였다. 그들의 도움으로 아이히만은 모든 일들, 즉 각 지역에서의 포고령 반포와 유대인 집결 등의 일을 '번개 같은 속도'로 확실히 진행할 수 있었다. 빈에서는 독일 국영철도국과의 특별 회의가 있었는데 왜냐하면 이 문제는 거의 50만 명의 유대인 수송을 포함하고 있었기 때문이다. 아우슈비츠에서 회스는 행정경제본부의 그의 상관인 리하르트 글뤼크스 장군으로부터 이 계획을 들었고 화장터에서 몇 야드 떨어진 곳까지 열차를 운행할 수 있도록 새로운 철로를 건설하라는 명령을 받았다. 가스실에 투입된 죽음의 소대 수는 224개에서 860개로 증가했으며, 하루에 6,000명에서 1만 2,000명을 죽일 수 있는 모든 준비가 이루어졌다. 열차가 도착하기 시작한 1944년 5월에 극소수의 '일할 수 있는 남자'가 사역하기 위해 뽑혔고 이 소수의 사람들은 아우슈비츠에 있는 크루프의 휴즈 회사에서 일했다. (독일에 있는 브레슬라우 근처에 새로 지은 크루프의 공장 베르타베르크는 가능한 곳이라면 어디서나 유대인 인력을 선발하여 이들을 죽음의 수용소의 노동집단의 노동조건보다 못한 조건으로 일을 시켰다.)

헝가리에서의 모든 작전은 두 달이 채 안 되게 진행되다가 7월에 들어서자 곧 중지되었다. 주로 시온주의자들 덕분에 이 작전은 유대인의 파국의 어떤 다른 국면보다도 더 잘 공론화되었다. 그래서 호르티에게는 중립 국가들과 바티칸으로부터 항의가 쇄도했다. 그러나 교황전권 대사는 바티칸의 저항이 '잘못된 동정심에서 비롯한'(이 말은 교회의 고위 성직자들에게 '무자비한 강인성'의 복음을 설명한 사람들이 지속적으로 다루었던 모든 일과 타협하려는 욕망을 나타내는 말로 오랫동안 사용된 기념비와 같은 표현이었음) 것이라고 설명하는 것이 적절하다고 생각했다. 스웨덴은 입국 허가증을 발부함으로써 실질적 조치와 관련하여 한 차례 더 길을 열어주었고 스위스와 스페인 및 포르투갈도 스웨덴의 사례를 본받았다. 그래서 결국 3만 3,000명의 유대인이 중립국의 보호하에 부다페스트의 특별 가옥에서 살았다. 연합국들은 주요 피의자로 인식된 70명의 명단을 받아 이를 공개했고, 루즈벨트는 "이송작업을 중지하지 않으면…… 헝가리의 운명은 여타의 문명국과는 다르게 될 것이다"고 협박하는 최후통첩을 보냈다. 7월 2일 부다페스트에 특별 집중 공습을 감행함으로써 이러한 점을 분명히 못박았다. 따라서 모든 측면으로부터 압박을 받은 호르티는 이송을 중지하라는 명령을 내렸다. 아이히만에 대한 가장 최악의 증거 가운데 하나는 그가 '오랜 바보의' 명령에 복종하지 않고 7월 중순에 부다페스트 근교의 집단수용소에 억류되어 있던 또 다른 1,500명의 유대인을 이송시켰던 것이다. 유대인 관료들이 호르티에게 보고하지 못하도록 하기 위해 그는 사무실에 두 대표 집단의 위원들을 소집시켰고, 거기서 훈셰 박사는 그들을 열차가 헝가리 영역을 벗어날 때까지 다양한 이유를 들어 억류시켰다. 예루살렘에서 아이히만은 이 에피소드에 대해 아무것도 기억하지 못했다. 비록 판사들이 "피고는 호르티에 대한 그의 승리를 아주 잘 기억하고 있다고 확신"했지만, 아이히만에게는 호르티가 그리 대단한 인물이 아니었기 때문에 그 확인은 다소 의심스럽다.

이것은 헝가리를 떠나 아우슈비츠로 가는 마지막 열차인 것 같다. 1944년 8월에 붉은군대가 루마니아에 있었는데, 아이히만은 그곳으로 그의 가망 없는 일을 하러 갔었다. 그가 돌아왔을 때 호르티 정부는 아이히만 부대의 퇴각을 요구할 만큼 충분한 용기를 보였고, 아이히만 본인은 베를린에 자신과 요원들이 돌아갈 것인지의 여부를 물었다. 그 이유는 자신들이 "불필요하게 되었다"는 것이었다. 그러나 베를린은 아무런 조치도 취하지 않았는데 그것이 옳았음이 입증되었다. 왜냐하면 10월 중순에 상황이 한 번 더 급변했기 때문이다. 러시아인들이 부다페스트에서 불과 100마일 떨어진 곳까지 진격하자 나치스는 호르티 정부를 전복하여 활 십자가인 리더 페렌츠 잘라시를 국가수반으로 임명하는 데 성공했다. 학살 시설이 거의 해체될 지경이었으므로 더 이상의 운송은 이루어지지 않았다. 한편 같은 때 독일의 노동력 부족 상황은 점차 심각해졌다. 이제 5만 명의 유대인(16세에서 60세 사이의 남자와 40세 이하의 여자)을 제국으로 이송시키는 허가를 얻기 위해 헝가리 내무장관과 협상한 사람은 제국 전권대사 베젠마이어였다. 그는 자신의 보고서에 아이히만은 5만 명을 더 보내기를 희망한다고 덧붙였다. 철도시설이 더 이상 있지 않기 때문에 1944년 11월에 도보행진이 시작되었다. 이 행진은 힘러의 지시로 중단되었다. 원래의 지시에 명시된 나이 제한과 상관없이, 그리고 이제는 많은 사람들이 받을 수 있었던 예외와 상관없이, 헝가리 경찰은 도보로 보내진 유대인을 마구잡이로 체포했다. 도보로 행진한 이들은 활 십자가인이 호송했는데, 이들은 그들에게서 물건을 뺏는 등 극도로 야만적으로 이들을 대했다. 그러고는 그것이 끝이었다. 원래 80만 명의 유대인 인구 가운데 대략 16만 명 정도가 부다페스트 게토(교외 지역은 유대인이 다 소개되었음)에서 살아남은 것 같고, 이 가운데 수만 명은 임의의 학살 희생자가 되었다. 1945년 2월 13일 이 나라는 붉은군대에 항복했다.

이 학살에 대한 헝가리의 주요 피의자들은 모두 재판을 받고 사형선고를 받고 처형되었다. 아이히만을 제외한 독일인 주도자들은 수년간의 수형생활로 벌을 받았다.

슬로바키아는 크로아티아와 마찬가지로 독일 외무성의 창작품이었다. 슬로바키아인들은 1939년 3월 독일이 체코슬로바키아를 점령하기 전에 '독립'을 위해 스스로 베를린에 왔다. 이때 그들은 괴링에게 유대인 문제를 다루는 데 독일을 충실히 따를 것을 약속했다. 그런데 이때는 어느 누구도 최종 해결책에 대해 듣지 못한 1938~39년 겨울이었다. 약 250만 명의 가난한 농부와 9만 명의 유대인으로 이루어진 이 작은 나라는 원시적이고 미개발 상태였으며 깊은 가톨릭 신앙을 가지고 있었다. 당시 이 나라는 가톨릭 사제인 조제프 티소(Josef Tiso) 신부가 통치하고 있었다. 그 나라의 파시스트 운동인 흘링카 전위대조차도 외견상으로는 가톨릭의 모습을 하고 있었다. 그리고 이 성직자 파시스트들 또는 파시스트 성직자들의 열렬한 반유대주의는 그들의 스승 독일의 초현대적 인종차별주의와는 스타일과 내용 모두에서 달랐다. 슬로바키아 정부 안에는 현대적 반유대주의자가 단 한 사람 있었는데 그는 아이히만의 친한 친구인 내무장관 사노 마흐였다. 모든 다른 사람들은 기독교인이거나 자신들이 기독교인이라고 생각하는 사람들인 반면,

나치스는 당연히 원칙적으로 반유대적인 만큼이나 반기독교적이었다. 슬로바키아인이 기독교인이라는 말의 의미는 영세받은 유대인과 그렇지 않은 유대인을 나누는, 나치스가 '진부하다'고 생각한 구분을 강조할 의무를 느낀다는 것만을 의미할 뿐 아니라, 이 모든 문제를 중세적 관점에서 생각하고 있다는 것도 의미했다. 그들에게 '해결책'이란 유대인을 추방하거나 그들의 재산을 뺏는 것을 의미하지, 그들이 때때로 살인을 꺼리지는 않으나 체계적인 '학살'을 의미하지는 않았다. 유대인의 최고의 '죄'는 그들이 외래의 '종족'이라는 데 있지 그들이 부자라는 사실에 있지 않았다. 슬로바키아 유대인은 서구의 기준에서 보면 그다지 부자는 아니었다. 그러나 200달러 이상의 재산을 소유하고 있다는 이유에서 5만 2,000명의 유대인이 재산을 공개하여 그들의 전 재산이 100만 달러에 달한다는 사실이 드러났을 때, 슬로바키아인들에게는 분명 이들이 마치 크로이수스[1]의 화신처럼 보였을 것이다.

그들이 '독립'한 지 처음 1년 반 동안 슬로바키아인들은 자신들의 관점에서 유대인 문제를 해결하려고 분주했다. 그들은 대규모 유대인 기업을 비유대인에게 넘겼고, 독일인들에 따르면 1918년 이전에 개종한 영세받은 유대인을 제외하는 '근본 결함'을 가진 반유대인 법률을 가동시켰으며, '일반정부(General Government)의 예를 따라' 게토를 만들 계획을 수립했고, 유대인을 강제 노동에 동원했다. 아주 이른 시기인 1940년 9월에 그들은 한 유대인 문제 고문관을 맞았다. 보안대에서 한때 아이히만이 가장 존경하는 상관이자 친구인 총돌격대장 디터 비슬리케니(아이히만은 자신의 장남 이름을 디터라고 지었음)가 이제는 그와 동등한 지위가 되어 브라티슬라바에 있는 독일 공사단에 소속되었다. 비슬리케니는 결혼하지 않았으므로 더 이상 진급할 수 없었고, 1년 후에는 아이히만보다 서열이 낮아 그의 부하가 되었다. 아이히만은 이것이 그의 마음을 사무치게 했다고 생각했고 이 때문에 뉘른베

---

1) 기원전 6세기 리디아의 최후의 왕으로서 큰 부자로 유명하다.

르크 재판에서 그가 자신에 대해 불리한 증언을 했으며 그로써 자신이 숨을 자리를 찾게 된 이유라고 생각했다. 그러나 이것은 그럴듯하지 않았다. 비슬리케니는 아마도 다만 위험을 모면하고 싶었던 것 같고, 또 그는 아이히만과 전적으로 다른 사람이었다. 그는 친위대에서도 교육받은 계층에 속했고, 책과 레코드 속에 파묻혀 살았으며, 헝가리에서는 유대인에게 자기를 '남작'이라고 부르게 했고, 대체로 자신의 경력에 대해 조바심을 내기보다는 돈에 훨씬 더 관심이 있었다. 결론적으로 그는 친위대에서 아주 처음으로 '온건한' 경향을 발전시킨 사람들 가운데 하나였다.

이 이른 시기, 즉 아이히만이 2만 명의 '노동할 수 있는 젊고 강한 유대인'을 소개하는 협상을 위해 브라티슬라바에 나타났을 때인 1942년 3월까지 슬로바키아에서는 별다른 일이 일어나지 않았다. 4주일 후 하이드리히 자신이 지금까지 예외시킨 개종한 유대인을 포함한 모든 유대인을 동부지역에 재정착하도록 설득하기 위해 보이텍 투카 수상을 만나러 왔다. "유대인 1인당 500제국마르크를 지불받는 것을 제외하고는 이들 유대인의 재산과 관련하여 독일은 아무런 주장도 하지 않았다"는 것을 정부가 알았을 때, 성직자를 수장으로 하는 이 정부는 종교를 이유로 기독교인과 유대인을 구별하는 '근본 결함'을 수정하는 데 아무런 꺼림이 없었다. 그 반대로 정부는 "슬로바키아에서 이주하여 [독일인이] 수용한 유대인은 동부지역에 영원히 거주시켜 슬로바키아로 되돌아올 기회를 부여하지 않는다"는 추가 보장을 독일 외무성에 요구했다. 최고위층에서 이루어진 이 협상을 수행하기 위해 아이히만은 브라티슬라바를 두 번째 방문했는데, 이때가 하이드리히가 암살된 때였다. 그래서 1942년 6월까지 5만 2,000명의 유대인이 슬로바키아 경찰에 의해 폴란드의 학살센터로 이송되었다.

이 나라에는 아직도 약 3만 5,000명의 유대인이 남아 있고 이들 모두는 예외 범주(개종한 유대인과 그들의 부모, 특정 직업인, 강제 노동대에 속한 청년들, 일부 사업가)에 속해 있었다. 바로 이때, 즉 대부분의 유대인이 이미 '재정착'되었을 때, 헝가리의 시온주의 단체와 자매결연을 맺은 브라티슬라바 유대인구호구출위원회가 비슬리케니를 매수하여 이송 속도를 늦추는 데 합의하고 또 이른바 유럽 계획도 제안했다. 이 계획은 나중에 부다페스트에서 다시 등장했다. 비슬리케니가 책을 읽고 음악을 들으며, 또한 당연한 일이지만 자기가 건질 수 있는 것은 무엇이든 받아들이는 것 이외에 어떤 일을 한다는 것은 거의 있을 법하지 않았다. 그러나 바로 이때 바티칸은 가톨릭 성직자들에게 '재정착'의 진정한 의미가 무엇인지 알려주었다. 그때부터 독일대사 한스 엘라르트 루딘은 베를린의 외무성에 이송작업이 아주 인기가 없게 되었다고 보고했다. 그리고 슬로바키아 정부는 독일인에게 '재정착' 센터를 방문할 수 있도록 해달라고 요구하기 시작했다. 이것은 물론 비슬리케니와 아이히만이 허용할 수 없는 일인데, 왜냐하면 이 '재정착' 유대인은 더 이상 살아 있지 않았기 때문이다. 1943년 12월 에드문트 베젠마이어 박사가 티소 신부를 직접 만나러 브라티슬라바에 왔다. 그는 히틀러가 보낸 사람이었고 히틀러의 명령은 베젠마이어가 티소에게 "현실적으로 되어라"(Fraktur mit ihm reden)고 말하도록 명시하고 있었다. 티소는 1만 6,000명에서 1만 8,000명의 개종하지 않은 유대인을 집단수용소에 넣을 것과 약 1만 명의 영세받은 유대인을 위한 특별수용소를 만들 것을 약속했지만 그는 이송에는 동의하지 않았다. 이제 헝가리의 제국 전권대사가 된 베젠마이어는 1944년 6월에 다시 나타나 이 나라에 남아 있는 유대인을 헝가리 작전에 포함시키라고 요구했다. 티소는 다시 거부했다.

붉은군대가 점차 다가옴에 따라 1944년 8월에 폭동이 슬로바키아 전역에서 일어나 독일은 이 나라를 점령했다. 이때 비슬리케니는 헝가리에 있었고 아마도 더 이상 신뢰를 받지 못한 것 같았다. 제국중앙보안본부는 남은 유대인을 체포하여 이송하기 위해 알로이스 브루너를 브라티슬라바로 보냈다. 브루너는 먼저 구호구출위원회 직원들을 체포하여 이송했고 그러고 나서 이번에는 독일 비밀경찰대의 도움을 받아 또 다른 1만 2,000명 또는 1만 4,000명을 이송했다. 러시아인들이 브라티슬라바에 도착한 1945년 4월 4일에는 이 위기에서 2만 명의 유대인이 살아남아 있었던 것 같다.

제13장
동부의 학살센터들

나치스가 동부라고 말할 때 이는 폴란드와 발틱 연안 국가들 그리고 점령된 러시아 영토를 의미했다. 이것은 4개의 행정 단위로 나뉘었다. 제국과 합병된 폴란드 서부 지역들로 이루어진 바르테가우는 책임자 아르투르 그라이저의 관할이었고, 리투아니아와 라트비아, 에스토니아, 그리고 백러시아의 다소 불특정한 지역을 포함하는 오스틀란트는 점령 당국의 지위를 가진 리가의 관할이었으며, 폴란드 중부 지역의 일반정부는 한스 프랑크의 관할이었고, 우크라이나는 알프레트 로젠베르크의 동부점령지역청의 관할이었다. 이 나라들은 검찰의 소송장에서는 증거가 처음으로 제시된 나라들이었지만 법정에서는 마지막으로 다뤄지게 되었다.

의심의 여지 없이 검찰과 판사 양측이 서로 반대되는 결정을 내리게 된 데에는 탁월한 이유가 있었다. 동부는 유대인 고통의 중심적 장면에 해당하며 모든 이송작업의 소름끼치는 최종 종착지였고, 이 장소에서는 어떠한 탈출도 거의 가능하지 않았으며, 생존자의 수는 거의 5퍼센트에도 미치지 못했다. 더욱이 동부는 전쟁 이전에는 유럽에서의 유대인 인구의 중심지였다. 300만 이상의 유대인이 폴란드에서 살았고 260만 명이 발틱 국가들에서, 그리고 300만으로 추산되는 러시아 유대인 가운데 절반 이상이 백러시아와 우크라이나와 크리미아에 살고 있었다. 검찰은 유대 민족의 고통과 그것을 위해 이루어진 '대량학살의 차원'에 일차적으로 관심이 있었기 때문에, 그에게 논리적인 순서는 여기서 시작한 다음, 이 같은 경감할 수 없는 지옥상에 대한 얼마나 많은 구체적인 책임을 피고 측에 물어야 하는지를 아는 것이었다. 문제는 아이히만과 동부의 사태를 연결시키는 증거가 '불충분'하다는 것이었다. 그리고 그렇게 된 것은 게슈타포의 파일들, 특히 아이히만 부서의 파일들이 나치스에 의해 파괴된 탓으로 여겨졌다. 이처럼 문서상의 증거가 부족한 것이 아마도 검찰에게 동부 사건들에 대해 증언해줄 증인들을 끝없이 소환할 좋은 구실이 되었다. 물론 그것이 대체로 이 목적만을 위한 것은 아니었지만 말이다. 원고 측은 생존자 이스라엘인들로부터 상당한 압력을 받았는데(이것은 재판 중에도 암시된 것이지만 나중에 이 부분이 자세히 묘사되기도 했다.*), 이 생존자들이 현재 이 나라 인구의 20퍼센트가량을 이루고 있다. 이들은 재판 당국에 자발적으로 몰려가고, 또 일부 문서 증거를 준비하도록 위탁받은 야드 바셈에게 가서 자신들이 증인이 되겠다고 했다. '강력한 상상력'이 발동된 최악의 경우들, 즉 '아이히만이 결코 간 적이 없는 여러 곳에서 그를 보았다'고 한 사람들은 배제되었지만, 재판 당국이 명명한 '유대 민족의 고통에 대한 증인들' 56명이 원래 계획된 15명 내지 20명의 '배경 증인들' 대신에 결국 법정에 섰다. 전체 121회 공판 가운데 23회가 전적으로 '배경' 문제에 할애되었는데, 이때 '배경'이란 말은 이 재판에 명백한 관련이 없다는 것을 의미했다. 검찰 측 증인들에 대해서는 피고나 재판관에 의한 반대신문이 거의 없었지만, 판결문에서는 아이히만과 연관되는 증거라고 해도 그것이 어떤 다른 관련사항이 함께 제시되지 않으면 채택되지 않았다. (따라서 판사들은 아이히만에 대해 헝가리에서 있었던 유대인 소년에 대한 살인죄를 부과하는 것을 거부했고, 그가 당시에

---

* 나치스 시기에 대한 이스라엘 문서보관소인 야드 바셈에 의해 1962년 4월에 발행된 『특별 회보』에서.

는 아무것도 몰랐던 것으로 분명히 보이는 독일과 오스트리아에서 일어난 유리의 밤을 선동한 것에 대해서도 죄를 묻지 않았다. 여기에 대해서 그는 예루살렘에 있을 때도 당시의 이 일에 대해 잘 알고 있는 학생만큼 알지 못했다. 또한 리디체의 93명의 아이들 살인에 대해서도 죄를 묻지 않았는데 이들은 하이드리히의 암살 이후 우츠로 이송되었다. 죄를 묻지 않은 이유는 "우리 앞에 놓은 증거에 따르면 그들이 살해되었다는 것이 합당한 의심을 넘어설 정도로 입증되지 않았기 때문"이라는 것이었다. 그리고 '검찰이 제시한 모든 증거들 가운데 가장 끔찍스런 부분에 속한' 1005 부대의 가공할 만한 작전에 대한 책임에 대해서도 죄를 부과하지 않았다. 이 작전은 모든 학살 흔적을 지우기 위해 대량의 시신이 묻힌 무덤을 파헤친 일로, 파울 블로벨 연대 지휘관이 명령했는데, 여기에 대해 자신은 뉘른베르크 재판에서 그 명령을 제국중앙보안본부의 제IV부의 수장 뮐러로부터 받았다고 했다. 그리고 전쟁이 끝나기 직전 몇 개월 동안 죽음의 수용소들에서 살아남은 유대인이 독일의 강제수용소들, 특히 베르겐벨젠 수용소로 소개될 때 처한 아주 비참한 상황에 대해서도 죄를 부과하지 않았다.) 폴란드 게토의 상황과 수많은 죽음의 수용소에서 있었던 절차, 강제 노동, 그리고 대체로 노동을 통한 학살의 시도 등에 대한 증인들의 배경 증언의 요지는 결코 논란이 이루어지지 않았다. 반대로 그들이 말한 것 가운데 그때까지 알려지지 않은 새로운 것은 거의 없었다. 아이히만의 이름이 거론되었을 때는 '소문에 따르면'과 같은 풍문에 의한 증거들이어서 법적 타당성은 없었다. "자기 눈으로 그를 보았다"는 모든 증인의 증언은 질문을 받는 순간 무너졌다. 그래서 법정은 '그의 활동 반경이 제국과 보호국, 그리고 서부와 북부, 남부, 남동부, 그리고 중앙유럽의 국가들'(즉 동부를 제외한 모든 국가들)이었음을 알게 되었다. 그렇다면 끝날 때까지 수주, 수개월이 걸린 이 증언의 청취를 법정은 왜 생략하지 않았는가? 이 문제에 대해 논의할 때 법정은 다소 변명조가 되어, 결국 흥미있게도 일관성을 잃은 다음과 같은 설명을 내놓았다. '피고는 기소된 모든 내용을 부정하기 때문에' 판사들은 '사실적 배경에 대한 증언들'을 기각하지 않았다는 것이다. 그러나 피고는 기소된 이러한 사실들에 대해서는 부정한 적이 없었으며, 그는 단지 '기소된 의미로' 그 모든 일에 대해 책임을 지는 것을 거부했을 뿐이다.

실제로 판사들은 상당히 불쾌한 딜레마에 봉착해 있었다. 재판이 처음 시작됐을 때부터 세르바티우스 박사는 판사들의 공정성에 대해 논란을 벌였다. 그의 생각에는 어떠한 유대인도 최종 해결책의 수행자들에 대한 재판을 주재할 자격이 없다는 것이었다. 여기에 대해 판사들은 다음과 같이 말했다. "우리들은 전문인 판사들이며, 우리 앞에 제시된 증거의 무게를 가리고, 방청객이 보는 앞에서 우리의 일을 수행하며 공공 비판을 대하는 데 익숙해 있습니다. ……재판정에서 판결을 내릴 때 판결문을 작성하는 판사들도 감정과 느낌을 가진, 피와 살을 가진 사람입니다. 그러나 그들은 법에 따라 감정과 느낌을 제어할 의무가 있습니다. 그렇지 않다면 어떠한 판사도 자신의 혐오감이 일어나는 형사 재판을 심리할 수 없을 것입니다. ……나치스의 홀로코스트에 대한 기억이 모든 유대인을 휘젓고 있다는 것은 부인할 수 없습니다. 그러나 우리가 이 재판을 진행하는 동안 이러한 감정을 억제하는 것이 우리의 의무가 될 것이며, 이러한 의무를 우리는 존중할 것입니다." 이는 충분히 옳은 것이며 공정한 것이었다. 만일 세르바티우스 박사가 말하고자 한 것이, 유대인이 이 세상의 민족들 가운데 존재함으로써 야기한 문제에 대한 적절한 이해를 하고 있지 못하며 따라서 그들에 대한 '최종 해결책'을 적절히 평가하지 못할 것이라는 것이 아니었다면 말이다. 그런데 이러한 상황에는 하나의 아이러니가 깔려 있다. 세르바티우스가 이러한 주장을 했을 때 그가 들었을 답은, 피고인이 반복해서 강조하여 증언한 것처럼 유대인 문제에 대해 자신이 알고 있는 모든 것을 유대인 시온주의 저술가들, 즉 테오도어 헤르츨과 아돌프 뵘의 '기초적 저술들'로부터 배웠다는 말이겠기 때문이다. 그렇다면 그를 재판할 사람은 어린 시절부터 시온주의자였던 이 세 사람들 말고 더 자격이 있는 사람이 누구이겠는가?

판사들이 유대인이라는 사실, 그리고 이들이 5명 가운데 1명꼴로 살아남은 나라에서 살았다는 사실이 민감하고 또 거북스럽게 된 것은 피고에 대해서가 아니라 배경 증인들에 대해서였다. 하우스너 씨는 '비극적 다수의' 희생자들을 불러모았는데, 이들은 이처럼 자신이 가질 수 있는 독특한 기회를 놓치지 않으려 했고, 이들 각각은 법정에서 시간을 보낼 수 있는 권리가 있다고 확신했다. 판사들은 '일반적인 그림을 그리기 위해' 이 기회를 이용하는 것이 지혜로운 것인지 또는 적절한 것인지에 대해 검사와 논쟁했고, 실제로도 그랬지만, 일단 증인이 증언대에 서자 증언 사이에 끼어들어 짧게 끝내기란 어려운 일이었다. 란다우판사가 말한 것처럼, "증인의 명예와 그가 말하려는 사안 때문이었다." 인간적으로 말해, 이 사람들이 법정에서 어느 누구라도 증언을 못 하게할 사람은 누가 있겠는가? 또한 비록 증인들이 말해야 하는 것이 단지 '이 재판의 부산물로 간주될' 뿐이라 하더라도, 인간적으로 말해 이들이 '증언대에서 자신의 피맺힌 한을 쏟아부을' 때 그 세부사항의 정확도에 대해 누가 감히 문제를 제기하겠는가?

이외에도 다른 난제가 있었다. 대부분의 다른 나라들과 마찬가지로 이스라엘에서도 재판에 출두한 사람은 유죄가 판명 날 때까지는 무죄로 간주된다. 그러나 아이히만의 경우 이것은 완전히 허구에 불과했다. 그가 예루살렘에 등장하기 전에 유죄임이, 어떠한 합당한 의심의 여지가 없을 정도로 유죄임이 확정되지 않았더라면 이스라엘 사람들은 그를 감히 납치하지도 않았을 것이고, 또 납치하려고 하지도 않았을 것이다. 벤구리온 수상은 1960년 6월 3일 날짜의 서신에서 아르헨티나 대통령에게 왜 이스라엘이 '아르헨티나 법에 대한 형식상의 위반'을 범했는지를 설명하면서 "전 유럽에 걸쳐 거대한 그리고 전례 없는 규모로〔우리 동족 600만 명〕의 대량학살을 조직적으로 수행한 사람이 바로 아이히만이다"라고 썼다. 범죄에 대한 의혹이 실질적이면서 합당하다고 입증되어야 하지만 합당한 의심의 여지가 없는 정도가 아닌 (이것은 재판을 통해 확증될 것임) 통상적 형사 사건의 경우에서의 정상적인 구속과는 달리, 아이히만의 불법 구속은 오직 이 재판의 결과가 안전하게 예견될 수 있다는 사실에 의해서만 정당화될 수 있고 또 세계인의 눈앞에서 정당화되었다. 이제 나타난 것처럼, 최종 해결책에 대한 그의 역할은 과도하게 과장되어왔다. 이는 부분적으로는 그 자신의 허풍 때문이기도 했고, 또 부분적으로는 뉘른베르크와 다른 전후 재판들에선 피고인들이 아이히만을 핑계로 자신의 결백을 증명하려 했기 때문이었다. 그러나 그 주된 이유는 아이히만이 '유대인 문제 전문가'며 다른 어떤 문제도 다루지 않은 유일한 독일 관리였으므로 유대인 지도층 인사들과 밀접한 접촉을 가졌기 때문이었다. 이 재판을 전혀 과장되지 않은 고통의 사실에 기초를 두려 한 검찰은 분별없이 그 과장된 내용을 과장해댔다. 아니 항소심의 판결문이 내려지기 전까지는 그러했다고 사람들은 생각했다. 그 판결문에는 다음과 같은 내용이 적혀 있었다. "항소자가 어떠한 '상급자의 명령'도 받지 않았다는 것은 사실이었다. 그가 최상급자였으며, 유대인 문제와 관련된 모든 명령을 그가 내렸다." 그것은 정확히 검사의 주장이었고, 지방법원 판사들은 이 점을 수용하지 않았는데, 위험한 난센스였음에도 불구하고 항소심 법정은 그 내용을 전적으로 옹호했다. (그것은 『죽기까지의 열흘』(1950)이라는 책을 쓴 대법관 마이클 A. 무스마노의 증언을 통해 주로 입증되었는데, 그는 검찰 측 증인으로 증언하기 위해 미국에서 온 전 뉘른베르크 판사였다. 무스마노 씨는 집단수용소 행정요원들과 동부지역의 이동학살대 요원들을 재판한 사람이었다. 그리고 아이히만의 이름이 그 재판에 등장하긴 했지만, 그는 오직 한 차례 아이히만의 이름을 언급했을 뿐이었다. 그런데 그는 뉘른베르크의 피고인들과 감옥 안에서 인터뷰했다. 그런데 거기서 리벤트로프는 그에게 만일 히틀러가 아이히만에게서 영감을 얻지 않았더라면 히틀러는 괜찮았을 것이라고 말했다. 물론 무스마노 씨는 그가 말한 모든 내용을 다 믿지는 않았지만, 아이히만이 히틀러에게서 직접 자신의 임무를 부여받았다는 것과 그의 권력이 "힘러와 하이드리히를 통해 구두로 주어졌다"는 것을 믿었다. 몇 차례의 공판이 있은 다음 『뉘른베르크 일기』(1947)를 쓴 롱아일랜드 대학 심리학 교수인 구스타프 M. 길베르트 씨가 검찰 측 증인으로 나왔다. 그는 자신이 뉘른베르크에서 피고인들에게 안내한 무스마노 대법관보다 더 조심스러웠다. 길베르트 씨는 "주요 나치 전범들이 아이히만을…… 당시에는…… 대단하게 생각하지 않았다"고 증언했다. 그리고 아이히만은 길베르트와 무스마노 둘 다 죽은 것으로 생각했기에 이들 사이에 있었던 전범들에 대한 논의 가운데 언급된 적이 없었다고 말했다.) 그때 지방법원 판사들은 검찰의 과장을 간파했고, 또한 아이히만을 힘러보다 상관이자 히틀러에게 영감을 준 사람으로 만들고 싶지 않았기 때문에 피고를 옹호해야 하는 입장에 서게 되었다. 이러한 거북함과는 별개로 그 문제는 재판이나 판결문에 아무런 중요성도 갖지 않았다. 왜냐하면 "우리의 생각에는 희생자들을 죽음으로 몰아넣은 그의 법적, 도덕적 책임은 희생자들을 죽음으로 몰아넣은 그의 직책상의 의무보다 더 적은 것이 아니며, 또한 더 큰 것도 아니기 때문이다."

이런 모든 난제들로부터 판사들이 벗어난 길은 타협을 통한 것이었다. 판결문은 두 부분으로 이루어져 있었는데, 이 가운데 대부분을 차지한 부분은 검찰의 주장을 수정한 것이었다. 판사들은 독일에서 시작하여 동부에 대한 언급으로 끝남으로써 그들이 근본적으로 다른 접근을 하고 있음을 보여주었다. 왜냐하면 그들은 유대인이 당한 수난이 무엇이었는가에 대한 것보다 어떤 일들이 일어났는가에 집중하려 했다는 것을 의미하기 때문이다. 검찰에 명백히 거부하면서 판사들은 그토록 엄청난 규모로 이루어진 수난이 '인간의 이해를 넘어선' 것으로, '위대한 저술가와 시인들'을 위한 문제지 일개 법정에 속한 문제가 아니라는 것을 명백히 말했다. 그러나 그 사실들과 이를 일으킨 동기는 이해를 넘어선 것도 또 재판이 불가능한 것도 아니었다. 그들은 자신들의 방식에 따라 자신들이 발견한 것들을 정리할 것이며 따라서 사실상 자신들이 이것이 의미하는 엄청난 양의 작업을 수행하지 않았더라면 제대로 일을 처리하지 못했을 것이라고까지 서술했다. 그들은 나치스의 파괴의 작동방식이 이루어진 복잡한 관료적 구성을 확실하게 이해했으며, 따라서 피고의 입장을 이해할 수 있었다. 이미 책으로 출간된 하우스너 씨의 모두 연설과는 대조적으로 이 판결문은 이 시기에 대해 역사적 관심을 가진 사람들에게 유익할 만한 연구대상이 될 것이다. 그러나 값싼 웅변을 깔끔하게 회피한 이 판결문에서, 만일 아이히만이 고백한 주요 범죄, 즉 자신의 일에 대해 명확한 인식하에서 사람들을 그가 사지로 수송했다는 사실 외에도 동부에서 일어난 일에 대한 일부 책임을 아이히만에 부과할 이유를 발견하지 못했더라면 검찰의 입장을 전적으로 깨지는 못했을 것이다.

주된 논쟁은 네 가지 항목에서 이루어졌다. 첫째, 동부에서 돌격대가 자행한 1941년 3월에 있었던 대량학살에 아이히만이 참여했는가의 여부였는데, 이때 아이히만은 현장에 있었다. 그러나 돌격대의 대장들은 친위대의 지적 엘리트 요원들이었다. 그들의 부대가 범죄자들이나 처벌에 의해 징집된 일반 군인들로 이루어졌기 때문에(아무도 자원하지 않았음), 아이히만은 살인자들의 보고서를 받아서 이를 요약하여 상급자에게 보고한 점에서만 최종 해결책의 이 중요한 단계에 관련되었을 뿐이다. 이 보고서들은 비록 '일급비밀'이기는 했지만 등사되어 제국내의 50개에서 70개 정도의 다른 사무실로 보내졌는데, 이 사무실에는 고위행정고문관이 있어 이 내용을 상관들에게 요약해서 보고했다. 그 외에도 무스마노 대법관의 증언에는 하이드리히와 군 사령관 중 한 명인 발터 폰 브라우히츄 사이에 있었던 합의서의 초고를 작성한 발터 셸렌베르크에 대한 증언이 있었다. 이 합의서에는 돌격대가 '시민에 대한 그들의 계획을 행사하는' 데 있어서, 즉 민간인을 살해하는 데 전적인 자유를 누릴 수 있다는 점을 명시하고 있었는데, 셸렌베르크는 뉘른베르크에서 있었던 그와의 대화에서 아이히만이 '이 작전을 통제'했으며 심지어 이를 '개인적으로 감독하기'도 했다고 말했다. 판사들은 '신중을 기한다는 이유에서' 셸렌베르크의 이 확인되지 않은 주장을 믿고 싶어 하지 않았고, 그래서 이 증거를 포기했다. 셸렌베르크는 뉘른베르크 판사들과 제3제국의 미로 같은 행정 구조를 철저히 이해하는 데 그들의 능력을 아주 낮게 평가했음이 분명했다. 따라서 남겨진 것은 아이히만이 동부에서 일어난 일에 대해 정보를 잘 접하고 있었다는 증거인데, 이 점에 대해서는 이론의 여지가 없었고, 그래서 판결문에서는 놀랍게도 이 증거가 실질적인 참여의 증거로 삼기에 충분하다고 결론 맺고 있었다.

유대인을 폴란드의 게토에서 인근의 학살센터로 이송하는 문제에 관한 두 번째 항목은 더욱 논란의 여지가 있었다. 이송 전문가가 일반 정부의 영역에서 활약했어야 했을 것이라고 추정하는 것은 사실상 '논리적'이었다. 그런데 다른 많은 자료로부터 우리는 친위대 고위층 및 경찰 지도자들이 이 지역 전체의 이송을 책임지고 있었다는 것을 알고 있다. 이 점에 대해 총독인 한스 프랑크 장군은 아주 유감스러워했는데, 그의 일기에는 아이히만의 이름을 한 번도 언급하지 않은 채 이 문제에 대한 개입에 대해 끊임없이 불평하고 있었다. 피고 측 증인으로 나온 아이히만의 이송 담당자 프란츠 노박은 아이히만의 입장을 확인해주었다. 물론 이따금씩 그들이 동부의 철도회사 오스트반의 운영자와 협상을 해야 했다. 왜냐하면 서부 유럽에서 오는 수송수단들은 지역의 통제에 따라 조정되어야 했기 때문이다. (비슬리케니는 이러한 조치들에 대해 뉘른베르크에서 충분히 설명했다. 노박은 운송장관과 접촉하곤 했고, 그는 다시 기차가 전쟁 지역으로 들어가게 될 때 군으로부터 허가서를 얻어야 했다. 군대는 수송을 거부할 수도 있었다. 비슬리케니가 말하지 않은 것, 그리고 아마도 더욱 흥미로운 사실은 군대가 오직 초기, 즉 독일 부대가 공세를 취하고 있었을 때에만 거부권을 행사했다는 사실이다. 1944년 필사적으로 도망치던 모든 독일 육군의 후퇴선이 헝가리로부터의 수송으로 인해 방해받았을 때에는 어떠한 거부권도 행사되지 않았다.) 그러나 예컨대 바르샤바의 게토가 하루에 5만 명의 비율로 1942년에 소개되었을 때 힘러는 직접 철도 당국과 협상을 진행했으며, 아이히만과 그의 동료는 이 협상과 관련된 아무런 일도 하지 않았다. 결국 판결문에서는 회스 재판에서 한 증인이 말한, 일반정부에서 온 일부 유대인이 비알리스토크에서 온 유대인과 함께 아우슈비츠에 도착했다는 증언에 의존했는데, 비알리스토크는 동프러시아의 독일 지역으로 통합되어 아이히만의 관할권이 된 폴란드 도시였다. 그러나 제국의 영역인 바르테가우에서조차도 학살과 이송 책임자는 제국중앙보안본부가 아니라 바르테가우의 책임자 그라이저였다. 그리고 비록 1944년 1월에 아이히만이 우츠 게토(동부에서는 가장 규모가 컸고 가장 나중에 소개되었음)를 방문하기는 했지만, 한 달 후 그라이저를 보러 와서 우츠의 소개를 명령한 사람은 힘러 자신이었다. 아이히만이 힘러의 명령에 영감을 줄 수 있었다는 검찰의 터무니없는 주장을 받아들이지 않는다면, 아이히만이 유대인을 아우슈비츠로 이송했다는 단순한 사실이 그곳에 도착한 모든 유대인을 아이히만이 이송시켰다고 입증할 수는 없었다. 보강증거가 전적으로 결여되어 있다는 것과 아이히만이 강력히 부인한 점으로 볼 때 이 항목에 대한 판결문의 결론은 불행하게도 의심스러울 때 행위자에게 불리하게(in dubio contra reum) 보는 경우를 구성하는 게 된다.

세 번째로 고려해야 할 항목은 학살수용소에서 일어난 일에 대한 아이히만의 책임문제였다. 검찰에 따르면 아이히만은 학살수용소에서 상당한 권위를 누렸다고 한다. 이 문제들에 대한 증인들의 증언을 모두 파기한 사실은 판사들의 고도의 독립성과 공정성을 웅변적으로 보여주었다. 이에 대한 그들의 주장은 그 상황 전체에 대해 그들이 진정 이해하고 있음을 보여주었다. 그들은 수용소에는 두 범주의 유대인이 있었다는 점에서 시작했다. 하나는 이른바 '수송된 유대인'(Transportjuden)으로서 무리를 이루고 있었고 나치스의 눈으로 보기에도 한 차례의 범죄를 저지르지 않았다. 다른 범주는 '보호관리대상'(Schutzhaftjuden)에 속하는 유대인들로 어떤 위반 사항 때문에 독일 강제수용소에 갇힌 사람들인데, 이들은 정부가 '무고한 사람'들을 완

302

전한 공포하에 두려고 하는 전체주의적 원칙하에 있었지만, 제국 내부의 강제수용소에서 유대인을 없애려는 목적으로 동부로 이송되는 와중에서도 다른 사람들보다 훨씬 더 나은 상태에 있었다. (아우슈비츠에 대한 훌륭한 증인인 라자 케이건 부인의 말에 의하면, 그것은 "아우슈비츠의 커다란 패러독스였다. 범죄행위로 체포된 이들이 다른 사람들보다 더 나은 대우를 받았다." 그들은 선택의 대상이 되지 않았고, 대체로 살아남은 것이다.) 아이히만은 보호관리대상과는 무관했다. 그러나 그가 전문적으로 처리한 수송된 유대인의 경우, 수용소에서 사역시키기 위해 선택된 특별히 신체가 건강한 사람 25퍼센트를 제외하고는 규정상 죽게 되어 있었다. 그러나 판결문에서 제시된 방식에 따르면 그 문제는 더 이상 문제가 되지 않았다. 물론 아이히만은 이 희생자들의 상당수가 죽을 운명이었음을 알고 있었다. 그러나 노동을 위한 선별작업은 현장에서 친위대의 결정에 의해 이루어졌기 때문에, 그리고 이송될 사람의 명단은 통상 자국에서 유대인위원회나 치안경찰에 의해 이루어졌고 결코 아이히만이나 그의 요원에 의해 이루어지지 않았기 때문에, 누가 살게 되고 누가 죽게 되는가를 말할 권한이 그에게는 없었다는 것이 진실이었다. 그는 알 수도 없었던 것이다. 문제는 아이히만이 "저는 그 문제에 관한 한, 단 한 사람의 유대인도 죽이지 않았습니다. 저는 유대인이 아닌 사람도 죽이지 않았어요. ……저는 유대인을 죽이라는 명령도, 유대인이 아닌 사람을 죽이라는 명령도 내린 적이 없었습니다"라고 말했을 때 과연 그 말이 거짓이 아닌가 하는 점이었다. 아무도 죽이지 않은 (특히 이 경우에 있어서는 아마도 살해할 배짱조차도 갖지 못한) 대량학살자를 이해할 수 없었던 검찰은 개별 살인행위를 입증하려고 지속적으로 애를 썼다.

이로써 우리는 네 번째 문제인 동부지역에서의 아이히만의 일반적 권위에 대한 마지막 항목을 맞게 된다. 이 문제는 게토에서의 삶의 조건에 대한 것, 게토에서 견디어낸 형용할 수 없는 비참상에 대한 것, 그리고 대부분의 증인들의 증언의 주제였던 최종적인 유대인 몰살에 대한 것이었다. 마찬가지로 아이히만은 이에 대한 완전한 정보를 가지고 있었지만, 이 가운데 어떤 일도 그의 직책과 관계가 없었다. 검찰이 공들여 입증하려고 노력한 것은, 이는 그 일이 아이히만의 직책과 관계가 있다는 것이었다. 이 문제에 대한 지휘권이 늘 바뀌었기 때문에 폴란드에 갇힌 외국계 유대인과 관련된 일을 아이히만이 종종 결정해야만 했음을 자유로운 상태에서 스스로 인정한 근거에서였다. 그는 말하기를 이것은 외무성을 포함하는 '국가적 중대성'을 가진 문제였기 때문에 지역 당국의 '차원을 넘어서는' 것이었다고 했다. 그런 유대인에 관해서 모든 독일 사무실에서는 두 가지 서로 다른 경향이 있었는데, 그 하나는 '과격한' 입장으로서 모든 차이들은 무시되어야 한다고 생각하는 경향(유대인은 유대인일 뿐이라는 것으로)이고, 다른 하나는 '온건한' 입장으로서 이런 유대인을 교환 목적으로 '보류하는' 것이 낫다고 생각하는 경향이었다. (유대인 교환이라는 생각은 힘러의 아이디어였던 것으로 보인다. 미국의 참전 이후 그는 1942년 12월에 뮐러에게 다음과 같이 썼다. "미국에 영향력이 있는 친척을 가진 모든 유대인은 특별 수용소로 수감되어야 한다. ……산 채로." 그러고는 다음과 같이 덧붙였다. "그런 유대인은 우리에게는 귀중한 인질이다.") 말할 필요도 없이 아이히만은 '과격분자'에 속했고, 행정적 이유와 '이상적' 이유에서 예외를 두는 것에 반대했다. 그러나 1942년 4월 그가 외무성에 "외국 여권을 가진 유대인을 사전에 잘 솎아낸 바르샤바에서 보안경찰이 취한 조치에 장차 외국 시민들이 포함될 것"이라고 썼을 때, 그는 동부에서 '제국중앙보안본부를 대신한 결정권자'로서 행동한 것은 아니며, 거기서 '행정권'을 소유하고 있지 않았던 것은 분명하다. 하지만 하이드리히나 힘러가 지역 관할권자에게 어떤 명령을 내릴 때 아히히만이 이용되었다는 점에서 그러한 권력 또는 권위가 나올 수 없는 것도 아니었다.

어떤 점에서 사태의 진실은 예루살렘 법정이 추정한 것보다 더 나빴을 수도 있다. 판결문에서 주장된 것은 하이드리히에게 지역적 제한이 없는 최종 해결책의 이행에 대한 중심적 권위가 부여되었다는 것이었다. 따라서 이 지역에서 주요 대리인이었던 아이히만이 어디에서나 동등한 책임을 지고 있었다는 것이었다. 이것은 최종 해결책의 골격에 있어서는 상당히 옳은 것이지만, 그러나 비록 하이드리히가 조정을 목적으로 한스 프랑크의 일반정부의 대표자로 국무성 부장관인 요제프 뷜러 박사를 반제회의로 소환하기는 했어도 최종 해결책이 실제로 동부의 점령지역에는 적용되지 않았다. 왜냐하면 그곳의 유대인의 운명이 다른 곳과 형평에 맞지 않는다는 단순한 이유에서였다. 폴란드 유대인에 대한 학살은 1941년 5월이나 6월, 즉 최종 해결책의 명령이 내린 그때가 아니라, 1939년 9월에 히틀러에 의해 결정되었다. 여기에 대해 판사들은 독일 중앙정보부의 에르빈 라하우젠이 뉘른베르크에서 한 "이미 1939년 9월에 히틀러는 폴란드 유대인의 살해를 결정했다"는 증언을 통해서 알게 되었다. (따라서 유대인의 별은 1939년 11월에 이 지역이 점령된 직후 일반정부에 의해 도입된 반면, 독일제국에서는 1941년 최종 해결책이 나왔을 때에야 도입되었다.) 판사들은 전쟁이 발발했을 무렵에 있었던 두 회의의 회의록을 가지고 있었다. 그중 하나는 하이드리히가 1939년 9월 21에 소집한 것으로, '각 부서의 장과 이동학살조의 사령관들'의 회의였는데, 이때 아이히만은 아직 단지 총돌격대장의 신분으로 유대인 이주 베를린 센터를 대표하고 있었다. 다른 하나는 1940년 1월 30일에 있었는데 '소개와 재정착의 문제'를 다루었다. 두 회의에서 점령지의 전체 원주민의 운명이 논의되었다. '유대인 문제' 뿐만 아니라 폴란드 문제의 '해결'까지도.

이처럼 이른 시기였지만 '폴란드 문제의 해결'은 꽤나 진전되어 있었다. '정치 지도자들' 가운데 겨우 3퍼센트만 남아 있었던 것으로 보고되었다. '이 3퍼센트를 무해한 존재로 만들기 위해' 이들은 '강제수용소로 보내져야만' 되었다. 폴란드 인텔리겐치아의 중간 계층('교사, 성직자, 귀족, 재향군인, 퇴직 공무원 등')은 등록되고 체포되었다. 한편 '원주민 폴란드인'은 '이주 노동자들'로 독일 인력에 보충되어 그들의 고향에서 '소개될' 예정이었다. "목표는 폴란드인들로 하여금 영원한 예비적, 이주 노동자가 되어야 하는 것이며, 그들의 영구 거주지는 크라카우 지방에 있어야만 했다." 유대인을 도시의 센터로 집결시켜, "쉽게 통제되고 편리하게 소개되도록 게토에 모여 있게 했다." 제국으로 편입된 이들 동부지역(이른바 바르테가우로 불린 지역, 서프러시아, 단치히, 포즈난 지역, 상부 실레지아)에서는 유대인은 즉각적으로 제거되었다. 이들은 3만 명의 집시들과 함께 일반정부로 화물기차편으로 수송되었다. '독일 민족 강화를 위한 제국 감독관'의 역할에 따라 힘러는 마침내 대부분의 폴란드 국민들을 이 지역에서 최근에 제국으로 합병된 지역으로 소개하라는 명령을 내렸다. 판결문에서 표현한 것처럼 이 같은 '조직적인 민족 이주'의 실행 임무는 주요 임무가 '이주 및 소개'였던 제국중앙보안본부의 하위부서 제IV-D-4부의 수장인 아이히만에게 부여되었다. 이러한 '부정적인 인구 정책'이 동부에서의 독일 승리의 결과로 즉흥적으로 이루어진 것이 결코 아님을 기억하는 것은 중요하다. 그것은 이미 1937년 11월에 히틀러가 독일 고급 지휘관들에게 행한 비밀 연설에서 그 윤곽이 나타났다.* 히틀러는 외국 국가를 정복한다는 모든 관념을 거부한다는 점과 그가 요구하는 것은 독일인들의 이주를 위한 동부의 '빈 공간'[volkloser Raum]이라고 지적했다. 그의 연설을 들은 사람들(특히 블롬베르크, 프리츄, 레더)은 그런 '빈 공간'이 존재하지 않는다는 점을 아주 잘 알고 있었고, 따라서 동부에서의 독일 승리는 자동적으로 전체 원주민의 '소개'로 이어질 것이라는 점을 인식해야만 했을 것이다. 동부 유대인에 대한 조치는 반유대주의의 결과일 뿐 아니라 포괄적인 인구 정책의 일부였던 것이다. 이 과정에서 만일 독일이 전쟁에서 승리했다면 폴란드인들은 유대인과 동일한 운명(즉 종족 학살)을 겪었을 것이다. 이것은 단순한 추정이 아니다. 독일의 폴란드인들은 이미 유대인의 별 대신에 특별한 'P'자 표지를 달고 다니

---

* 이른바 회스바흐 회의록을 참조하라.

도록 이미 강요받았다. 그리고 이것은 우리가 이미 알듯이 파괴의 과정을 제도화하는 가운데 경찰이 취한 최초의 조치였던 것이다.)

9월 회의 이후 이동학살대의 사령관들에게 보내진 속달 편지에는 재판에 제출된 특별한 관심을 끄는 문서들이 있었다. 그것은 단지 '점령지역의 유대인 문제'만을 지칭하고 있으며, 비밀을 지켜야만 할 '최종목표'와 거기에 도달하기 위한 '예비적 조치들'을 구별하고 있었다. 후자에 속하는 그 문서는 철도 가까운 곳에 유대인을 수용하라고 분명히 언급하고 있다. 특이한 점은 '유대인 문제의 최종 해결책'이라는 구절이 등장하지 않는다는 점이다. 이 '최종 목표'란 아마도 폴란드 유대인의 파멸을 의미했을 것이며, 이것은 그 회의에 참석한 사람들에게 새로운 것이 아님이 분명하다. 새로운 내용은 제국에 새로이 합병된 지역에 살고 있던 유대인이 폴란드로 이주되어야 했다는 것이었다. 왜냐하면 이것이 실로 독일을 유대인이 없는 지역으로 만드는, 따라서 최종 해결책을 향한 첫 번째 조치였기 때문이다.

아이히만과 관련된 한 이 문서들은 비록 이 단계에서도 아이히만은 동부에서 일어난 일에 대해 거의 아무런 관련이 없었다는 점을 분명히 보여준다. 여기서도 역시 그의 역할은 '이송'과 '이주' 전문가로서의 역할이었다. 동부에서는 '유대인 전문가'가 필요 없었고, 어떤 특별한 '지시들'도 요구되지 않았으며, 어떠한 특권적 범주도 존재하지 않았다. 유대인위원회 요원들조차도 게토가 마침내 소개되었을 때 예외 없이 처리되었다. 예외는 없었다. 왜냐하면 노예 노동자들에 부여된 운명은 단지 다른 종류의 보다 느린 죽음이었기 때문이다. 따라서 이러한 행정적 대량학살에서 그 역할이 아주 본질적이라고 생각되어 '유대인 장로회' 기구가 즉각적으로 설립하게 된 유대인 관료조직은 유대인을 체포하고 수용하는 데 아무런 역할도 하지 않았다. 이 모든 일은 군대의 배후에서 이루어진 최초의 야만적 대량학살의 종말을 알리는 신호였다. 군 사령관들은 민간인들의 대량학살에 저항한 것 같고, 또 하이드리히는 독일 고위 지휘관과 유대인, 폴란드 지식인, 가톨릭 성직자,

그리고 귀족들에 대한 완전한 '즉각적인 청소'의 원칙을 수립하는 데합의했다. 그러나 200만 명이나 되는 유대인이 '청소'되어야 하는 작전의 규모 때문에 유대인이 먼저 게토에 수용되어야 한다고 결정했다.

만일 판사들이 공판이 이루어지는 동안 증인들에 의해 반복적으로들려졌던 머리카락이 쭈뼛 서게 되는 이 이야기들과 관련된 설명에서아이히만을 완전히 배제했더라도, 그들은 다른 유죄판결에 도달하지못했을 것이고, 아이히만이 사형을 모면할 수도 없었을 것이다. 그 결과는 같았을 것이다. 그렇지만 그들은 검찰의 문제제시 방식을 완전히허물어뜨리며 또한 타협도 하지 않은 것으로 된다.

제14장
증거와 증언

전쟁이 끝나는 마지막 몇 주 동안 친위대 관료들은 주로 증명서를 위조하고 또 6년간의 체계적인 살인을 입증할 산더미 같은 서류들을 파기하느라 정신이 없었다. 다른 부서보다 더 성공적이었던 아이히만의 부서는 파일들을 불태웠지만 물론 이런 일은 그다지 효과가 없었다. 왜냐하면 그 부서에서 나온 모든 서신들은 다른 국가나 당 사무실로 보내졌고, 그곳의 대부분의 파일은 연합군의 손으로 넘어갔기 때문이다. 최종 해결책에 대해 이야기해줄 충분한 양의 문서들이 남았으며, 이들 대부분은 뉘른베르크 재판과 그 후의 재판을 통해 이미 알려졌다. 그 이야기는 서약을 하거나 또는 서약하지 않은 진술들을 통해 입증되었는데, 이 진술들은 보통 이전의 재판에서 증인들과 피고들이 주장한 것이었고, 또한 더 이상 살아 있지 않은 사람들의 증언도 종종 이어졌다. (이 모든 것뿐만 아니라 상당한 양의 풍문에 의한 증언도 아이히만이 재판을 받은 법률 15조에 따라 증거로 인정되었다. 거기에는 어떤 일탈이 이루어졌을 때 그 일탈이 '일어난 이유를 기록으로 남'긴다면 법정은 '증거의 규칙'을 벗어나더라도 무관하다고 명시되어 있다.) 문서상의 증거는 예루살렘으로 올 수 없는 16명의 증인들의 경우 해외, 즉 독일과 오스트리아, 그리고 이탈리아의 법정에서 취합된 증언을 통해 보충되었다. 그들이 예루살렘으로 올 수 없는 이유는 법무장관이 "이들을 유대 민족에 대한 범죄를 이유로 재판에 회부할 의사가 있다"고 선언했기 때문이었다. 그는 첫 번째 공판에서 "만일 피고 측 증인이 되어 줄 사람이 있다면 막지 않을 것이다. 나는 어떤 장애물도 두지 않을 것이다"라고 말했지만, 나중에 그런 사람들에게 면책권 부여를 거부했다. (그 같은 면책권은 정부의 선의에 전적으로 의존한 것이었다. 나치스와 나치 부역자 [처벌]법에 따라 기소하는 것은 의무사항이 아니었기 때문이다.) 16명(이 중 7명은 수감 중) 가운데 누구도 어떤 이유에서든 이스라엘로 올 거라고는 거의 생각되지 않기 때문에 이것은 기술적인 문제였지만 그래도 상당히 중요한 문제였다. 그것은 이스라엘에는 '어떤 다른 나라들보다 증거자료와 증인들이 더 풍부하게' 있기 때문에 적어도 기술적인 면에서 '최종 해결책에 도움을 준 자들에 대한 재판에 더 적합하다'는 이스라엘의 주장을 논박하는 데 기여했다. 그런데 자료들과 관련된 주장은 여하튼 미심쩍은데, 왜냐하면 이스라엘의 자료실 야드 바솀은 상대적으로 늦은 시기에 건립되어서 다른 자료실에 비해 어떤 점에서도 더 낫다고 할 수 없기 때문이다. 갑자기 이스라엘이 피고 측 증인들의 진술을 들을 수가 없고 또 검찰 측 증인들 가운데 이전 재판에서 서면 진술서를 제출한 증인들이 피고와 대질심문할 수 없는 세계에서 유일한 나라가 되어버렸다. 그리고 이 점은 피고와 그의 변호사가 사실상 '자신들의 변호를 위한 자료들을 획득할 수 있는 입장에' 있지 않았기 때문에 더욱 심각한 문제였다. (세르바티우스 박사는 검찰이 제출한 1,500건의 자료에 대응하기 위해 110건의 자료를 제출했는데, 이 가운데 피고에게서 나온 자료는 대략 10여 건에 불과했고, 이것도 대체로 폴리아코프와 라이트링거의 저서에서 발췌한 것이었다. 그리고 나머지는 아이히만이 그린 17개의 차드를 제외하고는 모두 검사와 이스라엘 경찰이 수집한 엄청난 자료에서 뽑은 것이었다. 피고는 명백히 부자의 식탁에서 떨어진 빵부스러기를 받아먹은 것이다.) 사실상 피고가 이 사건을 적절히 다룰 '수단도 시간도' 없었고, '전 세계의 자료실이나 정부의 수단들'을 마음대로 사용할 수도 없었다. 동일한 비난이 뉘른베르크 재판에도 있었는데, 검찰과 피고 측의 지위상의 불평등이 한층 더 심각했다. 예루살렘처럼 뉘른베르크에서도 마찬가지였지만 피고 측의 주된 취약점은 많은 양의 자료들을 뒤져이 사건에 유용할 수 있는 모든 것을 찾아내는 훈련된 요원들이 부족했다는 것이다. 전쟁이 끝난 지 18년이 지난 오늘날에도 나치 정권에 대한 엄청난 양의 자료실 자료들에 대한 우리의 지식은 대체로 소송을 목적으로 골라낸 것에 의존하고 있다.

뉘른베르크에서 피고 측 변호인단의 일원이었던 세르바티우스 박사보다 피고에 대한 이 같은 결정적인 불이익에 대해 더 잘 의식하고 있는 사람도 없었을 것이다. 우선 그가 왜 이 일을 하겠다고 했는지에 대해 물어보는 것이 훨씬 더 호기심을 자아내는 일일 것이다. 이 질문에 대한 그의 대답은, 이 일이 "단지 사업상의 문제일 뿐"이며, 그는 "돈을 벌고 싶었다"는 것이었다. 그런데 뉘른베르크의 경험으로부터 보건대 이스라엘 정부가 그에게 지불할 총액(그가 계약한 액수는 2,000달러였음)이 우스꽝스러울 정도로 적절한 액수가 아니었다는 것을 그는 분명히 알고 있었다. 비록 린츠에 있는 아이히만의 가족이 1만 5,000마르크를 따로 그에게 주기로 했지만 말이다. 그는 거의 재판 첫날부터 자신이 비용을 적게 받는다고 불평하기 시작했고, 그 후 곧 아이히만이 '미래의 세대'들을 위해 옥중에서 쓸 어떤 '비망록'이라도 판매할 수 있게 되기를 바란다고 공공연히 말했다. 그와 같은 사업 거래가 적절한 것이 될 수 있는지의 문제는 차치하고라도 그의 희망은 좌절되었는데, 왜냐하면 이스라엘 정부가 아이히만이 옥중에서 쓴 모든 문서들을 압류했기 때문이다. (그 문서들은 지금 국립문서고에 보관되고 있다.) 8월에 재판이 휴정하여 12월에 속개하는 사이의 기간 동안 아이히만은 한 권의 '책'을 썼고, 피고 측은 항소심이 열리기 전의 검토 과정에서 그것을 '새로운 사실적 증거'로 제시했다. 물론 새로 쓰인 그 책은 새로운 사실적 증거가 아니었다.

피고의 입장에 대해서 법정은 피고가 이스라엘 경찰심문관에게 진술하고, 또 재판을 준비하는 데 필요한 11개월 동안 그가 넘긴 수많은 자필 메모로 보충된, 상세한 진술서에 의존할 수 있었다. 이것이 자발적인 진술서라는 데 아무런 의문도 제기되지 않았다. 그 진술서 내용 대부분은 질문을 통해 유도된 대답도 아니었다. 아이히만은 1,600건의 문서들을 보았는데, 이 가운데 일부는 그가 이전에 본 것으로 밝혀졌다. 왜냐하면 그 문서들은 아르헨티나에서 있었던 자센과 인터뷰할 때 본 것이기 때문이었다. 이 인터뷰에 대해 하우스너 씨는 '사전 총연습'이라고 불렀는데, 그렇게 부를 만한 이유가 없는 것도 아니었다. 그러나 그는 예루살렘에 와서야 그것들을 조심스럽게 검토하기 시작했다. 그래서 그가 심문대에 섰을 때 그는 시간을 낭비하지 않았음이 곧 명백하게 나타났다. 이제 그는 자료들을 읽는 방법, 즉 그가 경찰심문 기간에 배운 것 같은 그 방법을 알고 있었고, 그래서 그 일을 자기 변호사보다도 더 잘 해낼 수 있었다. 아이히만의 법정 진술은 이 사건에서 가장 중요한 증거로 나타났다. 그의 변호사는 6월 20일의 75번째 공판에서 그를 심문대에 세워, 7월 7일까지 14번의 공판기간 동안 거의 쉬지 않고 그와 질의응답을 나누었다. 바로 그날, 88번째 공판에서 검사의 심문이 시작되었고, 이 심문은 7월 20일까지 17회의 공판 동안 이어졌다. 이때 몇 차례의 사건이 있었다. 아이히만은 한 차례 모스크바 스타일로 "모든 것을 불어버리겠다"고 협박하기도 했고, 또한 그는 자기가 "스테이크가 완전히 익을 때까지 구이"를 당하고 있다고 한 차례 말하기도 했다. 그러나 대체로 그는 아주 조용했고, 자기는 더 이상 질문에 대답하지 않겠다고 협박했지만 진지하게 말한 것은 아니었다. 그는 할레비 판사에게 "〔자신은〕 이번 기회에 〔자기를〕 15년간 짓누르고 있던 비진리에서 벗어나 진리의 순간으로 옮겨오게 되어 얼마나 기쁜지 모르겠다"고, 그리고 그 이전에 있었던 심문보다도 더 오랜 시간동안 지속된 심문의 주인공이 된 것에 대해 얼마나 자부심을 갖는지 모르겠다고 말했다. 한 차례의 공판도 채 안 되는 동안 자신의 변호사와의 짧은 심문을 한 뒤 그는 세 판사에게 심문을 받았다. 판사들은 검사가 17차례의 공판에서 해명한 것보다 더 많은 것을 2차례 반의 짧은 공판 기간 동안에 그에게서 이끌어냈다.

아이히만은 6월 20일에서 7월 24일까지 전부 33차례 반의 공판 기간 동안 심문대에 섰다. 그의 거의 두 배 되는, 전체 121회의 공판 가운데 62차례의 공판이 이 나라 저 나라 출신으로 자신의 공포의 경험담을 이야기해준 100명의 검찰 측 증언으로 활용되었다. 그들의 증언은 4월 24일에서 6월 12일까지 지속되었고, 조정기간 전체는 자료 제출을 위해 활용되었다. 이 자료 대부분을 법무장관은 공판 기록으로 해석했고, 이것은 매일 언론에 전달되었다. 증인 가운데 단지 몇 명만이 이스라엘 시민이었는데, 이들은 수만 명의 신청자들 가운데 선정된 사람들이었다. (수만 명 가운데 90명만이 엄격한 의미에서의 생존자라고 할 수 있는 사람들로서 나치스에 체포되었다가 전쟁이 끝날 때까지 살아남은 사람이었다.) 이러한 압력을 잘 참아내어 자원하여 나서지 않은 사람 가운데서 증인을 찾았더라면 얼마나 더 현명한 일이었을까! (어느 시점까지는 이런 방향으로 나아갔다. 왜냐하면 두 사람의 이스라엘 언론인에 의해 제공된 자료에 근거하여 퀸튼 레이놀즈가 써서 1960년에 출간된 『죽음의 사자』*Minister of Death*에서 언급된 잠정적 증인들 가운데 단 한 명도 증언대에 서지 않았기 때문이다.) 이 점을 입증이라도 하듯 검사는 작가를 소환했다. 이 작가는 아우슈비츠의 창녀와 동성애, 그리고 다른 '인간적으로 흥미 있는 이야기들'을 다룬 책의 저자로서 K-제트닉(강제수용소 수감자를 말하는 은어)이라는 이름으로 대서양 양안에 잘 알려진 자였다. 그는 많은 대중집회에서 그랬던 것처럼 자기가 쓰는 이름에 대한 설명으로 이야기를 시작했다. 그는 그것이 필명이 아니라고 말했다. "한 사람이 십자가에서 죽은 이후 인류가 일어난 것처럼…… 민족이 십자가에서 죽은 이후에도 세계가 깨어나지 않는 한 나는 이 이름을 지니고 있어야만 합니다." 그는 점성술로 약간 빗나가면서 이야기를 계속했다. "아우슈비츠의 잿더미 위에 있던 별과 같은 방식으로 우리의 운명에 영향을 미치던 [그 별이] 거기서 우리의 행성을 바라보면서 우리 행성을 향해 빛을 발산하고 있습니다." 그러고는 지금까지 그를 지탱해준 '자연 위에 있는 비자연적 힘'에 대한 이야기에 도달했을 때 처음으로 그는 숨을 고르기 위해 잠시 멈추었는데, 이때 심지어 하우스너 씨조차도 이러한 '증언'에 대해 뭔가를 해야겠다고 느꼈다. 그래서 그는 아주 소심한 모습으로, 아주 공손하게 그의 말을 끊으며 말했다. "만일 당신이 동의해준다면 몇 가지 질문을 하고 싶군요." 이때 재판장도 기회를 보고 있다가 다음과 같이 말했다. "디노르 씨, 제발, 제발, 하우스너 씨와 제 말씀을 들으세요." 이에 대해, 실망한 증인은 아마도 마음의 상처를 받아 얼굴이 창백해져서는 더 이상 질문에 대답하지 않았다.

확실히 이것은 예외적인 상황이었다. 그러나 이 예외가 정상성의 규칙을 입증하는 예외기는 했어도, 단순성의 규칙이나 이야기를 말하는 능력의 규칙을 입증하는 예외는 아니었다. 더욱이 그 예외는 16년 전 또는 때로는 20년 전에 그에게 일어난 일과 책에서 읽거나 책을 읽으면서 상상한 것을 구별할 능력이 거의 없다는 것을 입증하는 예외였다. 이러한 난점들은 불가피한 것이었고, 또 검사가 저명한 증인들을 골라 세웠어도 그러한 난점들은 개선되지 않았다. 이 증인들은 자신의 경험을 책으로 출간했는데, 이제는 이미 썼던 이야기와 수차례 말한 것들을 다시 말하고 있었다. 연대기 순으로 진행하려는 무익한 시도로 인해 독일에서 온 8명의 증인들의 행렬이 시작되었는데, 이들은 냉정하기는 했지만 '생존자들'이 아니었다. 그들은 독일에서 고위직 유대인 관리들이었고 지금은 이스라엘의 대중에게 널리 알려진 인물이었다. 이들은 모두 전쟁이 발발하기 전에 독일을 떠났다. 뒤이어 프라하에서 5명의 증인이 나왔고, 이어 오스트리아에서 1명의 증인이 나왔는데, 이 나라에 대해 검사는 전쟁이 끝날 무렵과 종전 직후에 쓰인 고 뢰벤헤르츠 박사의 가치 있는 보고서를 제출했다. 프랑스와 네덜란드, 덴마크, 노르웨이, 룩셈부르크, 이탈리아, 그리스, 그리고 소련에서 각각 1명의 증인이 나왔다. 유고슬라비아에서는 2명의 증인이 나왔고, 루마니아와 슬로바키아에서는 각각 3명의 증인이 나왔다. 헝가리에서는 13명이 왔다. 그러나 폴란드와 리투아니아에서는 증인이 무더기로 53명이나 왔는데, 그곳에서는 아이히만의 능력과 권위가 거의 작용하지 않은 곳이다. (벨기에와 불가리아에서는 증인이 나오지 않았다.) '배경을 설명하는 증인'들도 있었는데, 이들은 모두 16명의 남녀로 이들은 법정에서 아우슈비츠(10명)에 대해, 그리고 트레블링카(4명)에 대해, 그리고 헤움노와 마이다네크에 대해 법정에서 진술했다. 이는 아이히만의 권력이 상당한 수준이었던 유일한 수용소인 테레지엔슈타트에 대해 증언할 사람들의 경우와는 달랐다. 테레지엔슈타트에 대해서는 4명의 증인이 나왔고, 베르겐벨젠의 교환 수용소에 대해서는 1명의 증인이 나왔다.

이 행렬의 맨 끝에는 야드 바셈이『회보』에서 증언을 요약하면서 쓴 표현처럼, '증인이 부적절한 증언을 해도 좋을 권리'가 너무나 확고히 수립되어서 하우스너 씨가 73번째 공판에서 '자기의 그림을 완성하도록' 법정에 허가를 요청한 것은 단순한 형식상이 문제가 되어버릴 정도였다. 대략 50번째 공판 이전에는 이러한 '그림 그리기'에 대해 그토록 열심이었던 란다우 판사가 전쟁 중에 영국 제8군 소속의 팔레스타인 유대 전투부대인 유대인단의 전 단원 한 사람의 출정 요구에 대해 즉각 동의했다. 검찰 측 마지막 증인 아론 호터-이샤이 씨는 지금 이스라엘의 변호사로, 팔레스타인으로의 불법 이민을 책임진 조직 알리야 베트의 후원하에 유럽 내의 유대인 생존자들을 찾기 위한 모든 노력을 조정하는 임무를 부여받았다. 살아남은 유대인은 유럽 전역의 거주지가 뒤바뀐 약 800만 명 가운데 흩어져 있었는데, 연합국은 이처럼 방황하는 사람들을 가능한 한 빠른 시간에 본국으로 송환하기를 원했다. 유대인도 자신의 원래의 집으로 돌아가야 했는데 위험은 여기에 있었다. 호터-이샤이 씨는 그와 그의 동료들이 스스로를 '유대인 투쟁국'의 일원이라고 소개했을 때 얼마나 환영을 받았는지, 그리고 어떻게 해서 '다윗의 별을 종이에 잉크로 그려서 빗자루 막대기에 그것을 핀으로 다는 것으로 충분했는지'를 말했다. 그는 또한 그들 가운데 일부가 어떻게 "이주자 수용소에서 집으로 걸어갔는지"를 말했는데, 왜냐하면 이때 '집'이란 예컨대 작은 폴란드 마을로, 거기서 과거 6,000명의 유대인 거주자들 가운데 15명만이 살아남았는데, 이 가운데 4명은 이곳으로 돌아오자마자 폴란드인들에 의해 살해당했다. 그는 마침내 그와 나머지 사람들이 어떻게 연합군의 송환 시도에 앞서가려고 했는지, 그리고 어떻게 그들이 빈번하게 너무 늦게 도착하게 되었는지를 묘사했다. "테레지엔슈타트에는 3만 2,000명의 생존자가 있었다. 몇 주가 지난 뒤 우리는 단지 4,000여 명만을 볼 수 있었다. 약 2만 8,000명이 되돌아갔거나 송환되었다. 우리가 거기서 본 4,000여 명 가운데 어느 누구도 자신의 출신지로 돌아가지 않았다. 왜냐하면 도중에 바로 그 길이 그들에게 제시되었기 때문이었다." 바로 그 길이란 당시 팔레스타인, 곧 이스라엘이 될 지역으로 가는 길이었다. 이 증언에는 그전까지 들었던 어떤 것보다 더 강한 선전의 냄새가 나는 것 같았는데, 사실의 제시가 실제로는 잘못되어 있었다. 1944년 11월에 테레지엔슈타트를 떠나 아우슈비츠로 가는 마지막 운송선이 떠났을 때 대략 1만 명의 수감자만 남게 되었다. 1945년 2월, 새로 6,000명에서 8,000명이 도착했는데, 이들은 혼합결혼을 한 유대인으로, 나치스가 이들을 테레지엔슈타트로 이송하자마자 바로 독일 운송체계가 벌써 궤멸 상태에 빠졌다. 다른 모든 사람들(대략 1만 5,000명)은 수용소가 적십자로 넘어간 뒤인 1945년 4월에 무개화물차로 또 도보로 쏟아져 들어왔다. 이들은 아우슈비츠의 생존자들로 노동집단에 속한 사람들이었는데 주로 폴란드와 헝가리 출신이었다. 러시아가 수용소를 해방시켰을 때(1945년 5월 9일), 처음부터 테레지엔슈타트에 있던 수많은 체코계 유대인은 즉시 수용소를 떠나 고향으로 돌아갔다. 그들은 자기 나라에 있었던 것이다. 전염병이 돌아 러시아군이 전염병 차단을 위해 격리 명령을 내렸을 때 대다수는 스스로 그곳을 떠났다. 그래서 팔레스타인 밀사가 본 나머지 사람들은 여러 이유(병들고 나이 들고, 또 가족 가운데 혼자 살아남아 어디로 돌아갈지 모르는 독신의 외로운 생존자들)로 돌아갈 수 없거나 송환될 수 없는 사람들이었다. 그런데 호터-이샤이 씨는 단순한 진리를 말했다. 게토와 수용소에서 살아남은 사람들, 절대적인 도움의 부재와 버림이라는 악몽으로부터 살아남은 사람들(마치 전 세계가 정글이고 자신들은 그 사냥물인 것처럼)의 오직 한 가지 소원은, 즉 비유대인을 다시는 보지 않아도 되는 곳으로 가는 것이었다. 그들이 합법적으로든 불법적으로든 어떻게 하든 돌아갈 수 있고 또 그들이 환영받을 것이라는 것을 알 수 있도록 팔레스타인에 있는 유대인의 밀사들을 필요로 했다. 그들은 확신을 얻기 위해 밀사들이 필요한 것은 아니었다.

그래서 아주 가끔씩 사람들은 란다우 판사가 이 전쟁에서 지기를 기뻐했는데 그러한 첫 번째 순간은 이 전쟁이 시작되기도 전에 일어났다. 왜냐하면 하우스너 씨의 첫 번째 배경 증인은 마치 자원해서 나온 것처럼 보이지 않았다. 그는 노인이었고 전통적인 유대인의 창 없는 모자를 쓰고 있었고, 작고 아주 약해 보였으며, 듬성듬성 난 흰머리와 수염을 길렀고, 몸을 똑바로 세우고 있었다. 어떤 의미에서는 그의 이름은 '유명'했으며, 사람들은 검찰 측이 왜 그와 더불어 그 그림을 시작하기를 원했는지 이해했다. 그는 1938년 11월 7일에 17세의 나이로 파리에 있는 독일 대사관으로 걸어 들어가 3등 서기관인 젊은 참사관 에른스트 폰 라트를 총으로 살해한 헤르셸 그린즈판의 아버지 진델 그린즈판이었다. 이 암살은 독일과 오스트리아의 학살극, 즉 최종 해결책의 사실상 서곡인 이른바 11월 9일의 유리의 밤을 촉발시켰는데, 이 일이 일어난 것과 아이히만은 아무런 상관이 없었다. 그린즈판의 행위의 동기에 대해서는 명료하게 밝혀진 적이 없었는데, 검찰이 함께 법정에 세운 그의 형은 이상할 정도로 이 점에 대해 말하기를 꺼려했다. 그것은 그린즈판의 가족도 포함되어 있던 약 1만 7,000명의 폴란드계 유대인을 1938년 10월의 마지막 며칠 동안 독일 영토에서 추방한 것에 대한 복수였다고 법정은 당연시하고 있었는데, 이러한 설명은 사실이 아닌 것으로 일반에게 알려지고 있다. 헤르셸 그린즈판은 학교를 끝까지 다닐 수 없었던 정신병자였고, 수년 동안 파리와 브뤼셀에 있는 학교의 문을 두드려보았지만 두 곳 모두에서 쫓겨났다. 그를 재판한 프랑스 법정에서 그의 변호사는 동성애 관계에 대한 혼란스런 이야기를 도입했고, 그를 인도받은 독일인들은 그를 결코 법정에 세우지 않았다. (그는 전쟁이 끝날 때까지 살았다는 소문이 있다. 마치 형법을 위반한 유대인은 남겨두었다는 '아우슈비츠의 역설'을 입증하는 것처럼.) 폰 라트는 상당히 부적합한 희생자였다. 그는 자신의 반 나치스적 견해와 유대인에 대한 동정심 때문에 게슈타포의 감시를 받고 있었다. 그의 동성애 이야기는 아마도 게슈타포가 조작한 것 같다. 그린즈판은 파리에 있던 게슈타포 요원들에 의해 부지불식간에 사용된 도구로 행동했을 수 있다. 게슈타포는 일석이조(독일에서 대량학살을 일으킬 구실을 만들고 동시에 나치 정권의 반대자를 제거하는 것)를 노렸을 수 있는데, 그들은 이 두 길을 동시에 갈 수 없다는 것을 깨닫지 못했다. 즉 폰 라트를 유대인 소년과 부적절한 관계를 맺은 동성애자라고 중상하면서 동시에 그를 '세계 유대인'의 희생자요 순교자로 만들 수는 없었던 것이다.

그게 어찌 됐든 간에 1938년 가을에 폴란드 정부가 독일에 있는 모든 폴란드계 유대인 거주자들이 10월 29일부로 국적을 상실할 것이라고 포고한 것은 사실이다. 이 일이 일어난 것은 독일 정부가 이들 유대인을 폴란드로 추방하려는 정보를 가지고 있었기 때문에 이를 막고자 한 때문이었던 것 같다. 진델 그린즈판과 같은 사람이 그러한 포고가 있었다는 것을 과연 알기라도 했을까 하는 점은 단순한 의심 이상의 것이다. 그는 1911년에 25세의 젊은이로 독일로 가서 하노버에 잡화점을 열었고, 거기서 얼마 지나지 않아 여덟 자녀를 낳았다. 1938년 파국이 다가왔을 때 그는 독일에서 27년간 살고 있었다. 그리고 그와 같은 수많은 다른 사람들과 마찬가지로 그는 자신의 서류를 변경하여 귀화를 신청하려고 하지 않았다. 이제 그는 자신의 이야기로 돌아와 검찰이 그에게 한 질문에 조심스럽게 대답했다. 그는 말을 아껴가며 윤색하지 않고 분명히 그리고 확실하게 말했다.

"1938년 10월 27일, 목요일 밤 8시에 경찰이 와서 우리들에게 7번 지역〔경찰서〕로 오라고 했습니다. 그는 '당신은 바로 되돌아올 수 있으니 여권 외에는 아무것도 지참하지 말고 오시오'라고 말했습니다." 그린즈판은 자신의 가족, 아들과 딸과 아내와 함께 갔다. 그가 경찰서에 도착했을 때 그는 '수많은 사람들이 일부는 앉고 일부는 서서 울고 있는 것을' 보았다. "그들〔경찰〕은 '사인해, 사인해, 사인해'라고 소리지르고 있었고…… 저는 사인을 해야 했습니다. 모두가 그랬습니다. 우리 가운데 한 사람이 사인을 하지 않았는데, 그 사람의 이름은, 내 기억에, 게르숀 질베르였던 것 같은데, 그는 구석에서 24시간 동안 서 있어야 했습니다. 그들은 우리를 연주회장으로 데리고 갔는데…… 거기에는 마을 전체에서 온 사람들이 있었고 약 600명가량 되었습니다. 거기서 우리는 금요일 밤까지 약 24시간 정도 대기했는데…… 맞아요, 금요일 밤까지였어요……. 그러고는 그들은 우리를 경찰 트럭에, 죄수를 싣는 화물차에 차량 한 대당 약 20명가량을 태워 기차역으로 데리고 갔습니다. 거리에는 '유대인놈들을 팔레스타인으로!'라고 외치는 사람들로 가득 차 겁게 보였습니다……. 그들은 우리를 기차로 독일과 폴란드 국경에 있는 노이벤셴으로 데리고 갔습니다. 우리가 거기에 도착한 것은 안식일 아침 6시였습니다. 라이프치히, 쾰른, 뒤셀도르프, 에센, 비더펠트, 브레멘 등에서 온 기차들이 있었습니다. 우리는 약 2만 명가량 되었습니다……. 그날은 안식일인 10월 29일이었습니다……. 국경에 닿았을 때 우리는 누가 돈을 가지고 있지 않은지, 누가 10마르크 이상을 가지고 있지 않은지 검색당했습니다. 차액은 뺏겼지요. 이것이 독일 법이었습니다. 10마르크 이상은 독일 밖으로 가지고 갈 수 없다는 것이지요. 독일인들은 '당신들이 올 때 그 이상을 가지고 오지 않았으니까 그 이상을 가지고 갈 수 없다'고 말했습니다." 그들은 폴란드 국경으로 1마일을 조금 넘게 걸어가야 했다. 왜냐하면 그들이 폴란드 영토로 몰래 들어가기를 독일인은 원했기 때문이었다. "친위대 요원들이 우리에게, 머뭇거리며 떠나지 못하는 사람들에게 채찍질을 해댔고, 길에 피를 쏟기도 했습니다. 그들은 우리에게서 짐가방을 빼앗았고, 우리를 아주 야만스럽게 대했습니다. 이것이 내가 독일인들의 포악한 야수성을 처음으로 본 것입니다. 그들은 우리를 향해 '달려! 달려!'라고 소리를 질렀어요. 저는 얻어맞고 도랑에 빠졌습니다. 제 아들이 저를 도와주며 '달려요 아빠, 달려요. 아니면 죽게 되요!'라고 말했습니다. 우리가 출입이 자유로운 국경에 도달하자…… 여자들이 먼저 갔지요. 폴란드인들은 아무것도 알지 못했어요. 그들은 폴란드 장군과 우리의 서류를 검토할 몇몇 관리들을 불렀어요. 그리고 그들은 우리가 폴란드 시민이며, 우리가 특별 여권을 가지고 있다는 것을 알았습니다. 우리를 들여보내기로 결정났습니다. 그들은 우리들을 약 6,000명의 사람들이 사는 마을로 데려다 주었는데, 우리는 1만 2,000명이었어요. 비는 심하게 내리고 있었고 사람들은 졸도할 정도였어요. 도처에서 노인들이 보였어요. 우리는 엄청난 고통을 당했어요. 음식은 없었고, 목요일 이후로 우리는 아무것도 먹질 못했지요……." 그들은 군사기지로 끌려가 "다른 곳에는 방이 없어 마구간으로" 넣어졌다. "내 생각에 그날은 〔폴란드에서의〕 둘째 날이었던 것 같아요. 첫째 날에는 빵을 실은 트럭이 포즈난에서 왔었는데 그날은 일요일이었어요. 그러고 나서 나는 프랑스로 편지를 썼지요……. 내 아들에게. '독일로는 편지를 더 이상 쓰지 마라. 우리는 이제 즈바스진에 있다'고 말이지요."

이 이야기를 하는 데 아마 10분밖에 걸리지 않은 것 같다. 그리고 (27년의 세월을 24시간도 채 안 되는 시간 동안에 이루어진 무자비하고 아무 필요도 없었던 이 파괴행위에 대한) 이야기가 끝났을 때, 사람들은 어리석게도 모든 사람들, 그야말로 모든 사람들은 그가 법정에서 하루종일 이야기하도록 해야 한다고 생각했다. 이어지는 끝없는 심리 속에서 이 이야기를 하는 것이 얼마나 어려운 것인가를 곧 알게 되었다. 이 이야기에는 (적어도 시처럼 변형이 이루어지는 영역이 아니라면) 오직 의로운 사람만이 소유하고 있는 마음의 있는 그대로 직접 드러나는 결백성, 영혼의 순수성을 필요로 했다. 이 이전과 이후 어느 누구도 진델 그린즈판의 빛나는 정직성에 필적하지는 못했다.

그린즈판의 증언이 '극적인 순간'을 조금이라도 닮은 어떤 것을 만들어냈다고는 아무도 주장할 수 없었다. 그런데 그런 순간이 몇 주일 후에 나타났는데, 그 순간은 바로 란다우 판사가 재판 진행을 정상적인 형사재판 절차에 따르도록 거의 필사적인 시도를 했을 때 예기치 않게 일어났다. 증언대에는 '시인이자 저술가'인 아바 코브너가 있었는데, 그는 증언을 했다기보다는 대중들에게 익숙하게 연설을 하고 또 청중으로부터 방해받는 데 분개한 사람처럼 쉽게 방청석을 향해 연설했다. 그는 주심 재판관으로부터 간결하게 대답하도록 주문을 받았는데, 그는 여기에 대해 분명히 싫은 내색을 했다. 자신의 증인을 옹호하려는 하우스너 씨는 '법정이 인내심이 부족하다는 불평을' 할 수 없다는 말을 들었다. 이것도 그는 좋아하지 않았다. 이처럼 약간 긴장이 조성된 무렵에 증인은 우연히 독일군 야전 하사관(Feltwebel) 안톤 슈미트라는 이름을 언급했다. 이 이름이 청중들에게 전적으로 알려지지 않은 이름은 아니었다. 왜냐하면 야드 바셈이 수년 전 히브리어판『회보』에 슈미트에 대한 이야기를 썼고 미국에 있는 수많은 이디시어로 된 신문에서 그 기사를 받아썼기 때문이다. 안톤 슈미트는 폴란드에서 부대 대열에서 이탈한 독일 군인들을 모으는 순찰임무를 수행 중이었다. 이 일을 하던 도중 그는 유대인 지하요원들과 부딪히게 되었는데, 여기에는 저명한 요원인 코브너 씨도 있었다. 그러자 그는 그들에게 위조 서류와 군 트럭을 제공하면서 유대인 유격대원들을 도와주었다. 가장 중요한 부분은 '그가 돈을 위해 그렇게 한 것은 아니다'는 것이다. 이 일은 1941년 10월에서 1942년 3월까지 5개월 동안 지속되었다가 안톤 슈미트는 체포되어 처형되었다. (검찰 측이 이 이야기를 이끌어낸 것은 코브너 씨가 아이히만의 이름을 슈미트에게서 처음으로 들었다고 말했기 때문인데, 슈미트는 코브너 씨에게 '모든 것을 조정한' 사람은 아이히만이라는 소문을 군대에서 들었다고 했다.)

외부로부터, 즉 비유대인 세계로부터 받은 도움이 언급된 것은 이번

이 결코 처음은 아니었다. 검찰 측이 "당신은 왜 반란을 일으키지 않았습니까?"라는 질문을 증인들에게 한 것과 동일한 빈도로 판사 할레비는 증인들에게 "유대인은 어떤 도움을 받은 적이 있나요?"라고 물었다. 그 대답은 다양하고도 불확정적인 것("모든 사람들이 우리에게 반대했어요"라든가 기독교 가정으로 숨은 유대인은 '손으로 셀 수 있을 정도', 전체 1만 3,000명 가운데 대여섯 정도)이었지만, 대체로 상황은 놀랍게도 폴란드가 다른 동부 유럽 국가들보다는 나았다. (불가리아에 대해서는 아무런 증인이 없었다는 점을 앞서 말했다.) 현재 폴란드 여인과 결혼하여 이스라엘에 살고 있는 한 유대인은 전쟁 기간 동안 자기 아내가 어떻게 자기와 12명의 다른 유대인을 숨겨주었는지 증언했다. 다른 사람은 전쟁 전부터 사귀어온 한 기독교인 친구가 있었는데, 그는 수용소에서 이 기독교인 친구에게로 탈출하여 도움을 받았다. 이 기독교인 친구는 나중에 유대인을 도와주었다는 이유로 처형되었다. 한 증인은 폴란드 지하조직이 많은 유대인에게 무기를 공급했고, 또 수천 명의 유대인 아이들을 폴란드인 가정으로 데려가 그들의 목숨을 구했다고 주장했다. 그 위험은 엄청나게 컸다. 한 폴란드인 가정은 여섯 살 난 유대인 여자아이를 입양한 이유로 가장 야만적인 방법으로 모든 가족이 몰살됐다는 이야기가 있었다. 그러나 이런 유의 이야기가 독일인에 대하여 들려진 처음이자 마지막 경우는 슈미트에 대한 이야기였다. 독일인을 포함한 다른 이야기들은 단지 기록으로만 언급되었기 때문이다. 경찰의 특정한 명령에 사보타주함으로써 한 독일 장교가 간접적으로 도움을 주었다는 이야기가 그것인데, 그에게는 아무런 일도 일어나지 않았지만 이 문제가 힘러와 보르만 사이의 서신에 언급될 정도로 아주 심각한 것으로 여겼다.

코브너가 독일 하사관으로부터 받은 도움에 대해 말하는 데 걸린 몇 분 동안 쉿 하는 소리와 함께 법정이 조용해졌다. 이것은 마치 청중들이 안톤 슈미트라는 이름의 사나이를 기리기 위해 통상적인 2분간의 묵념을 하기로 자발적으로 결정한 것 같았다. 그런데 이 2분 동안 칠흑 같은 알 수 없는 암흑 한가운데 갑작스런 섬광이 비친 것처럼 명백히 그리고 논란의 여지가 없는 어떤 생각(만일 이러한 이야기가 더 많이 이야기될 수 있기만 한다면, 오늘 이 법정이 이스라엘에 있건 독일에 있건 유럽 어느 곳에 있건 그리고 세계 어느 나라에 있건 상관없이, 모든 것이 얼마나 완전히 달라질 것인가)이 갑자기 떠올랐다.

이런 이야기가 곤혹스러울 만큼 부족한 데는 물론 이유가 있으며, 이 이유는 여러 차례 반복해서 말해왔다. 나는 이러한 이유의 요지를, 독일에서 간행된 전쟁에 대한 나름대로 성실하게 쓴 몇몇 비망록들 가운데 한 편에서 나온 표현을 빌려 말해보겠다. 러시아 전선에서 복무한 독일 의무관 외과의사인 페터 밤은 『보이지 않는 국기』(*Unsichtbare Flagge*, 1952)에서 세바스토폴에서 있었던 유대인 학살에 대해 말한다. 일반 병사들과 분별하기 위해 그가 '그밖의 사람들'이라고 부른 친위대 이동 학살대에 의해 유대인들은 징집되었다. 이 유대인들의 품위 있는 모습에 대해 이 책은 칭송을 보내고 있다. 이들은 이전의 일반 우편국이 있었던 감옥의 제한된 지역으로 투옥되었는데, 그 인근에는 장교 숙소가 있었고 거기에 페터 밤의 막사가 있었다. 이후 그들은 이동가스차량에 탑승했는데, 거기서 그들은 몇 분이 지나 죽었고, 운전사는 즉시 시신을 시외로 운송하여 큰 웅덩이 속으로 하역했다. "우리가 아는 것은 이것이다. 우리는 아무것도 모른다. 심하게 저항하거나 학살부대에 반대하는 무슨 일을 한 사람은 누구나 24시간 내에 체포되어 사라져버렸을 것이다. 그들이 그들의 적으로 하여금 자신의 신념에 따라 위대하고 극적인 순교자적 죽임을 당하지 못하게 만든 것은 우리나라의 전체주의 정부가 교묘하게 꾸며낸 일들 가운데 하나였다. 우리들 가운데 수많은 사람들은 그러한 죽음을 받아들였을 것이다. 전체주의 국가는 그들의 적들을 침묵하는 익명성 속에서 사라지도록 한다. 조용히 이러한 범죄를 감내하기보다 감히 죽음을 감당하려 한 사람들은 누구나 자신의 생명을 희생하려 했겠지만 쓸데없는 일이었음이 분명하다. 이것은 그러한 희생이 도덕적으로 무의미했을 거라고 말하는 것은 아니다.

그것은 실질적으로 쓸모없었을 것이라는 것뿐이다. 우리 가운데 어느 누구도 깊이 뿌리내린 확신을 갖고 있어서 보다 고차원적인 도덕적 의미를 위해 실질적으로 쓸모없는 희생을 감당할 수 있었던 사람은 아무도 없었다." 덧붙일 필요도 없이, 저자는 '보다 고차적인 도덕적 의미'라고 부른 것이 없다면 그가 그렇게 강조한 '품위'가 공허하다는 것을 깨닫지 못하고 있었다.

그러나 존경받을 만하다는 것의 공허함(왜냐하면 그런 상황에서는 품위가 더 이상 존경할 만한 것이 아니기 때문에)은 안톤 슈미트 하사가 보여준 예에서 드러나는 것이 아니다. 오히려 그것은 그 논증 자체에 있는 치명적인 약점인데, 그 논증은 처음에는 아주 가망이 없으리만큼 그럴듯하게 들린다. 전체주의 지배체제는 선하거나 악한 모든 사실들을 사라져버리게 하는 망각이라는 구멍을 마련하려고 애쓰는 것이 사실이다. 하지만 1942년 6월 이래로 있었던 대량학살의 모든 흔적을 지우려는 소란스러웠던 시도들(화장을 통해, 구덩이를 파서 시체들을 불태움으로써, 폭약과 화염방사기와 뼈를 갈아버리는 기계들을 이용한 시도들)이 실패할 운명이었던 것과 마찬가지로 그들의 적들이 '완전한 익명 속에서 사라져버리도록' 한 모든 노력들은 허사였다. 망각의 구멍은 존재하지 않는다. 인간적인 어떤 것도 완전하지 않으며, 망각이 가능하기에는 이 세계에 너무나 많은 사람들이 존재한다. 이야기를 하기 위해 단 한 사람이라도 항상 살아남아 있을 것이다. 따라서 그 어떤 것도 '실질적으로 불필요'하지 않다. 적어도 장기적으로는 아니다. 만일 그러한 이야기가 더 많이 들려진다면, 이는 오늘의 독일을 위해서, 단지 독일의 해외에서의 위신을 위해서뿐만 아니라 슬프게도 혼란스러운 내면적 조건을 위해서도 실질적으로 아주 유용할 것이다. 왜냐하면 그런 이야기가 주는 교훈은 단순하며 모든 사람들이 파악할 수 있는 것이기 때문이다. 정치적으로 말하자면 그 교훈이란 공포의 조건하에서 대부분의 사람들은 따라가지만 어떤 사람은 따라가지 않는다는 것이다. 그와 마찬가지로 최종 해결책이 제안된 나라들의 교훈은 대부분의 지역에서 '그 일이 일어날 수 있었지만' 그 일이 어디서나 일어나지는 않았다는 것이다. 인간적으로 말하자면, 이 지구가 인간이 거주하기에 적합한 장소로 남기 위해서는 그 이상의 것이 필요하지도 않고 또 그 이상의 것이 합리적으로 요구되지도 않는다.

전쟁이 끝나기 전 수개월 동안 아이히만은 베를린에서 아무 일도 하지 않은 채 제국중앙보안본부의 다른 부서장과는 교류 없이 대기상태로 지냈다. 다른 부서장들은 아이히만의 사무실이 있는 동일한 건물에서 매일 점심식사를 함께했지만 그에게 식사를 같이하자고 요청한 적은 단 한 번도 없었다. 아이히만은 방어책을 준비하느라 분주했는데, 이는 베를린을 위한 '마지막 전투'를 준비하기 위한 것이었다. 그리고 그는 자신의 직책에 따라 테레지엔슈타트에 이따금씩 방문하여 적십자 대표단들에게 시설물들을 보여주었다. 그 누구보다도 그들에 대해서 아이히만은 유대인 문제에 대한 힘러의 새로운 '인도적인 노선'에 대한 자신의 심중을 털어놓았다. 이때 그는 '다음에 만들' 강제수용소가 '영국의 모델'을 따르게 될 것이라고 맹세했다. 1945년 4월 아이히만은 힘러와의 몇 차례 면담 가운데 마지막 면담을 가졌는데, 힘러는 그에게 "테레지엔슈타트에 있는 100명 또는 200명의 저명한 유대인"을 선별하여 오스트리아로 이송해서 호텔에다 수용해놓고, 이들을 힘러가 앞으로 있게 될 아이젠하워와의 협상 때 '인질'로 사용할 수 있도록 하라고 명령했다. 이러한 임무가 얼마나 어리석은 일인지를 아이히만은 깨닫지 못한 것 같다. 그는 "자신이 생각한 방어책을 포기해야만 하는 데 대해 진심으로 유감스러워하며" 그곳으로 떠났지만 모든 길들이 러시아 군대의 진격으로 막혀버려 테레지엔슈타트에 들어가지 못했다. 대신 그는 오스트리아에 있는 알트오세에 도착하게 되었는데, 거기에는 칼텐브루너가 피난 와 있었다. 칼텐브루너는 힘러가 말한 '저명한 유대인'에 대해서 관심이 없었고 아이히만에게 오스트리아 산맥에서 유격전을 벌일 부대를 조직하라고 명령했다. 아이히만은 아주 열광적으로 여기에 응하면서 "이 일이야말로 할 만한 가치가 있는, 내가 하고 싶은 과업"이라고 말했다. 그는 대략 이 일에 어울리지 않는 100여 명의 사람들을 모집했는데 이들은 한 번도 장총을 본 적이 없었고 가진 것이라고는 버려졌던 한 무더기의 온갖 종류의 무기들이었다. 이들을 모으자마자 그는 힘러의 "영국인이나 미국인들에 대해 사격하지 말라"는 최근의 명령을 받았다. 이것으로 끝이었다. 그는 이 사람들을 집으로 보내고는 지폐와 금화를 담은 작고 튼튼한 상자를 자신이 신뢰하던 법률자문인 행정관 훈셰에게 보냈다. "왜냐하면 그는 고급 공무원 출신이기 때문에 자금을 적절히 관리할 것이고 자신이 사용한 비용을 잘 적어둘 것이라고 스스로 말했기 때문이다……. 그 구좌가 언젠가는 필요하게 될 것이라고 나는 아직도 믿었다."

이 말과 함께 아이히만은 쓰자마자 즉시 경찰심문관에게 보낸 자서전을 마무리해야만 했다. 여기에는 단지 며칠밖에 걸리지 않았고, 녹음한 내용을 풀어쓴 3,564장 가운데 315장에 불과했다. 그는 이 이야기를 계속하고 싶어했고 또 그 나머지의 이야기를 경찰에게 밝혔는데도 재판 당국은 여러 이유에서 전쟁이 끝난 이후의 시기를 다루는 어떠한 증언도 허용하지 않기로 결정을 내렸다. 그런데 뉘른베르크에서 제시된 진술서에서, 그리고 그보다 더 중요한 문서인 전 이스라엘 공무원인 모셰 펄만이 누설한 많은 논쟁거리가 된 기밀누설을 통해서 그 이야기를 완성할 수 있다. 펄만의 책『아돌프 아이히만의 체포』(*The Capture of Adolf Eichmann*)는 재판이 열리기 4주일 전 런던에서 출판되었다. 펄만의 설명은 제6국의 자료에 기초한 것이 명백한데, 이 부서는 아이히만의 재판을 책임진 경찰서였다. (펄만 자신의 말로는 아이히만이 납치되기 3주 전에 공무원직에서 은퇴했기 때문에 그 책을 '사적 개인'으로 썼다고 했지만, 이 말은 별로 신빙성이 없다. 왜냐하면 그가 은퇴하기 수개월 전에 이스라엘 경찰이 이미 그를 곧 납치하리라는 것을 알고 있었을 것이기 때문이다.) 이 책은 이스라엘 측에 상당한 당혹감을 불러일으켰는데, 이는 펄만이 중요한 검찰 문건에 대한 정보를 너무 일찍 누설하여 재판 당국이 아이히만의 증언의 진정성에 대해 이미 결정을 해버렸다고 써버렸기 때문만은 아니었다. 다른 이유는 아이히만이 부에노스아이레스에서 어떻게 체포되었는가에 대해 신빙성 있는 설명을 출판하는 것을 그들이 결코 원치 않았기 때문이었다.

펄만의 이야기는 이전에 들은 이야기들이 기초하고 있던 여러 소문들에 비해 훨씬 흥미가 떨어진다. 아이히만은 근동이나 중동지방에 가본 적이 없었고, 어떤 아랍 국가들과도 연결되어 있지 않았으며, 아르헨티나에서 독일로 돌아온 적도 없었고, 라틴 아메리카에 있는 다른 나라에 가본 적도 없었으며, 전후의 나치스 활동이나 조직에 어떤 역할을 담당하지도 않았다. 종전 후 그는 칼텐브루너와 한 차례 더 대화를 시도했으나 그는 아직도 알트오세에서 혼자 카드놀이를 하고 있었다. 그러나 이 아이히만의 전 상관은 그를 받아들일 분위기가 아니었는데 왜냐하면 "이 사람에게서 그는 더 이상 아무런 희망도 없다고 보았기 때문이다."(칼텐브루너 자신의 희망도 역시 아주 좋지는 않았는데, 그는 뉘른베르크에서 교수형을 당했다.) 그 이후 즉시 아이히만은 미군에 체포되어 친위대 요원 수용소에 수감되었는데 거기서 있었던 수차례의 심문과정에서도 그의 정체는 탄로 나지 않았다. 비록 그의 정체가 동료 수감자들 사이에 알려져 있기는 했지만 말이다. 그는 조심했으며 가족들에게 편지를 쓰지 않고 자기가 죽었다고 그들이 믿게 만들었다. 그의 아내는 사망증명서를 얻으려 했지만 남편의 죽음을 '목격한 사람'이 단지 시동생뿐이라는 사실이 밝혀져 얻질 못했다. 그녀는 빈털터리가 되었지만 린츠에 있는 아이히만의 가족이 그녀와 세 아이들을 부양했다.

1945년 11월에 뉘른베르크에서 주요 전범들에 대한 재판이 벌어졌을 때 아이히만의 이름이 거북할 정도로 자주 등장하기 시작했다. 1946년 1월에 비슬리케니는 검찰 측 증인으로 나와 아이히만의 유죄에 대한 확증적인 증언을 했는데, 여기에 따라 아이히만은 사라지는 편이 더 낫겠다는 결심을 하게 되었다. 그는 다른 수감자의 도움을 받아 수용소에서 탈출하여 뤼네부르거 하이데로 갔는데, 그곳은 함부르크에서 50마일 정도 떨어져 있는 황야였다. 거기서 그의 동료 수감자 중 한 형제가 그에게 벌채 노동자로 일할 수 있게 해주었다. 그는 거기서 오토 헤닝거라는 이름으로 4년간 머물렀는데 아마도 거기서 그는 죽도록 지겨웠던 것 같다. 1950년 초 그는 친위대 퇴역군인들의 비밀조직인 오데사(ODESSA)와 연락하는 데 성공하여 그해 5월 오스트리아를 거쳐 이탈리아로 넘어갔다. 이탈리아에서는 그의 정체를 다 알고 있는 한 프란체스코파 신부가 그에게 리하르트 클레멘트라는 이름으로 망명자 여권을 만들어 부에노스아이레스로 보내주었다. 그는 7월 중순 그곳에 도착하여 아무런 어려움 없이 가톨릭 신자, 총각, 무국적자, 나이는 37세(실제 나이보다 일곱 살 어림)인 리카르도 클레멘트로 신분증과 노동허가를 받았다.

그는 여전히 조심했지만 그러나 이제는 그의 아내에게 자신의 친필로 편지를 써서 '그녀의 아이들의 삼촌'이 살아 있다는 것을 알렸다. 그는 여러 거친 일(외판원, 세탁소 일, 토끼 농장의 인부)을 했으나 모두 임금이 형편이 없었는데, 1952년 여름 그는 아내와 아이들을 불러왔다. (아이히만의 부인은 당시 오스트리아 주민이었지만 스위스 취리히에서 독일 여권을 취득했는데, 이름은 본명을 사용했고 아이히만의 '이혼녀'라고 되어 있었다.) 그녀가 아르헨티나에 도착하자마자 아이히만은 부에노스아이레스의 외곽에 있는 수아레즈에 있는 메르세데스벤츠 공장에서 처음으로 안정적인 일자리를 얻었는데, 처음에는 기능공으로, 나중에는 공장장으로 일했다. 넷째 아이가 태어나자 그는 그녀와 재혼했는데, 아마도 클레멘트라는 이름으로 한 것으로 추정된다. 그런데 실제로는 그렇지 않은 것으로 보이는데 왜냐하면 그 아이는 리카르도 프란체스코 (아마도 그 이탈리아 신부의 이름을 딴 것 같다) 아이히만으로 출생신고가 되어 있었기 때문이다. 이것은 여러 해가 지나면서 흘린 많은 힌트 가운데 하나일 뿐이다. 그러나 그는 자기의 아이들에게 자신은 아돌프 아이히만의 동생이라고 말한 것은 사실인 것으로 보인다. 비록 그의 아이들이 린츠에 있는 조부모들과 삼촌들을 잘 알고 있었기에 이 말을 믿는다는 것은 상당히 아둔한 것이기는 하지만 말이다. 자기 아버지를 마지막으로 본 것이 아홉 살이었던 그의 장남은 적어도 7년이 지나 아르헨티나에서 자기 아버지를 알아볼 수 있었음이 분명했다. 더욱이 아이히만 부인의 아르헨티나 신분증 이름은 바뀌지 않았다. ('베로니카 리벨 드 아이히만'이라고 되어 있었다.) 그리고 1959년 아이히만의 양어머니가 죽었을 때, 그리고 1년이 지나 그의 아버지가 죽었을 때 린츠에서 발간된 신문의 부고에는 후손의 이름으로 아이히만 부인의 이름이 실려 있었는데, 이는 이혼과 재혼의 모든 이야기와 모순되는 것이었다. 1960년 초 아이히만이 체포되기 몇 달 전 그와 그의 아이들은 부에노스아이레스의 가난한 외곽지역에 원시적인 벽돌집 건축을 완성했다. 전기도 수도도 없는 이곳에 아이히만의 가족은 정착했다. 그들은 아주 가난했고 아이히만은 끔직한 삶을 영위했음이 분명했다. 아이들조차도 이러한 삶에 대한 보상이 되질 못했다. 그 아이들은 "교육을 받는 데 대해 전혀 관심이 없었으며 그들이 가지고 있을지도 모르는 재능을 발전시킬 시도조차도 하지 못했다."

아이히만의 유일한 보상은 자신의 정체를 이미 드러내보인 나치스 광역단체 요원들과 끊임없이 대화하는 데 있었다. 1955년에는 이러한 일이 마침내 과거 무장 친위대 요원인 네덜란드의 언론인 빌렘 S. 자센과의 인터뷰로 이어졌는데, 자센은 전쟁기간 동안 자신의 네덜란드 국적을 버리고 독일 여권을 취득한 자로 나중에 벨기에의 궐석재판에서 전범으로 사형선고를 받았다. 아이히만은 이 인터뷰의 내용을 먼저 녹음하고 나중에 재작성하는 형태로 기록을 남겼는데 여기에는 수식이 상당히 많이 붙어 있었다. 아이히만 자신이 직접 쓴 메모는 발견되어 재판에 증거로 제출되었는데 인터뷰는 아니었다. 자센의 기록은 요약된 형태로 처음에는 1960년 7월 독일의 화보잡지 『슈테른』(*Der Stern*)에 게재되었고, 이어 11월과 12월 『라이프』에 연재 기사로 나왔다. 그런데 자센은 부에노스아이레스에 나와 있던 『타임라이프』 특파원에게 4년 전에 이 이야기를 제공했는데 여기에 대해서는 분명히 아이히만의 동의를 받은 것 같다. 이 사태의 진실은 아이히만이 스스로 익명성에서 벗어나기 위해 많은 노력을 기울였다는 것이다. 그리고 아이히만이 리카르도 클레멘트라는 이름으로 아르헨티나에 살고 있었다는 것을 이스라엘 정보부가 아는 데 (1959년 8월까지) 수년이 걸렸다는 사실은 다소 이상하다. 이스라엘은 이 정보원을 결코 누설한 적이 없었고 지금은 적어도 6명이 자기가 아이히만을 발견했다고 주장하는데, 유럽의 '정보통'에 따르면 그 정보를 흘린 쪽은 러시아 정보부였다는 것이다. 그것이 사실이라고 하더라도 수수께끼는 이스라엘 정보부가 아이히만의 은신처를 어떻게 알았는가가 아니라 그것을 어떻게 해서 더 일찍 알지 못했는가 하는 점이다. 물론 이것은 이스라엘이 실제로 이러한 조사를 수년간 진행해왔다는 전제에서 하는 말이다. 그런데 사실에 비추어 보건대 그렇게 실제로 했는가는 미심쩍어 보인다.

그런데 체포자의 신원에 대해서는 아무런 의문도 남기고 있지 않다. 사적인 '복수자들'이 했다는 이야기는 아이히만이 "이스라엘 정보부에 의해 발견되었다"고 벤구리온이 1960년 5월 23일 이스라엘 국회에 보고하여 환호를 받은 것과 처음부터 배치되기 때문이다. 아이히만을 그곳에서 데려온 엘알 비행기의 주조종사인 츠비 토하르와 아르헨티나 항공사의 관리인 야드 시모니를 지방법원과 항소심에 증인으로 소환하려고 줄기차게 노력했지만 성공하지 못한 세르바티우스 박사는 벤구리온의 선언에 대해 언급했다. 검찰총장은 수상이 '아이히만이 정보부에 의해 발견되었다는 사실만을 인정'했을 뿐, 그가 정부요원에 의해 납치되었다고는 말하지 않았다고 하면서 반박했다. 자, 사실을 보면 이와는 정반대인 것 같다. 정보요원이 그를 '발견'한 것이 아니라, 자신들이 접수한 정보가 사실인지를 확인하는 몇 가지 기본적인 조사만 한 다음에 그를 단지 잡아오기만 한 것이다. 그리고 이 일조차도 아주 전문적이지 못한 방법으로 이루어졌는데, 왜냐하면 아이히만은 자신에게 그림자가 다가오고 있다는 것을 아주 잘 알고 있었던 것이다. "내 생각에 몇 달 전에 내가 발견되었다는 것을 알고 있었는지를 물었을 때 나는 분명한 이유를 당신에게 말해주었습니다. [이 내용은 경찰심문에서 이루어진 것인데 언론에는 공개되지 않았다.] ……내 이웃의 사람들이 부동산에 대해 질문을 하는 등 봉제가공공장에 대해 묻는 것을 알게 되었지요. 이 일은 아주 가능하지 않은 일이었지요. 왜냐하면 그 지역에는 전기도 수돗물도 들어오지 않았거든요. 게다가 이 사람들은 북미에서 온 유대인이라는 거예요. 나는 쉽게 잠적해버릴 수도 있었지만 그렇게 하지 않았지요. 나는 여느 때처럼 다녔고, 일이 그래도 벌어지도록 했어요. 나는 어디서나 아무런 어려움 없이 내 서류들과 소개서를 가지고 일자리를 찾을 수 있었을 거예요. 그렇지만 그렇게 하고 싶지 않았어요."

그가 이스라엘에 와서 재판을 기꺼이 받으려 했다는 것은 예루살렘에서 드러난 사실이라기보다는 증명된 것이었다. 물론 피고 측 변호사는 무엇보다도 피고가 납치되었고 따라서 "국제법에 저촉되는 방식으로 이스라엘로 데려왔다"는 점을 강조해야만 했다. 왜냐하면 이렇게 해야 법정이 그를 처벌할 수 있는 권리가 있다는 점에 대해 도전할 수 있기 때문이다. 그리고 검사나 재판관들이 그러한 납치가 '국가에 의한 행위'였다는 점을 결코 인정하지는 않았지만 그 점을 부정하지도 않았다. 그들은 국제법의 훼손이 아르헨티나와 이스라엘 두 국가에만 관계될 뿐 피고의 권리와는 무관하다고 주장했다. 그리고 이러한 훼손은 1960년 8월 3일에 있었던 "양국은 아르헨티나 국가의 기본적 권리를 침해한 이스라엘 시민들의 행위로 인해 야기된 사건이 해결된 것으로 간주한다"는 공동선언을 통해 '해결'되었다고 주장했다. 법정은 이들 이스라엘인들이 기관원인지 민간인인지는 중요하지 않다고 결정했다. 피고도 또 법정도 언급하지 않은 점은, 아이히만이 아르헨티나 시민이었더라면 아르헨티나는 자신의 권리를 그렇게 쉽사리 포기하지는 않았을 것이라는 점이다. 그는 거기서 가짜 이름을 사용함으로써 국가의 보호를 받을 권리를 스스로 부인하는 결과를 낳기는 했지만, 적어도 그는 리카르도 클레멘트라는 이름(그의 아르헨티나 신분증에는 남티롤 지방에 있는 볼차노에서 1913년 5월 23일에 태어났다고 기록되어 있었다)으로 거기서 살았다. 비록 그는 자신이 '독일 시민권자'임을 천명하기는 했지만 말이다. 그는 결코 망명자에게 해당하는 의문의 여지가 있는 권리를 주장하지는 않았는데, 만일 그렇게 했더라도 그에게 별 도움이 되지 않았을 것이다. 왜냐하면 비록 아르헨티나가 많이 알려진 나치스 범죄자들에게 망명을 사실상 허용하기는 했지만 인류에 대한 범죄를 저지른 사람들은 '정치범이 될 수 없다'는 국제협약에 조인했기 때문이다. 이 모든 일로 인해 아이히만이 무국적상태가 되거나 또는 독일 국적을 법적으로 박탈당하지는 않았고, 오히려 서독으로 하여금 해외거주 시민에 대해 제공하는 통상적 보호책에 대해 보류하게 만드는 좋은 구실을 만들어주었다. 다른 말로 하면 수많은 법적 논쟁에도 불구하고, 납치가 빈번히 이루어진 체포의 한 양상이라는 인상을 결국 사람들이 갖게 된 수많은 전례들에 근거하여, 예루살렘 법정이 아이히만에 대한 재판을 하게 된 것은 다름 아니라 아이히만이 사실상 무국적상태였기 때문이다. 아이히만이 비록 법률 전문가는 아니지만 이 점을 잘 알고 있었을 것이다. 왜냐하면 그는 자신의 경험에 비추어보건대 오직 무국적 상태로서만 사람들은 자기가 원하는 대로 할 수 있기 때문이다. 유대인은 몰살당하기 전에 먼저 그들의 국적을 상실해야만 한 것이다. 그런데 그는 이 같은 미세한 점을 생각할 기분이 아니었다. 만일 자기가 재판을 받기 위해 이스라엘로 자발적으로 왔다는 것이 허구라면, 그는 누구나 기대한 것보다 어려움을 더 적게 겪었을 것이기 때문이다. 사실상 그는 아무런 어려움도 겪지 않았다.

1960년 5월 11일 저녁 6시 30분, 아이히만은 늘 하던 대로 일터에서 집으로 돌아오는 버스에서 하차하자마자 세 사람이 그를 체포하여 1분도 채 안 걸려, 대기하던 차로 싣고 부에노스아이레스에서 멀리 떨어진 외곽에 이미 세를 얻어놓은 집으로 데려갔다. 어떤 약물이나 밧줄, 수갑 등도 사용하지 않았고, 아이히만은 이것이 전문적인 작업이라는 것을 즉각 알아차렸으며, 어떠한 불필요한 폭력도 사용되지 않았다. 그는 다치지 않은 것이다. 자기가 누구인지 질문을 받았을 때 그는 즉각 독일어로 "나는 아돌프 아이히만이다"(Ich bin Adolf Eichmann)라고 말했다. 그러고는 놀랍게도 "나는 이스라엘 사람들 손에 잡혔다는 것을 안다"고 덧붙였다. (그는 어떤 신문에서 자기를 발견하면 체포하라는 벤구리온의 명령을 읽은 적이 있다고 나중에 설명했다.) 이스라엘 사람들이 자신들과 그들의 죄수를 이스라엘로 데려다줄 엘알 비행기를 기다리는 8일 동안 아이히만은 침대에 묶여 있었다. 이것이 이 모든 일 가운데 그가 불평한 유일한 것이었다. 그가 체포된 다음날 그는 자신이 이스라엘 법정에서 재판을 받는 것에 대해 이의가 없다는 것을 서면으로 진술하도록 요구받았다. 물론 그 진술서는 미리 준비된 것이었고 그가 해야 할 것이라고는 그것을 베끼는 것뿐이었다. 그러나 그는 자기 자신의 문장으로 쓰겠다고 해서 모두를 놀라게 했다. 이는 다음에 보는 것과 같은데 다만 그 첫 문장은 준비된 진술서 그대로 사용한 것으로 보인다. "진술인, 나, 아돌프 아이히만은, 이제 나의 진정한 정체가 드러났기 때문에 재판을 더 이상 회피하려는 것이 불필요하게 되었음을 명백히 알게 되어 나의 자유의지에 따라 이에 선언한다. 이에 따라 나는 권위 있는 법정, 재판정에 서기 위해 이스라엘로 여행할 준비가 되었음을 명백히 한다. 내가 법적 자문을 받을 것을 명백히 이해했으며, 〔이 다음부터는 미리 준비된 진술서를 베낀 것으로 보인다〕독일에서 있었던 나의 공적 활동의 마지막 수년간의 사실들에 대해 어떠한 윤색함도 없이 기록하여, 미래의 세대들이 그 참된 실상을 알 수 있도록 할 것이다. 나는 이 선언을 위협을 받거나 어떤 밀약에 따라 한 것이 아니라 내 자신의 자유의지에 따라 선언한다. 나는 마침내 내 자신과 평화롭게 지내기를 바란다. 내가 모든 상세한 내용들을 다 기억할 수는 없고 또 여러 사실들에 대해 착각할 수 있으므로, 나는 진실을 추구하는 내 노력을 위해 보고서와 진술서 등을 활용함으로써 도움을 받을 수 있도록 요구하는 바이다. 서명: 아돌프 아이히만, 부에노스아이레스 1960년 5월." (이 문서는 의심할 여지 없이 진본이지만 한 가지 이상한 점이 있다. 서명을 한 날짜가 빠져 있다는 것이다. 이러한 빠뜨림 때문에 이 문서가 아르헨티나에서가 아니라 아이히만이 5월 22일에 도착한 예루살렘에서 작성되었다는 의심을 사게 되었다. 검사가 이 문서를 제출하기는 했지만 이 문서에 그다지 중요성을 부여하지도 않은 재판에서 이 문서가 필요했다기보다는, 이 문서가 정식으로 첨부되어 아르헨티나 정부로 보내진 이스라엘의 최초의 공식적 해명문서가 필요했기 때문이었다. 법정에서 이 문서에 대해 아이히만에게 질문한 세르바티우스 박사는 날짜와 관련된 이상한 점을 언급하지 않았고, 아이히만 자신도 이 점에 대해 잘 언급할 수 없었을 것이다. 왜냐하면 아이히만은 변호사가 주도하는 질문에 대답하는 가운데 비록 다소 마지못해서기는 했지만 이 문서가 부에노스아이레스의 교외에서 침대에 묶여 지내는 동안 강압에 의해 진술한 것이라고 확인했기 때문이었다. 여기에 대해 더 잘 알고 있었을 것으로 보이는 검사는 이 점에 대해 반대심문을 하지 않았다. 이 문제에 대해서는 적게 논의될수록 좋다고 생각했음이 분명했다.) 아이히만의 아내는 아르헨티나 경찰에 자기 남편이 실종되었다고 신고했지만 남편의 정체를 노출하지 않았기 때문에 역이나 고속도로, 공항 등에 대한 수색이 이루어지지 않았다. 이스라엘인들은 운이 좋았다. 만일 경찰이 적시에 경보를 발동했더라면 그를 체포한 지 열흘이나 지나서 국외로 납치해 나갈 수는 결코 없었을 것이기 때문이다.

아이히만이 재판 당국에 대해 놀랄 만한 협조를 한 것에 대해 자신은 두 가지 이유를 제시했다. ("특히 자기 자신의 눈으로 참혹한 사건들을 보았다고 한 동부로의 여행에 대해서처럼 자기 자신의 고백이 아니면 어떠한 증거도 존재하지 않음이 분명한, 유죄를 입증하게 될 수많은 세부사항들을 경찰감독관 레스에게 피고가 왜 고백을 했는가?"라는 질문에 대해 아이히만을 단정적으로 거짓말쟁이라고 주장한 재판관들조차도 그 대답을 모른다고 인정해야만 했다.) 그가 체포되기 수년 전에 아르헨티나에서 그는 자신이 익명으로 지내는 것에 대해 얼마나 지겨워했는지에 대해 쓴 적이 있었다. 그리고 자신에 대한 것을 더많이 읽으면 읽을수록 더욱더 그는 지겨워했음이 분명하다. 그가 이스라엘에 와서 제시한 두 번째 이유는 더 극적이었다. "1년 반쯤 전〔즉 1959년 봄〕저는 독일여행을 마치고 돌아온 지인으로부터, 어떤 죄책감과 같은 느낌이 독일 청년 일부의 마음을 사로잡고 있다는 말을 들었습니다……. 그리고 이러한 죄책감 콤플렉스와 같은 사실이 제게는 말하자면 마치 인간을 태운 우주선이 달에 처음으로 도착한 것과 같은 획기적인 사건이었습니다. 그것은 저의 내면생활의 핵심 속 한 점이 되었고, 그 주위로 많은 생각들이 결정체처럼 얽혔지요. 이것이 바로…… 수색대가 제게 접근했다는 것을 알고도…… 제가 도망가지 않은 이유입니다. 제게 깊은 인상을 심어준, 독일의 젊은이들 사이에 있는 죄책감에 대한 이 대화를 한 후에 저는 잠적할 권리가 더 이상 없다는 것을 알게 되었지요. 이것도 또한 제가 이 심문이 시작될 때 서면 진술서에서…… 제 자신을 공개처형하라고 제안한 이유입니다. 저는 독일의 청년들로부터 죄책감을 덜어주기 위해 제가 뭔가를 하고 싶었어요. 왜냐하면 이 젊은이들은 무엇보다도 지난 전쟁에서 있었던 사건들에 대해, 그리고 자기의 아버지들이 한 일들에 대해 결백하기 때문이죠." '지난 전쟁'을 그는 다른 맥락에서는 '독일제국에 강요된 전쟁'이라고 여전히 부르고 있었다. 물론 이 모든 것은 공허한 말에 불과했다. 그렇지 않았다면 왜 그는 자기 자신을 버리고 독일로 자발적으로 돌아가지 않았는가? 이 질문을 그가 받았을 때 그는 자신의 생각에 독일 법정이 자기와 같은 사람들을 다룰 때 필요한 '객관성'을 아직도 상실한 채 있다고 대답했다. 그런데 만일 그가 이스라엘 법정에 서기를 진정으로 원했더라면 (그의 말이 이것을 다소 의도하고 있기는 한데, 이 일도 마찬가지로 거의 일어날 법한 일은 아니었다) 그는 이스라엘 정부의 시간과 수고를 상당히 경감시켜줄 수도 있었을 것이기 때문이다. 우리는 앞서 이러한 종류의 대화가 그의 기분을 의기양양하게 만들어준 것을 보았다. 그리고 사실상 이런 이야기가 그로 하여금 이스라엘 감옥에 머무르는 동안 줄곧 좋은 기분과 비슷한 어떤 기분을 유지시켜주었다. 그것은 심지어 그로 하여금 죽음에 대해서도 상당한 침착성을 가지고 바라보게 하기도 했다. 경찰심문 초기에 그는 "나는 사형선고가 나를 위해 준비되어 있다는 것을 알고 있다"고 공언한 것이다.

이 공허한 말 뒤에는 얼마간의 진실도 있었는데, 이 진실은 그의 변호를 위한 질문이 주어졌을 때 아주 명백히 드러났다. 분명한 이유에서 이스라엘 정부는 그에게 외국인 변호사를 선임할 수 있도록 허용했다. 그래서 경찰심문이 시작된 지 6주일이 지난 1960년 7월 14일에 아이히만의 분명한 동의에 따라, 그를 도와줄 변호인 측으로서 세 가지의 가능성, 즉 그의 가족이 추천한 로베르트 세르바티우스 박사(세르바티우스는 린츠에 있는 아이히만의 이복형제에게 장거리 전화를 걸어 변호를 하겠다고 제의했다), 칠레에 거주하는 다른 독일인 변호사, 그리고 재판 당국과 접촉한 뉴욕에 있는 한 미국계 법률회사 (이 가운데 오직 세르바티우스 박사의 이름만이 공개되었다) 등이 있으며 이들 중 하나를 아이히만이 선택할 수 있다는 말을 듣게 된다. 물론 다른 가능성도 있었고, 이 다른 가능성을 택할 권리가 아이히만에게 있었으며, 아이히만도 시간 여유를 갖고 선택할 수 있다는 말을 여러 차례 들었다. 그는 다른 가능성을 택하지 않고, 즉석에서 세르바티우스 박사를 선택할 것이라고 말했다. 그는 자기 이복형제를 알고 있는 것 같았으며, 또 다른 전범들을 변호한 것 같다는 이유에서였다. 그러고는 즉각 서류에 서명하겠다고 고집했다. 30분이 지난 뒤 이 재판이 '세계적 차원에서' 진행될 것이고, 검찰에 여러 명의 검사들이 붙게 될 것이며, 세르바티우스 혼자서는 '모든 자료들을 소화'해내기가 거의 불가능할 것이라는 생각이 그에게 떠올랐다. 세르바티우스가 변호사의 권한을 묻는 편지에서 "여러 변호사들을 이끌 것"이라고 말한 것을 아이히만은 떠올렸다 (그러나 세르바티우스는 그렇게 하지 않았다). 그리고 경찰 간부는 "세르바티우스 박사 혼자서 나타나지는 않을 것이라고 추정된다. 이 일을 혼자서 하기에는 물리적으로 불가능하다"고 덧붙였다. 그러나 세르바티우스 박사는 우리가 알고 있는 대로 대부분의 시간에 전적으로 혼자 등장했다. 그 결과 아이히만은 변호사의 주보조원이 되었고, '미래 세대들을 위한' 책을 쓰기는커녕 재판 기간 줄곧 아주 열심히 일하게 되었다.

1961년 6월 29일, 공판이 시작된 4월 11일에서 10주일이 지나 검찰은 이 사건과 관련된 증거제출을 끝냈고, 세르바티우스 박사가 피고를 위해 변론을 개시했다. 8월 14일, 114회의 공판이 있은 다음 모든 심리가 종결되었다. 그리고 법정은 4개월 동안 휴정에 들어갔고 12월 11일에 판결을 선고하기 위해 다시 개정했다. 이틀 동안 5차례의 개정을 거듭하면서 세 판사가 244항목으로 이루어진 판결문을 낭독했다. 검찰이 주장한 '음모' 죄는 기각되었는데, 이 항목으로 그는 '주요 전범'이 되어 최종 해결책과 관련된 모든 일에 대해 자동적으로 책임지도록 되어 있었다. 그들은 비록 몇몇 특정한 부분에 대해서는 면소를 시키기는 했지만 15개의 기소 항목 모두에 대해 유죄판결을 내렸다. '다른 죄목과 함께' 그는 '유대인에 대한' 범죄를 범했다. 즉 1) '수백만 명의 유대인을 살상함으로써', 2) '수백만 명의 유대인을 신체적인 파멸로 이끄는 상황으로' 몰아감으로써, 3) 그들에게 '심각한 신체적 정신적 해를 끼침'으로써, 4) 테레지엔슈타트에서 '유대인 여성들의 출산을 금하고 임신을 방해함'으로써 이 민족을 파멸하려는 의도를 가지고 유대인에 대해 범죄를 저질렀다는 4가지 기소 항목에 따라 유죄판결을 내렸다. 그러나 그들은 1941년 8월 이전의 시기에 대해 부과된 어떠한 죄목에 대해서도 무죄를 선고했는데, 그 시점은 총통의 명령이 전달된 때였다. 그 이전 시기의 활동들과 베를린 및 빈, 프라하에서 그는 '유대인을 파멸하려는' 의도가 없었다는 것이다. 이상은 고소장의 처음 4개의 기소 항목이었다. 5번에서 12번까지의 기소 항목은 '인류에 대한 범죄'를 다룬 것이었다. 이것은 (집시와 폴란드인들과 같은) 비유대인에 대한 학살과, 유대인과 비유대인을 막론하고 이들에게 저지른 살인을 포함한 모든 다른 범죄들을 포함하지만, 이러한 범죄가 이러한 민족 전체의 파멸을 의도한 가운데 저질러진 것이 아닌 까닭에 이스라엘의 법에서는 이상한 개념이었다. 따라서 아이히만이 총통의 명령에 앞서 한 모든 일들과 비유대인에게 행한 모든 범죄는 인류에 대한 범죄라고 총괄되었다. 여기에다 다시 한번 그 이후에 유대인에 대해 범한 그의 모든 범죄들이 더해졌는데 왜냐하면 이런 범죄는 일상적인 범죄기도 했기 때문이다. 그 결과 5항에서는 그에게 1항과 2항에서 열거된 것과 동일한 죄목이 부과되었고, 6항에서는 '인종적, 종교적, 정치적 이유에서 유대인을 처형'한 죄목이 부과되었다. 7항은 '이들 유대인에 대해⋯⋯ 살인과 연관한⋯⋯ 재산의 약탈'을 다루고 있으며, 8항은 이 모든 행위들을 '전쟁 범죄'로 다시금 종합하고 있는데 왜냐하면 이 일들 대부분이 전쟁기간 동안 저질러졌기 때문이었다. 9항에서 12항까지는 비유대인에 대한 범죄를 다루고 있다. 9항에서는 '수십만 명의 폴란드인들을 고향에서⋯⋯ 추방한' 죄목을 다루고 있으며, 10항에서는 유고슬라비아에서 '1만 4,000명의 슬로베니아인들을 추방한' 죄목을 다루었고, 11항에서는 '수천 명의 집시들'을 아우슈비츠로 이송한 것을 다루었다. 그러나 판결문에서는 "피고가 집시들을 파멸 지역으로 이송했다는 사실을 알고 있었는지가 우리 앞에서 입증되지 않았다"고 주장하고 있었다. 이 말의 의미는 '유대인에 대한 범죄'를 제외하고는 어떠한 대량학살 죄목도 부과되지 않는다는 것이다. 이것은 이해하기 어려운 일이었다. 왜냐하면 집시들의 처형이 상식이었다는 사실을 차치하고서라도 아이히만은 경찰심문 시 그것에 대해 알고 있었다고 인정했기 때문이었다. 이것이 힘러의 명령이었다는 것, 유대인에 대해서 있었던 것과 같은 '지시사항'이 집시들에게는 없었다는 것, 그리고 '집시 문제'에 대해서는 '기원과 관습, 습관, 조직…… 민요…… 경제' 등과 같은 것에 대한 어떠한 '조사'도 없었다는 것을 아이히만은 희미하게나마 기억했다. 그의 부서는 제국의 영역으로부터 3만 명의 집시들을 '소개'하는 업무를 담당했는데, 그가 세부사항들을 아주 잘 기억할 수 없었던 것은 어느 누구도 이 문제에 대해 간섭을 하지 않았기 때문이었다. 그러나 집시들도 유대인과 마찬가지로 제거되기 위해 이송되었다는 사실에 대해서는 그는 결코 의문을 품지 않았다. 그는 유대인의 학살에 대해 유죄인 것과 전적으로 동일한 방식으로 집시들의 학살에 대해서도 유죄였다. 12항은 리디체에서 93명의 아이들을 이송한 것과 관계되는데, 리디체는 하이드리히의 암살 후 거주민이 학살당한 체코의 마을이었다. 그러나 그가 이 아이들의 학살에 대한 책임을 면제받은 것은 당연한 것이었다. 마지막 세 항목은 뉘른베르크 재판에서 '범죄적'이라고 분류된 네 개의 조직 가운데 아이히만이 세 조직(친위대, 보안대, 그리고 게슈타포)의 요원인 사실에 대한 것이었다. (네 번째 조직인 나치스당 고위간부조직은 언급되지 않는데, 왜냐하면 아이히만이 당 지도자의 일원이 아니었음은 분명하기 때문이다.) 1940년 이전에 그가 이 조직에 든 멤버십은 경미한 위반을 이유로 제한법규(20년)에 해당되었다. (아이히만이 재판을 받은 1950년 법에는 주요 위반에 대한 제한법규가 없으며, 기결사항이라는 논거는 무효라고 명시되어 있었다. "비록 어떤 사람이 국제재판소건 또는 외국의 법정에서건 동일한 위반사실에 대해 이미 해외에서 재판을 받았다 하더라도" 이스라엘에서는 재판받을 수 있음을 의미한다.) 1항에서 12항까지 열거된 모든 범죄는 사형에 해당되었다.

자신이 기소된 범죄들에 대해 '교사'한 부분에서만 유죄일 뿐이며, 공공연한 행위를 자행한 적이 결코 없었다는 것을 아이히만이 줄곧 주장한 점은 기억될 것이다. 다행스럽게도 판결문은 검찰이 이 점에서 아이히만이 유죄라는 것을 입증하는 데 성공하지는 못했다는 점을 한편으로 인정했다. 이 점은 중요했다. 그것은 일상적 범죄에 해당되지 않는 이 범죄의 핵심 자체에 닿아 있으며, 일반 범죄자가 아닌 이 범죄자의 본질 자체에 닿아 있기 때문이다. 함축적으로 판결문은 죽음의 수용소에서 실제로 '살상 수단들을 손으로 조작한' 사람들은 통상 수감자들과 희생자들이었다는 섬뜩한 사실을 역시 인정한 것이다. 이 점에 대해 판결문에서 다음과 같이 말해야 했던 것은 정확성 이상의 것이었으며, 그것은 진실이었다. "우리의 형법 제23조에 따라 그의 행동들을 표현하자면, 그들은 타인에게 〔범죄적〕 행위를 하도록 돕거나 사주한 사람이거나, 또는 자문이나 충고를 함으로써 유혹한 사람이라고 말해야만 한다." 하지만 "우리가 현재 고민하고 있는 범죄의 경우처럼 엄청나고 복잡한 경우, 즉 수많은 사람들이 다양한 차원에서 그리고 다양한 행동방식(그들의 다양한 지위에 따라 입안자, 기획자, 실행자)으로 참여한 경우 범죄를 저지르도록 자문하고 유혹했다는 일상적 개념을 사용하는 것은 의미가 없다. 이러한 범죄들이 희생자의 수 측면에서뿐만 아니라 범죄에 개입한 사람들의 숫자 측면에서도 집단적으로 이루어졌기 때문에, 이 수많은 범죄자들 가운데 희생자들을 실제로 죽인 것에서 얼마나 가까이 또는 멀리 있었던가 하는 것은, 그의 책임의 기준과 관련된 한에서는 아무런 의미가 없다. 그와 반대로, 일반적으로 살상도구를 자신의 손으로 사용한 사람으로부터 멀리 떨어져 있을수록 책임의 정도는 증가한다."

판결문 낭독 다음에는 모든 일들이 관례대로 진행되었다. 검찰 측에서 일어나 한 차례 더 사형 언도를 요구하는 긴 연설을 했는데, 죄를 경감시켜줄 상황이 아니라면 사형 언도는 자동적이었다. 그리고 세르바티우스 박사는 이전보다 훨씬 더 간결하게 응답했다. 피고는 '국가적 행위'를 수행했으며, 그에게 일어난 일은 미래에 어느 누구에게도 일어날 수 있는 일이고, 전 세계가 이 문제를 직면할 것이며, 아이히만은 '희생양'이었고, 현 정부는 스스로 책임을 지지 않기 위해 국제법에 어긋나게도 그를 예루살렘 법정으로 내던졌다는 것이었다. 이 법정의 능력을 결코 인정하지 않은 세르바티우스 박사에게는 법정이 '[독일 법정에서] 확립된 사법적 권력을 대리하는, 하나의 대리권 안에서' 피고를 재판한 것으로만 이해했다. (사실 한 독일 검사가 예루살렘 법정에서 해야 할 과제를 그런 식으로 말한 적이 있었다.) 일찍이 세르바티우스 박사는 법정이 피고를 무죄 방면해야 한다고 주장했는데, 그 이유는 아르헨티나의 형 면제법에 따르면 '납치가 일어나기 직전인' 1960년 5월 7일에 그에 대한 형법의 적용이 만료되었기 때문이라는 것이다. 이제 그는 그와 동일한 논지에서 사형언도가 내려져서는 안 된다고 주장했는데 그 이유는 독일에서는 사형제도가 무조건적으로 폐지되었기 때문이라는 것이다.

이후 아이히만의 최종 언도가 나왔다. 정의에 대한 그의 희망들은 무산되었다. 비록 그가 최선을 다해 진실을 말했다 하더라도 법정은 그를 믿지 않았다. 법정은 그를 이해하지 않았다. 그는 결코 유대인 혐오자가 아니었고, 그는 결코 인류의 살인자가 되기를 바라지 않았다. 그의 죄는 그의 복종에서 나왔고, 복종은 덕목으로 찬양된다. 그의 덕은 나치스 지도자들에 의해 오용되었다. 그리고 그는 지배집단의 일원이 아니었고, 그는 희생자였으며, 오직 지도자들만 처벌을 받아야 한다. (그는 다른 수많은 낮은 계급의 전범들만큼 그렇게 지나치지도 않았다. 그들은 '책임'에 대해서 염려하지 말라는 말을 들었으며, 이제는 책임이 있는 사람들에게 이 점을 설명해달라고 소환할 수도 없다고 강력하게 불만을 제기했다. 그런 사람들은 자살이나 교수형을 당함으로써 자기들을 '떠나거나, 내버렸기' 때문이다.) "나는 괴물이 아니다, 나는 그렇게 만들어졌을 뿐이다." "나는 오류의 희생자다"라고 아이히만은 말했다. 그는 '희생양'이라는 단어를 사용하지 않았지만, 세르바티우스가 한 말을 확인해주었다. 그것은 '[그가] 다른 사람들의 행위를 대신해서 고통받아야 한다는 그의 깊은 확신'이었다. 이틀 후인 1961년 12월 15일 금요일 아침 9시에 사형이 선고되었다.

3개월이 지난 1962년 3월 22일, 이스라엘 대법원에서 항소심이 열렸다. 5명의 재판관 가운데 이츠하크 올샨이 주심을 맡았다. 검찰 측에서는 하우스너 씨가 네 명의 검사보와 함께 다시 나왔고, 피고 측에서는 세르바티우스 박사가 아무도 동반하지 않은 채 나왔다. 피고 측 변호인은 이스라엘 법정의 권한에 반대하는 이전의 논지를 재차 반복했다. 그런데 아이히만의 본국 인도 절차를 시작하도록 서독 정부를 설득하려는 그의 모든 노력이 헛되이 끝났기 때문에, 그는 이제 이스라엘이 아이히만에게 본국소환을 제공하라고 주장했다. 그는 새로운 증인의 명단을 제시했지만 이 가운데 어느 누구도 '새로운 증거'나 그와 비슷한 것이라도 제시할 만한 사람은 없었다. 그는 명단 가운데 한스 글로브케를 올렸지만 아이히만은 그를 평생 동안 본 적이 없었으며, 아마도 예루살렘에서 그의 이름을 처음 들었을 것이다. 그보다 더욱 황당한 것은 하임 바이츠만 박사인데, 그는 10년 전에 사망한 사람이었다. 항소 이유서(plaidoyer)는 믿을 수 없을 만큼 엉망진창이었다. (일례로 피고는 새로운 증거로 검찰이 이미 제출한 문서의 프랑스 번역본을 제출하기도 했고, 또 다른 두 경우에는 서류를 단순히 잘못 읽어 오류를 범한 것 등등의 경우가 있었다.) 그 내용이 부주의하게 작성된 것은 그중 몇몇 부분들이 법정 공격용으로 다소 주의 깊게 도입된 것과는 대조를 이루었다. 이는 가스의 사용이 '의료적 문제'라거나 유대인의 법정은 리디체의 아이들의 운명에 대해 재판할 권리가 없다는 것도 있었다. 그들은 유대인이 아니라는 이유에서였다. 이스라엘의 사법 절차가 자신의 변론을 위해 피고가 증거를 제출하는 것이 필수로 여겨진다는 점에서 대륙의 절차(아이히만이 대륙 출신이기 때문에 응당 여기에 해당된다고 주장함)와 모순된다고 하거나, 증인과 변론 문서들이 이스라엘에서는 입수할 수 없기 때문에 이러한 일을 피고는 할 수 없었다고 하기도 했다. 한마디로 재판은 공정치 못했고, 판결은 옳지 않다는 것이었다.

　항소심의 심리는 1주일밖에 걸리지 않았고, 이후 법정은 두 달간 휴정했다. 1962년 5월 29일 두 번째 판결문이 낭독되었다. (이는 첫 번째 판결문보다 분량은 적었지만 여전히 행간 여백 없는 법정 용지 51장 분량이었다.) 여기에서는 지방법원이 지적한 모든 점들에 대해 인정한다는 것을 명시했는데, 이러한 인정을 위해서는 두 달도, 또 51페이지의 분량도 필요가 없었다. 비록 말은 그렇게 하지 않았지만 항소심은 하급심 판결문을 실질적으로 각색한 것이었다. 원래의 판결문과 명백히 대조된 점은 "항소자가 '상관의 명령'을 전혀 받지 않았음"이 이제는 발견되었다는 것이었다. '그 스스로가 자신의 상관이었으며, "유대인 문제와 관련된 모든 문제에 그가 모든 명령을 내렸다." 더욱이 그는 "중요성에 있어서는 뮐러를 포함한 그의 모든 상관들을 능가했다." 아이히만이 존재하지 않았더라도 유대인의 운명이 더 나아지지는 않았을 것이라는 피고 측의 주장에 대해, 판사들은 이제 "최종 해결책이라는 아이디어는 항소자와 그의 공범자들의 억누를 수 없는 피의 갈증과 광신적 열정이 없었다면 수백만의 유대인의 벗겨진 살갗과 고문당한 살이라는 연옥적인 형태로 나타나지는 않았을 것이다"고 선언했다. 이스라엘 대법원은 검찰의 논리를 받아들였을 뿐만 아니라 그의 언어 자체도 차용한 것이다.

같은 날인 5월 29일에 이스라엘 대통령 이츠하크 벤츠비는 '변호사의 지시에 따라' 만들어진 4장의 친필로 된 아이히만의 사면 청원서를 린츠에 있는 그의 아내와 가족으로부터 온 편지와 함께 받았다. 대통령은 또한 전 세계로부터 온 관대한 조치를 호소하는 수백 통의 편지와 전문을 받았다. 이들 가운데 저명한 인사로는 미국랍비중앙회, 미국개혁주의 유대교대표단, 그리고 마르틴 부버가 이끄는 예루살렘 소재 히브리 대학 교수의 한 그룹이 있었다. 부버는 처음부터 이 재판에 반대했으며, 이제는 벤구리온에게 관대한 조치를 내리도록 설득하려고 애를 썼다. 대법원이 판결을 내린 지 이틀이 지난 5월 31일에 벤츠비 씨는 모든 자비의 청원을 물리쳤다. 그리고 같은 날 몇 시간이 지난 뒤 (그날은 목요일이었다) 자정이 되기 직전 아이히만은 교수형에 처해졌다. 그의 사체는 화장되었고 재는 지중해의 이스라엘 수역 밖에 뿌려졌다.

금요일과 토요일, 일요일이 이 나라에 있는 서로 다른 세 종교의 종교적 성일이어서 그 다음 주 월요일이 되어야 사형을 집행할 수 있기 때문에 목요일이 그 주간으로서는 가장 마지막으로 사형이 가능한 날이라는 사실을 고려한다고 하더라도, 사형선고를 집행한 그 속도는 실로 놀라운 것이었다. 자비의 청원이 거부되었다는 소식을 아이히만이 들은 지 두 시간도 채 되지 않아 형이 집행되었다. 여기에 대한 설명은 세르바티우스 박사가 최후로 자신의 고객을 위해 한 두 시도에서 발견될 수도 있을 것이다. 하나는 지금이라도 아이히만의 양도를 서독 정부가 요구하도록 서독의 법정에 신청서를 내는 것이었고, 다른 하나는 인권 및 기본적 자유의 보호협약 제25조에 호소하겠다는 협박이었다. 아이히만의 청원이 기각되던 때 세르바티우스 박사도 또 그의 보조원도 이스라엘에 없었다. 그리고 이스라엘 정부는 아마도 2년간이나 계속된 이 사건을, 피고 측이 처형일에 현장에 있을 수 있도록 신청도 하기 전에 종결짓기를 원한 것 같았다.

사형선고가 내릴 것은 예견된 일이고 여기에는 거의 누구도 이의를 달지 못했다. 그런데 이스라엘이 사형을 집행했다는 것을 알게 되었을 때에는 상황은 완전히 달랐다. 저항은 잠깐 있었을 뿐이지만 그 소문은 널리 퍼져나갔고, 또 저명인사와 특권층 인사에 의해 반대입장이 표명되었다. 가장 일반적인 논지는 아이히만의 행위가 인간 처벌의 가능성을 능가했다는 것, 그런 엄청난 범죄에 대해 사형선고를 내리는 것은 무의미하다는 것이었다. (수백만 명을 죽인 사람은 바로 그런 이유에서 처벌하지 말아야 한다는 것을 이것이 의미하는 것이 아니라면 이 말은 물론 어떤 점에서는 옳다고 할 수 있다.) 상당히 낮은 차원에서는 사형선고가 '상상하지도 못할 일'이라고 불렸으며, 아주 상상 가능한 대안, 즉 아이히만은 "네게브에 있는 불모지에서 유대인의 고국을 개간하는 데 땀 흘려 도우는 강제노동을 하면서 남은 평생을 보내야 한다"

는 제안이 즉시 제안될 수 있다. 그러나 이스라엘의 남부 사막지역이 유형지로 간주될 수 없다는 사실은 말할 것도 없고, 아마도 아이히만은 이런 형벌을 단 하루도 견디지 못할 것이다. 또 매디슨가(街) 스타일로 말하자면, "아이히만을 쇠고랑에 채우고 텔레비전 카메라와 라디오 방송을 동원하여 그를 체포하고 재판하고 선고를 내린 모든 사람들에게 대중적 환영회를 열어 세기의 영웅으로 만들어"줌으로써, 이스라엘은 '이해 가능한, 법적, 정치적, 심지어 인간적 생각을' 능가하는 '신성한 정신적 고양'의 상태에 도달하도록 할 수 있을 것이다.

마르틴 부버는 이 재판을 "역사적 차원에서의 실수"라고 불렀다. 이 일이 "독일에 있는 많은 젊은이들이 느끼는 죄책감을 없애는 데 도움을 줄" 것이기 때문이라는 것이다. 이 주장은 이상하게도 아이히만 자신의 생각을 반영하고 있다. 물론 부버는 아이히만이 독일 청년들의 어깨에서 죄책감을 덜어주기 위해 자신을 공개처형해주기를 원했다는 것을 거의 알지 못했다. (부버처럼 저명할 뿐만 아니라 아주 위대한 지성인이 이 같은 아주 대중화된 죄책감이 필연적으로 얼마나 기만적인가를 알지 못했다니 참으로 이상한 일이다. 만일 아무런 잘못도 저지르지 않았는데도 죄책감을 느낀다면 이는 유쾌한 일이다. 이 얼마나 고귀한 일인가! 반면 죄를 인정하고 회개를 하는 것은 아주 어려운 일이며 상당히 우울한 일이다. 독일의 젊은이들은 생활의 모든 면과 모든 행로에서 실제로 죄가 크면서도 죄책감을 느끼지 못하는 정부 당국이나 공공기관에 있는 사람들에 의해 둘러싸여 있다. 이런 사태에 대한 정상적 반응은 분개하는 것이겠지만, 분개하는 것은 상당히 위험하다. 생명과 신체에 위험을 주는 것이 아니라, 취업에 결정적으로 장애가 된다. 아주 가끔씩, 『안네의 일기』와 같은 소동이나 아이히만 재판과 같은 경우, 히스테리컬한 죄책감의 분출로 우리들을 대하는 그들 젊은 독일의 남녀들은 과거의 부담, 즉 그들의 아버지의 죄 아래서 혼미해하지 않는다. 오히려 그들은 바로 현재의 현실적인 문제들이 주는 부담으로부터 값싼 센티멘털리티로 도망하려고 애쓰고 있는 것이다.) 부버 교수는 계속해서 자신은 아이히만에 대해 "전혀 아무런 동정"도 느끼지 못한다고 말했다. 자기는 "내가 내 마음으로 이해하는 행위를 하는 사람들에 대해서만" 동정심을 느낄 수 있기 때문이라는 것이다. 그리고 그는 독일에서 수년 전에 말한 것을 강조했다. 그것은 그가 제3제국의 행위에 "참여한 사람들과는 단지 형식적인 의미에서만 공통적인 인간성을" 갖고 있다는 것이었다. 물론 이러한 고결한 태도는 아이히만을 재판해야 하는 사람들이 지닐 여유가 있는 태도라기보다는 차라리 사치스러운 사람들의 태도라고 할 수 있을 것이다. 왜냐하면 재판관들의 법은 우리가 고발하고 재판하고 정죄한 사람들과 동일한 인간성을 가지고 있다는 점을 명백히 전제하기 때문이다. 내가 알고 있는 한, 부버는 아이히만의 처형 문제에 대해 공개적인 기록을 계속해서 남긴 유일한 철학자였다. (재판이 시작하기 직전 카를 야스퍼스는 나중에 『모나트』 *Der Monat*에 간행된, 바젤에 있는 한 라디오 방송 인터뷰에서 이 재판은 국제재판소에서 다루어져야 한다고 주장했다.) 아이히만과 그의 행위가 제기한 핵심 문제를 부버가 고차원적인 방식으로 얼버무리고 있음을 알게 된 것은 실망스런 일이었다.

사형제도를 원칙적으로, 무조건적으로 반대한 사람들로부터는 아무런 말도 들려오지 않았다. 그들의 주장은 타당한 채로 있는데, 왜냐하면 그들은 이러한 특별한 경우를 위해 자신의 주장을 구체화할 필요가 없었을 것이기 때문이다. 그들은 이번 경우가 자신들이 싸울 만한 아주 유망한 경우라고 (이 생각이 맞는 것 같다) 느끼지 못한 것 같다.

아돌프 아이히만은 아주 근엄한 태도로 교수대로 걸어갔다. 그는 붉은 포도주 한 병을 요구했고 그 절반을 마셨다. 그는 그에게 성서를 읽어주겠다고 제안한 개신교 목사 윌리엄 헐 목사의 도움을 거절했다. 그는 두 시간밖에 더 살 수 없기 때문에 '낭비할 시간'이 없다고 했다. 그는 자신의 감방에서 형장에 이르는 50야드를 조용히 그리고 꼿꼿이 걸어갔다. 간수들이 그의 발목과 무릎을 묶자 그는 간수들에게 헐렁하게 묶어서 자신이 똑바로 설 수 있도록 해달라고 요구했다. 검은색 두건을 머리에 쓰겠냐고 물었을 때 그는 "나는 그것이 필요 없습니다"라고 대답했다. 그는 자신을 완전히 통제하고 있었다. 아니 그 이상이었다. 그는 완전한 자기 자신의 모습을 하고 있었다. 그의 마지막 말로 남긴 기괴한 어리석음보다도 이 점을 더 분명히 증명할 수 있는 것은 없을 것이다. 그는 자신이 신을 믿는 자라고 분명히 진술하면서 자기는 기독교인이 아니며 죽음 이후의 삶을 믿지 않는다는 점을 일반적인 나치스 식으로 표현하기 시작했다. 그러고는 그는 "잠시 후면, 여러분, 우리는 모두 다시 만날 것입니다. 이것이 모든 사람의 운명입니다. 독일 만세, 아르헨티나 만세, 오스트리아 만세. 나는 이들을 잊지 않을 것입니다"라고 말했다. 죽음을 앞두고 그는 장례 연설에서 사용되는 상투어를 생각해 냈다. 교수대에서 그의 기억은 그에게 마지막 속임수를 부렸던 것이다. 그의 '정신은 의기양양하게 되었고', 그는 이것이 자신의 장례식이라는 것을 잊고 있었다.

이는 마치 이 마지막 순간에 그가 인간의 사악함 속에서 이루어진 이 오랜 과정이 우리에게 가르쳐준 교훈을 요약하고 있는 듯했다. 두려운 교훈, 즉 말과 사고를 허용하지 않는 **악의 평범성**(banality of evil)을.

에필로그

예루살렘 재판에서 있었던 비정상적인 일들과 규정에 벗어난 일들이 너무나 많고 또 다양했으며 법적으로도 복합적이었기 때문에, 전후의 문헌을 놀랄 만큼이나 적게 가지고 있었던 가운데 이루어진 이러한 일들은 재판과정에서 불가피하게 등장하는 중심적인 도덕적, 정치적, 그리고 심지어 법적 문제들에 대해 그림자를 드리웠다. 이스라엘은 비록 벤구리온 수상의 재판 전 성명서를 통해, 그리고 검찰 측이 만든 고발 방식을 통해 이후에 재판에서 달성해야 하는 수많은 목적들을 열거함으로써 문제점들을 혼동하기에 이르렀다. 이 모든 목적들은 법과 법정 절차에서 볼 때 이면적 목적이었다. 재판의 목적은 정의를 드러내는 것이며 그 이상의 어떤 것도 아니었다. 이면적 목적들 가운데 가장 고귀한 것(뉘른베르크에서 재판 행정자문관을 지낸 로베르트 G. 스토레이가 뉘른베르크 재판의 보다 고차적 목표라고 하여 주장한, "역사의 심판을 이겨낼 수 있는, 히틀러 정권에 대한 기록을 남기는 것")조차도 법의 주된 업무, 즉 피고에 대해 요구된 형량을 가름하고 판결을 내리고 또 적절한 처벌을 내리는 것과는 거리가 있을 뿐이다.

아이히만의 재판에서 나온 판결문의 첫 두 소절은 법정 내외 모두에서 상세히 설명된 보다 높은 목적에 대한 이론에 답하여 쓰인 것인데, 이 점에 있어서 이 판결문은 더 이상 분명할 수도, 또 더 이상 핵심을 잘 지적할 수도 없었을 것이다. 즉 재판의 영역을 넓히려는 모든 시도는 저항을 받았다. 왜냐하면 법정은 "그 자신의 영역 밖에 있는 영역으로 스스로 나가도록 부추기는 것을 허락할 수가 없었기 때문인데, …… 재판과정은 항상 그 자신의 길이 있으며, 이는 법으로 규정되어 있어서 재판의 주제가 무엇이건 간에 그것을 변경하지 않는 것이다." 더욱이 법정이 이러한 한계를 넘어선다면 항상 '완전한 실패로' 끝나게 될 것이다. 법정은 '일반적 질문들을 탐구하기 위해 요구되는 도구들'을 자기 마음대로 사용하지 않을 뿐 아니라, 권위를 가지고 말을 하는데 이 권위가 갖는 무게는 그의 한계에 의존한 것이다. 법의 영역 밖에 있는 문제들에 대해 "우리가 재판을 하도록 어느 누구도 허용하지 않았고, 그러한 문제들에 대해 연구하고 생각한 사람들의 의견보다 우리의 의견에 더욱 큰 무게를 부여할 수 없다." 따라서 아이히만의 재판에 대해 가장 일반적으로 묻는 물음인 "그것이 무슨 유익함이 있는가?"라는 질문에 대해서는 오직 다음과 같은 대답만이 가능할 것이다. "그것은 정의를 행할 것이다."

아이히만의 재판에 내려진 반론들은 다음과 같은 세 부류다. 첫째 반론은 뉘른베르크 재판에서 제기된 것으로 이번에도 다시 나왔다. 아이히만은 소급법에 의해 재판받았으며 승자의 법정에 섰다는 것이다. 둘째 반론은 단지 예루살렘 법정에만 적용되는 것인데, 이는 이 법정이 재판을 수행할 자격이 있는가라는 점과 납치 행위를 고려하지 않았다는 점에 대해서 제기되었다. 그리고 끝으로 가장 중요한 반론은 혐의 자체에 대한 것으로 아이히만은 '인류에 대한' 범죄가 아니라 '유대 민족에 대한' 범죄를 저질렀다는 것이며, 따라서 그가 재판을 받고 있는 법에 대해 제기된 것이다. 그리고 이러한 반론은 이 범죄를 재판하는 데 유일하게 적절한 곳은 국제재판소라는 논리적 결론으로 이어진다.

첫째 반론에 대한 법정의 응답은 간단했다. 뉘른베르크 재판은 예루살렘에서 타당한 선례로 인용되었으며, 따라서 국내법에 따라 움직인 재판관들이 달리 어찌할 방도가 없었다는 것이다. 왜냐하면 1950년에 제정된 나치스와 나치스 협력자들에 대한 (처벌)법 자체가 이러한 선례에 기초를 두고 있기 때문이다. '이 독특한 법 제정은 형법의 통상적인 다른 법의 제정과는 전적으로 다른데,' 이처럼 다른 이유는 그것이 다루는 범죄의 본질에 놓여 있다고 판결문은 지적하고 있다. 그 법의 소급성은 법률이 없으면 범죄도 없고 법률이 없으면 형벌도 없다(nullum crimen, nulla poena sine lege)는 원칙을 단지 형식적으로만 위반할 뿐, 실질적으로는 위반한 것이 아니라는 것이다. 왜냐하면 이것은 입법자가 인식한 행위들에만 의미 있게 적용될 수 있기 때문이다. 만일 대량학살과 같이 이전에 알려져 있지 않은 범죄가 갑자기 등장한다면, 정의 자체가 새로운 법에 따라 재판할 것을 요구하게 된다. 뉘른베르크 재판의 경우 이 새로운 법은 '헌장'(1945년의 런던 협약)이었고, 이스라엘의 경우 그것은 1950년 법이었다는 것이다. 문제는 이러한 법이 어쩔 수 없이 그러할 수밖에 없게 된 대로 소급적이었는가의 여부에 대한 것이 아니라, 그 법이 적절했는가, 즉 그 법이 이전에는 알려지지 않은 범죄에만 적용되었는가에 대한 것이다. 소급법에 대한 이 같은 전제조건은 뉘른베르크에서의 국제군사법정의 설립을 위해 제공된 헌장 가운데서 심각하게 훼손되었다. 이러한 문제에 대한 토론이 다소 혼동된 것은 바로 이러한 이유에서였던 것 같다.

이 헌장은 세 종류의 재판에 맞추어졌다. 군사법정에서 "최고의 국제 범죄로…… 그 안에 전체의 집적된 악을 포함하고 있다"고 한 '평화에 대한 범죄'와 '전쟁 범죄', 그리고 '인류에 대한 범죄'가 그것이었다. 이 가운데 마지막의 것, 즉 인류에 대한 범죄만이 새롭고 전례가 없었던 것이었다. 공격전은 적어도 기록된 역사만큼이나 오랜 것이었는데, 비록 그것이 이전에도 수차례 '범죄적'인 것이라고 공공연히 비난을 받기는 했지만, 이처럼 공식적 의미에서 범죄로 인정된 적은 없었다. (이 문제에 대한 뉘른베르크 법정의 재판권의 정당화 가운데 어떤 것도 이 부분에 대해 칭찬하고 있는 것은 별로 없다. 제1차 세계대전 이후 연합군의 법정에서 빌헬름 2세의 경우가 인용된 것은 사실이지만, 전 독일 카이저가 혐의를 받은 범죄는 전쟁이 아니라 조약의 위반(특히 벨기에의 중립성 침해)이었다.[1] 1928년 8월에 체결된 브리앙-켈로그 조약이 국가정책 이행의 수단으로 전쟁을 배제한 것은 사실이지만, 그러나 이 조약은 공격의 기준을 설정하지도 않았고 또 위반에 대한 제재를 언급하지도 않았다. 이 조약이 이끌어내려 한 안전체제는 전쟁이 발발하기 전에 이미 붕괴했다는 사실은 차치하더라도 말이다.) 게다가 재판 참여국 가운데 하나인 소련은 너도 마찬가지(tu-quoque)라는 논쟁의 대상이 될수 있었다. 러시아는 핀란드를 공격했고, 또 1939년에는 폴란드를 분할하고도 비난받지 않은 것이다. 다른 한편, '평화에 대한 범죄'와 마찬가지로 전례가 없지 않은 '전쟁 범죄'는 국제법에 의해 다루어졌다. 헤이그와 제네바 협약에서는 이것이 '전쟁의 법률 또는 관습의 위반'이라고 정의를 내렸다. 그 내용은 주로 포로들을 학대하는 것과 민간인에 대해 전쟁행위를 하는 것이었다. 소급적 효력이 필요한 어떠한 새로운 법도 여기서 필요하지는 않았지만, 뉘른베르크에서 직면한 주된 문제는 여기서 또다시 너도 마찬가지라는 주장이 적용된다는 분명한 사실에 있었다. 헤이그 협약에 결코 조인하지 않은 러시아는 (우연히도 이탈리아도 여기에 조인하지 않았다) 포로를 학대했다고 단순히 의심받는 정도를 넘어선 상태에 있었으며, 최근 조사에 따르면 러시아도 또한 (러시아의 스몰렌스크 인근에 있는) 카틴 숲에서 시신이 발견된 폴란드 장교 1만 5,000명을 학살한 데 대해 책임이 있는 것으로 보인다. 보다 심각한 사안은 일반 도시에 집중폭격을 가한 것인데, 특히 히로시마와 나가사키에 원자폭탄을 투하한 것은 헤이그 협약의 내용에 따라 명백히 전쟁범죄를 구성하게 된다. 그리고 독일 도시들에 대한 폭격은 그들에 의해,

---

1) 카이저라는 별명을 가진 빌헬름 2세는 1918년 독일혁명을 통해 권력을 상실하고 네덜란드로 이주했는데, 연합군은 제1차 세계대전 종전 후 이 전쟁 발발의 책임을 물어 네덜란드 정부에 신병인도를 요구했지만 거절당했다.

즉 그들의 런던과 코번트리와 로테르담에 대한 폭격으로 인해 야기된 것이기는 하지만, 전적으로 새롭고 압도적으로 강력한 무기의 사용에 대해서는 동일하다고 말할 수는 없다. 그런 무기의 존재는 수많은 다른 방식으로 알려지고 또 증명되어야만 한 것이다. 분명한 것은 연합군에 의한 헤이그 협정의 위반 사실들이 법적 용어로 한 번도 논의된 적이 없었던 가장 명백한 이유가 국제군사법정이 말로만 국제적이었을 뿐, 사실상은 승자의 법정이었다는 것, 그래서 여하튼 의심을 받고 있었던 그 법정의 판결 권위가 전쟁에 승리하여 이 같은 연합 사업을 감당하게 된 동맹이 깨졌을 때에도 신장되지 않았다는 것이다. 그 동맹은 오토 키르히하이머의 말을 인용하자면 "뉘른베르크 판결문의 잉크가 채 마르기도 전에" 깨졌다. 그런데 이러한 명확한 이유가 헤이그 협약의 위반이라는 의미에서의 연합군의 전쟁 범죄가 인용되지도 또 처벌되지 않은 유일한 이유도 아니며 또한 가장 유력한 이유도 아닌 것 같다. 이 점에 대해서는 뉘른베르크 법정이 너도 마찬가지라는 주장이 가능한 혐의를 독일인 피고들에게 씌우는 것에 대해서 적어도 아주 유의했다는 것을 덧붙이는 것이 공정하다. 왜냐하면 사실인즉 제2차 세계대전이 끝날 때 모든 사람들은 폭력의 도구에 있어서 기술적 발전이 '범죄적' 전쟁행위가 불가피하게 도입되도록 했다는 것을 알게 되었다는 것이다. 진부하게 되어버린 것은 바로 군인과 민간인의 차이, 군대와 가정집의 차이, 군사 목표물과 일반 도시의 차이였다. 바로 이러한 차이에 헤이그 협약의 전쟁 범죄에 대한 정의가 의존하고 있었다. 따라서 이러한 새로운 조건하에서는 전쟁 범죄란 단지 모든 군사적 필수시설 외부에서 일어나는 일만이 해당되는 것으로 생각되는데, 거기서만 고의적인 비인간적 목적이라는 것이 입증될 수 있다.

불필요한 잔인함이라는 요소가 이 같은 상황에서 전쟁범죄를 구성하는 타당한 기준이었다. 이러한 요소가 오직 전적으로 새로운 범죄, 즉 '인류에 대한 범죄'에 대해서 타당한 것이 아니라, 불행하게도 그러한 범죄에 대한 서투른 정의로 도입된 것이다. 이 범죄는 헌장(6-c 조항)에서 '비인간적 행위'로 정의되었다. 비록 이와 같은 범죄도 역시 전쟁과 승리를 노리는 가운데 얼마나 과도하게 범죄적인가가 문제되지만 말이다. 그러나 연합군으로 하여금 그러한 선언을 하도록 추동한 것, 처칠의 말로 하자면 "전범자들에 대한 처벌이 전쟁의 주요 목표 가운데 하나"라고 말한 것은 결코 이런 종류의 잘 알려진 위반이 아니었다. 반대로 그것은 이전에는 들어본 적이 없는 잔혹상에 대한 보고, 전 민족의 전멸, 전 영역에서 그 원주민 '청소하기' 같은 것으로, '어떠한 군사적 필요라는 관념도 유지될 수 없는' 범죄들뿐만 아니라, 사실상 전쟁과는 독립적으로 있으며 평화 시에도 지속되는 체계적 살인 정책을 선언한 범죄인 것이다. 이러한 범죄는 실제로 국제법이나 국내법이 적용되지 않는 것이며, 게다가 너도 마찬가지라는 주장이 적용되지 않는 유일한 범죄다. 그런데 이보다도 더 뉘른베르크 재판관들로 하여금 불편하게 만든 범죄도, 또한 그들이 이보다도 더 속타게* 만든 애매한 범죄도 없었다. "헌장을 통해 작은 문으로 들어가게 만든 인류에 대한 범죄라는 범주는 그 법정의 재판을 통해 증발되었다"는 말은 전적으로 옳다. (이 말은 뉘른베르크의 프랑스인 판사 돈느디외 드 바브르가 한 말로 그는 이 재판에 대한 최고의 분석 가운데 하나를 남겨놓았다.) 그러나 이 판사들은 헌장 자체만큼이나 일관성을 상실했다. 비록 그 판사들이 키르히하이머가 말한 것처럼 "모든 전통적인 일반 범죄들을 포괄하는 전쟁범죄라는 혐의"에 대해서 유죄를 내리는 것을 선호하면서도 판결문을 읽을 때는 '인류에 대한 범죄 혐의에 대해서는 가능한 한 적게 강조했지만', 그러나 그들은 실제로 '인류에 대한 범죄', 또는 프랑스 검사 프랑수아 드 멘톤의 표현으로 훨씬 더 유행한 표현인 '인간의 지위에 대한 범죄'를 실제로 구성하는 아주 비일상적인 잔혹상들에 대해 유죄판결을 받은 사람들에게만 최고형, 즉 사형시킴으로써 자신들의 진정한 정서를 표출시켰다. 공격이 '최고의 국제적 범죄'라는 견해

---

* Donnedieu de Vabres, *Le Procès de Nuremberg*, 1947.

는 평화를 해치는 '음모'의 혐의를 결코 받지 않은 수많은 사람들에게 사형선고가 내렸을 때 조용히 유기되었다.

아이히만 재판을 정당화하는 가운데, 비록 지난번의 전쟁에서 최악의 범죄가 유대인에게 행해졌지만 뉘른베르크에서 유대인은 유일한 방관자였다는 점이 빈번하게 언급되었다. 그리고 예루살렘 법정의 판결문에서 이제 처음으로 유대인의 파국이 "재판과정에서 핵심적 지위를 점했으며, 바로 이 점에서 이 재판과" 뉘른베르크와 다른 곳에 있었던 "그 이전의 재판이 구별된다"는 것이 지적되었다. 그런데 이것은 기껏해야 절반의 진실일 뿐이다. 연합군으로 하여금 일차적으로 '인류에 대한 범죄'로 인식하게 한 것은 바로 유대인의 파국이었다. 왜냐하면 줄리어스 스톤이 『국제분쟁의 법적 조정』(*Legal Controls of International Conflict*, 1954)에서 쓴 것처럼 "유대인에 대한 대량학살은 비록 그들이 독일 국민이기는 하지만 인류의 문제라는 생각에 의해서 이루어질 수 있었을 뿐이다." 그리고 뉘른베르크 법정이 이 범죄를 완전히 공정하게 다룰 수 없었던 것은 그 희생자가 유대인이었다는 사실 때문이 아니라, 이러한 범죄가 전쟁과는 너무나 상관이 없어서 실제로 그 범죄의 수행이 전쟁행위와 충돌하거나 방해했기 때문에 이 범죄가 다른 범죄와 결부되어야 한다고 헌장이 요구했기 때문이다. 뉘른베르크의 판사들이 유대인에게 저지른 침해 사실에 대해 얼마나 깊이 인식하고 있었던가를 가장 잘 알아볼 수 있는 것은 인류에 대한 범죄 하나만으로 사형선고를 받은 유일한 피고가 율리우스 슈트라이허였다는 사실이다. 이 사람의 경우에 판사들은 모든 다른 고려사항을 무시한 것이다.

예루살렘 재판이 이전에 있었던 재판과 다른 점은 이제는 유대 민족이 중심적 위치를 점했다는 것이 아니었다. 이 점에서는 오히려 반대로 폴란드와 헝가리, 유고슬라비아와 그리스, 소련과 프랑스, 간단히 말해 모든 과거의 나치 점령국에서 전후에 이루어진 재판들과 이 재판은 유사하다고 할 수 있다. 뉘른베르크 국제군사법정은 그들의 범죄가 지역으로 구분될 수 없는 전범들을 위해서 수립되었는데, 그 외 모든 다른 전범들은 그들이 범죄를 저지른 나라들로 보내졌다. 오직 '주요 전범들'만이 지역의 한계 없이 활동했고, 아이히만은 분명히 그러한 사람들 가운데 한 명은 아니었다. (이것이 그가 뉘른베르크에서 고발되지 않은 이유였다. 흔히 언급되는 것처럼 그의 잠적이 이유가 아니었다. 예컨대 마르틴 보르만은 궐석으로 고발되고 재판을 받아 사형선고를 받았다.) 만일 아이히만의 활동이 점령지 유럽 전반에 걸쳐 이루어졌다면, 그것은 그가 너무나 중요한 사람이어서 지역적 제한이 그에게는 적용되지 않았기 때문이 아니라, 그와 그의 부하들이 전 유럽대륙을 돌아다닌 것이 그의 업무, 즉 모든 유대인을 모아서 이송시키는 일이었기 때문이었다. 유대인에 대한 범죄가 뉘른베르크 헌장의 제한적인 법적 의미에서 '국제적' 관심사로 만든 것은 유대인이 지역적으로 분산되어 있었다는 사실이었다. 일단 유대인이 그들 자신의 영역, 즉 이스라엘 국가를 갖게 되자 마치 폴란드인들이 폴란드에서 저지른 범죄들에 대해 심판할 권한을 가진 것과 마찬가지의 권한을 유대인은 자기 민족에 대해 저지른 범죄들에 대해 분명히 가지게 된 것이다. 지역적 사법권의 원리에 기초하여 예루살렘 재판에 대해 제기된 모든 반론들은 극단적 의미에서 적법하다. 그리고 비록 이러한 모든 반론들을 토론하느라 수많은 심리가 법정에서 행해졌지만 실제로는 별 적실성을 갖지 않았다. 유대인은 그들이 살해될 당시 어떤 국적을 가지고 있었는가에 상관없이 단지 유대인이라는 이유에서 그들이 살해되었음은 의심할 여지도 없다. 그리고 비록 자신의 민족적 기원을 부정하기로 선택했고 또 프랑스인으로나 독일인으로서 죽기를 원한 수많은 유대인을 나치스가 살해한 것이 사실이기는 하지만, 이러한 경우에서도 그 범죄자들의 의도와 목적을 고려하기만 한다면 정의는 실현될 수 있다.

내 생각에는 판사들의 공정한 판단의 가능성(판사들이 유대인의 국가의 시민이라면 그들은 자신과 관련된 일을 재판하고 있는 것이 아닌가라는 점)에 대해 보다 빈번하게 제기된 주장도 이와 마찬가지로 근거가 없다. 폴란드 재판관들은 폴란드 국민들에 대한 범죄에 대해 판결을 내렸고, 체코의 재판관들도 프라하와 브라티슬라바에서 일어난 일에 대해 재판했는데, 이러한 다른 계승국 재판관들보다 유대인 재판관들이 이 점에 있어서 얼마나 다른지를 알아보는 것은 어려운 일이다. (『새터데이 이브닝 포스트』에 게재한 일련의 기사 중 마지막 기사에서 하우스너 씨는 자신도 모르는 사이에 이 논쟁에 새로운 불씨를 지폈다. '직업적 의무'와 '민족적 감정' 사이의 충돌이 존재하게 될 것이기 때문에 아이히만이 이스라엘 변호사들에 의해 변호를 받을 수 없을 것이라는 것을 검찰 측이 곧 깨닫게 되었다고 그는 말했다. 이러한 충돌은 유대인 재판관들에 대한 모든 거부의 핵심 요지였던 것이다. 판사를 옹호하는 하우스너 씨의 주장, 즉 판사가 죄는 미워하겠지만 범죄자들에게는 공정할 것이라는 것은 피고의 변호사에게도 마찬가지로 적용된다. 살인자를 변호하는 변호사라도 살인을 옹호하지는 않는다는 것이다. 사태의 진실은 법정 외부에서 오는 압력 때문에, 좀 조심스럽게 표현하자면, 이스라엘 시민에게 아이히만의 변호를 담당하게 하는 것은 권할 만하지 않다는 것이다.) 끝으로 이 범죄가 저질러진 시점에는 유대인 국가가 존재하지 않았다는 주장은 분명 너무나 형식주의적이고 또 정의가 이루어져야 한다는 모든 요구 및 현실과 잘 맞지 않기 때문에 우리는 이러한 주장을 전문가들의 유식한 논쟁에 넘기는 것이 안전할 것이다. (법의 주된 관심, 즉 정의를 위압하는 것을 결코 허용할 수 없는 절차를 이룩하려는 관심과는 구별이 되는) 정의에 대한 관심에서 법정은 자신의 자격을 입증하기 위해 수동적 속인주의 원칙(희생자가 유대인이며 오직 유대인만이 그들의 이름으로 말할 자격이 있다는 것)도, 또 아이히만이 인류의 적(hostis generis humani)이기 때문에 그런 약탈자에게 적용되는 규칙들을 그에게 적용해야 한다는 보편적 재판권의 원칙도 주장할 필요가 없을 것이다. 이 두 이론은 모두 예루살렘 법정 안팎에서 길게 논의되었는데 이는 실제로는 핵심문제를 흐려버렸고 또 예루살렘 재판과 나치스 및 부역자들을 처벌하기 위해 특별법이 마찬가지로 제정된 다른 나라에서 있었던 이전의 다른 재판들과의 명확한 유사성을 모호하게 만들었다.

　수동적 속인주의 원칙은 예루살렘에서는 P.N. 드로스트의 『국가의 범죄』(Crime of State, 1959)에 나오는 학문적 의견, 즉 어떤 상황에서는 희생자의 모국의 법정(forum patriae victimae)이 해당 사건을 재판할 자격이 있다는 의견에 기초했는데, 이는 불행하게도 형사재판은 보복할 권리가 있는 것으로 생각되는 희생자의 이름으로 정부가 개시한다는 것을 함축한다. 이것이 사실상 검찰의 입장이었는데, 하우스너 씨는 자신의 연설을 다음과 같은 말로 시작했다. "제가 이 법정에서 재판관님들 앞에서 아돌프 아이히만을 고소하기 위해 여러분 앞에 섰을 때 저는 혼자 서 있는 것이 아닙니다. 지금 여기에 저와 함께 600만 명의 검사가 서 있습니다. 그러나 유감스럽게도 그들은 일어나 저 유리로 된 피고석을 향해 고발의 손가락질을 하며 거기에 앉아 있는 사람을 향해 '나는 고발한다'(J'accuse)라고 소리칠 수가 없습니다……. 그들의 피는 하늘에서 소리치고 있지만 그들의 음성은 들리지 않습니다. 그래서 그 음성이 내게로 떨어져 그들의 입이 되게 하고 그들의 이름으로 증오에 찬 고소를 하게 했습니다." 이러한 수사법을 동원하여 검찰은 재판에 대한 주요 논점의 핵심을 제공하고 있는데, 이는 재판이 정의의 요구를 만족시키기 위해서가 아니라 희생자들의 복수의 권리에 대한 요구를 만족시키기 위해 열린다는 것이다. 형사재판은 의무적으로 열리고 또한 비록 희생자가 용서하고 또 잊기를 원한다 하더라도 개시되어야 하는 것은 그 본질이 (『뉴욕타임스 매거진』에 쓴 텔퍼드 테일러의 말을 인용하자면) "해당 범죄가 희생자에 대해서만 저질러진 것이 아니라 침해되는 법이 기초한 공동체에 대해서 일차적으로 저질러진 것이다"는 점이기 때문이다. 악을 범한 자가 법정에 서야 하는 이유는 그의 행위가 공동체 전체를 어지럽혔고 심각한 위험에 빠뜨렸기 때문이지, 민사재판의 경우에서처럼 보상을 받을 권리가 있는 개인에게 해를 끼쳤기 때문은 아니다. 형사재판에 필요한 보상은 전적으로 다른 본질을 갖고 있다. '보상'되어야 할 필요가 있는 것은 정치체(the body politic) 자체다. 말하자면 본궤도에서 벗어나 복구되어야 하는 것은 일반적인 공적 질서인 것이다. 다른 말로 하자면 우세하게 드러나야 할 것은 법이지 원고가 아니다.

이 재판을 수동적 속인주의 원칙에 의거하려고 한 검찰 측의 노력보다도 더 정당화하기 어려운 것은 보편적 재판권의 이름으로 자격을 주장하려고 한 법정의 성향이었다. 왜냐하면 그것은 아이히만이 그 영향하에서 재판을 받고 있는 법뿐만 아니라 재판의 행위와도 심각한 충돌을 일으키기 때문이다. 보편적 재판권의 원칙은 인류에 대한 범죄가 해적행위라는 오래된 범죄와 유사하기 때문에 적용 가능했다. 그리고 그러한 범죄를 저지른 사람은 전통적인 국제법에서의 해적과 마찬가지로 인류의 적이 되었다. 그런데 아이히만은 주로 유대 민족에 대한 범죄로 고소당했고, 보편적 재판권 이론에 따라 용서받을 수 있는 그의 납치 건은 분명 그도 인류에 대한 범죄를 저질렀다는 사실에 기인한 것이 아니라, 유대인 문제에 대한 최종 해결책에서의 그의 역할에 전적으로 기인했다.

이스라엘이 아이히만을 납치한 것은 비록 그가 인류의 적이라는 이유에서만 이루어진 것이지 그가 유대인의 적(hostis judaeorum)이 아니었다 하더라도 그의 체포의 적법성을 정당화하기란 어려웠을 것이다. 속지주의(국제형법이 존재하지 않는 가운데서 유일하게 타당한 법적 원리)에 대한 해적의 예외가 주어진 것은 그가 모두의 적이므로 모두에 의해 재판받을 수 있다는 이유에서가 아니라, 그의 범죄가 공해에서 이루어지며 공해는 어느 누구의 바다도 아니기 때문이다. 게다가 "어떤 국가에 대한 복종도 인정하지 않고 모든 법에 도전하는"* 해적은 정의상 전적으로 자기 자신을 위해서만 일을 한다. 그는 자신을 모든 조직적 공동체 외부에 두기 때문에 무법자며, 그가 '모든 이들의 적'이 되는 것도 바로 이 이유에서다. 분명한 것은 어느 누구도 아이히만이

---

* H. Zeisel, *Britannica Book of the Year*, 1962.

자기 자신을 위해서 일을 했다거나 또는 그가 어떠한 국가에 대한 복종도 인정하지 않았다고 주장하지는 못할 것이다. 이런 점에서 해적 이론은 이런 종류의 범죄에 의해 야기된 근본적인 문제들 가운데 한 가지, 즉 말하자면 이러한 범죄들이 범죄적 법 아래에서만, 그리고 범죄적 국가에 의해서만 저질러질 수 있고 또 저질러졌다는 사실을 회피하는 데 기여했을 뿐이다.

대량학살과 해적행위 사이의 유사성은 새로운 것이 아니다. 그리고 1948년 12월 9일 유엔총회에서 해결책으로 제시된 대량학살에 대한 협약(the Genocide Convention)이 보편적 재판권 주장을 단호히 거부하고 그 대신 "대량학살을 범한 사람들은…… 그 학살이 일어난 국가의 해당 법정에서 재판받게 되거나, 또는 재판권을 가지고 있는 국제형사재판소에 의해 재판받게 될 것이다"고 하고 있다. 이스라엘도 조인한 이 협약에 따라 법정은 국제재판소를 수립하려고 추구하거나 또는 이스라엘에 적용될 수 있는 방식으로 속지주의를 재구성하도록 노력했어야 했다. 이 두 대안은 분명히 가능한 영역 내에 있었고, 법정의 권한 내에 있었다. 국제재판소를 설치할 가능성은 재판당국에 의해 엉성한 방식으로 기각되었다. 그 이유는 뒤에서 논의하겠다. 그런데 속지주의 원칙에 대한 유의미한 재정의가 추구되지 않은 이유는 모든 관계자들이 새로운 처녀지를 개척하여 선례 없이 행위하기를 극단적으로 꺼려한 것과 분명히 밀접한 관계가 있었다. 속지주의의 재정의를 추구하지 않음으로써 재판은 마침내 세 원칙 모두, 즉 수동적 속인주의와 보편적 재판권뿐만 아니라 속지주의 모두를 기초로 재판권을 요구했다. 마치 전적으로 다른 이 세 원칙들을 단순히 합쳐놓기만 하면 타당한 주장이 귀결되는 것처럼 말이다. 만일 이스라엘이 '속지'라는 말의 뜻을 법에서 이해하는 것처럼 단순히 지정학적 개념이 아니라 정치적이고 법적인 개념으로 설명하기만 했더라면 속지주의적 사법권을 쉽게 주장할 수 있었을 것이다. 그것은 땅의 한 부분에만 연관되거나 거기에 일차적으로 연관되는 것이라기보다는 해당 집단의 개인들 사이의 공간과 연결되는 것인데, 이 공간에서 집단 구성원들은 공통의 언어와 종교, 공통의 역사와 관습과 법에 기초한 모든 종류의 관계에 의해서 서로 연결되면서 동시에 분리되고 또 보호된다. 다른 집단의 구성원들과 서로 관련되고 연관성을 맺는 공간을 이룩하고 있는 한에서는 그러한 관계 자체가 공간적으로 명백해진다. 만일 유대 민족이 흩어져 있던 수세기 동안, 즉 그들의 옛 국가를 회복하기 전에, 그들 자신의 고유한 관계적 공간(in-between space)을 만들어 유지하지 못했더라면 이스라엘 국가는 결코 생겨나지 않았을 것이다. 그런데 법정은 선례가 없던 것에 대한 도전, 심지어 전례가 없는 이스라엘 국가의 기원에 관해서도 도전하지 않았는데, 이러한 본질은 분명히 이스라엘 국가의 핵심과 사상에 가장 근접한 것이었을 것이다. 그 대신 이스라엘 국가는 판결문의 처음 53조항에 해당되는 내용을 다룬 재판의 첫 주의 심리를 선례들의 홍수로 파묻어버렸는데, 그러한 선례들의 대부분은 적어도 보통사람들의 귀에는 정교한 궤변처럼 들렸다.

따라서 아이히만 재판은 실제로는 뉘른베르크 재판에 뒤이은 수많은 계승국의 재판들 가운데 마지막 재판 그 이상도 이하도 아니었다. 그래서 기소장에는 핀하스 로젠의 1950년 법에 대한 공식적 해석을 부록으로 수록하고 있었으며, 따라서 법무장관은 "다른 민족들은 전쟁이 끝난 직후, 또는 심지어 그전에도 나치스를 처벌하기 위해 적합한 법률을 입안했지만 유대 민족은…… 국가를 수립할 때까지 나치 전범들과 부역자들을 법정에 세울 정치적 권위를 갖지 못했다"고 명백하고도 애매하지 않게 말했다. 따라서 아이히만 재판은 오직 한 점에 있어서 계승국들의 재판과는 달랐다. 그것은 피고가 이스라엘로 즉각 체포 압송되지 않았다는 점이다. 그와는 반대로 그를 법정에 세우기 위해 명백히 국제법을 위반한 것이다. 앞서 이스라엘은 아이히만이 사실상의 무국적상태에 있다는 사실에 의해서만 그를 납치한 사실을 마무리할 수 있다고 언급했다. 그리고 납치 행위를 정당화하기 위해 이스라엘이 인용한 수많은 선례들 가운데 단 하나의 적절한 선례인, 좌파 독일계 유대인 언론인인 베르톨트 야코프를 1935년에 게슈타포 요원들이 스위스에서 납치한 일을 결코 언급하지 않았다는 것은 이해할 만하다. (다른 어떤 선례도 적절하지 않은데, 왜냐하면 다른 예들은 해당 범죄가 일어난 지역만이 아니라 체포할 수 있는 타당한 이유를 제기했거나 제기할 수 있었던 법정으로 소환할 수 있는, 사법재판을 피한 도망자들에 관한 것이었기 때문이다.) 이 예에서 이스라엘은 사실상 속지주의 원칙을 침해했는데, 이 원칙이 가진 큰 중요성이란 지구에는 많은 민족들이 거주하고 있다는 사실과 이들 민족들은 서로 다른 많은 법률에 의해 지배받고 있다는 사실, 그래서 자국의 영토법을 국경과 그 법의 타당성의 한계를 넘어 확장하려는 것은 다른 지역의 법과 직접 충돌을 가져오게 된다는 사실에 있다.

이것은 불행하게도 아이히만 재판 전체에서 볼 때 거의 선례가 없는 유일한 특징이었고, 분명한 것은 그것이 타당한 선례가 될 권리가 가장 적은 것이었다. (만일 내일 어떤 아프리카 국가가 요원을 미시시피로 파견하여 거기서 흑백분리운동의 지도자 한 명을 납치한다면 우리는 무엇이라 말할 것인가? 그리고 만일 가나와 콩고에서 벌어진 재판에서 아이히만 재판을 선례로 인용한다면 우리는 무엇이라고 응답할 것인가?) 이를 정당화하는 것은 이러한 범죄가 선례가 없었던 것이라는 점, 그리고 유대인의 국가가 탄생했다는 점이었다. 게다가 아이히만을 재판받게 하려면 이 외의 다른 진정한 대안이 거의 존재하지 않는다는 점도 사태를 완화하는 중요한 정황이었다. 아르헨티나는 나치 전범들을 송환하지 않는 인상적인 기록을 갖고 있었다. 비록 이스라엘과 아르헨티나 사이에 송환협정이 존재했다손 치더라도 송환요구가 존중되지 않을 것이 거의 확실했다. 아이히만을 아르헨티나 경찰에게 넘겨 서독에서 재판을 받도록 했더라도 도움이 되지 않았을 것이다. 서독 정부가 일찍이 카를 클링엔푸스와 요제프 멩겔레 같은 유명한 나치 전범들(후자는 아우슈비츠에서 있었던 가장 끔찍한 의학 실험에 관련하여 '선발'2)의 혐의가 있었다)을 아르헨티나에서 송환하려고 했지만 한 차

364

례도 성공하지 못했다. 아이히만의 경우는 그러한 요구가 희망 없는 일이었는데, 왜냐하면 아르헨티나의 법에 따르면 과거의 전쟁과 관련된 모든 혐의는 종전 후 15년 동안 유효하므로 1960년 5월 7일 이후면 아이히만은 여하튼 법적으로도 송환될 수 없었을 것이었다. 간단히 말하자면 납치 외의 다른 대안을 법의 영역에서는 제공할 수 없었다.

정의, 오직 정의만이 법의 목적이라고 확신하는 사람들에게는 납치 행위를 용서하는 경향이 있을 것이다. 비록 선례 때문이 아니라, 그와 반대로 국제법의 불만족스런 조건에 의해 강제된 절실하고도 유례가 없으며 선례를 남기지 않은 행위로서기는 하지만 말이다. 이러한 관점에서는 이스라엘이 한 일에 대해 오직 유일한 진정한 대안만이 존재했다. 아이히만을 납치하여 그를 이스라엘로 데려오는 대신 이스라엘 요원들이 그때 그를 바로 그때 그곳, 즉 부에노스아이레스 거리에서 사살했을 수 있었던 것이다. 이런 방식의 행동은 재판에 대한 논쟁 가운데 빈번하게 언급되었고, 그리고 약간 기묘하게도 납치에 아주 충격을 받은 사람들에 의해 가장 열렬하게 추천되었다. 이 사건과 관련된 사실에 의심의 여지가 없었기 때문에 그런 견해도 장점이 없는 것은 아니었다. 그러나 그런 제안을 하는 사람들은, 제멋대로 제재를 가하는 사람은 자기가 한 일을 통해 법이 다시 작동하게 하고 또 자신의 행위가 비록 사후에라도 정당화될 수 있도록 상황을 변형시키려 할 때에만 정의에 기여하게 된다는 사실을 망각했다. 가까운 과거에 있었던 일로 두 가지 전례가 즉각적으로 떠오른다. 샬롬 슈바르츠바르트의 경우인데, 그는 1926년 5월 25일 파리에서 시몬 페트리우라를 살해했다. 이 사람은 우크라이나 군 사령관으로 러시아 내전이 있었던 1917년과 1920년 사이에 10만여 명을 학살한 책임이 있는 자였다. 그리고 아르메니아인인 텔

---

2) selection. 우생학적 기준에 의거 인위적으로 특정 종을 도태시키거나 번식시키는 것으로 나치스가 인종에 대한 우생학적 기준을 적용시킨 것을 가리키는 말이다.

리리안의 경우, 그는 터키 내의 아르메니아인 3분의 1(6만 명)을 학살한 것으로 추산되는 1915년 아르메니아 대학살의 살인자인 탈라트 베이를 총살시켰다. 그 핵심은, 이들 두 암살자들 중 어느 누구도 '자신의' 범죄자를 살해하는 데 만족하지 않았고, 이 둘은 경찰에 바로 투항하여 재판받겠다고 주장했다는 점이다. 이들은 자기들에 대한 재판을 자기 민족에 대해 어떤 범죄가 저질러졌으며 또 처벌받지 않았는지를 재판 절차를 통해 세계에 보여주었다. 특히 슈바르츠바르트 재판에서는 아이히만 재판과 아주 유사한 방법이 사용되었다. 범죄에 대한 폭넓은 문헌적 입증에 대해 동일한 강조가 있었지만 당시에는 그것은 피고 측(고인이 된 레오 모츠킨 박사가 의장으로 있었던 유대인대표위원회에 의해 준비되었는데, 이 위원회는 자료를 수집하는데 1년 반이 걸렸고, 나중에 이를 『1917~20년의 우크라이나 정부에 의한 우크라이나 학살』(1927)로 출간했다)이 준비했으며, 이와 마찬가지로 희생자의 이름으로 발언하고 또 말하자면 바로 그 순간에도 '결코 스스로를 변호하지 않은' 유대인에 대해 지적한 이는 피고와 그의 변호사였다.* 이 두 사람은 무죄로 석방되었으며, 조르주 수아레즈가 샬롬 슈바르츠바르트 사건에 대해 경탄할 만한 방식으로 말한 것처럼, 그들의 태도는 "그들의 동족이 마침내 스스로를 변호하고, 그들의 정신적 포기상태를 뒤로하며, 모욕을 받았을 때 뒤로 물러서던 것을 극복하기로 결심했음을 의미하는" 것으로 이 두 사건 모두에서 느껴졌다.

재판받으러 가는 길을 방해하는 법적 문제에 대한 이와 같은 해결책이 갖는 장점은 명백하다. 사실상 그 재판은 마찬가지로 '쇼' 재판, 아니 그냥 쇼였지만, 그 '영웅',[3] 그에게 모든 눈을 고정시키며 연극의 중심에 서 있는 사람은 이번에는 진정한 영웅이었다. 한편 이와 동시에 이 재판 진행과정의 성격은 보호되었다. 왜냐하면 그 재판은 '미리 조

---

* Henri Torrès, *Le Procès des Pogromes*, 1928에 나오는 plaidoyer를 참조하라.
3) hero, 주인공으로도 옮길 수 있다.

정된 결과를 가진 볼거리'가 아니라, 키르히하이머에 따르면 모든 형사 재판에서 필수 불가결한 요소인 '정복할 수 없는 위험' 요소를 지니고 있기 때문이다. 또한 나는 고발한다(J'accuse)라는 것은 희생자의 관점에서는 너무나 필수 불가결하기 때문에 아무런 위험도 감수하지 않는 정부 요원의 목소리보다는 법을 무시하고 제멋대로 행동하도록 강요받은 자의 목소리로 나올 때 당연히 훨씬 더 신빙성 있게 들린다. 그런데 (1920년대에 파리와 베를린에서 제공된 것과 동일한 피고에 대한 보증과 공개성이 1960년대의 부에노스아이레스에서는 거의 제공되지 않았다는 것과 같은 실질적 고려사항과는 별개로) 이러한 해결책이 아이히만의 경우에서도 정당화될 수 있었겠는가 하는 점은 단순히 의심스런 정도 이상이다. 그리고 만일 그 일이 정부 요원에 의해 수행되었다면 전적으로 정당화가 불가능하게 되어버렸을 것은 명백하다. 슈바르츠바르트와 텔리리안에게 유리한 점은 이들이 자신만의 국가와 사법체계를 갖지 않은 민족 집단의 일원이었다는 점, 즉 각 집단이 자기들의 희생자들을 위해 재판받을 수 있는 법정이 이 세상에는 존재하지 않은 점이다. 유대인의 국가가 선포되기 10년도 더 이전인 1938년에 죽은 슈바르츠바르트는 시온주의자도, 또 어떤 종류의 민족주의자도 아니었다. 그러나 그가 이스라엘 국가를 열광적으로 환영했을 것이라는 점은 의심의 여지가 없다. 왜냐하면 국가는 그토록 자주 처벌받지 않은 채 지나간 범죄에 대한 법정을 열어주었을 것이기 때문이다. 그의 정의감이 만족되었을 것이다. 그리고 그가 파리의 감옥에서 오데사에 있는 그의 형제자매에게 보낸 편지("발타와 프로스쿠로, 체르카스, 우만, 지토미르의 마을로 가서 알려라……. 장엄한 소식을 가지고…… 유대인의 증오가 복수심에 불타고 있다. 세계적인 도시인 파리에서 솟은 암살자 페트리우라의 피가…… 사악한 범죄를 기억하게 할 것이다……. 가난하고 버림받은 유대인을 상대로 일으킨 그 범죄를…….")를 우리가 읽을 때 우리는 즉각 하우스너 씨가 실제로 재판에서 말한 언어(샬롬 슈바르츠바르트의 언어는 무한할 정도록 더욱 더 품위가 있고 더욱 감동적이다)는 아마도 아니겠지만 그것이 호소하고 있는 전 세계의 유대인의 정서와 정신 상태를 분명히 인식하게 된다.

나는 1927년에 파리에서 있었던 슈바르츠바르트 재판과 1961년에 예루살렘에서 있었던 아이히만 재판 사이에는 유사점들이 있다고 주장했다. 왜냐하면 이 재판들은 이스라엘이 일반적인 유대인과 마찬가지로, 아이히만이 고발된 그 범죄에서 전례가 없는 범죄를 얼마나 잘 인식하지 못하고 있는가, 그리고 그러한 인식이 유대인에게는 정확히 얼마나 어려운 일이었는가를 입증해주기 때문이다. 오직 그들 자신의 역사를 중심으로만 생각하는 유대인의 눈에는 그들이 히틀러 아래로 떨어져 전체의 3분의 1이 파멸당한 그 재앙이 가장 최근의 범죄, 유례가 없는 대량학살 범죄로 보이는 것이 아니라, 그와는 반대로 그들이 알고 또 기억하고 있는 가장 오래된 범죄로 나타났다. 만일 우리가 유대인의 역사만을 생각하지 않고 이보다 더 중요한 부분인 현재의 유대인의 역사적 자기이해를 고려한다면 거의 불가피하다고 볼 수 있는 이같은 오해는 사실상 예루살렘 재판의 전적인 실패와 결함에 뿌리를 두고 있다. 재판 참가자들 가운데 어느 누구도 과거의 모든 잔혹한 일과 다른 본질을 가지고 있는 아우슈비츠의 실제의 공포에 대한 명확한 이해에 실제로 도달하지 못했다. 왜냐하면 그것은 검찰 측과 판사들 모두에게 유대인 역사의 가장 끔찍한 대량학살 이상의 것으로는 보이지 않았기 때문이다. 따라서 나치 정당의 초기의 반유대주의에서 뉘른베르크 법까지, 그리고 거기서 제국으로부터의 유대인 추방까지, 그리고 끝으로 가스실에 이르기까지 곧바로 이어졌다고 그들은 믿었다. 그러나 정치적으로 또 법적으로 이러한 것들은 심각성의 정도뿐만 아니라 본질에서도 다른 '범죄'였다.

1935년의 뉘른베르크 법은 다수자 독일인이 소수자 유대인에 대해 이전부터 해오던 차별을 합법화했다. 국제법에 따르면, 독일이 만든 소수자 법이 국제적으로 인정을 받은 소수자 협약과 합의에 따라 수립된 권리와 신변보장에 부합하는 한에서는, 그의 인구의 어떤 부분이든 그 것을 소수자 민족으로 선언하는 것은 주권을 가진 독일 민족의 특권이 었다. 국제 유대인 조직들은 따라서 즉각적으로 이 최신의 소수자들을 위해 동부 및 남동부지역 유대인이 제네바에서 부여받은 것과 동일한 권리와 보장을 갖도록 하기 위해 노력했다. 그런데 비록 이러한 보호 가 부여되지 않았지만 뉘른베르크 법은 다른 민족들에 의해 독일법의 일부로 일반적인 인정을 받았다. 그래서 예컨대 독일 국민이 네덜란드 에서는 '혼합결혼'을 하는 것이 불가능했다. 뉘른베르크 법의 범죄는 국가적 범죄다. 그것은 국가적, 헌법적 권리와 자유를 침해했지만, 국 제 친선국들이 관심사가 아니었다. 그러나 1938년 이후 공식적으로 진 행된 '강제이주' 혹은 추방은 국제 공동체의 관심사였다. 왜냐하면 추 방당한 사람들이 다른 나라들의 국경에 나타나 그 국가들로 하여금 초 대받지 않은 손님들을 받아들이거나 그들을 또 다른 나라로 잠입하게 만들어야 하기 때문에 그들을 받아들이려고 하지 않았다는 단순한 이 유에서였다. 만일 '인류'라는 말을 단지 국제 친선국으로만 이해한다 면 국민들의 추방은 다른 말로 하면 이미 인류에 대해 불법을 행한 것 이다. 법에 의한 처형이나 마찬가지인 합법화된 차별이라는 국가적 범 죄나 추방이라는 국제적 범죄는 모두 근대에도 전례가 없었던 것이 아 니다. 새로운 범죄, 즉 ('인간의 지위에 대한' 또는 인류의 본질 자체에 대한 범죄라는 의미에서의) 인류에 대한 범죄가 나타난 것은, 독일 국 민이 어떠한 유대인도 독일에 있는 것을 원하지 않을 뿐만 아니라 유 대 민족 전체를 지구상에서 사라지게 하기를 바란다는 것을 나치 정권 이 선언했을 때였다. 추방과 대량학살은 비록 이 두 가지 모두가 다 국 가적 범죄지만 분명히 구별된다. 추방은 동료 국가들에 대한 침해지만, 후자는 인류의 다양성 자체, 즉 그것이 없다면 '인류' 또는 '인간성'이 라는 말4) 자체가 의미를 잃어버리게 되는 '인간적 지위'의 특징에 대

---

4) 지금까지는 '인류'라는 말로 옮긴 단어는 'humanity'였지만 여기서는

한 공격이다.

만일 예루살렘 법정에서 차별과 추방, 그리고 대량학살 사이에 차이가 존재한다는 것을 이해했더라면, 법정에서 직면한 최고의 범죄, 즉 유대 민족의 신체적 전멸은 유대 민족의 몸에 범해진 인류에 대한 범죄였다는 것, 그리고 범죄의 본질이 아니라 희생자가 취할 수 있었던 유일한 선택이 오랜 역사를 가진 유대인에 대한 증오와 반유대주의로부터 도출될 수 있었다는 점이 즉각적으로 분명하게 나타났을 것이다. 희생자가 유대인인 한에서는 유대인의 법정이 재판하는 것이 옳고도 적절하다. 그러나 그 범죄가 인류에 대한 범죄인 한, 그 범죄를 심판하는 데는 국제재판소가 필요했다. (법정이 이러한 차이점을 인식하는 데 실패했다는 것은 그 차이에 대한 구분이 전 이스라엘 법무장관 로젠 씨에 의해 과거에 이루어졌기 때문에 놀랄 만한 일이다. 로젠 씨는 1950년에 "〔유대인에 대한 범죄를 위한〕 이 법안과 대량학살 방지 및 처벌법의 차이점"에 대해 주장했는데, 이러한 구분이 이스라엘 의회에 의해 논의되었으나 통과되지는 않았다. 법정은 국내법의 한계를 넘어설 권리가 없기 때문에 이스라엘의 법에 해당되지 않는 대량학살은 그 논의의 적절한 대상이 될 수 없었음이 분명했다.) 예루살렘에서 재판하는 데 대해 반대하며 국제재판소를 선호한 수많은 고도의 자격을 갖춘 목소리들 가운데 오직 하나, 카를 야스퍼스의 목소리만이 (재판이 시작되기 전에 가진 라디오 인터뷰에서 한 말이 나중에 『모나트』에 인쇄되어) 나왔다. "유대인에 대한 범죄는 인류에 대한 범죄"라는 점과 "따라서 판결은 모든 인류를 대표하는 법정에서만 내려질 수 있다"는 점을 명백하고 분명하게 진술했다. 사실과 관련된 증언을 청취한 뒤 예루살

'mankind'를 '인류'로, 그리고 'humanity'를 '인간성'으로 옮겼다. 이후에는 이 두 단어 모두를 '인류'로 옮긴다. 'mankind'는 분류학상으로 인류를 의미하고, 'humanity'는 인간성 또는 인간다움을 전제로 한 인류 개념을 의미하므로 'the crime against mankind'와 'the crime against humanity'는 외연은 같다고 해도 내포에는 약간의 차이가 있다.

렘 법정은 스스로 판결을 '내릴 자격이 없음'을 공표하면서 판결의 권리를 '철회할' 것을 제안했다. 왜냐하면 문제가 된 범죄의 법적 성격이 아직도 논쟁의 대상이 되어 있고, 그에 이어지는 질문, 즉 누가 국가의 명령에 따라 저질러진 범죄에 대해 판결을 내릴 권리가 있는가라는 질문도 논쟁의 대상이 되었기 때문이다. 나아가 야스퍼스는 한 가지 점만은 분명하게 주장했다. "이 범죄는 일반적 살인 그 이상이면서 동시에 그 이하다." 그래서 비록 이것이 '전쟁범죄'가 아니었다 하더라도 "국가들이 그러한 범죄가 지속되는 것을 허용한다면 인류는 분명 파멸될 것이다."

이스라엘에 있는 그 누구도 심지어 논의조차 해보려 하지 않은 야스퍼스의 제안은 그런 형식으로는 아마도 순전히 기술적인 관점에서 볼 때 비현실적이었을 것이다. 법정의 사법권에 대한 문제는 재판이 시작하기 전에 결정되어야만 한다. 그리고 일단 법정에 사법권이 있다고 결정되었다면 판결은 반드시 내려져야 한다. 그러나 이러한 순전히 형식주의적 반론은 야스퍼스가 이를 법정에 요구하지 않고, 일단 법정이 판결을 내린 다음 재판에서 발견된 내용이 선례가 없는 일이었다는 특성을 고려하여 이스라엘 국가가 그 판결을 수행할 권리를 철회하도록 한다면 쉽게 해결될 수 있었을 것이다. 이때 이스라엘은 유엔을 이용하여 가지고 있는 모든 증거를 가지고, 모든 인류에 대해 저질러진 이 같은 새로운 범죄를 볼 때 국제형사재판소의 필요가 긴급하다는 것을 증명할 수 있었을 것이다. 그러면 이스라엘은 자신이 감옥에 억류하고 있는 이 사람을 어떻게 할 것인지를 또다시 물어가면서 시끄럽게 하는 것, '건전한 소동을 만들어나가는 것'이 이스라엘의 권위를 세워줄 것이다. 지속적으로 이것을 반복함으로써 전 세계 여론에 항구적인 국제형사재판소가 필요하다는 것을 각인시킬 수 있었을 것이다. 이런 방식으로 모든 민족의 대표자들과 관계되는 '당황스런 상황'을 만듦으로써만 '인류가 쉽게 그 마음을 정하여' '유대인의 학살이…… 아마도 앞으로 있을 수도 있는 범죄의 모델이 되는 것을, 아마도 작은 규모나 하찮게 보이는 미래 대량학살의 예가 되는 것을' 막을 수 있게 될 것이다. 이 사건들이 가지고 있는 괴물적 요소는 한 민족만을 대표하는 재판소 앞에서는 '최소화'된다.

국제재판소를 선호하는 이 같은 논증은 불행하게도 무게감이 상당히 덜한 고려사항에 기초해 있는 다른 제안들과 혼동되었다. 이스라엘의 수많은 친구들은 유대인이건 비유대인이건 간에 재판이 이스라엘의 특권을 훼손하고 전 세계의 유대인에 대한 반작용을 불러일으킬지도 모른다고 두려워했다. 유대인은 그들과 관련된 이 사건의 판사로 등장할 권리가 없고 단지 검사로서만 행위할 수 있을 것이라고 생각되었다. 따라서 이스라엘은 특별재판소가 유엔에 의해 창설되어 아이히만을 재판할 때까지 그를 죄수로 억류하고 있게 될 것이라는 것이다. 아이히만에 대한 재판과정에서 이스라엘은 독일에 의해 점령된 모든 국가들이 그 이후 오랫동안 해왔던 것만을 하게 될 것이라는 사실, 그래서 이스라엘의 특권이나 유대 민족의 특권이 아니라 정의가 여기서 문제가 된다는 사실과는 완전히 별개로 이 모든 제안은 한 가지 공통적인 결함을 갖고 있다. 그 결함이란 이 제안들은 이스라엘에 의해 너무나 쉽게 반박될 수 있다는 것이다. 그러한 제안들은 유엔 총회가 "항구적 국제형사재판소의 신설을 고민하는 제안을 두 차례 거부"*했다는 사실에 비추어볼 때 사실상 아주 비현실적인 것이다. 그런데 실행 가능성이 있다는 바로 그 이유 때문에 통상 언급이 되지 않는 다른 보다 현실적인 제안을 세계유대인총회의 회장 나훔 골드만 박사가 했다. 골드만은 벤구리온에게 국제재판소를 예루살렘에 설치하여 나치스의 점령으로 고통을 받은 각 나라에서 온 이들로 재판관을 삼자고 제안했다. 이것만으로는 충분치 않았을 것이다. 그렇게 하는 것은 계승국 재판의 확장에 불과한 것이 되었을 것이고, 또 정의의 측면에서 일어나는 주된 결손, 즉 재판이 승자의 법정에서 집행되어지고 있다는 점은 해결되지 않을

---

* *A.D.L. Bulletin.*

것이다. 그렇지만 그것은 바른 방향으로 가는 실질적인 발걸음이 되었을 것이다.

이런 모든 제안에 대해 이스라엘이 아주 폭력적으로 반응했다는 것이 기억될 것이다. 그리고 요살 로거트가 지적한 것처럼* 벤구리온이 항상 "'왜 그가 국제재판소에서 재판받지 않아야 합니까?'라는 질문을 받았을 때 완전히 오해한 것 같았다." 그러나 그 질문을 한 사람들도 이스라엘에게는 이 재판이 가진 유일한 전례 없는 특징이란 (예루살렘이 로마에 의해 파괴된 70년 이래로) 처음으로 유대인이 자기 민족에 대해 행해진 범죄에 대한 재판석에 앉을 수 있었다는 점, 처음으로 그들이 보호와 정의를 위해 타인에게 호소하거나 또는 인간의 권리(어느 누구보다도 자신들이 더 잘 알고 있기 때문에, 그들의 '영국인의 권리'를 옹호하고 또 그들 자신의 법을 추진하기엔 너무나 약한 민족에 의해서만 요구되는 권리)에 대한 타협된 어법에 의존할 필요가 없었다는 점이었다. 이스라엘이 그러한 재판을 집행할 수 있는 자기 자신의 법을 지녔다는 바로 그 사실은, 아이히만 재판이 있기 훨씬 전에 (크네셋에서 있었던 1950년 법에 대한 제1차 독회에서 로젠 씨에 의해) "유대 민족의 정치적 지위 안에 발생한 혁명적 변형"이라는 표현으로 불렸다. 벤구리온이 "이스라엘은 국제재판소의 보호를 받을 필요가 없다"고 말한 것은 이러한 아주 생생한 표현과 포부를 배경으로 한 것이었다.

더욱이 유대 민족에 대한 범죄는 무엇보다도 인류에 대한 범죄며 국제재판소에 대한 타당한 주장이 여기에 의존하고 있다는 주장은 아이히만이 재판받고 있는 법과 심각한 모순을 이룬다. 따라서 이스라엘이 자신의 죄수를 포기해야 한다고 제안한 사람들은 한걸음 더 나아가, 1950년의 나치스 및 나치 부역자 (처벌)법은 잘못된 것이고, 그것은 현재 일어나고 있는 일과는 모순되며, 사실을 제대로 다루지 못한다고 주

---

* The Center for the Study of Democratic Institutions가 간행한 *The Eichmann Trial and the Rule of Law*, Santa Barbara, California, 1962.

장해야만 했을 것이다. 그런데 이러한 것은 전적으로 옳은 것이라고 할 수 있었을 것이다. 왜냐하면 마치 살인자가 처벌되는 이유는 그가 공동체의 법을 위반했기 때문이지 그가 스미스 집안에서 그 남편이자 아빠이며 생계를 위해 일하는 자를 빼앗았기 때문이 아닌 것처럼, 국가가 고용한 근대의 대량 살인자들이 재판받아야 하는 이유는 그들이 인류의 질서를 위반했기 때문이지 그들이 수백만 명을 죽였기 때문은 아니다. 살인이라는 범죄와 대량학살이라는 범죄가 본질적으로 동일하다는, 따라서 후자가 "적절히 말하면 새로운 범죄가 아니다"는 일반적인 착각보다도 이러한 새로운 범죄에 대한 이해에서 더 위험한 것은, 또는 이러한 새로운 범죄를 다룰 수 있는 국제형사법의 출현에 더욱 방해가 되는 것은 없다. 대량학살이라는 범죄의 핵심은 전적으로 다른 질서가 붕괴되고 또 전적으로 다른 공동체가 훼손되었다는 것이다. 그런데 벤구리온이 이스라엘의 법절차에 대해 비판한 사람들에 대해 폭력적으로 대응했을 뿐만 아니라 거칠게 대응한 것은 그가 이 모든 토론이 실제로는 이스라엘의 법과 관계가 된다는 것을 아주 잘 알기 때문이었다. 이러한 '이른바 전문가들'이 말한 것이 무엇이든 간에 그 논증은 반유대주의자들에 의해 고무되거나 또는 유대인이 제안한 경우 열등의 식에 의해 고무된 '궤변'이었다. "우리는 우리의 죄수를 포기하지 않을 것이라는 것을 세계가 이해하게 하라."

이러한 것은 이스라엘에서 재판이 진행되던 분위기가 결코 아니었다는 점을 말해두는 것이 공정할 것이다. 그러나 내 생각에는 계승국 재판으로서는 마지막인 이 재판이 그런 범죄를 다룰 미래의 재판에 대해 타당한 선례로서 기여하지 않거나 또는 이 점에 있어서는 그 이전의 재판들보다도 귀감이 되지 못할 것이라는 것을 예언해두는 것이 안전하겠다. 이 점은 예루살렘에서의 재판의 주요 목적(아돌프 아이히만을 기소하고 변호하고 판결을 내리고 처벌하는 것)이 달성되었다는 사실을 고려할 때 거의 중요하지 않을 수 있다. 만일 유사한 범죄가 미래에 저질러질 다소 불편한, 그러나 거의 부정할 수 없는 가능성만 없다면 말이다. 이러한 사악한 가능성을 예견하는 이유는 특수하면서도 동시에 일반적인 것이다. 일단 한번 등장하여 인류의 역사에 기록된 모든 행위는 그러한 발생이 과거의 일이 되어버린 지 한참이 지난 뒤에도 여전히 하나의 가능성으로 인류에게 남는 것은 인간적 사건들의 본질 속에 놓여 있다. 어떠한 처벌도 범죄의 발생을 예방하는 충분한 억지력을 가진 적이 없었다. 반대로 일단 어떤 특정한 범죄가 처음으로 발생한다면 처벌이 무엇이든 간에 그 범죄의 재출현은 그의 최초의 출현보다도 훨씬 가능성이 높다. 나치스에 의해 저질러진 범죄가 재발할 가능성에 대해 말하는 특정한 이유들은 훨씬 더 그럴듯하다. 근대의 인구 폭발과 기술적 장치들의 발견이 동시에 일어났다는 두려운 사실, 게다가 기술적 장치들은 자동화를 통하여 심지어 노동을 보더라도 그 인구의 많은 부분을 '잉여'로 만들어버릴 것이고 또 핵에너지를 통하여 마치 히틀러의 가스 시설을 사악한 아이들의 서투른 장난감처럼 보이게 만드는 도구들을 사용해서 이러한 이중적 위험을 처리하는 것을 가능하게 한다는 점은 우리를 전율케 하기에 충분할 것이다.

본질적으로 바로 그 같은 이유에서 전례 없는 일이 일단 발생했다면 그것은 미래에 선례가 될 것이고, '인류에 대한 범죄'에 대해 다루는 모든 재판은 오늘날 아직 '이상'인 기준에 따라 판단되어야만 한다. 만일 대량학살이 미래에도 실제로 가능한 일이라면, 지상의 모든 사람들(물론 적어도 이스라엘에 있든 또는 다른 곳에 있든 간에 유대인 모두)은 국제법의 도움과 보호 없이도 지속적으로 존재할 수 있을 것이라는 것에 대해 합리적으로 확실하게 느낄 수 있을 것이다. 지금까지 선례가 없는 일들을 다루는 데 성공하거나 실패하는 것은 이렇게 다루는 일이 국제 형사법으로 가는 길에 대한 타당한 선례로 기여하게 되는 정도에만 놓여 있다고 할 수 있다. 그리고 그러한 재판에서 판사들에게 하는 이 같은 요구는 도에 지나치거나 또는 합리적으로 기대할 수 있는 것을 넘어서는 것을 요구하는 것은 아니다. 뉘른베르크에서 잭슨 판사가 지적한 것처럼, 국제법은 "민족들 사이의 조약이나 합의의 산물, 그리고 수용된 관습의 산물이다. 그런데 모든 관습은 어떤 단일한 행동에 그 기원을 갖는다. ……우리 시대는 관습을 구성할 권리, 그리고 그 자체가 보다 새롭고 강화된 국제법의 근원이 될 수 있는 합의를 맺을 수 있는 권리를 갖고 있다." 잭슨 판사가 지적하지 못한 것은, 국제법이 이처럼 아직 비완결적 본질을 가진 결과로 하여 실증법을 통해 판사들에게 설정된 제한의 도움을 받지 않거나 그것을 넘어서 판결을 내려야 하는 과제를 일반의 재판 담당 판사들이 갖게 된다는 것이다. 판사에게 이것은 곤혹스런 일일 것이며, 또한 그는 그에게 요구된 '하나의 행위'가 그가 행해야 할 일이 아니라 입법가들의 업무라는 저항을 할 것이 당연하다.

그리고 사실상 우리가 예루살렘 재판의 성공과 실패에 대해 어떤 결론을 내리기 전에 우리는 재판관들이 입법가가 될 권한이 없다는 것, 그들은 한편으로는 이스라엘의 법, 그리고 다른 한편으로는 일반적으로 수용되는 법적 견해의 한계 내에서 자신의 일을 해야 한다는 그들의 확고한 신념을 강조해야 한다. 게다가 그들의 실패는 뉘른베르크 재판이나 다른 유럽 국가에서 있었던 계승국의 재판의 실패보다 종류나 정도에 있어서 더 심한 것이 아니라는 것은 인정되어야 한다. 반대로 예루살렘 재판의 실패의 일부는 뉘른베르크에서 이미 있었던 일을 가능한 모든 부분에서 열심히 따르려 한 데 기인한다.

요약하면 예루살렘 재판의 실패는 뉘른베르크 재판소 설립 이래로 폭넓게 논의되고 또 충분히 인식된 세 가지 근본적인 문제들 모두를 파악하지 못한 데 놓여 있다. 그것은 승자의 법정의 훼손된 정의의 문제, '인류에 대한 범죄'의 타당한 정의, 그리고 이러한 범죄를 저지른 새로운 범죄자에 대한 분명한 인식이었다.

이 가운데 첫 번째 문제에 대해서는, 재판이 뉘른베르크에서보다 예루살렘에서 더 심각하게 훼손된 상태로 이루어졌다고 할 수 있다. 왜냐하면 법정은 피고를 위한 증인들을 허용하지 않았기 때문이다. 법의 공정하고 적정한 절차에 대한 전통적 필수조건을 보면, 이것은 예루살렘 재판과정의 가장 심각한 흠이었다. 더욱이 승자의 법정에서 이루어지는 재판은 불가피하게 전쟁이 끝난 뒤에 열리는 반면 (뉘른베르크에서 있었던 잭슨 판사의 "승자가 승자를 재판하든지 또는 패배자들로 하여금 스스로를 재판하도록 내버려두어야 한다"라는 논지에다, "모든 것을 모험에 건 사람들은 중립을 인정할 수 없다"*는 연합국 측의 납득 가능한 정서를 더해야 한다), 16년 후에는, 그리고 중립국의 인정을 반대하는 논거가 이해 가능하지 않은 상황에서는 그러한 것이 동일하지는 않다.

두 번째 문제에 관한 한, 예루살렘 법정이 이룩한 것은 뉘른베르크의 경우보다 상대적으로 낫다. 나는 앞서 뉘른베르크 헌장에 나오는, '비인간적 행위'로서의 '인류에 대한 범죄'에 대한 정의에 대해 언급했는데, 이 말은 독일어로는 Verbrechen gegen die Menschlichkeit, 즉 인간성에 대한 침해라고 옮겼다. (마치 나치스가 단지 인간적 친절을 갖지 않았을 뿐인 것처럼 표현되었는데, 이는 물론 이 시대의 일을 낮추어 표현한 것이다.) 분명히 예루살렘의 재판 행위가 전적으로 검찰 측에 의존했더라면 기본적인 오해는 뉘른베르크에서보다도 훨씬 더 심각했을 것이다. 그런데 판결문은 잔혹한 일의 홍수 속에 이 범죄의 기본적인 성격이 함몰되지 않도록 했다. 그리고 판결문은 통상적인 전쟁범죄와 이 범죄를 동일시하는 덫에도 빠지지 않았다. 뉘른베르크에서는 단지 이따금씩, 그리고 말하자면 주변적으로만 언급된 것("증거가 보여주고 있는 것은…… 대량학살과 잔혹한 행위들이 반대를 짓밟으려는 목적에서만 행해졌던 것이 아니라" "전체 원주민들을 제거하려는 계획의 일부로서 행해졌다.")이 예루살렘 재판과정에서는 중심에 있었다. 아이히만이 유대인에 대한 범죄, 즉 어떠한 공리주의적인 목적에 의해서도 설명되지 않는 범죄로 고발되어 있었다. 그리고 유대인은 동부에서뿐만 아니라 유럽 전역에서 살해되었고, 그들의 멸절은 '독일인

---

* Vabres.

들이 식민화를 위해 사용될' 영토를 얻기 위한 욕망에 기인한 것이 아니었다. 유격대원들을 쏘고 인질을 살해하는 것과 같은 전쟁범죄와 침략자들이 식민지를 만들기 위해 원주민들을 '추방하고 학살하는' 것과 같은 '비인간적 행위'의 차이점을 충분히 분명하게 나타내어 미래의 국제형사법의 한 부분이 되도록 할 뿐만 아니라, (식민지를 통한 팽창과 같은, 비록 범죄적이기는 하지만 어떤 잘 알려진 목적을 위해 취하게 되는) '비인간적 행위'와 그 목적과 의도가 전례 없는 '인류에 대한 범죄'의 차이점이 명백하게 되었다는 것은, 유대 민족에 대한 범죄가 재판의 중심으로 됨으로써 얻게 된 크나큰 이점이었다. 그러나 재판과정이나 판결문 어디에서도 전체 민족 집단(유대인이나 폴란드인, 집시들)의 전멸이 유대 민족이나 폴란드 민족 또는 집시들에 대한 범죄 이상의 것일 수 있다는 가능성, 국제질서와 인류 전체가 심각하게 상처를 입거나 위험에 빠질 수 있는 가능성을 예루살렘 재판은 언급조차 하지 않았다.

이러한 실패는 판사들이 거의 회피할 수 없었던 과업, 즉 그들이 심판하게 된 범죄자를 이해하는 과업에 직면했을 때 그들이 경험한 명백한 무력감과 밀접히 연관되어 있었다. 분명한 것은, 피고를 '도착적 가학적 음란증 환자'로 명백히 잘못 서술한 검찰 측을 판사들이 따르지 않은 것으로는 충분치 않았다. 하우스너 씨가 이 세상이 지금까지 본 가장 비정상적인 괴물을 재판하며, 이와 동시에 그 안에 있는 "그와 같은 많은 이" 심지어 "나치 운동 전체와 반유대주의 전반"까지도 재판하기를 원한다고 말했을 때, 이러한 검찰 측의 진술에 담긴 비일관성을 한 걸음 더 나아가 지적했더라도 그것으로는 충분하지 않았을 것이다. 물론 그들은 만일 아이히만이 실제로 괴물이었더라면 그에 대한 이스라엘의 재판은 중지되어버렸거나 또는 최소한 모든 흥미를 잃어버리게 되었을지라도, 실제로 아이히만이 괴물이라고 믿는 것은 많은 위로를 줄 것이라는 점을 그들은 알고 있었다. 물론 푸른 수염의 사나이[5]를

---

5) 6명의 아내를 차례로 죽이는 잔혹한 행위를 한 남자를 말한다.

무대에 올려놓음으로써 전 세계의 주목을 끌고 또 전 세계로부터 편지를 받을 사람은 거의 없을 것이다. 아이히만의 경우 성가신 점은 바로 그토록 많은 사람들이 그와 같다는 점, 그리고 그 많은 사람들이 도착적이지도 가학적이지도 않다는 점, 즉 그들은 아주 그리고 무서울 만큼 정상적이었고 또 지금도 여전히 정상적이라는 점이다. 우리의 법률 기관들이 가지고 있는 관점과 판결에 대한 우리의 도덕 기준의 관점에서 보면 이러한 정상적인 모습은 잔혹한 일들을 모두 모아놓는 것보다도 더 끔찍한 일이 될 것이다. 왜냐하면 그것은 (뉘른베르크에서 피고와 그의 변호사들에 의해 반복적으로 언급된 것처럼) 사실상 인류의 적인 이러한 새로운 유형의 범죄자는 자기가 잘못하고 있다는 것을 알거나 느끼는 것을 거의 불가능하게 만드는 상황에서 범죄를 저질렀기 때문이다. 이런 점에서 아이히만 재판에서 나온 증거는 주요 전범들에 대한 재판에서 제시된 증거보다 훨씬 더 신빙성이 있다. 자신은 분명한 양심을 갖고 있었다는 항변은 보다 쉽게 기각되었는데 왜냐하면 그러한 항변은 '상관의 명령'에 대해 복종해야 한다는 논지와 간헐적인 불복종에 대한 여러 형태의 자부심이 결합된 것이었기 때문이다. 그런데 비록 피고의 나쁜 신념이 분명히 드러난다고 해도, 죄를 느끼는 양심이 실제로 입증되는 유일한 근거는 나치스, 특히 아이히만이 속한 범죄 조직들이 전쟁 끝나기 전 몇 달 동안 그들의 범죄의 증거들을 그토록 아주 열심히 파괴한 것은 사실이었다. 그리고 이 근거는 다소 위태롭다. 대량학살의 법은 그것이 새로운 것이기 때문에 아직도 다른 나라들에 의해서 받아들여지지 않았다는 인정만을 그것은 입증할 뿐이었다. 혹은 나치스의 언어로 말하자면 그들은 인류를 '하류 인간들의 지배'로부터, 특히 시온의 장로들의 지배로부터 인간을 '해방'하는 싸움에서 패했다는 것이다. 또는 일상적인 언어로 말하면, 그것은 패배에 대한 인정을 입증할 뿐이었다. 만일 그들이 승리했다면 그들 가운데 어느 누구가 죄책감에 물든 양심으로 고통을 받았겠는가?

아이히만 재판에서 논란이 된 보다 큰 문제들 가운데 가장 우선적인 것은 잘못을 행하려는 의도가 범죄를 구성하는 데 필수적이라는, 모든 현대 법체계에서 통용되는 가정이었다. 문명화된 사법권이 이처럼 주관적 요소에 대한 고려를 하는 것보다 더 자부심을 가진 것은 없었다. 이러한 의도가 결여된 곳에서는, 어떤 이유에서든 심지어 도덕적 불건전성의 이유에서라 하더라도 옳고 그른 것을 구별하는 능력이 손상된 곳에서는, 우리는 어떤 범죄가 저질러졌다고 느끼지 않는다. "커다란 범죄는 자연을 거스르는 것이기 때문에 바로 지구가 복수를 부르짖는다, 악은 자연적 조화를 훼손하는데, 이는 오직 보복을 통해서만 회복될 수 있다, 부당한 일을 당한 집단에게 그 범죄자를 처벌해야 한다는 도덕 명령은 의무가 된다"*는 명제들을 우리는 거부하며, 또한 야만적인 것으로 간주한다. 그런데 아이히만이 일단 재판받으러 온 것은 바로 이처럼 오랫동안 잊혀진 주장들에 근거한 것이었고, 따라서 이러한 명제들이 사실상 사형판결을 내리게 된 최고의 정당화였다는 것은 부인할 수 없다고 나는 생각한다. 그가 관련되어 특정 '인종들'을 지구상에서 완전히 제거하는 것을 공개적 목적으로 하는 기획에서 중심적 역할을 담당했기 때문에 그는 제거되어야 했다. 그리고 만일 '정의가 이루어져야 할 뿐 아니라 그것이 이루어지는 모습이 보여야 한다'는 것이 옳다면, 만일 판사들이 다음과 같은 말로서 된 어떤 것을 그들의 피고에게 감히 언급했더라면, 예루살렘에서 이루어졌던 정의가 드러나 모두가 볼 수 있었을 것이다.

피고는 전쟁기간 동안 유대인에게 저지른 범죄가 기록된 역사에 있어서 가장 큰 범죄라는 것을 인정했고, 또 피고가 거기서 한 역할을 인정했습니다. 그런데 피고는 자신이 결코 사악한 동기에서 행동한 것이 결코 아니고, 누구를 죽일 어떠한 의도도 결코 갖지 않았으며, 결코 유대인을 증오하지 않았지만, 그러나 그와는 다르게 행동할

---

* Yosal Rogat.

수는 없었으며, 또한 죄책감을 느끼지 않는다고 말했습니다. 우리는 이러한 것이 전적으로 불가능한 것은 아니지만 그러나 믿기가 어렵다고 보았습니다. 이러한 동기와 양심의 문제에서 합당한 의심을 넘어선 것으로 입증될 수 있는 당신에 대한 증거는 비록 많지는 않지만 일부 존재합니다. 피고는 또한 최종 해결책에서 자신이 맡은 역할은 우연적인 것이었으며, 대체로 어느 누구라도 자신의 역할을 떠맡았을 수 있으며, 따라서 잠재적으로는 거의 모든 독일인들이 똑같이 유죄라고 말했습니다. 피고가 말하려는 의도는 모든 사람, 또는 거의 모든 사람들이 유죄인 곳에서는 아무도 유죄가 아니라는 것입니다. 이것은 실로 상당히 일반적인 결론이기는 하지만 우리가 피고에 대해 기꺼이 내주고 싶은 결론은 아닙니다. 그리고 만일 피고가 우리의 거절을 이해하지 못한다면 우리는 성서에 나오는 두 이웃하는 도시인 소돔과 고모라의 이야기에 주목해볼 것을 권합니다. 이 두 도시는 거기에 사는 모든 사람들이 똑같이 죄가 있었기 때문에 하늘로부터 내려온 불로 인해 파괴되었습니다. 이것은 말하자면 '집단적 죄'라는 최신식 개념과는 무관합니다. 이 개념에 따르면 그들 자신이 행하지 않았더라도 그들의 이름으로 행해진 일(그들이 참여하지도 않았고 또 그로부터 이익을 얻지 않은 일)에 대해서는 유죄로 추정한다는 것, 또는 죄책감을 느낀다는 것입니다. 다른 말로 하자면 법 앞에서의 유죄와 무죄는 객관적인 본질의 것이지만, 그러나 비록 8,000만 독일인이 피고처럼 행동했다 하더라도 그것이 피고에 대한 변명이 될 수 없을 것입니다.

운 좋게도 우리는 그만큼 멀리 나갈 필요는 없습니다. 피고 자신은 전대미문의 범죄를 저지르는 것이 주된 정치적 목적이 된 국가에서 산 모든 사람의 편에 서서 그 죄가 현실적으로가 아니라 오직 잠재적으로만 유죄라고 주장했습니다. 그리고 내적이고 외적인 어떠한 우연적 상황을 통해 피고가 범죄인이 되는 길로 내몰렸는지 간에, 피고가 행한 일의 현실성과 다른 사람들이 했을지도 모르는 일이라는 잠재성 사이에는 협곡이 있습니다. 우리는 여기서 오직 피고가 한 일에만 관여할 뿐, 피고의 내적 삶과 피고의 동기에서 가능한 비범죄적 본성 또는 피고 주위에 있는 사람들의 범죄적 가능성에는 관여하지 않습니다. 피고는 피고의 이야기를 불운에 찬 이야기로 만들어 들려주었습니다. 그리고 그러한 상황을 알고 있는 우리는 어느 정도까지는 만일 상황이 보다 유리했더라면 피고는 우리 앞이나 또는 다른 형사재판소로 나오지 않았을 가능성이 상당히 있다는 점도 당신에게 인정해줄 용의가 있습니다. 논증을 위해서 피고가 대량학살의 조직체에서 기꺼이 움직인 하나의 도구가 되었던 것은 단지 불운이었다고 가정을 해봅시다. 피고가 대량학살 정책을 수행했고, 따라서 그것을 적극적으로 지지했다는 사실은 여전히 남아 있습니다. 그리고 (마치 피고와 피고의 상관들이 누가 이 세상에 거주할 수 있고 없는지를 결정한 어떤 권한을 갖고 있는 것처럼) 이 지구를 유대인 및 수많은 다른 민족 사람들과 함께 공유하기를 원하지 않는 정책을 피고가 지지하고 수행한 것과 마찬가지로, 어느 누구도, 즉 인류 구성원 가운데 어느 누구도 피고와 이 지구를 공유하기를 바란다고 기대할 수 없다는 것을 우리는 발견하게 됩니다. 이것이 바로 당신이 교수형에 처해져야 하는 이유, 유일한 이유입니다.

후기

　이 책은 '재판 보고서' 내용을 담고 있으며 그의 주된 출처는 예루살렘에서 언론에 배부된 재판 속기록의 내용이다. 검찰 측의 모두 연설과 피고 측의 일반 변론을 제외하고는 재판 기록이 출간되지 않았고 따라서 입수하기가 쉽지 않았다. 재판에서 사용한 언어는 히브리어였다. 언론에 전달된 문건들은 '문체상 완벽하거나 문법적 언어적 오류가 없는 것으로 간주될 수 없는' '동시통역 내용을 편집하거나 교정하지 않은 기록본'으로 서술된 것이었다. 나는 재판이 독일어로 진행된 경우를 제외하고는 줄곧 영어본을 사용했다. 독일어 기록은 원래 사용된 말 그대로를 담고 있었고, 이를 나는 스스로 번역하여 사용했다.

　동시통역과는 별도로 법정 밖에서 준비된 번역본이 있었던 검사의 모두 연설과 최종 판결을 제외하고는 이러한 기록들 가운데 어떤 것도 절대적으로 신뢰할 만하다고 여길 수는 없다. 유일한 권위 있는 판본으로는 히브리어로 된 공식 기록인데, 이것을 나는 사용하지 않았다. 그럼에도 불구하고 이 모든 기록은 기자들이 사용할 수 있도록 공식적으로 제공된 것으로, 내가 아는 한 공식적 히브리어 기록과 번역본 사이의 중요한 불일치점들이 지적된 적은 없었다. 독일어 동시통역은 아주 형편없었지만, 영어와 프랑스어 번역본들은 신뢰할 만하다고 여겼다.

　이 자료들에 대한 신뢰 가능성에 대한 어떠한 의심도 다음과 같은 법정 문건들과 관련하여 제기되지 않았는데, 이 문건들은 (한 경우를 예외로 하고는) 예루살렘 당국이 역시 언론에 제공했다.

1) 아이히만에 대한 경찰의 심문 내용으로 독일어로 기록되었는데, 이는 테이프로 녹음되었다가 타이프로 쳤던 것이며, 이 기록은 아이히만에게 제공되어 그가 손으로 수정했다. 법정 심문 내용의 기록과 더불어 이것은 가장 중요한 문헌이다.

2) 검찰 측이 제출한 기록들과 검찰에 의해 입수 가능한 '법적 문건'

3) 원래 피고가 소환한 증인들의 서약 진술서 16건으로, 이들 증언의 일부를 검찰 측이 이어서 사용하기도 했다. 이 증인들은 에리히 폰 뎀 바흐-첼레브스키, 리하르트 배어, 쿠르트 베허, 호르스트 그렐, 빌헬름 회틀, 발터 후펜코트헨, 한스 위트너, 헤르베르트 카플러, 헤르만 크루마이, 프란츠 노박, 알프레트 요제프 슬라비크, 막스 메르텐 박사, 알프레트 직스 교수, 에버하르트 폰 타덴 박사, 에드문트 베젠마이어 박사, 오토 빙켈만 등이었다.

4) 끝으로 나는 아이히만 자신이 작성한 70페이지 분량의 타이프로 된 원고도 사용했다. 그것은 검찰 측에 의해 증거로 제출되었고 법정이 이를 수용했으나 언론에는 입수 가능하지 않았다. 그 제목을 번역하면 '주제: '유대인 문제' 및 1933년과 1945년 사이의 기간에 있었던 이 문제의 해결책과 관련된 독일제국의 국가사회주의 정부의 조치들에 대한 나의 코멘트'였다. 이 문서는 아이히만이 자센과의 인터뷰를 준비하면서 아르헨티나에서 만든 노트(참고문헌 참조)를 포함하고 있었다.

참고문헌 목록은 내가 실제로 사용한 문건들만을 열거했는데, 아이히만이 납치되어 처형되기까지의 2년 여 기간 동안 내가 읽고 수집한 수많은 저서와 논문, 그리고 신문 기사들은 수록하지 않았다. 이처럼 불완전한 목록으로 인해 내가 유감스럽게 생각하는 부분은 단지 독일과 스위스, 프랑스, 영국 및 미국 언론의 특파원들의 보고문들을 빠뜨린 것이다. 왜냐하면 이 보고문들은 책이나 잡지에서 주제로 보다 과장스럽게 다룬 것보다 훨씬 수준 높게 쓰인 것이지만, 이를 수록하자면 상대적으로 엄청난 양의 일이 되었을 것이다. 따라서 나는 이 개정판의 참고문헌에 이 책의 초판본이 나온 뒤에 나온 책과 잡지 기사들을 선별하여 그 내용이 검찰의 주장을 개작한 이상의 내용을 포함하는 경우에 이를 수록하는 것으로 만족했다. 이 가운데는 내가 내린 결론과 놀라울 정도로 유사한 결론에 종종 도달한 두 건의 재판에 대한 설명이 있었고, 또 제3제국의 저명한 인물들에 대한 한 연구가 있어서 이를 이제 배경적 문건으로서 내 자료에 추가했다. 이는 로베르트 펜도르프가 쓴 『살인자와 피살자』와 『아이히만과 제3제국의 유대인 정책』으로, 후자는 최종 해결책에서 유대인위원회의 역할에 대한 설명을 담고 있다. 『형사사건 40/61』은 네덜란드의 특파원 하리 물리슈의 저술(나는 독일어 번역본을 사용했다)인데, 이 사람은 피고의 인격을 자신의 보고서의 중심 주제로 삼은 유일한 작가인데, 아이히만에 대한 그의 평가는 몇몇 핵심적인 점에서 나의 평가와 일치했다. 그리고 끝으로 T.C. 페스트가 쓴 나치스의 주도적 인물들에 대한 최근에 출간된 탁월한 묘사를 담은 『제3제국의 모습』(*Das Gesicht des Dritten Reiches*)이 있다. 페스트는 지식이 아주 풍부한 사람으로, 그의 판단은 주목할 만큼 높은 수준에서 이루어졌다.

보고서의 저자가 직면한 문제들은 역사적 단행본의 저술에 수반하는 문제들과 가장 잘 비교될 수 있다. 어떤 경우에서든 일의 본질은 일차 문헌과 이차 문헌의 사용을 깊이 숙고하여 구별할 것을 요구한다. 일차 자료들은 특별 주제(이 경우는 재판 자체)를 다루는 데 가장 잘 사용될 수 있을 뿐이다. 반면 이차 문헌은 역사적 배경을 구성하는 모든 것을 위해 인용될 수 있다. 따라서 내가 인용한 자료들조차도 극히 일부를 제외하고는 재판에서 증거로 제출(이 경우 이는 나의 일차 자료가 되었음)되거나 또는 문제가 된 시기를 다루는 권위 있는 책에서 나온 것이다. 본문에 나오는 것처럼 나는 게랄트 라이트링거의 『최종 해결책』을 사용했다. 또한 나는 라울 힐베르크의 『유럽 유대인의 파멸』을 훨씬 더 많이 의지했는데, 이 책은 재판 이후에 나왔으며 제3제국의 유대인 정책에 대한 가장 철저하고 또 자료에 가장 확실히 근거해 설명하고 있다.

출판도 되기 전에 나의 이 책은 논쟁의 중심이 되었고 또 동시에 조직적 시위의 대상이 되었다. 이미지 만들기와 여론 조작 등 잘 알려진 수단 전부가 동원되어 이루어진 시위는 논쟁보다도 더 많은 주목을 끌어서, 논쟁은 시위가 일으킨 인위적 소음에 의해 다소 함몰되고 익사되어버렸다. 이러한 것은, 거의 (마치 이 책(그리고 보다 빈번히는 저자 자신)에 대해 반대하여 써진 글들이 '등사 기계'에서 나온 것처럼) 동일한 표현으로 이루어진 논쟁과 시위의 이상한 혼합물이 미국에서 영국으로, 그리고 다시 이 책이 아직 입수될 수 없는 지역인 유럽으로 전달되었을 때 특히 분명해졌다. 그리고 이러한 것이 가능한 이유는 아직 쓰이지 않은 이 책에 대한 '이미지'로 아우성이 집중되었으며, 또한 내가 언급하지도 않았을 뿐 아니라 이전에 내가 생각지도 않은 주제를 다루고 있었기 때문이다.

논쟁은 (상황이 그러했다면) 결코 흥미가 없는 일은 아니었을 것이다. 여론 조작은 잘 정의된 관심에 의해 고무된다면 그 목표를 제한했을 것이다. 그런데 그러한 조작의 결과는 만일 그것이 진정한 관심 사안을 우연히라도 다루었더라면 더 이상 그들의 통제하에 있지 않고 그들이 결코 예측하지도 또 의도하지도 않은 결과를 쉽게 낳을 수 있을 것이다. 지금은 히틀러의 통치기가 거대하고 전례가 없었던 범죄와 함께 독일인이나 전 세계의 유대인에 대해서만이 아니라 이 세계의 나머지 사람 모두에게도 '지배되지 않은 과거'를 이루고 있는 것처럼 보인다. 그들도 유럽의 심장에서 일어난 이 거대한 파국을 잊지 않았을 뿐 아니라, 그것을 이해할 수 없었던 것이다. 더욱이 (그리고 아마도 이것은 훨씬 덜 기대한 것이지만) 오늘날 사람들의 마음을 사로잡아 그들의 심장 위를 무겁게 짓누를 것이라는 것을 결코 의심하지 않은, 복잡하게 뒤얽히고 또 현대의 복잡성 또한 지니고 있는 일반적인 도덕적 문제들이 갑자기 대중적 관심의 전면에 나타났다.

논쟁은 최종 해결책이 진행되는 기간 동안 유대인의 행위에 주목하여, 이스라엘 검찰 측이 먼저 제기한 문제, 즉 유대인이 자기 자신을 보호할 수 있었는가 또는 보호했어야 했는가라는 질문으로 나아감으로써 시작되었다. 나는 이 질문이 어리석고 또 잔인한 것이라고 생각하여 배제했다. 왜냐하면 그 질문은 당시의 조건들에 대해 치명적일 정도로 무지하다는 것을 입증하기 때문이었다. 이제 그 질문은 철저하게 토론이 되었고 가장 놀라울 결론들이 도출되었다. '게토 심리'(ghetto mentality, 이 말은 이스라엘에서는 역사 교과서에 나왔는데, 미국에서는 공식적인 미국 유대교의 격렬한 저항에 대응하여 심리학자인 브루노 베텔하임이 주로 주장했다)라는 가장 유명한 역사적-사회적 구성물이 유대인에게만 제한되지 않고 따라서 특별히 유대인적 요소로 설명될 수 없는 행동을 설명하기 위해 반복해서 억지로 도입되었다. 이 문제에 대한 제안들이 급격히 늘어서 급기야 이러한 전체 토론이 아주 답답하다고 느꼈을 사람에 의해 프로이트의 이론을 도입하여 전체 유대인에게 '죽음의 소망'(물론 무의식적인)을 귀속시키는 기발한 생각까지 나왔다. 이것은 책의 '이미지'에서 어떤 논평가들이 이끌어내고자 선택한 예기치 않은 결론이었는데, 이는 어떤 이익집단에 의해 창안된 것이었다. 이러한 결론에서 나는 유대인이 스스로를 살해했다고 주장한 것처럼 되어 있었다. 물론 '자기증오'에서 말이다.

유대인 지도자들의 역할이 재판대에 올랐기 때문에, 그리고 여기에 대해 보고하고 또 논평했기 때문에 이 문제도 역시 토론되는 것은 불가피했다. 내 의견으로 이것은 심각한 문제였지만 논쟁을 통해 이 점은 거의 해명되지 않았다. 최근 이스라엘에서 있었던 한 재판에서 히르슈 비른블라트라는 폴란드의 한 도시에 있던 전직 유대인 경찰서장이자 이제는 이스라엘 오페라단의 지휘자가 처음에는 지방법원에 의해 5년 금고형을 받았다가 나중에 예루살렘 대법원에 의해 무죄방면되었다. 대법원은 만장일치로 유대인위원회 전반에 대해 무죄선고를 간접적으로 내린 것이었다. 이러한 재판에서 본 것처럼 유대인 주류 사회가 이 주제에 대해서는 심각하게 분열되어 있었다. 그런데 토론에 참여한 대부분의 목소리들은 유대인과 유대인 지도층을 동일시하거나(이는 생존자들이 거의 모든 보고들과 분명히 구별되는 것인데, 이 구별은 과거 테레지엔슈타트에 수용된 한 사람의 다음과 같은 말로 잘 요약될 수 있을 것이다. "유대 민족 전체는 당당히 행동했다. 다만 지도력이 실패했을 뿐이다."), 또는 유대인 지도층 인사들이 전쟁 이전, 특히 최종 해결책의 시기 이전에 한 모든 훌륭한 봉사들을 인용하면서 마치 유대인이 이주해가는 것을 돕는 것과 나치스가 유대인을 이송하는 것을 돕는 것 사이에는 아무런 차이가 없는 것처럼 하는 가운데 유대인 지도층 인사들을 정당화했다.

이러한 주제들은 상대적으로 보아 부풀려지기는 했지만 사실상 이 책과 일부 연관이 있는 반면, 이 책과 아무런 관련이 없는 주제들도 있다. 예를 들면 히틀러 정권이 시작된 이래로 지속되어온 독일 레지스탕스 운동에 대한 뜨거운 논쟁이 있었다. 나는 당연히 여기에 대해 논의하지 않았는데, 그 이유는 아이히만의 양심의 문제, 그리고 그를 둘러싼 상황의 문제는 전쟁 및 최종 해결책의 시기만이 연관되기 때문이다. 그런데 더욱 환상적인 문제들이 있었다. 상당히 많은 수의 사람들이, 처형으로 죽는 사람들이 과연 그들이 죽인 사람들보다 항상 '더 추하지' 않을 수도 있지 않은가라는 문제에 대해 논쟁을 시작한 것이다. 또 현장에 있지 않은 사람들이 과거에 대한 '재판석에 앉을' 자격이 있는가라는 문제도 있었다. 후자의 문제에 대해 어떤 사람은 아이히만이 어떤 인격을 가진 사람이었는가에 대해 내가 관심을 갖는 것이 잘못되었다고 주장할 뿐 아니라, 아이히만이 아무런 말도 하지 않도록 했어야 한다고 (즉 아무런 변호사도 없이 재판이 진행되었어야 했기라도 한 것처럼) 주장하기까지 했다.

상당한 감정을 보이면서 행해진 토론의 경우에 종종 그러한 것처럼, 전적으로 사실적인 문제에만 관련하여 흥분하고, 따라서 사실을 왜곡하려고 애를 썼던 어떤 집단들의 실제적인 이해관계는 곧바로 또 불가피하게 지성인들의 제약받지 않는 영감과 연결되었다. 그런데 이 지성인들은 반대로 사실에 전혀 관심이 없었을 뿐만 아니라 사실을 단지 '이념들'로 가는 도약대로만 여겼다. 그런데 이러한 모의 전쟁들 속에서도 종종 어떤 심각성, 어느 정도의 진정한 관심이 감지될 수 있었고, 또 내 책을 읽지 않았다고 자랑하며 또 결코 앞으로도 읽지 않을 것이라고 약속하는 사람들의 토론에서도 그러했다.

아주 멀리 벗어난 이러한 토론들에 견주어 내 책 자체는 슬프리만치 제한된 주제를 다루고 있다. 재판의 보고서는 재판과정에서 다루어지거나 또는 정의를 위해 다루어졌던 문제들만을 논의할 수 있다. 만일 재판이 벌어진 국가의 전반적 상황이 재판 행위에 중요하다면 그것도 또한 설명되어야 했을 것이다. 따라서 이 책은 유대인에게 주어진 심각한 재난의 역사를 다루는 것이 아니고, 전체주의에 대한 설명이나 제3제국 시절의 독일 국민의 역사를 다루는 것도 아니며, 끝으로 그러나 가장 중요한 부분으로, 이 책은 악의 본질에 대한 이론적 연구도 아니다. 모든 재판의 초점은 개인의 역사, 특질과 고유성, 행동 유형, 상황 등 항상 독특성을 지닌, 살과 피를 가진 한 인간인 피고의 인격에 있다. 이를 넘어선 모든 것, 즉 흩어져 살고 있는 유대 민족의 역사나 반유대주의의 역사, 독일 국민이나 다른 민족의 행위, 또는 당시의 이데올로기와 제3제국의 정부기구 등과 같은 것은 그것이 피고가 저지른 행위의 배경과 조건을 형성하는 한에서만 재판에 영향을 준다. 피고가 접촉하지 않은 모든 것, 또는 그에게 영향을 주지 않은 모든 것은 재판과정에서 생략되어야 하며, 따라서 그에 대한 보고에서도 생략되어야 한다.

이러한 문제들에 대해 우리가 이야기하기 시작하자마자 무의식적으로 모든 일반적인 질문들(왜 그것이 독일인들이었는가? 왜 그것이 유대인이었는가? 전체주의 통치의 본질은 무엇인가?)은 한 사람이 재판을 받고 있는 범죄가 어떤 성격과 정의가 선포될 대상인 피고의 본성에 대한 문제보다 훨씬 더 중요하다고 주장할 수 있을 것이다. 또한 제

2차 세계대전 이래로 사법체계가 반복적으로 대항해왔던 이 같은 특별한 유형의 범죄와 범죄자를 우리의 현재의 사법체제가 얼마나 잘 다룰 수 있는가에 대한 질문보다도 더 중요하다고 주장할 수 있을 것이다. 문제는 특정한 한 인간, 부스에 갇힌 한 어떤 개인이 아니라, 독일인 일반, 또는 모든 형태의 반유대주의, 또는 근대사 전체, 또는 인간과 원죄의 본질이라고 (그래서 전 인류가 부스 안의 피고 앞에 보이지 않게 앉아 있다고) 주장할 수 있을 것이다. 이 모든 것이 종종 주장되었으며, 특히 그들 모두가 '우리 각자 안의 아이히만'을 발견할 때까지 쉬지 않을 사람들에 의해 주장되었다. 만일 피고가 상징적인 존재로 채택되고 재판이 한 사람의 유무죄보다도 명백히 더욱 중요한 문제들을 도입하기 위한 구실로서 취해졌다면, 우리는 아이히만과 그의 변호사가 한 주장, 즉 그는 독일연방공화국을 위해서뿐만 아니라 그 사건 전체를 위해서도, 그리고 그러한 것을 가능하게 만든 것 (즉 인류와 원죄를 위해서뿐만 아니라 반유대주의와 전체주의 정부를 위해서) 희생양이 필요했기 때문에 처벌받았다고 하는 것이 일관성 있을 것이다.

내가 이러한 관점을 공유하려 했다면 예루살렘으로 결코 가지 않았을 것이라고는 거의 말할 필요가 없다. 나는 이 재판이 오직 정의에 대한 관심에 따라 이루어져야 했다는 의견을 갖고 있었고 또 지금도 갖고 있다. 나는 또한 판사들이 판결문에서 "이스라엘 국가가 수립되어 유대인의 국가로 인정받았"으며, 따라서 유대인에 대해 저지른 범죄에 대해 사법권을 가진다고 강조한 것이 전적으로 옳았다고 생각한다. 그리고 처벌의 의미와 유용성에 대한 법조계의 현재의 혼란을 볼 때, 판결문에서 처벌은 "가해자를 처벌하지 않음으로써 그에 의해 상처를 받은 자의 명예와 권위가 바닥에 떨어지지 않도록 보호하기 위해" 필요하다는 점을 자기보다 더 나이 많은 저술가를 인용하여 설명한 그로티우스를 인용한 것을 나는 기쁘게 생각한다.

재판 자체뿐 아니라 피고와 그의 행위의 본질이 예루살렘에서 고려된 문제들보다 훨씬 넘어서는 일반적 본질에 대한 문제를 제기하고 있다는 점은 물론 의심할 여지가 없다. 나는 이러한 문제들 가운데 일부를 단순한 보고에 그치지 않는 에필로그에서 다루려고 시도했다. 만일 사람들이 내가 다룬 것을 적절치 않다고 생각하더라도 나는 놀라지 않았을 것이다. 그리고 나는 사실 전체의 일반적 중요성에 대한 토론을 환영했을 것이다. 토론에서 구체적인 사건들이 보다 더 직접적으로 지칭되었더라면 그 토론은 더욱더 의미심장했을 것이다. 나는 또한 진정한 논쟁이라면 이 책의 부제에 대한 것이어야 했다고 생각할 수 있었다. 나는 재판에 직면한 한 사람이 주연한 현상을 엄격한 사실적 차원에서만 지적하면서 악의 평범성에 대해 말한 것이다. 아이히만은 이아고도 맥베스도 아니었고, 또한 리처드 3세처럼 "악인임을 입증하기로" 결심하는 것은 그의 마음과는 전혀 동떨어져 있는 일이었다. 자신의 개인적인 발전을 도모하는 데 각별히 근면한 것을 제외하고는 그는 어떠한 동기도 갖고 있지 않았다. 그리고 이러한 근면성 자체는 결코 범죄적인 것이 아니다. 그는 상관을 죽여 그의 자리를 차지하려고 살인을 범하려 하지는 않았을 것이다. 이 문제를 흔히 하는 말로 하면 그는 단지 자기가 무엇을 하고 있는지 결코 깨닫지 못한 것이다. 그로 하여금 경찰심문을 담당한 독일계 유대인과 마주앉아 자신의 마음을 그 사람 앞에 쏟아부으며 어떻게 자기가 친위대의 중령의 지위밖에 오르지 못했고 또 자기가 진급하지 못한 것이 자기의 잘못이 아니라는 것을 다시또다시 설명을 하면서 4개월 동안 앉아 있을 수 있었던 것은 바로 이같은 상상력의 결여 때문이었다. 원칙적으로 그는 이 모든 일의 의미에 대해 아주 잘 알고 있었고, 그래서 법정에서 있었던 최후 진술에서 그는 "[나치] 정부가 처방한 가치의 재평가"에 대해 말한 것이다. 그는 어리석지 않았다. 그로 하여금 그 시대의 엄청난 범죄자들 가운데 한 사람이 되게 한 것은 (결코 어리석음과 동일한 것이 아닌) 순전한 무사유(sheer thoughtlessness)였다. 그리고 만일 이것이 '평범한' 것이고 심지어 우스꽝스런 것이라면, 만일 이 세상의 최고의 의지를 가지고서도 아이히만에게서 어떠한 극악무도하고 악마적인 심연을 끄집어내지 못한다면, 이는 그것이 일반적인 것이라고 부르는 것과 아직 거리가 멀다는 것이다. 죽음을 눈앞에 둔 사람이, 더구나 교수대 아래 서 있는 사람이 자신이 생전에 장례식장에서 들었던 것 외에 생각해낼 수 없었다는 것은, 그리고 이러한 '고상한 말'이 자기 자신의 죽음이라는 현실을 완전히 모호하게 만들어버렸다는 것은 분명코 아주 일상적이라고 할 수는 없을 것이다. 이처럼 현실로부터 멀리 떨어져 있다는 것과 이러한 무사유가 인간 속에 아마도 존재하는 모든 악을 합친 것보다도 더 많은 대파멸을 가져올 수 있다는 것, 이것이 사실상 예루살렘에서 배울 수 있는 교훈이었다. 그런데 그것은 교훈이지 현상에 대한 설명도 아니고 그에 대한 이론도 아니다.

훨씬 더 복잡해 보이지만 그러나 사실상 무사유와 악의 이상한 상호 연관성을 검토하는 것보다 훨씬 더 단순한 것은 어떠한 종류의 범죄가 여기에 실제로 개입되어 있는가 하는 질문이다. (이 범죄는 게다가 모든 정도에 있어서 전례가 없는 것이다.) 이전에는 알려지지 않은 범죄를 지칭하기 위해 분명하게 도입된 대량학살(genocide) 개념은 비록 어느 정도까지는 적용 가능하지만 민족 전체에 대한 학살이 전례가 없었던 일이 아니라는 단순한 이유에서 볼 때 전적으로 적합한 것은 아니다. 이는 고대에서 일상적 질서였고, 식민지를 갖고 제국주의를 표방하는 나라들은 이런 종류의 다소 성공적인 시도들의 수많은 예를 제공한다. '행정적 대학살'이라는 표현이 청구서를 더 잘 채울 수 있는 것 같다. 이 용어는 영국의 제국주의와 연관이 있다. 영국은 인도에 대한 지배를 유지하는 수단으로서 그러한 절차들을 고의적으로 거부했다. 이 표현은 그런 야수적인 행위가 오직 외국 민족이나 다른 인종에 대해서만 저질러질 수 있다는 편견을 불식시킨다는 장점을 가지고 있다. 히틀러가 그의 대량학살을 '치료 불가능한 환자'들에게 '안락사'를 허용함으로써 시작했다는 것, 그리고 그는 자신의 학살 계획을 '유전적으로 손상을 입은' 독일인(심장과 폐 질환 환자)들을 제거함으로써 마무리하려고 했다는 것은 잘 알려진 사실이다. 그런데 그 외에도 이러한 종류의 살인이 어떤 특정한 집단을 지향할 수 있다는 점, 즉 선별의 원칙이 상황적 요인에만 의존하고 있다는 것은 명백하다. 멀지 않은 미래의 자동화된 경제 가운데 인간은 지능지수가 일정 수준 이하인 모든 사람들을 제거하려는 유혹을 받을 수도 있다는 것은 상당히 상상이 가능한 것이다.

예루살렘에서는 이 문제가 부적절하게 토론되었는데, 왜냐하면 그것을 법적으로 파악하기가 실제로 아주 어렵기 때문이다. 우리는 아이히만이 최종 해결책의 기계에서 단지 하나의 '작은 톱니바퀴의 이'에 불과했다는 변호인 측의 저항을 들었고, 또 아이히만이 실제의 원동력임을 발견했다고 믿는다는 검찰 측의 저항을 들었다. 내 자신은 이 두 이론에 대해 예루살렘 법정이 부여한 중요성만큼만 부여하고 있다. 왜냐하면 전체의 톱니바퀴의 이 이론은 법적으로 무의미하며, 따라서 어느 정도 크기의 명령이 아이히만이라는 이름의 '이'에 부여되었는지는 중요하지 않기 때문이다. 법원은 판결문에서 그런 범죄는 정부의 재원을 이용한 거대한 관료제에 의해서만 저질러질 수 있다는 점을 당연히 인정했다. 그러나 그것이 범죄인 한 (그래서 물론 그것이 재판의 전제인 한) 그 기계의 모든 톱니바퀴의 이들은 그것이 얼마나 중요한가에 상관없이 법정에서는 즉시 범죄의 수행자, 즉 인간으로 변형된다. 만일 피고가 자기는 인간으로서가 아니라 단순한 기능인으로 행동했고 그 기능은 다른 어느 누구에 의해서도 마찬가지로 쉽게 수행될 수 있었다는 근거로 변명하려 한다면, 그것은 마치 범죄자가 (어떠어떠한 장소에서 하루에 얼마 얼마의 범죄가 자행되었다는 것을 보여주는) 범죄 통계표를 가리키며 자기는 통계적으로 기대되는 것을 했을 뿐이라고, 무엇보다도 누군가가 그 일을 해야 했기 때문에 자기가 그렇게 하고 다른 사람이 그렇게 하지 않은 것은 단지 우연일 뿐이라고 선언하는 것과 마찬가지다.

물론 정치 및 사회과학에서는 전체주의 정부의 본질과 모든 관료제의 본질이 기능인들과 단순한 톱니바퀴의 이들을 행정의 기계 속에서 인간 밖으로 나오도록, 따라서 그들을 비인간화하도록 한다는 사실은 중요하다. 그리고 그 누구도 통치하지 않는 통치(the rule of Nobody), 즉 관료주의로 알려진 정치 형태의 내용에 대해 장시간 동안 유익하게 토론할 수가 있을 것이다. 다만 사람들은 법의 집행은 이러한 요소들을 그것이 범죄의 상황이 되는 한에서만 (절도의 경우 도둑이 경제적 부채를 지니고 있다는 사실이 고려될 수는 있지만, 그로 인해 절도를 용서하거나 그의 빚을 청산해주어 새 출발을 하도록 하지는 않는 것처럼) 고려할 수 있다는 것을 분명히 인식해야 한다. 참으로 우리는 현대 관료제뿐만 아니라 현대 심리학과 사회학에 의해 이러저러한 종류의 결정론을 중심으로 행위자의 행위에 대한 책임을 설명을 통해 없애버리는 데 아주 익숙하게 되었다. 그러한 겉보기에 보다 심층적인 듯한 인간 행위에 대한 설명이 옳은지 그른지는 논쟁의 여지가 있다. 그런데 논쟁의 여지가 없는 것은 어떠한 법적 절차도 거기에 기초를 두고서는 이루어질 수가 없다는 것이며, 또한 그런 이론에 따라 조치가 이루어진 사법제도는 구식일 뿐만 아니라 극단적으로 비근대적인 제도다. 독일에는 법관이 되는 것이 '불명예'가 되는 날이 올 것이라고 히틀러가 말했을 때, 그는 자신의 완전한 관료제도와 완전히 불일치하는 말을 한 것이다.

내가 아는 한 사법부는 이러한 일련의 문제 전체를 다루는 데 오직 두 범주만을 사용할 수 있는데, 이 둘은 모두 내 생각에는 이 문제를 다루는 데 아주 부적절한 것이다. 이는 '국가의 행위'와 '상관의 명령에 따른' 행위라는 개념이다. 국가의 행위 이론은 한 주권국가는 다른 주권국가에 대해 재판권을 갖지 않는다(par in parem non habet jurisdictionem)는 주장에 기초하고 있다. 실질적으로 말하면, 이러한 주장은 이미 뉘른베르크에서 폐기되었다. 그것은 처음부터 승산이 없었다. 왜냐하면 그것이 받아들여졌을 때 전적인 의미에서 진정한 책임자라고 할 수 있는 히틀러조차도 설명을 위해 끌어들일 수 없게 될 것이기 때문이다. (이는 가장 기초적인 의미에서의 정의도 침해하게 되는 상태가 된다.) 그런데 실천적 수준에서 승산이 없는 논증이 이론적 수준에서도 반드시 붕괴되지는 않는다. 통상적인 회피(제3제국 시절의 독일은 주권과 동등한 대우를 잘 귀속시켜줄 수 없는 범죄자 집단에 의해 지배되었다는 주장)는 거의 쓸모가 없다. 한편으로는 범죄자 집단에 대한 비유가 아주 제한된 정도로만 적용 가능하기 때문에 거의 적용 가능하다고 할 수가 없다는 것을 모두가 알고 있으며, 다른 한편으로 이러한 범죄는 부정할 나위 없이 '법적' 질서 내에서 일어났기 때문이다. 실로 이것이 그의 돋보이는 특징인 것이다.

만일 국가의 행위 개념의 배후에 국가적 이유(raison d'état) 이론이 있다는 것을 깨닫는다면 우리는 문제에 다소 더 가까이 접근할 수 있을 것이다. 그 이론에 따르면 국가의 생명에 책임이 있고 따라서 그 안에 있는 법률에 대한 책임이 있는 국가의 행위는 그 국가의 시민의 행위와 동일한 규칙에 종속되지 않는다. 법의 통치가 비록 폭력과 만인의 만인에 대한 전쟁상태를 제거하기 위해서 고안된 것이기는 하지만 그 자신의 존립을 위해서는 항상 폭력적 도구를 필요로 하는 것처럼 정부는 그 자신의 생존과 합법성의 생존을 확고히 하기 위해서는 일반적으로 범죄로 간주되는 행위를 하도록 강요받을 때가 있음을 알게 된다. 전쟁은 종종 이러한 근거에서 정당화되지만, 국가의 범죄행위들은 국제 관계의 영역에서만은 발생하지 않는다. 그리고 문명화된 국가들의 역사를 보면 그러한 예(나폴레옹의 당기엥 공작 암살에서 무솔리니 자신이 책임 있는 것으로 추정되는 사회주의자 마테오티의 살해에 이르기까지)들을 많이 알게 된다.

국가적 이유는 (그 사건이 옳든 그르든 간에) **필연성**에 호소하며, 그 이름으로 저질러진 국가적 범죄들(그 범죄가 발생한 나라를 지배하는 법적 체계를 중심으로 보면 전적으로 범죄적임)은 권력을 유지하고 따라서 기존의 법적 질서 전체의 영속성을 확실히 하려는 긴급 조치, 즉 **현실정치**의 긴박성에 따라 허용될 수 있는 것으로 간주된다. 정상적인 정치적 법적 체계에서는 그러한 범죄들은 규칙의 예외로서 발생하며,

국가의 존립 자체가 문제되기 때문에 법적 처벌을 받지 않는다. (독일 법 이론의 표현처럼 재판으로부터 자유로운[gerichtsfrei] 것이다.) 그리고 어떠한 외부의 정치체도 한 국가의 존립을 부정할 권리와 그것을 어떻게 유지할 것인지를 처방할 권리가 없다. 그러나 (제3제국의 유대인 정책 역사에서 우리가 배울 수 있었듯이) 범죄적 원리 위에 수립된 국가에서는 상황은 반전된다. 그때는 비범죄행위(예를 들면 유대인의 이송을 중지하는 1944년 마지막 늦여름에 발동된 힘러의 명령과 같은 것)가 현실에 의해 부과된 이 경우는 임박한 패배에 의해 부과될 필요를 허용하게 된다. 여기서 그러한 체제의 주권의 성격은 무엇인가라는 문제가 제기된다. 그것은 국제법이 따르고 있는 평등성(par in parem non habet jurisdictionem)이 침해되는 것은 아닌가? "한 주권국가는 다른 주권국가에게"(par in parem)라는 말은 주권의 장식품을 의미하는 것에 불과한가? 그것은 또한 실체적 평등을 의미하는가 아니면 그와 유사한 것을 의미하는가? 범죄와 폭력이 예외적이고 경계에 해당하는 사례가 되는 정부기구에 적용되는 것과 동일한 원리를 우리는 범죄가 합법적인 정치질서와 규칙에도 적용해야 하는가?

이 모든 재판의 중심 문제인 범죄적 사실들을 다루기에는 법적 개념들이 얼마나 부적합한가 하는 것은 상관의 명령에 따라 행한 행위 개념에서 훨씬 더 분명하게 나타나는 것 같다. 예루살렘 법정은 문명국가들, 특히 독일의 군사 형법 규정집에서 길게 인용하면서 피고 측이 주장한 논지에 반대했다. 왜냐하면 히틀러 치하에서 그 해당 규정들이 결코 폐지된 적이 없기 때문이다. 이 모든 것은 한 가지 점, 즉 명확히 범죄적인 명령들에 복종해서는 안 된다는 점에서 일치한다. 게다가 법정은 수년 전에 이스라엘에서 있었던 한 사건을 참조했다. 시나이 작전[1]이 시작되기 직전에 국경지역의 아랍인 마을의 민간인 거주자들을 학

---

1) 1956년에 이집트가 수에즈운하의 국유화를 선언한 데 따라 발생한 제2차 중동전쟁에서 이스라엘이 시나이 반도의 군사 요충지를 점령한 것을 말한다.

살한 죄로 군인들이 재판에 회부되었다. 마을 사람들은 그런 것이 있는지도 잘 몰랐던 것으로 보인 군사 통금시간에 그들의 집 밖에서 발견되었다. 불행히도 자세한 심문 결과 두 개의 비교점이 확인되었다. 첫째, 부하에 의해 실행된 명령의 범죄성을 인정하는 데 가장 중요한 규칙과 예외의 관계가 아이히만의 행위의 경우에서는 전도되어 있다는 것을 다시 고려해야만 한다는 것이다. 따라서 이러한 주장에 기초해서 사람들은 힘러의 어떤 명령에 아이히만이 복종하지 않은 것, 또는 그가 주저하면서 복종한 것은 실제로 옹호될 수 있다고 할 수도 있을 것이다. 힘러의 명령은 당시의 규칙에 대한 분명한 예외에 해당되었다. 판결문에서는 이 점이 피고에게 특히 죄가 있는 것이라고 했는데, 이는 분명히 상당히 이해 가능한 것이지만 일관성은 아주 없는 것이었다. 이 점은 이스라엘 군사법정의 해당 판결로부터도 쉽게 볼 수 있는 것으로, 이는 판사들이 옹호하며 인용한 것이다. 거기에는, 불복종 명령은 '명백히 불법적인 것'이어야 한다, 불법성은 ''금지'라는 경고문을 담은 검은 깃발처럼 펄럭이고 있어야 한다'고 했다. 다른 말로 하면 병사들이 '분명히 불법적'이라고 인식할 수 있기 위해서는 그 명령은 그것이 가진 비일상적인 특성으로 인해 그가 익숙하지 않은 법적 체계의 규범들을 범하고 있음이 분명하다는 것이다. 그래서 이 문제에 대한 이스라엘 사법은 다른 나라의 경우와 완전히 일치하고 있다. 의심할 나위 없이 이 규정을 만들면서 입법가들은 갑자기 정신이 돌아 자기 부하들에게 다른 장교를 사살하라고 명령하는 장교의 경우를 염두에 두었을 것이다. 그러한 경우에 대한 정상적인 재판이라면 그 병사가 양심의 소리에 귀를 기울이도록 요구받지 않았다는 점, 또는 "모든 인간, 혹은 법률책에 친밀하지 않은 사람이라도…… 그의 눈이 멀지 않았고 또 심장이 돌덩이 같거나 타락한 것이 아니라면 양심 속에 깊이 깔려 있는 합법성의 느낌"에 귀를 기울이도록 요구받지 않았다는 점은 즉각적으로 명백해졌을 것이다. 물론 그 병사는 규칙과 그 규칙에 대한 분명한 예외를 구별하도록 기대되었을 것이다. 여하튼 독일 군사법전에는 양심으로는 충분치 않다는 것이 명백히 서술되어 있다. 제48조는 "어떤 행위나 또는 행위를 하지 않은 것에 대한 처벌 가능성은 그 사람이 자신의 양심이나 또는 자신의 종교의 명령에 따라 요구되는 행위를 고려했다는 근거에서는 면제되지 않는다"고 되어 있다. 이스라엘 법정이 주장한 논지의 놀라운 특징은 모든 사람 속에 깊이 내재된 정의감 개념은 법에 대한 친숙성에 대신하는 것으로만 제시되어 있다는 점이다. 그의 타당성은 법이 모든 인간의 양심이 그에게 어떤 방식으로든 말하는 것만을 표현하고 있다는 가정에 의존한다.

만일 우리가 이러한 추론 전체를 아이히만의 경우에 적용하려고 한다면 우리는 아이히만이 전적으로 그에게 요구된 종류의 판단 틀 내에서 행동했다고 결론 내리게 된다. 즉 그는 그 규칙에 준하여 행동했고, 그의 합법성, 말하자면 그의 규칙성에 따라 그에게 하달된 명령을 검토했다는 말이다. 또 그는 자신의 '양심'에 의지할 필요가 없었던 것이 된다. 왜냐하면 그는 자신의 국가의 법을 잘 몰랐던 사람이 아니기 때문이다. 그런데 이 경우는 그와는 정반대다.

비교에 기초를 둔 논거가 문제가 있는 것으로 판명 난 두 번째 설명은 '상관의 명령'이므로 정상참작할 수 있는 상황이 될 수 있다는 호소를 법정이 인정한 행위와 관련된 것이다. 그리고 이러한 법원의 행위는 판결문에 분명히 언급되어 있었다. 판결문은 내가 위에서 언급한 사건, 즉 크파르 카셈에서 있었던 아랍 주민 학살사건을 이스라엘 사법부는 피고에게서 그가 받은 '상관의 명령'에 대한 책임을 면제하지 않는다는 증거로 인용했다. 그런데 이스라엘 병사들이 살인죄로 기소된 것은 사실이지만 '상관의 명령'이었다는 것이 그 상황을 경감시키는 데 아주 중요한 논거로 구성되어 있어서 그들은 상대적으로 짧은 수형생활을 선고받았다. 분명한 것은 이 사건의 경우에는 하나의 독자적 행동과 관련이 있지만 (아이히만의 경우에서처럼) 한 범죄가 다른 범죄와 연이어지는 수년 동안에 걸친 행위는 아니었다. 하지만 그가 '상관의 명령'에 따라서 항상 행동한 것은 부정할 수 없으며, 만일 일상적인 이스라엘의 법 규정이 그에게 적용되었더라면 최고형을 부과하는 것은 사실상 어려웠을 것이다. 사실상 '상관의 명령'이라는 사실은 비록 그의 불법성이 '명확하더라도' 인간의 양심의 정상적인 작용을 심각하게 혼란시킬 수 있다는 것을 이스라엘 법이 다른 나라들의 사법과 마찬가지로 이론과 실제 양면에서 인정하지 않을 수 없다.

이것은 국가 기구에 의해 조직된 행정적인 대량학살의 사실을 다루는 데 현재의 법적 체계와 현재의 사법 개념이 부적절하다는 것을 증명하는 수많은 예 가운데 하나일 뿐이다. 우리가 이 문제를 보다 자세히 들여다본다면 우리는 이 모든 재판들에서 판사들이 괴물적인 사실들에 기초해서만 판결 내렸다는 것을 별로 어렵지 않게 목격할 수 있을 것이다. 다른 말로 하면 그들은 자유롭게 판결을 내린 것이고, 그들이 자신의 판결을 정당화하기 위해 다소 신빙성 있게 추구했어야 할 기준들과 법적 절차에 실제로는 의존하지 않았다는 것이다. 그것은 이미 뉘른베르크에서 분명히 나타났다. 거기서 판사들은 한편으로는 '평화에 대한 범죄'가 그들이 다루어야 할 모든 범죄들 가운데 가장 심각한 것이라고 천명했는데 그 이유는 그것이 모든 다른 범죄들을 포함하고 있기 때문이라는 것이었다. 그런데 다른 한편으로 판사들은 실제로 행정적 대량학살이라는 새로운 (아마도 평화에 반하는 음모보다는 덜 심각한 범죄라고 추정되는) 범죄에 참여한 피고들에게만 사형선고를 내렸다. 법조계와 같은 일관성에 상당히 사로잡혀 있는 영역에서 이러한 비일관성 및 그와 유사한 것을 찾아보는 것은 사실 상당히 흥미있는 일일 것이다. 그러나 물론 그런 일이 여기서 이루어져서는 안 되는 것이다.

그러나 이러한 모든 전후의 재판에서 함축적으로 나타나며, 또한 그것이 모든 시대의 중심적 도덕적 문제들 가운데 한 질문, 즉 인간의 판단 기능의 본질에 대한 질문을 건드리고 있기 때문에 여기서 언급해야만 하는 한 가지 근본적인 문제가 남아 있다. 피고들이 '법적' 범죄를 저지른 이러한 재판들에서 우리가 요구한 것은, 인간들은 자기를 이끌어주어야만 하는 것이 그들 자신의 판단뿐이고, 게다가 그 판단이 자기들 주위의 모든 사람들의 만장일치의 의견으로 간주해야만 하는 것과 완전히 어긋나는 것일 때조차도, 사람들은 옳은 것과 그른 것을 구별할 수 있어야 한다는 것이다. 그리고 오직 그들 자신의 판단만을 신뢰할 만큼 '거만한' 소수가 오래된 가치들을 지속적으로 준수하는 사람들이나 종교적 신념의 인도를 받는 사람들과 결코 동일하지 않다는 것을 우리가 알기 때문에 이러한 질문은 한층 더 심각하다. 존경받을 만한 사회 전체가 이러저러한 방식으로 히틀러에 굴복했기 때문에 사회적 행위를 결정할 도덕적 준칙들과 양심을 인도할 종교적 계명들("살인하지 말라")은 사실상 소멸해버렸다. 옳고 그름을 여전히 구별할 수 있었던 그 소수의 사람들은 실로 그들 자신의 판단들을 따라서만 나아갔고, 그래서 그들은 아주 자유롭게 행했다. 그들이 직면하고 있는 개별 사건들을 적용할 수 있는, 그들이 지켜야 할 규칙들은 존재하지 않았다. 그들은 각각의 일들이 일어날 때마다 결정을 내려야 했다. 왜냐하면 선례가 없는 일에 대해서는 규칙이 존재하지 않기 때문이다.

우리 시대의 사람들이 판단에 대한 이러한 질문(또는 흔히 말하는 것처럼, 감히 '재판석에 앉은' 사람들)에 의해 얼마나 곤혹스러워하는지는 이 책에 대해 한 논쟁에서뿐만 아니라, 호흐후트의 『대리인』(The Deputy)에 대한 많은 점에서 이 책과 유사한 논쟁 가운데서 나타난다. 여기서 드러난 것은 사람들이 기대한 것 같은 허무주의나 냉소주의가 아니라 도덕성에 대한 기초적인 질문들에 대한 아주 특별한 혼란이었다. (그러한 문제들에 있어서 본능이 우리 시대에는 실로 결코 당연시될 수 없는 것인 것처럼.) 이러한 논쟁들이 진행되는 동안 떠올리게 된 수많은 별난 생각들은 특별히 의미심장했다. 따라서 어떤 미국의 문인들은 유혹과 강요는 실제로는 동일한 것이라는, 어느 누구도 유혹을 참으라고 요구해서는 안 된다는 그들의 소박한 신념을 고백하기도 했다. (만일 누군가가 권총을 당신의 가슴에 안겨주며 당신에게 당신의 가장 친한 친구를 쏘라고 명령한다면 당신은 그를 쏘아야만 한다. 또는 수년 전에 한 대학교수가 대중을 속인 퀴즈 프로그램 스캔들과 연관하여 논란이 된 것처럼, 아주 큰 돈이 걸려 있을 때에는 누가 저항할 수 있겠는가?) 만일 현장에 없었거나 관계된 일이 아니라면 우리가 판단할 수 없다는 논지는 어디서나 어떤 사람이나 납득시킬 수 있는 것처럼 보이는데, 비록 그것이 명확해 보이기는 해도, 만일 그것이 참이라면 법의 집행이나 역사의 기술은 결코 가능하지 않을 것이다. 이러한 혼돈과는 대조적으로 판단을 내릴 사람들에게 내려진 자기의로움(self-righteousness)에 빠져 있다는 비난은 오래된 것이다. 그러나 그런 비난이 그 입장을 더 정당하게 만들지는 않는다. 살인자를 유죄판결 내린 판사도 집으로 가면 "거기서 말이야 신의 은총으로 그렇게 한 거야"라고 말할 것이다. 모든 독일계 유대인은 1933년 독일 국민들에게 하달되어 매일매일 유대인을 부랑아(pariahs)로 만들어버린 일련의 조치들에 대해서 이구동성으로 비난해왔다. 그런데 만일 그들 자신이 그와 동일한 일을 해도 된다면 그들 중 얼마가 그러한 일을 했을까를 스스로 물어본 사람이 한 사람도 없었다는 것을 상상할 수 있는가? 그러나 오늘날 바로 그러한 이유에서 그들의 비난이 덜 올바르다고 할 수 있는가?

당신 자신이 동일한 상황에 있었다면 잘못했을 수도 있다는 반성은 용서의 정신을 불러일으킬 수 있지만, 오늘날 기독교적 사랑을 참조하는 사람들은 이상하게도 이 점에서도 혼동을 하는 것 같다. 우리는 개신교회인 독일복음주의교회에서 나온 전후의 성명서에서 다음과 같은 것을 읽을 수 있다. "우리는 자비의 하나님 앞에서 무행위와 침묵을 통해 우리 자신의 민족에 의해 유대인에게 저질러진 불법행위에 대한 죄책감을 공유한다는 것을 확언한다."* 기독교인은 악을 악으로 갚는다

---

* 호흐후트의 연극에 대한 Aurel v. Jüchen 목사의 비판적 논평집 *Summa Iniuria*, Rowohl Verlag, p.195에서 인용했다.

면 자비의 하나님 앞에서 유죄라는 것, 따라서 만일 수백만의 유대인이 그들이 범한 어떤 악 때문에 벌로서 살해되었다면 교회는 자비에 대한 죄를 지은 것이라고 말하는 것처럼 내게는 보였다. 그러나 그들이 증언한 것처럼 만일 교회가 순수하고 단순한 범죄행위에 대해 죄책감을 공유한다면, 문제는 정의의 하나님의 범위 안에 해당하는 것으로 간주되어야만 할 것이다.

이른바 말실수라는 것은 우연이 아니다. 자비가 아니라 정의는 판단의 문제고, 어디에서든 어떤 문제에 대한 여론도 다른 사람을 판단할 수 있는 권리는 어느 누구도 갖고 있지 않다는 것에서 보다도 더 행복하게 동의를 하는 것은 없어 보인다. 여론이 우리로 하여금 판단하게 하고 심지어 유죄판결을 내리도록 허용하는 것은 유행, 또는 민족 전체의 집단(더 클수록 더욱 좋음)으로, 간단히 말하면 너무나 일반적이어서 개인 간의 구별이 더 이상 이루어지지 않고 개인들의 이름이 더 이상 불리지 않게 되는 어떤 것이다. 말할 필요도 없이 이러한 금기는 고위층에 있는 사람이나 유명한 민족의 행동이나 말이 문제가 되는 경우에 배로 적용이 된다. 이러한 것이 일반적으로 표현되는 것은, 세부사항에 대한 주장을 하며 개인들을 거명하는 것은 '피상적'인 반면 일반성 속에서 말하고 그에 따라 모든 고양이는 회색이고 우리는 모두 똑같이 유죄라고 하는 것은 학식이 있어 보이는 증거라고 하는 과장된 주장 속에서다. 따라서 호흐후트가 교황 개인(쉽게 확인이 가능한, 자기의 이름을 가진 한 사람)에게 내리는 판결은 모든 기독교에 대한 고발로 즉각적으로 반박된다. 2000년의 역사를 지닌 기독교 일반에 대한 비난은 증명될 수 없다. 그리고 만일 그것이 증명이 된다면 그것은 끔찍한 일이 될 것이다. 어떠한 개인도 관련되지 않는 한에서는 어느 누구도 이것을 꺼려하지 않을 것이다. 그리고 한걸음 더 나아가, "의심할 나위 없이 심각한 고발에는 이유가 있지만 그 피고는 전체 인류다"라고 주장하는 것은 아주 안전한 일이 된다.*

확인 가능한 사실들과 개인적 책임의 영역으로부터 이처럼 회피하는 또 다른 경우는, 너무나 일반적이어서 모든 사건들과 모든 행위를 설명해내고 정당화하는, 불특정하고 추상적이며 가설적인 가정(시대정신에서 오이디푸스 콤플렉스에 이르기까지)에 기초한 수많은 이론들이다. 실제로 일어난 일에 대한 어떠한 대안도 고려되지 않으며 어떠한 사람도 그가 행한 방식과 다르게 행동할 수가 없게 된다. 모든 세부적인 내용들을 모호하게 하면서 모든 일을 '설명하는' 이론 구성물들 가운데 유럽의 유대인 내의 '게토 심리'(ghetto mentality)라는 개념을 발견할 수 있다. 또는 독일인의 역사에 대한 특별한 해석에서 도출한 독일 민족의 집단적 죄, 또는 그와 똑같이 어리석은 주장으로, 유대 민족의 집단적 무죄와 같은 주장이 있다. 이러한 모든 상투어들은 판단을 불필요한 잉여의 것으로 만들어버린다는 점에서, 그리고 그러한 것을 말하면 모든 위험을 모면할 수 있다는 점에서 공통점을 갖는다. 그리고 비록 우리가 그 재앙에 의해 즉각적으로 영향을 받은 사람들(독일인들과 유대인)이 전체적인 도덕적 붕괴를 통해 손상을 입지 않거나 또는 손상을 입지 않았어야만 하는 집단들과 개인들(즉 기독교 교회들, 유대인 지도층, 1944년 7월 20일에 있었던 반 히틀러 음모에 가담한 사람들)의 행동을 자세하게 조사하는 것을 꺼리는 것을 이해할 수 있다고 하더라도, 이러한 이해할 만한 꺼리는 성향은 개인적인 도덕적 책임을 중심으로 판단을 내리는 데 대한 어디서나 명백히 나타나는 꺼려함을 설명하기에는 불충분하다.

　오늘날 많은 사람들은 집단적 죄나 집단적 무죄 같은 것은 없다는 점에, 그리고 만일 그런 것이 있다면 어느 한 개인은 유죄거나 무죄일 수가 없을 것이라는 점에 동의할 것이다. 물론 이것이 집단의 개별 구성원이 한 일과는 완전히 별개로 존재하는 **정치적** 책임과 같은 것이 있어서 도덕적 관점에서 판단될 수도 또 형사재판에 세울 수도 없다는 것을

---

* 이상은 앞서 인용한 *Summa Iniuria*에 나오는 로버트 웰치의 말이다. 고딕체는 추가된 것이다.

부정하는 것은 아니다. 모든 정부는 그의 선임 정부의 행위와 과실에 대한 정치적 책임을 떠맡으며, 모든 민족은 과거의 행위와 과실에 대한 정치적 책임을 떠맡는다. 나폴레옹이 혁명을 통해 프랑스에서 정권을 장악한 뒤에, 자기는 생 루이에서 공공안전위원회에 이르기까지 프랑스가 행한 모든 것에 대해 책임진다고 말했을 때, 그는 모든 정치적 생명의 기본적 사실들 가운데 하나를 다소 강조하여 서술했을 뿐이다. 그것은 일반적으로 말해서, 모든 세대가 역사적 연속성 속에서 탄생함에 따라 선조들의 행위에 의해 축복을 받는 것과 마찬가지로 선조들의 죄에 의해서도 짐을 지게 되는 것 이상을 의미하는 것은 아니다. 그런데 이런 종류의 책임은 우리가 여기에서 말하고 있는 것이 아니다. 그것은 개인적인 것이 아니며, 단지 은유적 의미에서만 사람들은 자기가 아니라 자기의 아버지 또는 자기의 민족이 한 일에 대해서 죄책감을 느낀다고 말할 수 있는 것이다. (도덕적으로 말해 만일 어떤 사람이 실제로 어떤 일에 대해서 죄가 있다면 그가 모든 죄에 대해서 자유롭게 느낀다고 말하는 것과 마찬가지로, 특정한 어떤 일을 하지도 않고서 죄책감을 느낀다고 말하는 것은 잘못된 것이다.) 어느 날 국가들 사이의 어떤 정치적 책임들이 국제재판소에서 심판받게 될 것이라는 것은 아주 상상 가능한 일이다. 상상이 가능하지 않은 일은 그러한 법정이 개인의 유죄와 무죄를 선언하는 형사재판소가 될 것이라는 점이다.

그리고 개인적 유죄와 무죄에 대한 질문, 피고와 희생자 모두에게 정의를 부여하는 행위는 형사재판소에서 문제가 되는 유일한 일이다. 아이히만 재판도 예외는 아니다. 비록 이곳의 법정이 법전에서 발견되지 않는 범죄, 그와 유사한 것이 적어도 뉘른베르크 재판 이전에는 어느 법정에서도 알려진 적이 없었던 범죄를 직면하고 있기는 하지만 말이다. 이 보고서는 예루살렘 법정이 정의의 요구를 충족시키는 데 어느 정도 성공했는가라는 것 외에는 어떤 것도 다루고 있지 않다.

참고문헌

Adler, H. G., *Theresienstadt 1941~45*, Tübingen, 1955.

———, *Die verheimlichte Wahrheit. Theresienstädter Dokumente*, Tübingen, 1958.

American Jewish Committee, *The Eichmann Case in the American Press*, New York, n.d.

Anti-Defamation League, *Bulletin*, March, 1961.

Baade, Hans W., "Some Legal Aspects of the Eichmann Trial," in *Duke Law Journal*, 1961.

Bamm, Peter, *Die unsichtbare Flagge*, Munich, 1952.

Barkai, Meyer, *The Fighting Ghettos*, New York, 1962.

Baumann, Jürgen, "Gedanken zum Eichmann-Urteil," in *Juristenzeitung*, 1963, Nr. 4.

Benton, Wilbourn E., and Grimm, Georg, eds., *Nuremberg: German Views of the War Trials*, Dallas, 1955.

Bertelsen, Aage, *October '43*, New York, 1954. (About Denmark)

Bondy, François, "Karl Jaspers zum Eichmann-Prozess," *Der Monat*, May, 1961.

Buchheim, Hans, "Die SS in der Verfassung des Dritten Reichs," *Vierteljahrshefte für Zeitgeschichte*, April, 1955.

Centre de Documentation Juive Contemporaine, *Le Dossier Eichmann*, Paris, 1960.

de Jong, Louis, "Jews and Non-Jews in Nazi-occupied Holland," in *On the Track of Tyranny*, ed. M. Beloff, Wiener Library, London.

Dicey, Albert Venn, *Introduction to the Study of the Law of the Constitution*, 9th edition, New York, 1939.

Drost, Peiter N., *The Crime of State*, 2 vols., Leyden, 1959.

"Eichmann Tells His Own Damning Story," *Life*, November 28 and December 5, 1960.

Einstein, Siegfried, *Eichmann, Chefbuchhalter des Todes*, Frankfurt, 1961.

Fest, T. C., *Das Gesicht des Dritten Reiches*, Munich, 1963.

Finch, George A., "The Nuremberg Trials and International Law," *American Journal for International Law*, vol. XLI, 1947.

Flender, Harold, *Rescue in Denmark*, New York, 1963.

Frank, Hans, *Die Technik des Staates*, Munich, 1942.

Globke, Hans, *Kommentare zur deutschen Rassegesetzgebung*, Munich-Berlin, 1936.

Green, L. C., "The Eichmann Case," *Modern Law Review*, vol. XXIII, London, 1960.

Hausner, Gideon, "Eichmann and His Trial," *Saturday Evening Post*, November 3, 10, and 17, 1962.

Heiber, Helmut, "Der Fall Grünspan," *Vierteljahrshefte für Zeitgeschichte*, April, 1957.

Henk, Emil, *Die Tragödie des 20. Juli 1944*, 1946.

Hesse, Fritz, *Das Spiel um Deutschland*, Munich, 1953.

Hilberg, Raul, *The Destruction of the European Jews*, Chicago, 1961.

Höss, Rudolf, *Commandant of Auschwitz*, New York, 1960.

Hofer, Walther, *Der Nationalsozialismus. Dokumente 1933~45*, Frankfrut, 1957.

Holborn, Louise, ed., *War and Peace Aims of the United Nations*, 2 vols., Boston, 1943, 1948.

Jäger, Herbert, "Betrachtungen zum Eichmann-Prozess," in *Kriminologie und Strafrechtsreform*, Heft 3/4, 1962.

Jaspers, Karl, "Beispiel für das Verhängnis des Vorrangs national-politischen Denkens," in *Lebensfragen der deutschen Politik*, 1963.

Kaltenbrunner, Ernst, *Spiegelbild einer Verschwörung*, Stuttgart, 1961.

Kastner, Rudolf, *Der Kastner Bericht*, Munich, 1961.

Kempner, Robert M. W., *Eichmann und Komplizen*, Zurich, 1961. (Contains the complete minutes of the Wannsee Conference)

Kimche, Jon and David, *The Secret Roads. The "Illegal" Migration of a People, 1938~48*, London, 1954.

Kirchheimer, Otto, *Political Justice*, Princeton, 1961.

Kirchhoff, Hans, "What Saved the Danish Jews?" in *Peace News*, London, November 8, 1963.

Klein, Bernard, "The Judenrat," in *Jewish Social Studies*, vol. 22, January, 1960.

Knierim, August von, *The Nuremberg Trials*, Chicago, 1959.

Krug, Mark M., "Young Israelis and Jews Abroad – A Study of Selected History Textbooks," in *Comparative Education Review*, October, 1963.

Lamm, Hans, *Über die Entwicklung des deutschen Judentums im Dritten Reich*, mimeographed dissertation, Erlangen, 1951.

――――, *Der Eichmannprozess in der deutschen öffentlichen Meinung*, Frankfrut, 1961.

Lankin, Doris, *The Legal System*, "Israel Today" series, No. 19, Jerusalem, 1961.

Lederer, Zdenek, *Ghetto Theresienstadt*, London, 1953

Lehnsdorff, Hans Graf von, *Ostpreussisches Tagebuch*, Munich, 1961.

Lévai, Eugene, *Black Book on the Martyrdom of Hungarian Jews*, Zurich, 1948

Lösener, Bernhard, *Die Nürnberger Gesetze*, Sammlung Vahlen, vol. XXIII, Berlin, 1936.

Maschmann, Melitta, *Fazit*, Stuttgart, 1963.

Maunz, Theodor, *Gestalt und Recht der Polizei*, Hamburg, 1943.

Monneray, Henri, *La Persécution des Juifs en France*, Paris, 1947.

Motzkin, Leo, ed., *Les Pogromes en Ukraine sous les gouvernements ukrainiens 1917~20*, Comité des Délégations Juives, Paris, 1927.

Mulisch, Harry, *Strafsache 40/61*, Köln, 1963.

Nazi Conspiracy and Aggression, 11 vols., Washington, 1946~48.

Oppenheim, L., and Lauterpacht, Sir Hersch, *International Law*, 7th ed., 1952.

Paechter, Henry, "The Legend of the 20th of July, 1944," in *Social Research*,

Spring, 1962.

Pearlman, Moshe, *The Capture of Adolf Eichmann*, London, 1961.

Pendorf, Robert, *Mörder und Ermordete. Eichmann und die Judenpolitik des Dritten Reiches*, Hamburg, 1961.

Poliakov, Léon, *Auschwitz*, Paris, 1964.

Poliakov, Léon, and Wulf, Josef, *Das Dritte Reich und die Juden*, Berlin, 1955.

Reck-Malleczewen, Friedrich P., *Tagebuch eines Verzweifelten*, Stuttgart, 1947.

Reitlinger, Gerald, *The Final Solution*, New York, 1953; Perpetua ed., 1961.

Reynolds, Quentin; Katz, Ephraim; and Aldouby, Zwy, *Minister of Death*, New York, 1960.

Ritter, Gerhard, *The German Resistance: Carl Goerdeler's Struggle against Tyranny*, New York, 1958.

Robinson, Jacob, "Eichmann and the Question of Jurisdiction," *Commentary*, July, 1960.

Robinson, Jacob, and Friedman, Philip, *Guide to Jewish History under Nazi Impact*, a bibliography published jointly by YIVO Institute for Jewish Research and Yad Vashem, New York and Jerusalem, 1960.

Rogat, Yosal, *The Eichmann Trial and the Rule of Law*, published by the Center for the Study of Democratic Institutions, Santa Barbara, California, 1961.

Romoser, George K., *The Crisis of Political Direction in the German Resistance to Nazism*, University of Chicago dissertation, 1958.

————, "The Politics of Uncertainty: The German Resistance Movement," in *Social Research*, Spring, 1964.

Rothfels, Hans, *German Opposition to Hitler*, Chicago, 1948.

Rotkirchen, Livia, *The Destruction of Slovak Jewry*, Jerusalem, 1961.

Rousset, David, *Les Jours de notre mort*, Paris, 1947.

Schneider, Hans, *Gerichtsfreie Hoheitsakte*, Tübingen, 1950.

Schramm, Percy Ernst, "Adolf Hitler – Anatomie eines Diktators," in *Hitlers Tischgespräche*, 1964.

Servatius, Robert, *Verteidigung Adolf Eichmann*, *Plädoyer*, Bad Kreuznach,

1961.

Silving, Helen, "In Re Eichmann: A Dilemma of Law and Morality," *American Journal of International Law*, vol. LV, 1961.

Stone, Julius, *Legal Controls of International Conflict*, New York, 1954.

Strauss, Walter, "Das Reichsministerium des Innern und die Judengesetzgebung. Aufzeichnungen von Bernhard Lösener," *Vierteljahrshefte für Zeitgeschichte*, July, 1961.

Strecker, Reinhard, ed., *Dr. Hans Globke*, Hamburg, n.d.

Taylor, Telford, "Large Questions in the Eichmann Case," *New York Times Magazine*, January 22, 1961.

Torrès, Henri, *Le Procès des Pogromes*, Paris, 1928.

Trial of the Major War Criminals, The, 42 vols., Nuremberg, 1947~48.

Trials of War Criminals before the Nuremberg Military Tribunals, 15 vols., Washington, 1949~53.

Vabres, Donnedieu de, *Le Procès de Nuremberg*, Paris, 1947.

Wade, E. C. S., "Act of State in English Law," *British Year Book of International Law*, 1934.

Wechsler, Herbert, "The Issues of the Nuremberg Trials," *Principles, Politics, and Fundamental Law*, New York, 1961.

Weisenborn, Günther, *Der lautlose Aufstand*, Hamburg, 1953.

Wighton, Charles, *Eichmann, His Career and His Crimes*, London, 1961.

Woetzel, Robert K., *The Nuremberg Trials in International Law*, New York, 1960.

Wucher, Albert, *Eichmanns gab es Viele*, Munich-Zurich, 1961.

Wulf, Josef, *Lodz, Das letzte Ghetto auf polnischem Boden*, Schriftenreihe der Bundeszentrale für Heimatdienst, vol. LIX, Bonn, 1962.

———, *Vom Leben, Kampf und Tod im Ghetto Warschau*, op. cit., vol. XXXII, Bonn, 1960.

Yad Vashem, *Bulletin*, Jerusalem, April, 1961 and April-May, 1962.

Zaborowski, Jan, *Dr. Hans Globke, the Good Clerk*, Poznan, 1962.

Zeisel, Hans, "Eichmann, Adolf," *Britannica Book of the Year*, 1962.

찾아보기

지은이 한나 아렌트

한나 아렌트(Hannah Arendt, 1906~75)는 독일 하노버에서 출생하여
유년시절을 대부분 쾨니히스베르크에서 보냈다.
철학과 신학에 관심이 많았던 그녀는 마부르크 대학으로 가 불트만과 하이데거에게 배운다.
거기서 하이데거와 사랑에 빠졌던 그녀는 곧 그를 떠나 하이델베르크의 야스퍼스를 찾아
그의 지도로 「아우구스티누스의 사랑 개념」이란 주제로 철학박사 학위를 받는다.
이후 아렌트는 정치적 억압과 유대인 박해가 첨차 심해지던 독일에서
시온주의자들을 위해 활동하다 체포되어 심문을 받은 뒤,
모든 것을 뒤로하고 어머니와 함께 1933년에 프랑스로 망명하고
또 거기서 수용소에 갇혔다가 결국 탈출하여 1941년에 미국으로 망명한다.
첫 번째 주저인 『전체주의의 기원』(1951)의 발간과 더불어
그녀는 본격적인 정치사상가의 길을 걷는다.
이후 『라헬 파른하겐』(1957) 『인간의 조건』(1958) 『과거와 미래 사이』(1961)
『예루살렘의 아이히만』(1963) 『혁명론』(1963) 『공화국의 위기』(1972) 등
중요 저작들을 연이어 출간했다. 특히 유대인 학살의 핵심 책임자 아이히만이
아르헨티나에서 이스라엘 비밀경찰에 의해 체포되고 예루살렘으로 압송되어
거기서 재판을 받자 아렌트는 모든 일을 중단하고 예루살렘에 머물면서
그 재판에 대한 보고서, 『예루살렘의 아이히만』을 쓰게 된다.
이 책을 통해 설명한 악의 평범성 개념은 수많은 논쟁을 낳았다. 이 경험을 바탕으로 아렌트는
정치적 악을 유발하는 정신의 문제에 집중하여 『정신의 삶』(1978)을 남긴다.
미완으로 남은 아렌트의 판단이론의 강의내용을 담은 『칸트 정치철학 강의』(1982)가
아렌트 사후에 출간되고, 또 유고들을 정리해 『이해에 대한 에세이』(1994)
『정치의 약속』(2005) 『판단과 책임』(2005) 등이 출간되었다.

옮긴이 김선욱

김선욱(金善郁)은 현재 숭실대학교 철학과 교수이자 가치와윤리연구소장 및
제55대 한국철학회 회장이다.
숭실대학교에서 학사와 석사, 뉴욕주립대 버펄로대학에서 철학박사를 취득했고,
뉴스쿨에서 풀브라이트 주니어 연구교수, UC 어바인(Irvine)에서
풀브라이트 시니어 연구교수를 지냈다.
숭실대학교 인문대학장 및 학사부총장을 역임했고 한국아렌트학회 회장을 역임했다.
주요 관심사는 정치철학, 윤리학, 정치와 종교의 관계 등이다.
지은 책으로는 『한나 아렌트와 차 한잔』 『정치와 진리』 『한나 아렌트 정치판단이론』
『행복의 철학』 『행복과 인간적 삶의 조건』 『한나 아렌트의 생각』 등이 있으며,
이밖에도 여러 권의 저서 및 공저가 있다.
옮긴 책으로는 『예루살렘의 아이히만』 『공화국의 위기』 『정치의 약속』
『우리는 왜 한나 아렌트를 읽는가』 등이 있다.
또한 마이클 샌델 저서 번역본 대부분을 감수하거나 공역했다.

HANGIL GREAT BOOKS 081

예루살렘의 아이히만

지은이 한나 아렌트
옮긴이 김선욱
펴낸이 김언호

펴낸곳 (주)도서출판 한길사
등록 1976년 12월 24일
주소 10881 경기도 파주시 광인사길 37
홈페이지 www.hangilsa.co.kr
전자우편 hangilsa@hangilsa.co.kr
전화 031-955-2000~3 **팩스** 031-955-2005

부사장 박관순 **총괄이사** 김서영 **관리이사** 곽명호
경영이사 김관영 **편집주간** 백은숙
편집 노유연 박홍민 배소현 임진영
관리 이주환 문주상 이희문 원선아 이진아 **마케팅** 이영은
디자인 창포 031-955-2097
CTP출력 블루엔 **인쇄** 오색프린팅 **제책** 경일제책사

제1판 제 1 쇄 2006년 10월 10일
제1판 제50쇄 2025년 1월 22일

값 25,000원

ISBN 978-89-356-5661-5 94160
ISBN 978-89-356-6427-6 (세트)

한길그레이트북스 인류의 위대한 지적 유산을 집대성한다

192 미쉬나 6: 토호롯
윤성덕

● 한길그레이트북스는 계속 간행됩니다.